한국운서의 이해

한국운서의 이해

정경일 지음

Introduction to Korean Unseo

대우학술총서
541

아카넷

머리말

　우리 민족에게 漢字는 不可近不可遠의 존재가 아닌가 생각한다. 5000여 년을 헤아리는 우리의 문화적 전통 속에서 한자와 한문의 역할을 제외한다면 과연 무엇이 남을 수 있겠는가? 역사적 기록이 모두 한문으로 되어 있고 문화활동의 창작과 축적, 계승작업이 모두 한자와 한문으로 이루어져 온 우리의 전통 속에 한자는 여전히 중요한 하나의 문화적 혈맥으로 살아 숨쉬고 있다 하겠다.

　한편, 최근 문자생활이 한글 위주로 바뀌면서 어렵기만 한 한자에 대한 관심은 점차 엷어져 가고 있고 심지어 한문은 물론 한자에 대한 지식이 없어도 생활에 불편이 없는 사회가 도래하는 듯하다.

　그러나 문화적 전통의 올바른 발굴과 계승은 물론이고, 일상적 언어 생활에서의 혼란을 방지하고, 사물에 대한 이해의 폭을 넓히기 위해서는, 한자와 한문에 대한 기초적인 지식을 쌓아 나가는 일이 필수적으로 요구된다고 생각한다.

　한자가 문자생활의 절대적인 위치에 있었던 조선시대까지, 한자의 학습은 입신양명의 첫 출발점이었다. 특히 시적 감흥과 정서를 정제된 형식으로 풀어내는 漢詩의 창작에 있어 기본 규칙인 平仄과 押韻을 맞추기 위해서는 정확한 한자음의 습득이 가장 중요한 과제였다. 거슬러 올라가면 우리 민족이 한자를 받아들여 사용한 이래 세종대왕이 한글을 창제하기까지 약 1700여 년간 우리는 한자의 음을 표기하기 위한 적절한 수단을 갖지 못하였다. 그래서 한자음은 구전을 통하여 학습되고 전승되는 동안 다양하게 변화되어 왔을 것이고 이에 대한 반성으로 정확한 한자음에 대한 욕구도 당연히 발생하였을 것이다. 이러한 욕구를 충족시켜 주기 위하여 만들어진 것이 韓國韻書이다. 韻書는 한자음을 기록하고 있는 일종의 발음사전이다. 중국에서 먼저 발생한 운서는 자연스레 우리나라에도 전하여졌고, 이와 아울러 우리 선조들은 우리 한자음에 맞는 우리 운서를 만들어 사용하여 왔다.

한국운서에 대한 연구는 세 가지 측면에서 그 가치가 있다. 표기된 한자음을 통하여 편찬 당시의 우리말 음운체계를 확인하는 국어사적 측면이 그 첫째이다. 두 번째는, 한자음 정리 과정에서 나타나는 편찬자들의 인식을 확인하는 국어학사적 측면이 있고, 마지막으로 중국운서와 한국운서의 비교를 통하여 한중간의 문화교류 양상을 점검해 보는 문화교류사적 측면이 있다.

이러한 중요성을 보여주듯 그간 우리 학계에서도 운서의 학술적 가치와 연구 필요성을 인식한 많은 연구업적들이 축적되어 왔다. 특히 조선 전기 훈민정음의 창제와 직접적으로 연관을 맺고 있는 『東國正韻』에 대한 연구는 일찌기 1970년대부터 중요한 연구성과들이 적지않이 나타났을 정도이다. 그렇지만 개별 운서에 대한 연구들은 꾸준히 이어지고 있으나 한국운서 전체를 아우르는 종합적이고 개괄적인 연구성과는 아직 이루어지지 않아 운서 연구를 한 단계 더 발전시키는 추동력을 얻지 못하고 있다.

저자는 이런 우리의 현실에 안타까움을 느껴 능력이 부족함에도 불구하고 한국운서를 전반적으로 정리하여 소개하고자 하는 열망을 품고 이 일을 준비해 왔다. 그러던 중 한국학술협의회의 연구지원으로 연구를 수행할 수 있는 기회를 얻어 저자로서는 벅찬 일인 줄 알면서도 연구를 진행해 왔다. 그러나 실제로 연구 자료들을 모아 이를 새로이 해석하고 정리하며, 기존의 연구성과들을 검토해 나가는 과정은 생각만큼 쉽지 않았고 또 여기에 저자의 게으름이 보태어져 차일피일 기일을 늦추다가 이제야 마무리를 하게 되었다. 결과적으로 오랜 세월 동안 버거운 노력을 하였음에도 불구하고 이제 다시 돌아보니 세상에 내어 놓기가 부끄럽기만 하다. 다행히 위안으로 삼는 것은, 한국학술협의회의 취지에 따라 이 저서가 대학원급 연구자의 학문적 욕구를 충족시켜 줄 만하다고 생각하는 점이다.

이 책의 구성은 다음과 같다. 서론에서는 운서의 개념과 발생 배경을 간략히 살피고 제1장에서는 중국의 성운학과 운서가 우리나라에 도입된 경위에 대해 고찰한다. 이후에는 운서의 한자음 표기여부와 표기된 한자음의 종류, 운도의 성격에 따라 살펴보고 있는데 제2장은 한국 한자음만을 표기하고 있는 『東國正韻』에 대해, 제3장에서는 중국 한자음만을 표기하고 있는 『洪武正韻譯訓』과 『四聲通解』에 대해 고찰한다. 제4장에서는 한국 한자음과 중국 한자음을 모두 표기하고 있는 『華東正音通釋韻考』와 『三韻聲彙』, 『奎章全韻』에 대해 고찰한다. 제5장에서는 한자음을 표기하고 있지 않은 『三韻通考補遺』와 『增補三韻通考』에 대해 간략히 알아보고 제6장에서는 한국에서 만들어진 韻圖에 대해 고찰하였다.

이 연구를 수행하는 과정에서 많은 스승과 선배, 동학들의 연구성과로부터 커다란 도움을 받았다. 그분들의 앞선 연구가 없었다면 이 연구는 이만큼도 모양을 갖추지 못하였을 것이다. 이 자리를 빌려 진심으로 감사의 말씀을 드린다. 이분들의 연구업적을 인용하고 참고하는 과정에서 필자가 잘못 이해한 부분이 있을까 두렵다. 이런

iv

부분을 포함해서, 필자의 우둔함으로 인해 생긴 오류에 대해서 이 책을 읽으시는 분들의 아낌없는 꾸짖음을 기대한다.

　저자에게 韻書의 중요성과 그 가치를 일깨워 주고 연구방법을 가르쳐 주신 분은 모교의 은사이신 故 于雲 朴炳采선생님이시다. 재주 없고 게으른 제자가 선생님께 받은 은혜를 갚기에, 이 책은 너무 작고 부끄럽다. 다만 앞으로 더 큰 열매를 맺겠다는 다짐으로 선생님께 드린다. 若泉 金敏洙선생님께서는 치밀하고 성실하게 학문하는 자세를 일깨워 주셨고 成光秀선생님과 朴榮順선생님께서는 긴 세월 동안 변함없는 따뜻한 미소로 지켜보시며 학문의 길을 격려해 주셨다. 洪一植선생님께서는 高麗大學校 民族文化硏究所시절부터 저자에게 학문 연찬 방법과 삶의 지혜에 이르기까지 힘과 용기를 불어넣어 주셨다. 선생님들의 사랑과 은혜에 진심으로 존경과 감사를 드린다. 그리고 본서의 초고를 꼼꼼히 읽고 귀한 도움말을 주신 金武林 교수에게도 감사를 드린다.

　아울러 차일피일 늦어지는 원고를 성의 있게 기다려 주시고 볼품 있는 책으로 꾸며 주신 한국학술협의회와 아카넷의 정연재 팀장을 비롯한 관계자 여러분에게도 감사를 드린다.

　끝으로 원고가 써지지 않을 때마다 따뜻한 차 한잔으로 격려해 주며, 참고 기다리며 도와준 아내와 사랑하는 딸에게 고마운 마음을 전한다.

2002. 11.
論山 般若山 기슭에서
鄭卿一

【차례】

서론

　민족문화의 여명기부터 중국과 교류하면서 정치, 사회, 문화적으로 영향을 받아온 우리나라는 중국의 발달한 문화와 문물제도를 수용하면서 자연스레 한자와 한문을 배워서 사용하였다.

　우리 민족이 어느 시대부터 한문으로 된 전적을 자유로이 이해하게 되었는지에 대해서는 확증할 수가 없다. 그렇지만 기원전 2~3세기경에는 우리 문화 속에 한자와 한문이 전래되어 있었을 것으로 짐작하는 것은 그리 무리가 아닐 것이다.[1] 이어 삼국시대에는 본격적으로 한문 교육을 위한 교육기관이 생겨나는 등 한자와 한문은 점차 우리 문화의 중심에 자리하게 되었다. 이에 따라 우리 민족은 일찍부터 한문으로 된 경전을 읽어 정신세계를 넓혀나갔고, 한문을 사용하여 역사를 기록하고, 시문을 지으면서 문화생활을 누려왔다. 그리고 한 걸음 더 나아가 한자를 원음대로만 사용하는 것이 아니라 한

---

1) 한자와 한문의 전래가 이루어진 시기를 기원전 2-3세기로 설정하는 것은 기원전 194년부터 시작되는 衛滿朝鮮과 기원전 108년에 설치된 漢四郡의 존재 때문이다. 특히 한사군의 설치로 인하여 한문 사용자인 한족이 통치계층으로 한반도에 진입하였고 이에 따라 본격적인 한문화의 전래가 이루어지는 계기가 되었다. 황위주(1996)는 출토유물을 중심으로 우리나라 한문자 수용 시기를 BC 300년경 전후로 추정하고 있다.

자의 음과 훈을 이용하여 우리말을 기록하는 표기수단으로 변개하여 사용하기도 하였다.

우리에게 전래된 한자는 교육과 학습의 과정에서 구전의 방식으로 확산되었을 것이다. 이 과정에서 음운체계가 우리와 다른 중국 한자음은, 초기에는 중국식으로 전수되었겠지만 차차 자연스레 우리 국어음 체계에 동화되어 수용되었을 것이다.

더욱이 훈민정음의 창제 시기까지 한자의 음을 정확히 표기할 수 단을 가지고 있지 못하였던 우리는 줄곧 한자의 음을 구전에만 의지하여 전승해 왔다. 이러한 구전 방식은 중국식 한자음의 국어음으로의 동화를 촉진하는 결과를 가져왔을 것이며, 동시에 한자음의 변화와 이음의 발생을 초래하였을 것이다.

또 한자음이 우리 국어음에 동화되어 우리 식으로 바뀌었다 하더라도 여전히 중국과의 교류는 지속되었으므로, 동일한 字形과 字義를 가진 한자를 중국식과 우리식의 두 가지 음으로 읽는 이원적 한자 생활이 지속되었다.

그런데 우리나라에 전래된 한자음은 중국의 어느 시대, 어느 지방의 한자음이었을까? 중국어는 매우 다양한 방언으로 분화되어 있다. 따라서 우리에게 전래된 한자음이 어느 방언을 위주로 한 것인가를 확인하는 것은 우리 한자음의 기저를 확인하는 매우 중요한 작업이다. 또 방언과 아울러 통시적으로 다양한 변천을 보이는 중국어에서 과연 어느 시대의 한자음이 우리에게 전래된 것인가 하는 점도 우리 한자음의 특성을 밝히는 데에 매우 중요한 열쇠가 된다. 특히 우리가 중국의 문물을 가장 활발히 받아들였던 5~6세기는 중국 음운사에서도 음운의 변화가 매우 심했던 시기이기 때문이다.(董同龢 : 1965)

그러나 우리 한자음이 중국의 어느 시대, 어느 지역 한자음을 배경으로 하고 있는지에 대해서는 아직 정설이 없다. 대체로 중고음

시기의 한자음을 기저로 하였을 것이라는 의견이 지배적이기는 하나[2] 최근 상고음과의 관련 가능성을 제기하는 주장이 점차 늘고 있고[3] 이러한 주장은 상당한 설득력을 얻어가고 있다.

우리 한자음이 어느 시대 한자음을 기저로 하였느냐 하는 점은 이 책에서 다루고자 하는 과제는 아니므로 일단 논외로 하고, 삼국시대에 들어 활발하게 전개된 중국과의 교류를 미루어 볼 때 적어도 이 시기에 이미 한시와 한문의 창작이 자유롭게 이루어졌을 것은 분명하다 하겠다.

한시의 창작은 외형적으로 압운의 형식을 맞추는 일이 매우 중요하다. 그러므로 좋은 시를 지으려면 모든 한자의 음을 정확히 알아, 어떤 한자들이 같은 운에 속하는가를 알고 있어야 했다. 그런데 중국인들조차 모든 한자의 음과 운을 정확히 알 수는 없었다. 그래서 그들은 한자를 운별로 배열한 운서를 만들어 시문을 창작할 때 보조 자료로 사용하였던 것이다. 이것이 운서가 만들어진 실용적 배경이다.

우리나라에서도 한시의 창작 과정에서 당연히 운의 확인에 대한 욕구가 있었을 것이다. 오히려 우리의 언어음이 아닌 중국음을 받아들여 그것으로 운율을 맞추어 창작을 해야 하는 입장에서는 정확한 운의 확인을 위한 수단의 욕구는 중국인들보다 한층 더 했을 것이다. 당시 이미 중국에서는 魏의 李登이 『聲類』10권을 편찬한 이후 지속적으로 운서가 만들어져 사용되고 있었으므로 이것들은 문물교

---

2) Henri Maspero(1920. 河野六郎 : 1964 인용)의 5세기 남방음과 7세기 북방음의 병존설, B. Kalgren(1926)의 절운계 북방음설, 河野六郎(1964)의 唐代 長安音說, 박병채(1971)의 6-7세기 切韻音說, 신용태(1982)의 南北朝 시대의 江東·江南音說 등이 이에 해당한다. 有坂秀世(1936)는 이보다 다소 후대인 10세기 宋代 開封音說을 주장하였다.

3) 兪昌均(1980, 1983, 1991), 강신항(1988), 최남희(1999) 등이 이에 해당한다.

8

류를 통해 삼국에 유입되었을 것으로 추정할 수 있다.

삼국시대 이후 고려시대에는 중국의 운서를 그대로 들여다가 사용하거나 복각하여 이용하였을 것이다. 점차 고조된 운서에 대한 욕구는 그 후 조선시대에 들어와 훈민정음이 창제되면서 한자음을 우리 글자로 표기할 수 있는 수단을 가지게 되자 비로소 우리식의 운서를 만들게 되었다.

그리하여 고려 말부터 운서의 편찬이 시작되었고, 조선 초기 세종조에 이르러 운학의 발달과 아울러 『동국정운』을 비롯하여 『홍무정운역훈』, 『사성통고』가 편찬되었고, 중종 때에는 『사성통해』가 편찬되었다. 그리고 조선 후기에는 『화동정음통석운고』와 『삼운성휘』, 『규장전운』 등이 속출되어 우리나라 운서의 맥을 이어갔다.

우리나라에서 만들어진 초기 운서들은 표기된 한자음의 성격에 따라 이원적 구조로 되어 있었다. 다시 말하면 운서의 표기음이 우리 한자음을 보여주기 위한 것과 중국 한자음을 보여주기 위한 것으로 나뉘어 있었다는 점이다. 조선 후기에 들어 이들 이원적 운서를 통합한 새로운 형식의 운서가 만들어지는 등 우리 운서는 편찬 목적에 따라 다양하게 나타났다.[4] 이는 본질적으로 우리 한자음이 중국 한자음에 기초하고 있었고, 또 운서를 편찬한 목적이 표준 한자음의

---

4) 최현배(1976 : 189-211)는 우리나라에서 쓰인 운서를 다음과 같이 나누었다.
① 언해 안 된 중국 운서 : 『예부운략』, 『고금운회』, 『고금운회거요』
② 언해 안 한 조선 운서 : 『삼운통고』, 『삼운보유』, 『증보삼운통고』
③ 언해한 우리나라 운서 : 『동국정운』, 『홍무정운역훈』, 『홍무정운통고』, 『사성통고』, 『사성통해』, 『화동정음통석운고』, 『화동협음통석』, 『삼운성휘』, 『어정규장전운』

그의 분류는 중국 운서와 우리 운서를 나누고 우리 운서는 자음의 표시 여부와 관련시켜 나누고 있다. 그러나 중국에서도 전해지지 않는 『고금운회』가 사용되었다는 주장은 『고금운회거요』와의 혼동에서 비롯된 것이고, 『홍무정운통고』도 『海東雜錄』의 저자인 權鼈이 『홍무정운역훈』을 잘못 지칭한 것을 그대로 인용한 것이다.

책정, 또는 우리 문사들의 시문 창작에 부응하기 위한 측면, 또는 한음 학습의 용도 등 다양하기 때문에 나타난 현상이다.

　우리나라에서 만들어진 운서를, 표기한 한자음의 성격에 따라 나누어 보면 다음과 같이 분류된다.[5]

　1) 동음 표기 운서 : 『동국정운』
　2) 화음 표기 운서 : 『홍무정운역훈』, 『사성통고』, 『사성통해』
　3) 화동 양음 표기 운서 : 『화동정음통석운고』, 『삼운성휘』, 『규장
　　　　　　　　　　　　　　전운』
　4) 자음 미표기 운서 : 『삼운통고』, 『삼운통고보유』, 『증보삼운통고』

　운서의 편찬은 한자음의 음운론적 분석을 전제로 한다. 우리가 운서를 만들 수 있었던 것은 중국 성운학을 받아들여 나름대로 우리 한자음을 연구한 결과가 구체적으로 나타난 것이다. 그리고 이러한 한자음의 음운 분석은 필연코 국어음의 분석에 적용되었을 것이며 이를 통해 훈민정음 창제의 이론적 바탕을 형성하였던 것이다. 특히 조선 초기의 운서 편찬은 훈민정음의 창제와 깊은 관계를 맺고 있으며, 조선 후기에 편찬된 운서들도 당시 국어음에 대한 분석 결과들을 수록하고 있다.

　우리가 운서에 관심을 가지는 이유는 대체로 다음 세 가지로 모아진다. 첫번째는 운서에 표기된 한자음의 체계이다. 한자음은 운서 편찬 당시 우리 국어의 음운체계를 반영하고 있다. 물론 운서에 표기된 한자음이 언제나 당시 언중 사이에서 쓰이던 현실 한자음을 완벽하게 반영하는 것은 아니다. 모든 운서는 기본적으로 규범적이다. 따

---

　5) '華音'이란 중국의 한자음, '東音'은 우리나라의 한자음을 뜻한다.

라서 현실음을 완벽하게 반영하기보다는 이상적 한자음의 표기를 목적으로 하는 경우도 나타난다. 하지만 조선 후기의 운서들을 비롯하여 대부분의 운서들은 비교적 현실 한자음을 충실히 반영하고 있어, 우리 국어음의 모습을 추정하는 데에 상당히 충실한 자료를 제공한다.

두번째는 운서의 서문과 범례 등에 언급된 국어의 분석 결과이다. 특히 『동국정운』의 서문에 나타나 있는 우리 한자음의 특성에 관한 기술은 15세기 우리 국어음의 체계를 증언하는 귀한 자료이고, 『사성통해』 범례의 기록 또한 우리 국어음의 실상을 알게 해주는 귀한 자료가 된다. 『화동정음통석운고』나 『삼운성휘』를 비롯한 다른 운서들에도 편찬자가 분석한 국어의 음운체계가 나타나 있다. 운서의 범례나 서문에도 부분적으로는 현실음이 아닌 중국 한자음에 대한 분석 결과들이 나타나 있기도 하지만, 전체적으로는 역시 국어음체계를 확인하게 하는 자료로서의 가치를 지닌다.

세번째는 운서 편찬 방식이다. 우리나라 운서는 중국의 운서와 형식과 체제가 크게 다르다. 이는 우리가 중국으로부터 운서를 들여왔으면서도 중국의 운서체계를 답습하지 않고 독창적으로 수용·발전시켜 주관적이고 독자적인 입장에서 새로운 체제의 운서를 만들었음을 의미한다. 이러한 체제 변화의 근원 역시 우리 음운에 대한 분석 결과라는 점에서 주목된다.

이 책에서는 위와 같은 측면에서 한국 운서를 살펴보고자 한다. 이를 위해 각 운서별로 편찬과 관련된 서지적 사항을 먼저 고찰하고 운서에 나타난 한자음의 체계를 살펴보기로 한다. 그러나 운서에 표기된 개별 한자음에 대한 구체적인 고찰은 하지 않는다.

그리고 본서에서는 운서에 표기된 한자음의 성조에 대해서도 다루지 않는다. 성조 언어인 중국 한자음은 평성, 상성, 거성, 입성의 사성체계로 이루어져 있다. 반면 한국 한자음은 이와 다소 다른 체계를 보여준다. 한국어의 성조를 최초로 언급한 『훈민정음』은 중국어

의 사성체계를 그대로 받아들여 우리말의 성조체계로 설명하고 있
다. 그러나 15세기 조선 한자음은 일부 성조가 중화되어 실현되고
있다. 『동국정운』[6]과 『사성통해』,[7] 『소학언해』[8] 등에는 상성과 거성
이 중화되어 있음을, 『훈몽자회』[9]와 『사성통고』,[10] 『번역노걸대박통
사』[11]는 거성과 입성이 중화되어 있음을 보여주고 있다. 『훈몽자회』
수록 한자음을 대상으로 화음과 동음의 성조 대응 양상을 고찰하여
보면 상성과 거성, 입성 사이에 중화가 나타나는 양상을 뚜렷이 확
인할 수 있다.[12]

---

6) "語音則四聲甚明 字音則上去無別"(『東國正韻』, 序文)
7) "今撰通解 只於平聲著其諺音上聲去聲則其音自同 而平仄之呼 可從本聲 故
更不著其諺音及加點而只書上聲去聲也"(『四聲通解』, 凡例)
8) "時俗之音이 上去相混ᄒᆞ야 難以猝變이라 若盡用本音이면 有駭俗聽故로 戊
寅本애 相去二聲을 從俗爲點일시 今依此例ᄒᆞ야 以便讀者ᄒᆞ니라"(『小學諺
解』, 凡例)
9) "凡字音高低 皆以字傍點之有無多少爲準 平聲無點 上聲二點 去聲入聲皆一
點"(『訓蒙字會』, 凡例)
10) "凡字音四聲以點別之 平聲則無點 上聲則二點 去聲則一點 入聲則亦一點"
(『四聲通攷』, 凡例)
11) "國俗言語 平聲無點 上聲二點 去聲諺音入聲一點"(『飜譯老乞大朴通事』, 凡
例)
12) 김영만(1986)에 따르면 화음의 성조에 대한 동음의 방점 대응 양상은 다음과
같다.

사성 \ 방점	0점	1점	2점	계
평성	1404(96.6%)	23(1.6%)	26(1.8%)	1453(100%)
상성	23(3.7%)	94(15.2%)	503(81.1%)	620(100%)
거성	36(5.1%)	102(14.5%)	566(80.4%)	704(100%)
입성	24(4.0%)	574(95.0%)	6(1.0%)	604(100%)
계	1487	793	1101	3381

이렇듯 현실 한자음에서는 화음과 동음이 서로 다른 성조체계를 보여주고 있는 데 반해 한국 운서의 성조는 중국 운서의 성조를 기계적으로 수용하고 있어 아무런 차이도 드러내지 않는다.

우리나라에서 운서가 만들어지는 시기에 중국에서는 이미 성조체계의 동요가 일어나기 시작했다. 元의 周德淸이 편찬한 『중원음운』(1324)은 성조를 평성, 상성, 거성의 셋으로 구분하였다. 그리고 입성은 이들 三聲에 派入하였다. 『중원음운』의 성조를 전통운서와 비교하면 첫째, 평성이 음양으로 분화되고, 둘째, 상성자 가운데 성모가 전탁인 경우는 거성으로 변하며, 셋째, 입성자 가운데 전탁성모자는 陽平으로, 次濁聲母字와 影母字는 거성으로, 전청과 次淸聲母字는 상성으로 바뀌었다. (林燾·耿振生: 1997) 그리고 이와 같은 변화는 그 후 지속되어 현대 북경관화의 성조로 발전하여 왔다.

우리나라에서 운서가 집중적으로 만들어지는 조선 후기의 성조체계는 이미 중고시기의 성조와 분명히 달라져 있었다. 그럼에도 불구하고 우리 운서 편찬자들은 宋代의 韻書와 韻圖가 채택한 성조체계를 그대로 답습하고 있다. 이는 우리 운서의 소용이 주로 한시를 짓는 일에 있었고 작시의 기준이 『예부운략』의 운목체계였다는 점과, 조선 초기 운서 편찬 사업에 가장 큰 영향을 끼친 것이 사성체계를 유지한 『고금운회거요』와 『홍무정운』이었다는 점이 크게 작용하였을 것이다. 따라서 한국 운서의 성조체계는 국어사적으로나 국어학사적으로 커다란 의미를 갖지 않으므로 본서의 고찰 대상에서 제외

平聲字는 방점이 찍히지 않은 경우가 96.6%이므로 자연스런 대응 관계를 보여준다. 上聲字에 2점이 찍힌 경우가 81.1%인 것도 자연스럽다. 그러나 1점이 찍힐 것으로 기대되는 去聲字에 2점이 찍힌 것이 80.4%나 되는 것은 상성과 거성의 중화를 확인해 주는 결과이다. 그리고 入聲字가 주로 1점으로 나타나 입성은 거성과 구별되지 않았다는 기록을 확인해 준다.

남광우(1964), 박병채(1971ㄷ), 김완진(1973), 이기문(1977)도 중국어와 국어의 성조 대응 결과 위와 유사한 결론을 짓고 있다.

한다.

　본서의 고찰 순서는 제2장에서는 중국 운서의 발생과 우리나라에서 이들을 받아들인 경과에 대해 알아본다. 이후에는 운서에 표기된 한자음의 성격에 따라 나누어 제3장에서는 동음을 표기하고 있는 운서인 『동국정운』에 대해, 제4장에서는 화음을 표기하고 있는 『홍무정운역훈』과 『사성통해』에 대해, 그리고 제5장에서는 화동양음표기 운서인 『화동정음통석운고』, 『삼운성휘』, 『규장전운』 등에 대해 고찰한다. 제6장에서는 자음을 표기하고 있지 않은 『삼운통고보유』와 『증보삼운통고』에 대해, 제7장에서는 한국에서 편찬된 운도인 『경세정음』과 『운해』에 대해 고찰하도록 한다.

제 1 장
운서의 발생과 도입

1 중국 운서의 발생과 변화

1.1 운서의 발생 배경

韻書란 한자의 音을 표기하기 위하여 편찬된 책이다. 모든 한자는
形, 音, 義의 세 가지 요소로 구성되어 있다.[1] 形은 시각적으로 드러
나는 한자의 외형적인 요소이다. 청각적 음성언어를 시각적으로 환
치하는 문자의 속성상 제일의적인 요소이다. 音은 해당 字形으로부
터 환원되는 음소적 요소로 문자언어의 표기 대상이다. 언어의 기본
적인 요소로 의사소통을 위한 일차적인 전달 수단이며, 청각적으로
전달되는 부분이다. 이 두 가지 요소는 모든 음소문자도 공유하고
있는 문자의 기본적 속성이다. 세번째 요소인 義는 表義文字인 한자
가 가지고 있는 독특한 요소로, 하나의 문자는 하나 또는 그 이상의
개념을 표시한다. 한자에 있어서 이 세 가지는 서로 분리될 수 없는

---

1) 林尹(1971 : 19)은 이들의 특성을 다음과 같이 기술하고 있다.
　　"文字是表達情思記錄言語的圖形符號　因爲文字是表達情思的所以必須有義可
　　說　因爲文字是記錄言語的所以必須有音可讀　因爲文字是圖形符號所以必須的
　　有形可寫　三者缺一　都不成文字"

불가분의 관계에 있다.

중국에서는 일찍부터 문자에 대한 연구가 진행되었다. 그리하여 形에 대한 연구는 字形學으로, 音에 대한 연구는 聲韻學으로, 義에 관한 연구는 訓詁學으로 발전되었다. 그리고 이들을 아울러 文字學이라고 한다.[2]

이에 따라 각 분야의 연구 결과들이 나타났는데, 東漢 許愼의 『說文解字』는 문자학을 체계적인 학문으로 확립한 기념비적인 업적이다. 『설문해자』는 六書의 이론을 확립하여 한자의 구조와 운용의 원칙을 해설하였고, 한자의 원류와 진화의 관건을 해명하는 등 문자학의 기반을 확립하였다. 그 후 晋의 呂忱의 『字林』을 비롯하여, 王義의 『小學篇』, 葛洪의 『要用字苑』, 何承의 『天纂文』 등이 자형에 관심을 두고 쓰여진 책들이다.

字音에 대하여는 魏의 孫炎이 『爾雅音義』에서 자음의 표시 방법으로 反切을 사용하기 시작하였고, 魏의 李登이 『聲類』를 지은 이래 근세에 이르기까지 수많은 운서들이 속출하였다.

字義를 주로 다룬 업적으로는 『爾雅』가 대표적이다. 『爾雅』의 작자는 정확히 알려져 있지 않으나 그 저작의 목적은 고금의 異言과 方俗의 특수한 말을 풀이하려는 데 있었다.

그러나 위의 분류는 諧書들이 주로 관심을 가진 분야를 기준으로 하여 나눈 것일 뿐, 그것이 전적으로 어느 한 분야에만 치우쳐 있는 것은 아니다. 字音을 주로 다루는 韻書들도 모두 字義 주석을 함께

2) 때로는 字形을 연구하는 학문만을 일컬어 문자학이라고 하는 경우도 있다. (唐蘭 : 1971) 이는 西漢의 문자학 개념과 상통한다. 이와 달리 錢玄同·朱宗萊(1921), 林尹(1971) 등은 西漢 이후 발전·성숙한 문자학의 개념을 받아들여 위의 세 부문 연구를 종합한 개념으로 사용하고 있다. 따라서 문자학을 자형의 연구로 국한시키려는 입장은 俠義의 문자학이라 불린다. 중국 문자학의 명칭과 연구범위 등에 관해서는 이돈주(1979ㄱ)의 논의가 자세하다.

수록하고 있다. 또 자형을 설명하는 책들 역시 자음과 자의에 대해
서도 아울러 설명하고 있어, 한자를 분석하는 데 있어서 이들이 결코
어느 한 분야로만 분리될 수 있는 요소가 아님을 보여주고 있다.[3]

한자의 이러한 세 가지 요소는 언어체계의 하위요소들에 해당한
다. 특히 字音과 字義는 음성언어의 기본적인 요소이기 때문에 이들
은 언어체계의 변화와 함께 시대와 지역에 따라 지속적으로 변화하
여 왔다. 그러나 字形이 唐 玄宗 이래 비교적 변화하지 않고 고정되
어 전승되었는 데(林尹 : 1971, 35) 비하여 字音의 변화는 상고시대
이래 현재에 이르기까지 지속되고 있고, 공시적으로도 방언적 차이
가 매우 심하게 드러나고 있다.

이에 따라 중국에서는 역사적으로, 지역적으로 동일한 자형과 자
의를 가진 한자를 서로 다른 자음으로 읽는, 즉 지역과 시대에 따라
서로 다른 음운체계를 가진 방언들이 존재하게 되었다. 이러한 언어
체계의 분화현상은 사회적, 문화적인 교류에 불편을 초래하였고 특
히 광대한 중국 대륙을 통일한 중앙 집권적 국가의 입장에서는 지역
간의 방언 차이로 인한 통치상의 어려움까지 야기되었다.

또한 『詩經』의 四言詩 이후 발달해 온 중국 시의 作法에서 압운
이 가장 중요한 요소가 되면서, 특히 중국 시 창작의 청각적 방법에
雙聲과 疊韻이 강조되면서(劉若愚 : 1984, 35-59) 중국어의 방언적 차
이는 지역 간 문사들의 교류에 중대한 장애 요인이 되었다.

이를 해소하기 위하여 시대적 변화에 따라 변화된 자음을 정확히
보여주고, 또 지역적으로 달라진 자음의 통일을 이루기 위하여 많은

---

3) 이와 관련하여 劉葉秋(1984 : 2)는 이들을 모두 字書라고 통칭하고 다음과 같
  이 세 가지로 크게 분류하였다.
  第一類 是〈說文解字〉派 講文字形義的 字典
  第二類 是〈爾雅〉派 講訓詁的 詞典
  第三類 是〈廣韻〉派 講音韻兼及文字訓詁的 韻書

운서들이 만들어진 것이다.

1.2 운서의 생성과 변화

1.2.1 운서편찬의 목적

중국에서 운서를 편찬한 목적은 정확한 한자음의 분별을 통하여 作詩와 審音의 두 가지 용도로 사용하기 위한 것이었다. 이 두 가지 용도는 운서에 따라 별도의 목적으로 편찬되는 것이 아니라 대부분의 운서가 모두 가지고 있는 기능이다. 다만 운서를 바라보는 관점에서 어느 것을 우선으로 보느냐 하는 차이가 있을 뿐이다. 운서의 효용에 관하여 임도・경진생(1997 : 64)은 다음의 4가지를 꼽고 있다.[4]

1) 한자를 운별로 분류하여, 詩歌 창작시 압운의 근거 제공
2) 자음 분류를 통하여 한자음의 구조를 제시
3) 반절을 통하여 한자의 독음을 제시
4) 자의 주석을 통하여 자전의 기능 수행

그렇지만 이 4가지 가운데 뒤의 3가지는 모든 운서가 전부 구비하고 있는 것은 아니라고 하여 운서의 효용이 일차적으로는 시를 지을 때 평측과 압운 등 한시의 체례를 정확히 하는 데에 소용되는 작시의 보조수단임을 분명히 하였다. 이와 같이 작시의 기능을 우선으로 하는 견해는 매우 일반적인 것으로 대부분의 논자들이 지지하는 견

---

4) "韻書的功用不是單一的. 首先, 給漢字分了韻, 爲寫作詩歌提供押韻的根據 ; 其次, 用層給分類法來揭示漢字的語音結構 ; 其三, 用反切指示漢字的讀音 ; 其四, 注釋字意 起到字典的作用. 各種韻書的體例不完全相同, 所起的作用也 不相等. 上述後三項功用並非所有的韻書都具備"

해이다.[5] 물론 작시를 위한 기능보다는 정확한 한자음의 확인을 위한 심음의 기능을 우선시하는 견해도 존재한다.[6]

그러나 이들은 결코 분리될 수 있는 것은 아니다. 다만 그 기능과 목적에 대한 사용자의 평가가 우선시되는 것인데, 단순한 기능적 입장에서는 작시용이라 하더라도 일차적으로는 자음의 확인이 선행되어야 한다. 따라서 심음의 기능을 우선적으로 생각해 볼 수도 있다. 그러나 자음의 확인이, 확인으로 그치는 것이 아니라 궁극적으로 압운의 옳고 그름을 판단하기 위한 행위였다는 점에서, 운서의 소용을 작시용으로 보게 되는 것이다.

1.2.2. 중국 운서의 변천

중국에서 운서가 만들어지기 시작한 것은 대략 삼국시대부터인 것으로 알려져 있다. 삼국시대 魏의 李登이 『聲類』 10권을 편찬한 이래 呂靜의 『韻集』, 夏侯詠의 『韻略』, 陽休之의 『韻略』, 周思言의 『音韻』, 李季節의 『音譜』, 杜臺卿의 『韻略』 등이 속속 편찬되었다. 그러나 『聲類』와 『韻集』 등은 아직 四聲의 구별을 하는 데까지는 이르지 않았다. 封演의 『見聞記』에 따르면 『聲類』 10권은 五聲으로서 字의 이름을 붙였다고[7] 하였는데, 王力(1981 : 104)은 莫友之의 說

---

5) 王力(1972 : 51), 王力(1981 : 65), 李新魁(1986 : 12), 潘重規・陳紹棠(1981 : 249-250) 등이 이와 같은 견해를 보이고 있다.
6) 장세록(1982 : 上, 173)은 운서의 소용에 대해 다음과 같이 기술하고 있다.
   "爲韻書的編製 所以過去中國的韻書 總是兼具有審音和作文的兩種目的 ⋯⋯ 通常韻書的體例 而大致總是爲着審音和作文這兩種需要而發生的"
   그의 기술 태도로 보아 그는 작문보다 심음의 기능을 우선하고 있음을 알 수 있고, 이돈주(1995)도 심음과 압운표준, 그리고 표준음 책정의 세 가지를 운서 편찬의 목적으로 제시하고 있다.
7) "魏時有李登者 撰聲類十卷 凡一萬一千五百二十字 以五聲命字 不立諸部"

20

을 인용하면서 『聲類』나 『韻集』 등에 아직 四聲이 나타나지 않았을 것이라고 설명한다.

그 후 본격적으로 모든 한자를 平聲·上聲·去聲·入聲의 사성으로 나누어 분류하는 방식은 東晉시대부터는 시작이 되었을 것이고(문선규 : 1987, 80) 뒤를 이은 南北朝시대에는 四聲이 확립되어 梁의 沈約이 편찬한 『四聲譜』에서 체계화되었다.(이돈주 : 1979ㄱ, 460) 그러나 위에 이름이 거론된 운서들을 비롯하여 당시에 편찬되었던 여러 운서들은 모두 현재까지 전해지지 않고 있기 때문에 그 정확한 내용과 형식을 파악할 수 없다.

현재까지 전해지는 가장 오래된 운서는 隋 仁壽 元年(601)에 陸法言이 편찬한 『切韻』이다. 서문에 따르면 이 운서의 편찬 목적은 "남방음, 북방음의 옳고 그름과 古音, 今音의 통하고 막힘을 論한다"[8]는 것이다. 이를 위해서 여러 서적의 음운과 고금의 字書를 참고하고, 이전에 기록된 바에 따라 각각의 자음을 결정하였다.[9] 따라서 이 운서의 한자음은 전적으로 당시의 현실음만을 반영한 것이 아니라 현실음과 고음을 참조하고, 육법언과 함께 편찬에 참여한 劉臻, 顔之推 등 8인의 방언음을 절충한 표준음을 설정하였다. 언어의 통시적 변천과 공시적 방언 차이를 인정하고, 이들을 통합한 인위적 표준음을 설정하여 운서에 기록하려는 『절운』의 이와 같은 편찬 태도는 그 후 운서 편찬의 중요한 전범으로 전승되었다. 중국 음운사에서 가장 중요한 위치를 차지하는 이 운서는 현재 敦煌에서 발견된 唐寫本 일부만이 남아 있을 뿐이어서 전모를 확인할 수는 없다.

이후 『절운』은 이른바 절운계 운서라고 불리는 많은 이본들을 양

(『見聞記』)
8) "因論 南北是非 古今通塞"(『切韻』, 序文)
9) "遂取諸書音韻 古今字書 以前所記者定之"(『切韻』, 序文)

산해 가며 전승 발전되어 간다. 그러나 이들 가운데 대부분은 역시
완본으로 전승되지는 못하였다.[10]

절운계 운서의 대표적인 운서는 宋代에 들어와 大中祥符 1년
(1008)에 陳彭年, 邱雍 등이 眞宗의 명을 받아 편찬한『大宋重修廣
韻』(약칭『廣韻』)이다.『광운』은 206韻目[11]으로 구성되어 있으며, 본
문의 한 面에 동일 운목에 속하는 한자들을 자모순으로 배열하는 형
식으로 만들어졌다. 이러한 체제는 절운에서부터 전승된 것으로 중
국 운서의 대표적 형식이다.『광운』의 자모체계와 운목체계는 절운
계 운서를 대표하는 것으로 중고음[12]의 체계를 연구하는 데 가장 중
요한 자료이다.

송나라 때에 들어, 詩賦의 창작 능력이 과거의 중요한 선발 기준
이 되자 이에 부응하기 위한 새로운 官撰韻書가 만들어졌다. 이것이
『禮部韻略』인데 宋 景祐 4년(1037)에 황제의 칙명으로 丁度 등이
편찬하였다. 이 운서는 예부에서 공식적으로 편찬한 운서인데 원본
은 현재 전하지 않고, 이후에 편찬된 몇몇 수정본이 전해진다.[13] 운
목의 수는 206운으로『광운』과 동일하고, 체제 역시『광운』과 거의
같으며, 분운 및 운의 성격에 관한 규정은 丁度 등이 동시대에 따로

---

10) 王仁煦의『刊謬補缺切韻』, 孫愐의『唐韻』, 李舟의『切韻』, 元廷堅의『韻
英』, 李邕의『唐韻要略』등이 이에 해당한다.
11) 평성 57운, 상성 55운, 거성 60운, 입성 34운으로 분운되었다. 이에 비해『절
운』은 평성 54운, 상성 51운, 거성 56운, 입성 32운 도합 193운으로 분운되어
있다.
12) 중국 음운사의 시대 구분은 대체로 다음과 같다. (董同龢 : 1965)
    상고음 : 先秦시기 - - 시경의 용운과 해성자의 연구
    중고음 : 隋唐시기 - - 절운음계
    근고음 : 宋시기 - - 고금운회음계
    근대음 : 元明시기 - - 중원음운음계, 북방 관화
    현대음 : 현대음 - - 보통화
13)『附釋文互註禮部韻略』과『增修互註禮部韻略』등이 있다.

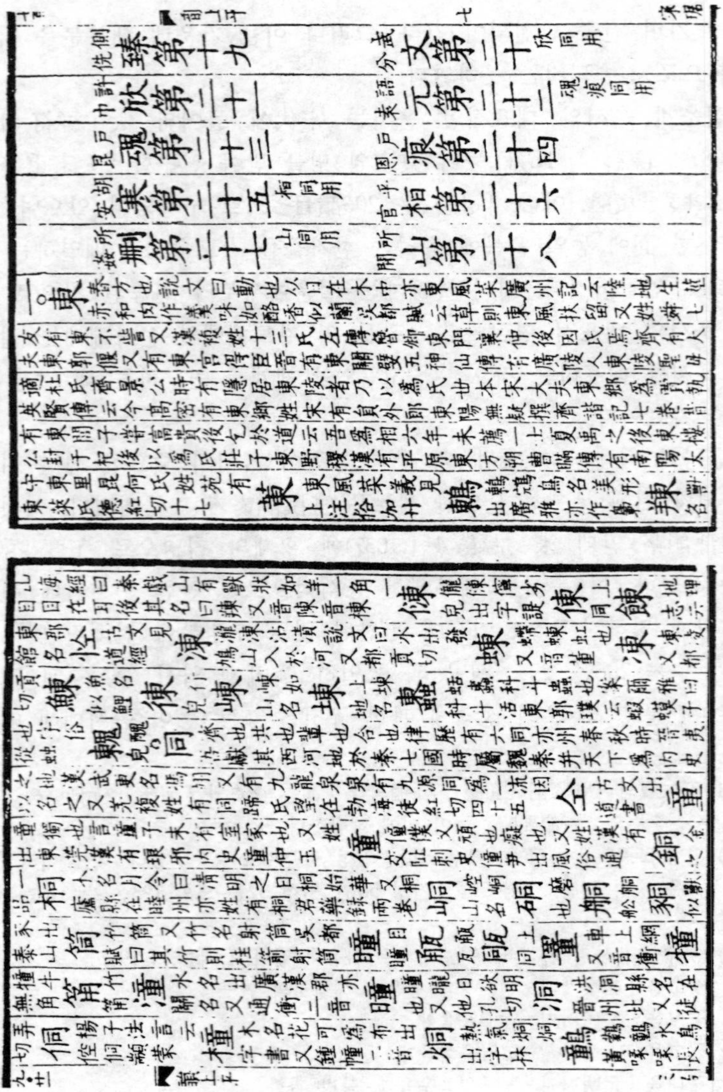

〈그림 1〉 『廣韻』

편찬한 『集韻』(1039)의 규정과 거의 같다.

그러나 이 시기에 이르러 중국의 음운체계가 중고음기에서 근고음기로 변화하게 되자, 이에 따른 한자음의 변화를 반영하는 새로운 운서의 편찬이 요구되었다. 종래 절운계 운서의 한자음은 더 이상 실제 어음과 맞지 않아 詩作이나 일상에 사용할 수 없게 되었기 때문이다. 이로 인해 이 시기에 들어 새로이 편찬된 운서에서는 특히 운목의 축소가 이어지는데 王文郁은 『新刊韻略』(1227)에서 106운을 설정하였고, 南宋 淳祐 12년(1252)에 江北 平水人 劉淵이 편찬한 『壬子新刊禮部韻略』은 흔히 平水韻이라고 불리는 36자모, 107운체계를 설정하였다. 특히 왕문욱이 설정한 106운은 그 후 詩韻의 표준으로 확립되어 중국은 물론 조선의 詩壇에 지대한 영향을 끼치게 된다.

그리고 남송 말에서 원대 초에 나온 黃公紹의 『古今韻會』(1292년 이전)는 남송의 수도 杭州에 이식된 북방아음을 반영한 운서인데, 현재는 전해지지 않고 이 운서를 熊忠이 축약해서 간행한 『古今韻會擧要』(1297)가 현재 전해진다. 이 운서는 표면상으로는 유연의 『임자신간예부운략』의 체계를 전승하고 있는 듯하나 실제로는 원대의 북방음을 반영하여 이른바 字母韻을 설정하였다.

元代에 이르러는 더욱 급격한 어음의 변화가 이루어지고 이에 따라 전통적 절운계 운서로서는 도저히 당시의 한자음을 대표할 수가 없게 되었다. 그리고 정치적 중심지가 중원에서 북경으로 북상하게 되자 북방음이 새로운 口語로 세력을 잡게 되고, 樂府인 詞가 연극과 결합한 北曲이 성행하게 되자 북곡문학인 詞曲의 표준이 될 새로운 운서가 필요하게 되었다. 이에 元 泰定1년(1324)에 周德淸이 『中原音韻』을 편찬하였는데, 이 운서는 20성모와 19운부로 분운되어 이전의 운서들과 전혀 다른 모습으로 편찬되었다. 이는 당시 중국 북방음을 충실히 보여주는 체계로 평가되고 있다.

明代에 이르러 洪武 8년(1375)에 宋濂 등이 太祖의 명을 받아 남방음과 북방음을 통일한 남북공통음을 구현하려는 목적으로 『洪武正韻』을 편찬하였다. 『홍무정운』은 31자모와 76운으로 편운되었는데 자모는 남방음적 요소가 강하고, 운모는 북방적 요소가 강하게 된 인위적 개편으로 인하여 널리 환영받지는 못하였다. 오히려 명대의 현실음을 반영한 운서로서는 明 正統 7년(1442)에 蘭茂가 편찬한 『韻略易通』과 崇禎 15년(1642)에 畢拱宸이 편찬한 『韻略匯通』 등이 있다.

지금까지 중국 운서의 史的 변화를 극히 개략적으로 살펴보았다. 운서의 편찬은 언어정책적 측면이 강하게 부각된다. 방언적 차이가 매우 심한 중국에서는 통치의 효율성과 일관성, 작시의 엄격성, 학문적 동질성의 확보를 위해 표준 한자음의 설정이 대단히 중요한 사안이었다. 이에 따라 대부분의 왕조마다 개국 초창기에 자신들의 정치적 지향과 지리적 기반을 이루고 있는 한자음을 중심으로 표준 운서를 편찬하고 있음을 보게 된다.

표준 한자음은 그 성격상 다소 인위적인 정리가 이루어지기도 하여 부분적으로는 당시의 언어 현실을 충실히 반영하지 못하는 경우도 있다. 그러나 결과적으로 각 시대와 지역의 바뀜에 따라 지속적으로 이루어진 운서 편찬으로 인하여 중국 한자음의 변화 양상을 정확하게 확인할 수 있었던 것이다.

1.2.3 중국 韻圖의 생성

한자의 음을 확인하기 위한 목적으로 만들어진 운서는 자음의 표기를 주로 반절법에 의존한다. 그리고 글자의 배열은 동일 운목 내에서의 자모순으로 되어 있다. 따라서 운서는 어느 글자가 어느 운목에 속하는지를 파악하는 데는 매우 편리한 구조로 되어 있으나, 특정 반절자의 음을 모를 경우에는 그 한자의 음 전체를 파악하기가 어렵도록 되어 있다.

운도는 바로 이와 같은 불편함을 해소하기 위하여 고안되었다. 즉 자모와 운목을 종횡으로 격자를 만들어 배열하고 이들의 교차점에 해당되는 한자를 배치하였다. 그러면 그 한자의 음은 성모와 운모의 음을 합하여 읽으면 되는 것이다.

이는 중국어의 음절 구조를 성과 운의 이원적 구조로 분석하였기 때문에 가능한 방식이었다. 이원적 구조의 격자틀로 만들어진 도표 중의 모든 음절의 讀法을 배워 익힐 수 있고, 다시 반절 상하자의 위치에 따라 탐구해 나가기만 하면 곧 정확한 독법을 얻어낼 수 있는 것이다. 특히 운도는 성모를 淸·濁으로 구분하여 음가를 분명히 하였고, 운모도 等呼를 구별하여 각 음절의 음운적 특징을 정확히 변별하고자 노력하였다.

운서가 개괄적으로 운모의 공통성만 드러내 보여주는 데 반하여 운도는 각 자음의 정확한 음가를 보여준다는 점에서 음운론적 가치는 운도가 훨씬 크다. 이런 방식으로 처음 만들어진 운도는 鄭樵(1104~1162)의 『七音略』과 지은이를 알 수 없는 『韻鏡』이 있다. 그 후 『切韻指掌圖』와 『四聲等子』, 『經史正音切韻指南』 등이 편찬되었다.

2 성운학과 운서의 도입

漢字가 전래되어 학문과 일상에 사용된 이래 일차적으로 정확한 한자음을 학습하고 교육하기 위하여, 그리고 이차적으로 이를 詩作에 활용하기 위한 수단으로서 성운학과 운서의 도입은 반드시 수반되는 일이었을 것이다. 중국에서 운서가 만들어지기 시작한 것이 3세기 무렵인 魏나라 때부터이고 隋 仁壽 元年(601)에는 중국 운서의 대표격인 『切韻』이 편찬되었기 때문에 隋·唐나라와 활발한 문물 교류를 지속해 온 삼국시대에는 이미 운서와 성운학에 관한 지식이

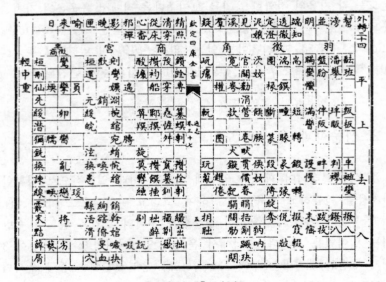

〈그림 2〉 『七音略』

상당 부분 전래되어 있었을 것으로 짐작된다.

舊唐書에 따르면,[14] 고구려의 습속에 문지기와 말먹이 따위의 집에 이르기까지 서적을 매우 좋아하였다고 한다. 각 거리마다 큰 집을 지어 扃堂이라 부르는데, 이 곳에서는 子弟들이 결혼할 때까지 밤낮으로 독서와 활쏘기를 익힌다고 하였다. 고구려에는 공식적 교육기관으로 太學이 설치되어 있었는데, 경당은 일종의 사설교육기관으로 보인다. 고구려 시대에 읽힌 책은 五經과 『史記』, 『漢書』, 『後漢書』, 『三國志』, 『文選』을 비롯하여 『玉篇』, 『字統』, 『字林』 등의 이름이 보인다. 특히 『자림』은 南朝 宋(420-479)의 呂枕이 문자의 訓詁를 기록하여 편찬한 字書이다. 고구려에서 이런 서적들이 읽혔다는 사실은 당시인의 文字에 대한 관심이 상당하였음을 증명하는 매우 의미있는 기록이다.

그러나 아쉽게도 우리나라에 언제 성운학과 운서가 도입되었는지에 대해서는 명확한 기록이 없다. 더욱이 삼국시대의 문화적 양상에 대한 기록이 거의 남아 있지 않은 현재의 상황에서는 중국과의 학문 교류에 관해서 구체적 사실을 확인하기는 매우 어렵다.

운서의 所用이 주로 作詩와 審音에 있었으리라고 생각한다면 한시와 한문의 해독과 창작 능력이 지식인의 기본 소양이고, 과거를 통한 입신출세의 수단이 되었던 고려시대에는 이미 운서가 들어와 사용되었으리라는 점을 충분히 짐작할 수 있다. 또 이와 함께 한자음에 대한 과학적 고찰 방식인 성운학의 이론도 도입되었으리라 생각된다.

그 후 한자음을 연구하는 학문인 성운학은 고려 말에 유입된 성리학의 영향을 받아 조선시대에는 독자적인 학문 세계를 이루며 발전

---

14) "俗愛書籍 至於衡門廝養之家 各於街衢造大屋 謂之扃堂 子弟未婚之前 晝夜於此 讀書習射 其書有 五經 及史記 漢書 范曄後漢書 三國志 孫盛晋春秋 玉篇字統 字林 又有文選 尤愛重之"(『舊唐書』 列傳 東夷 高麗)

28

하였고, 이는 훈민정음의 창제에까지 이어지게 된다. 그리고 이후 개화기에 들어 새로운 언어학 이론들이 도입되기까지 성운학은 조선시대 국어학의 주류를 이루는 중요한 학문적 이론틀로 자리잡게 된다.

이 장에서는 우리나라에 성운학과 운서가 전래된 양상에 대해 점검해 보고자 한다. 이를 위해 각종 기록에 단편적으로 나타나는 성운학과 관련한 사항을 통해서 고려시대에 이미 운서와 성운학을 수용하고 있었음을 간접적으로나마 입증해 보이고자 한다. 또 당시에 사용되었을 것으로 짐작되는 운서들에 대해서도 아울러 검토할 것이다.

2.1 신라와 고려시대의 운서 도입

2.1.1 崔致遠과 沈約

新羅의 存續 기간(B.C. 57~A.D. 935)은 中國의 魏·晋과 南北朝 및 隋·唐時代에 해당한다. 이 때는 이미 중국에서 성운학이 독자적 학문체계로 자리잡고 『切韻』을 비롯한 여러 운서가 편찬된 시기이므로, 중국 운서의 발전 역사와 비추어볼 때 중국 운서들이 전파되었을 가능성은 매우 높다. 이 시대에 성운학이 전래되었을 가능성을 암시해 주는 기록으로 다음과 같은 崔致遠의 언급을 살펴보기로 하자.

최치원은 「眞鑑禪師碑文」에서 '沈約'에 대해 다음과 같이 기록하고 있다. (이우성 : 1995)

심약은 이르기를 공자는 그 端初를 개발하였고, 석가는 그 극치를 다하였다.[15]

---

15) "沈約有云 孔發其端 釋窮其致"(「眞鑑禪師碑文」)

물론 이 기술은 儒家와 佛家의 수행 방법은 서로 다르나 그 추구
하는 궁극의 진리는 서로 같다고 하는 점을 강조하기 위한 내용으로
성운학에 관하여 직접적으로 관련된 내용은 아니다. 그러나 이 가운
데 沈約이 등장한다는 점이 주목된다.

沈約(441~513)은 南北朝 시대 梁人으로 중국 음운사에서 '四聲'
을 정리하는 데(이돈주: 1994, 57~59) 큰 역할을 한 사람으로, 『四聲
譜』를 편찬하였다.[16] 따라서 9세기 말에서 10세기 초에 걸쳐 唐에서
활동하였던 최치원이 심약에 대해 알고 있었을 개연성은 충분히 예
상되는 일이다. 특히 최치원의 위의 언급에 대해 이우성(1995 : 127)
이 "孤雲許沈約之言也"라고 註하고 있음을 보게 되는데, 이는 최치
원이 심약에 대해 알고 있었음을 암시해 주는 대목이기도 하다.

비록 최치원이 심약의 어떤 책에서 위와 같은 내용을 인용했는지
는 미상이고, 또 위의 기록이 음운학에 대한 기록은 아니라고 할지
라도 그가 이미 심약에 대해 알고 있었고 또 그를 신라에 소개하고
있음이 주목되는 것이다. 그렇다면 그가 심약이 가지고 있던 '四聲'
과 '音韻'에 대한 생각에 대해서도 인지하고 있었을 개연성은 충분하
다. 결국 최치원을 비롯한 對唐 留學生, 留學僧 등을 통하여 당시
활발히 발달했던 성운학이 신라에 유입되었을 가능성은 매우 크다고
하겠다.

---

16) "齊永明中 王融 謝朓 沈約 文章始用四聲 以爲新變 至是轉拘聲韻"(『梁書』,
庚肩吾傳)

　"永明末 盛爲文章 吳興沈約 陳群謝朓 瑯邪王融 以氣類相推轂 汝南周顒 善
識聲韻 爲文皆用宮商而平上去入爲四聲"(『南史』, 陸厥傳)

　"約撰四聲譜 以爲在昔詞人 累千載而不悟 而獨得胸衿 窮其妙旨 自謂入神之
作"(『梁書』, 沈約傳)

2.1.2 성운학 수용과 운서의 도입

조선 후기의 실학자인 李圭景은 우리나라에 운서가 도입된 시기에 대해 "우리나라의 음운에 있어서는 史書의 기록으로 고증할 수는 없으나, 신라, 백제, 고구려 때에 이미 중국과 통래하였고 삼국에 또한 문인이 있었으니 운서가 들어온 것도 반드시 그 무렵일 것"으로 추측하였다. 그러나 "문헌이 없으므로 이제 고증할 길이 없다"고 아쉬워하고 있다. 이어서 그는 "고려조에서는 光宗 때에 科擧를 마련하고 선비를 뽑았으니, 운서는 응당 중국에서 시행된 『切韻』을 썼을 것이고 그 이후로도 역대에 걸쳐 통용되었을 것"으로 짐작하고 있다. 그리고 이어서 "조선에 들어서도 초기에는 고려의 운서를 사용하였다"고 하였으나 그것이 무엇인지는 밝히지 않았다.[17)]

운서의 전래와 관련한 이규경의 이러한 추측은 삼국과 고려시대에 행해진 중국과의 활발했던 문화 교류 상황으로 미루어 보아 충분히 설득력을 지니는 추측이다.

고려조에는 과거제의 시행으로 인하여 漢詩와 漢文이 크게 발달했다. 과거는 고려 광종 9년에 처음 시행되는데 이 때 과시과목은 詩, 賦, 頌 등의 운문과 時務策, 明經, 醫卜 등이었다. 그 후 과거의 시험과목은 과거가 시행될 때마다 약간씩 변동을 보인다. 그럼에도 詩, 賦, 頌 등은 계속 과시과목에 포함되어 있었다.[18)]

압운과 율격이 중시되는 詩, 賦, 頌 등의 한시와 한문을 지으면서

---

17) "我東之有韻 雖無史冊之可證 然新羅百濟句麗 既通中國 三國亦有文人 則韻書之來 自必其時 文獻無徵 今不考 勝朝光宗時 設科取士則 韻當用 中國所行切韻 而自此以下隨歷代所用矣 入于本朝 初因高麗韻矣"(『五州衍文長箋散稿』, 經史編 4, 經史雜類 2, 其他典籍)

18) "光宗九年五月 雙翼獻議 始設科擧 試以詩賦頌及時務策取進士 兼取明經醫卜等業 十一年 只試詩賦頌 十五年復試以詩賦頌及時務策"(『高麗史』, 卷73, 選擧1)

'韻'을 정확히 맞추는 것은 作詩의 기본이었다. 이를 제대로 하지 못하면 다른 사람에게 웃음거리가 된다. 이로 인해 운을 제대로 맞추지 못하는 것들을 일컬어 八病[19]이라 하여 서로 잘못을 꾸짖기도 하였다.

따라서 언어 생활 가운데 자연적으로 한자의 운을 알고 있던 중국인들과 달리 고려인들은 운서를 이용하여 한자의 운을 확인하는 일이 잦을 수밖에 없었을 것이고, 이를 위해 중국에서 만들어진 운서의 수입과 이를 통한 성운학의 도입은 불가피한 현실이었을 것이다.

이와 관련한 고려시대의 기록을 몇 가지 검토하여 보기로 한다.[20] 먼저 고려 말에 字書인 『類篇』이 들어와 읽히고 있었음을 알려주는 기록이 보인다.

崔滋의 『補閑集』에 보면 문인 吳世材가 이 책을 얻어 보았는데 그 학문을 매우 중히 여겨 이를 손으로 베꼈다고 한다.[21] 『類篇』은 『集韻』을 편찬한 丁度 등의 요청에 따라 宋의 仁宗이 편찬을 명한 자서이다. 丁度 등은 『집운』을 편찬하면서 새로운 글자들이 많이 첨가되었으므로 새로이 이를 정리한 자서의 필요를 느꼈던 것이다. 이에 인종이 王洙, 胡宿 등에 명하여 1039년에 편찬이 시작되었으나 완성을 보지 못하고, 그 후 1066년 司馬光에 의하여 완료되었다. 每字

---

19) "予嘗見風騷格論 平頭 上尾 蜂腰 鶴膝 大韻 小韻 正紐 旁紐之病 是好事者 閑談"(『補閑集』)

20) '운서'와 관련한 기록만을 검토하기로 한다. 고려시대 시인들이 특정 韻字를 사용하여 시를 지은 것과 관련한 기록들은 각종 詩話集에 빈번히 나타난다. 물론 이러한 기록은 당시에 운을 중시하였던 모습을 보여주는 것으로 운서 사용의 중요한 방증자료가 된다. 그러나 作詩 등과 관련된 이러한 기록은 구체적으로 운서의 사용 여부를 보여주는 것과는 거리가 있다고 판단되어 본고에서는 검토 대상에서 제외한다.

21) "文安公曰 吳世才先生 才識切倫 嘗得類篇 覽之曰 爲學莫此爲急 乃手寫畢 頌"(『補閑集』)

마다 반절을 이용하여 자음을 표시하고 그 아래에 뜻을 풀이하였다.

韻書가 한자를 운별로 분류하여 발음을 표시한 책인 데 비하여 字書는 자형을 중심으로 의미를 기록하는 책이다. 그러나 이들은 모두 결국 한자에 대한 음운 분석의 결과로 만들어진 책이다. 더욱이 『유편』은 『집운』의 짝으로 만들어져 『집운』과 함께 쓰였던 것이므로 이 책이 고려시대에 읽혔다는 것은 자연스레 『집운』의 전래와 사용의 가능성, 또는 극히 소극적으로 추측하여 소개의 가능성을 확인해 주는 셈이다.

이러한 추측의 근거로 다음의 기록을 살펴보자. 고려 말의 대학자인 穆隱 李穡은 李廷俌라는 이로부터 字를 지어달라는 부탁을 받고는 운서를 펼쳐보는데, 그가 살펴본 운서에는 '俌'자 밑에 '輔'라고 註가 달려 있었다고 한다.[22] 그런데 고려시대에 읽혔을 것으로 생각되는 『廣韻』이나 『集韻』 등의 송대 운서에 모두 '俌'자의 밑에 '輔'라는 주가 달려 있다. 따라서 그가 살펴본 것이 위의 두 운서 가운데 어떤 것이었는지는 특정할 수 없으나 그가 송대의 운서를 보았음은 분명하다 하겠다.

또 李齊賢의 문집인 『櫟翁稗說』에도 송대 운서가 고려에 쓰였음을 알려주는 기록이 하나 나타난다. 즉 충선왕이 연경에 가 있던 皇慶初에 문사들이 시를 지어 바쳤는데 '差'를 운자로 하였다. 그런데 세상에 돌아다니는 宋本 운서에는 평성인 支韻에 속한 '差'의 주에 "景差 人名也"라 되어 있다는 것이다.[23] 皇慶은 元 仁宗의 연호인데, 1312년과 1313년 2년 동안만 쓰였다. 그리고 충선왕은 1313년에

22) "鷄林李氏 有位五宰 封月城君者 其長曾孫曰 廷俌 爲臺臣有重名 請字於韓山者 韓山者 方檢韻書 俌之下 註曰 輔也 ……"(『牧隱集』, 孟周說)
23) "皇慶初德陵在輦下 有獻詩者 用支韻押差字 文士爭和進 皆押參差 唯二人獨異 …… 世所行宋本押韻書 上平支韻差字下註云 景差人名 故取以爲證"(『櫟翁稗說』, 後集)

왕위를 충숙왕에게 물려주었다. 그러므로 이 기록의 연대는 1312년으로 추정된다.

그러면 이 시기 이전에 편찬되어 고려에 유입된 송본 운서는 무엇인가? 이 시기 이전의 송나라 운서로는 『廣韻』(1008), 『禮部韻略』(1037), 『集韻』(1039), 『五音集韻』(1211), 『平水新刊韻略』(1229), 『壬子新刊禮部韻略』(1252) 등을 꼽을 수 있고, 또 원나라에서 만들어진 『韻府群玉』(1270년경), 『古今韻會擧要』(1297) 등을 꼽을 수 있다. 그러나 이들 운서에는 '差'의 下註에 이제현의 기록과 같은 내용은 없다. 일단은 그의 기록의 정확성을 의심하게 하는 대목이다. 그러나 그가 宋本 운서를 보았다고 기록한 점으로 미루어 당시에 송나라에서 만든 운서가 유입되어 쓰이고 있었음은 분명한 사실이라 하겠다.

한편 고려시대에는 과거를 보기 위해 운서를 익히도록 강요하기도 하였다. 충숙왕은 시험에 응시하려는 사람들에게 반드시 『五聲字韻』을 익히게 한 뒤에 이를 허락하도록 하였다.[24] 물론 이는 운서 그 자체를 시험 보이기 위함은 아니고, 시를 짓기 위한 기본 지식으로서의 운서에 대한 지식이 필수적이었음을 보여주는 예이다. 이렇게 과거에 운서를 필수적인 요소로 삼는 일은 조선시대에 들어와 더욱 강조되었다. (정경일 : 1998)

---

24) "忠肅王 …… 十七年 十二月 始令擧子 誦律詩四韻一百首 通小學 五聲字韻 乃許赴詩"(『高麗史』, 卷 73, 選擧 1) 그런데 『五聲字韻』이 어떤 내용의 운서이었는지는 분명하지 않다. 이를 운서로 추측하는 것은 고려사의 문장 記述의 격식으로 미루어 書名으로 짐작되기 때문이다. 김민수(1980 : 95)는 이 운서가 널리 쓰이던 운서임에 틀림이 없으나, 본디 書名은 아닌 것으로 보고 原名이 『오음집운』(1211)인지, 『몽고자운』(1308)인지는 불확실하다고 하였다.
　반면 『오성자운』을 운서가 아니라 일반적인 성운학의 내용으로 보기도 한다. 유창균(1979ㄴ)은 처음에는 元初에 편찬된 몽고운의 일종으로 추측하였으나, 이를 수정하여 운학을 뜻하는 것으로 재해석하였음을 밝히고 있다. 이돈주(1995 : 291)도 이를 운서가 아니고, 五聲과 字韻, 즉 성운학 일반을 가리키는 것으로 보았다.

이외에도 고려시대에 사용되었을 것으로 추측되는 운도에는 『五音指掌圖』 등이 있고 『大廣益會玉篇』 30권이 태종 14년(1414)에 복간되었음을 살펴보면 이 책에 대한 수요도 일찍이 상당하였음을 알 수 있다. 이러한 서책들의 사용에 관한 구체적인 기록은 발견되지 않으나 태종12년(1412)에 이들 서책을 비롯한 여러 전적이 忠州史庫에 보관되어 있었다는 사실[25]을 통하여 미루어 볼 때 이들 서적이 고려시대에 사용되었을 것으로 짐작하기에 충분하다.

2.2 『通志』의 전래

강신항(1994ㄴ)은 고려시대의 운학과 관련하여 鄭樵(1104~1162)의 『通志』(1162)를 주요한 운학 도입 경로로 꼽고 있다. 『通志』는 帝紀 18권, 皇后列傳 2권, 年譜 4권, 略 51권, 列傳 125권으로 구성되어 있다. 20略은 '氏族, 六書, 七音, 天文, 地理……' 등으로 되어 있는데, 이 중에서 「육서략」은 문자론에 해당하고, 「칠음략」은 칠음서와 운도로 되어 있다.

「칠음략」은 『운경』과 함께 북송대를 대표하는 운도이다. 그런데 이 칠음략에 기록된 내용 가운데 일부가 정인지의 『훈민정음』 발문이나 신숙주의 『동국정운』 서문의 내용과 매우 유사하다. 대표적인 예를 들어 보인다. (강신항 : 1987, 1994ㄴ)

중국의 승려가 이를 이어받아 36자모를 정하니 重輕淸濁이 그 올바름을 잃지 않아 학의 울음소리, 바람소리, 닭의 울음소리, 개 짖는 소리, 하늘을 놀라게 하는 천둥소리, 귀를 스쳐가는 모기소리일지라도 모두 기록

---

25) "命史官金尙直 取忠州史庫書冊以進 ……大廣益會玉篇 ……五音指掌圖 廣韻 經典釋文 國語 爾雅 ……等書冊也"(『太宗實錄』, 太宗 12년 8월)

할 수 있다.[26]

바람소리, 학의 울음소리, 닭 우는 소리, 개 짖는 소리일지라도 모두 이
것을 기록으로 옮길 수 있으니 하물며 사람의 소리에 있어서랴?[27]

위에 든 것은 「칠음략」 서문의 내용이고 아래의 것은 『훈민정음』
발문의 것이다. 「칠음략」은 종래 四聲으로만 소리를 분류하던 방식
에 새로이 七音의 방식을 도입하여 운도의 형식을 완성함으로써 모
든 소리를 분명히 기술하게 되었음을 밝히는 내용이고, 『훈민정음』의
발문은 훈민정음의 효용을 자랑하는 대목으로 어떠한 소리라도 문자
를 이용하여 기록할 수 있음을 보여주고 있다. 두 글이 글의 서술 순
서는 차이가 나나 그 효용을 드러내는 부분의 표현은 일치한다.
또 문자의 중요성을 밝히는 내용도 『통지』의 「육서서」와 『동국정
운』의 서문에 유사한 표현이 나온다.

경술이 불명한 것은 소학이 부진하기 때문이다. 소학이 부진한 것은
육서가 전하지 않기 때문이다. 성인의 도는 오로지 육경에 실려 있고, 육
경은 文言으로 쓰여 있다. 文言의 근본은 육서에 있으므로 육서를 밝히
지 않고 어떻게 그 뜻을 알 수 있을 것인가? [28]

글자가 만들어지기 이전에는 성인의 도가 서적에 실리지 못하고 천지
에 떠돌고 있었는데, 글자가 만들어진 뒤에는 성인의 도가 여러 서적에

---

26) "華僧從而定之 以三十六爲之 重輕淸濁 不失其倫 天地萬物之音 備於此矣
雖鶴唳風聲 鷄鳴狗吠 雷霆驚天 蚊虻通耳 皆可譯也"(칠음략, 서문)

27) "雖風聲鶴唳 鷄鳴狗吠 皆可得而書矣 況於人言乎"(『훈민정음』, 跋文)

28) "經術之不明 由小學之不振 小學之不振 由六書之無傳 聖人之道 由籍六經
六經之作 由籍文言 文言之本 在於六書 六書不分 何以見義"(『通志』, 六書序)

실리게 되었다. 그러므로 성인의 도를 밝히려고 한다면, 文義부터 공부해
야 하며, 文義의 요점을 알고자 한다면, 聲韻부터 연구하지 않으면 안 되
므로, 聲韻은 곧 학문과 도를 연구하는 시초가 되는 것이다.[29]

한 곳에서는 六書, 곧 문자의 생성과 운용원리를 말하고 또 한 곳
에서는 聲韻, 즉 字音의 구성에 대하여 언급하고 있으나 두 책에서
말하고자 하는 의도는 문자의 중요성을 강조한다는 점에서 한가지인
셈이다.
  특히 신숙주가 聲韻을 '학문과 도를 연구하는 시초'(學道之權輿也)
이고 이를 통하여 '성인의 도'를 알 수 있다고 평가하는 대목은 당시
집현전에 모여 있던 신진 유학자들 사이에 공유된 성운학에 대한 관
심의 일단을 보여주는 것으로 주목된다. 훈민정음을 만들었던 당시
의 신진 유학자들에게 치국의 요체는 禮와 樂이었고, 이를 바르게
하기 위하여 성음에 대한 연구는 필수불가결한 요소이었다.
  신숙주는 『동국정운』 서문에서 『禮記』의 내용과 아울러 다음과
같이 이들의 관계를 설명하고 있다.

    청탁은 돌고 구르며 자모는 서로 미루고 칠음은 고르어지고 십이율에
    팔십사조가 어우러지면, 가히 성악의 바름에 참여할 수 있고, 그 큰 화평
    을 같이 누릴 만하다. 아아! 성을 살피면 음을 알게 되고, 음을 살피면 악
    을 알게 되고, 악을 살피면 정치를 알게 되니, 훗날의 보는 이는 반드시
    그 얻음이 있으리라.[30]

---

29) "況乎書契未作 聖人之道 寓於天地 書契旣作 聖人之道 載諸方策 欲究聖人
    之道 當先文義 欲知文義之要 當自聲韻 聲韻乃學道之權輿也"(『東國正韻』,
    序文)
30) "淸濁旋轉 字母相推 七均而十二律而八十四調 可與聲樂之正 同其太和矣 吁
    審聲以知音 審音以知樂 審樂以知政 後之觀者其必有所得矣"(『東國正韻』, 序

『홍무정운』을 편찬한 宋濂도 『홍무정운』에서 문자와 성운의 관련성을 강조하고 있다.

제가 생각건대 사마광이 말한 바, 만물의 체와 용을 갖춘 것은 문자에 지나치는 것이 없고, 모든 문자의 모양과 소리를 감싸고 있는 것은 운을 지나치는 것이 없으니, 이는 이른바 삼재의 도와 성명, 도덕의 근원이고 예악형정의 바탕이 모두 이에 매어 있으니 진실로 신중히 연구하여야 한다.[31]

이런 여러 예를 통해 볼 때 훈민정음을 창제하던 15세기 중엽에 우리나라 학자들이 『통지』를 참고한 것은 분명해 보인다.(강신항: 1994ㄴ) 그러나 『通志』에 나타나 있는 몇 부분의 기록과 조선 초 학자들의 언급이 일치한다고 해서 성운학이 『通志』를 통해 유입되었다고 단정지어 말할 수는 없다. 『通志』에 나타나 있는 문자와 성운에 관한 언급들은 중국의 성운 관련 기록들에 대체로 나타나 있는 일반적인 내용들이다.

다만 『通志』가 고려에 유입되었던 것만은 사실이므로[32] 이 책이 당시 이미 우리나라에 들어와 있었던 중국 성운학 관련 여러 서적들과 함께 성운학 연구에 깊이 참고가 되었음은 분명하다.

이들 여러 운학 관련 서적의 하나로 『황극경세서』도 이미 고려 말에 유입되어 있었던 것으로 짐작된다.

文)
31) "臣濂竊惟 司馬光有云 備萬物體用者 莫過於字 包衆字之形聲者 莫過於韻 所 謂謂 三才之道 性命道德之奧 禮樂刑政之原 皆有繫於此 誠不可不愼也"(『洪武正韻』, 序文)
32) 강신항(1994ㄴ)에 따르면 공민왕 13년 6월 明州 司徒가 고려에 와서 향료인 침향과 활과 화살 그리고 『玉海』와 『通志』 등의 책을 바쳤다고 한다. 또 이 무렵 臺州의 사신이 여러 차례에 걸쳐 고려에 이들 책을 바쳤다고 한다.

2.3 『皇極經世書』의 전래

『皇極經世書』는 邵雍(1011~1077)의 聲音이론을 집대성한 북송대
의 대표적 운학 이론서이다. 邵雍은 우주의 모든 현상을 易數로 해
석하고 이에 의해 사물의 소리도 음양의 이원론적 대립으로 분류하
였다. 이에 따라 韻母를 天聲, 聲母를 地音이라 하고 인간의 聲音은
이들 천성과 지음의 이원적인 결합으로 이루어진다고 판단하여 「皇
極經世聲音唱和圖」를 작성하였다.

소옹이 주창한 황극경세성음에 대한 학설은 송대 등운학의 바탕을
이루었다. 뿐만 아니라 세종대에 수입된(이숭녕 : 1981) 性理大典에는
권 7부터 13까지에 걸쳐 『皇極經世書』가 수록되어 있는데, 성리대
전을 중시한 당시의 경향으로 보아 이 책이 주목을 끌었을 것임은
지극히 당연하고, 이 과정에서 훈민정음의 창제에 채택되어 원리론
의 확립에 상당한 기여를 하였다.[33]

『皇極經世書』는 조선에 들어서는 천지 간에 사물을 구별하는 큰
기준으로 생각되어 한편은 易象의 학문이 될 수 있고, 한편은 史策
의 학문이 될 수 있으며, 한편은 음운의 학문이 될 수 있는 것으로
받아들여졌다.[34] 이에 영향을 받아 서경덕이 「經世數」 1편을 지었으

---

33) 언어의 풍토적 차이에 관한 황극경세의 설명과 다른 문헌의 내용을 비교하
여 보면 매우 놀라운 일치를 발견하게 되며, 이를 통해 당시 황극경세의 수
용 정도를 짐작할 수 있다.
"音非有異同 人有異同 人非有異同 方有異同 謂風土殊而呼吸異故也"(『皇極
經世書』)
"然四方風土區別 聲氣亦隨而異焉"(『訓民正音』, 跋)
"夫音非有異同 人有異同 人非有異同 盖以地勢別而風氣殊 風氣殊而呼吸異"
(『東國正韻』, 序文)
"盖四方風土不同而氣亦從之 聲生於氣者也 故所謂四聲七音 隨方而異宜"(『洪
武正韻譯訓』, 序)
34) "愚敢以經世爲天地之間 一大分限之書 一可以爲易象之學 一可以爲史策之學

며, 申翊聖이 『皇極經世』와 『東史補篇』 9권, 洪啓禧가 『經世指掌』
2권, 徐命膺이 『皇極一元圖』 2권, 李圭景이 「經世紀數原本」, 「經世
紀數內外篇」, 「經世纂圖指要注解」, 「經世一元消長數圖解」, 「經世
一元始終數解」, 「經世地運約說」, 「經世地行數原」 등을 편찬하였다.
그리고 최석정과 신경준의 운도 편찬에도 커다란 영향을 끼쳤다.

　이렇듯 조선시대 학자들에게 대단히 중요한 학문적 영향을 끼친
『皇極經世書』에 대해 고려 말의 학자들도 이미 알고 있었을 것이고
이를 짐작케 하는 기록도 나타난다. 그런데 고려 말에 전래되어 있
었던 소옹의 학설은 당시의 학자들에게는 별로 환영을 받지 못하였
던 것이 아닌가 추측된다.

　『牧隱集』에 따르면 李穡은 소옹이 주역에 대해 새로운 학설을 주
장하였음을 알고는 있었으나 "그의 학설은 다만 수에 밝을 뿐"이라
고 평가하고, 따라서 "그를 배우기를 원치 않는다"고 말하고 있다.[35]

　물론 한편의 기록만으로, 게다가 한 사람의 의견만으로 당시의 정
황을 짐작한다는 것은 매우 위험한 일이다. 더욱이 앞의 기록은 전
적으로 『皇極經世書』를 지칭하지는 않는다. 그러나 이 짧은 기록에
서 소옹의 학설을 '수를 중시하는 학설'로 이해하고 있음을 보아, 그의
학설에 대해 어느 정도는 알고 있었던 것으로 짐작이 되며 이를 통해
『皇極經世書』에 대해서도 이해하고 있었을 것으로 짐작이 된다.

　그의 학문이 고려말의 학자들에게 널리 환영을 받지 못하였던 이
유에 대해서는 본고에서 깊이 논의할 입장은 아니다. 다만 한 가지

　一可以爲音韻之學"(李圭景, 『五洲衍文長箋散稿』, 經史編 4, 經史雜類 2, 其
　他典籍)
35) "永嘉 金敬之氏 名其堂曰 四友 盖取康節先生 雪月風花也 請予說其義 予
　不願學也 且無暇 未之應 久矣 …… 康節之學 深於數者也 今雖以江山 冠之
　示不康節同 然易之六龍六虛 爲康節之學所從出 則是亦歸於康節而已 雖然旣
　曰不願學 則舍是 豈無言乎"(『牧隱集』, 六友堂記)

가능한 추론은 소옹의 학문은 성리학과 함께 전래되었다는 점이다. 그리고 조선을 건국한 신진 사대부 세력이 대부분 성리학자였다는 점과 그의 학문이 고려 말에 아직 널리 환영받지 못하였다는 점과는 학문적 이유뿐 아니라 사회, 정치적 연유로 인하여 상당한 상관관계 가 있었으리라 보인다. 그의 학문이 조선시대에 특히 중시된 점(이숭녕 : 1981)은 이를 뒷받침하기에 충분하다.

3 고려시대에 사용된 운서

3.1 『三韻通考』의 편찬

3.1.1 편찬 시기

고려 말에서 조선에 걸쳐 널리 사용된 운서로『三韻通考』가 있다. 이 운서는 누가, 어느 때 만들었는지 알려져 있지 않으나 조선시대 에는 매우 널리 사용되었기 때문에 조선의 학자들도 이 운서의 유래 에 대하여 상당한 관심을 보이고 있다. 李睟光은 이 운서를 일본에 서 만들어진 것으로 보고 있으며[36] 李翼은 우리 세종대에 만들어진 것으로 추정되는 이 운서가[37] 우리나라에서 사라져 일본으로부터 다

---

36) "韻會凡一萬二千六百五十二字 禮部韻 只九千五百九十字 而龍龕手鑑 至十六萬餘字 契丹時遼僧所撰也 三韻通考 出於倭國 比略韻尤少而一覽輒盡 便於考閱 故今用之"(『芝峰類說』, 卷七, 經書部)

37) "韻之四聲譜自沈約 字之反切自神珙 後世字書 務便考閱 部分偏傍 然亦可因反切 而該其韻矣 梅氏字彙 刪繁就要 合三萬三千一百七十九字 斯已足矣 今之行于世者 韻考一卷 因約之書 而增之者也 按徐四佳筆苑雜記云 我世宗朝命儒臣 撰集成書 疑是此物也 凡九千八百二十七字 計擶文古文上同 則又減四百七十九字 只爲九千三百四十八字也 蓋不及萬也 屠長卿甚譏約之韻書部分

시 구하여서 복간하여 사용하고 있다고 하였다.[38] 李德懋는 세종조
에 만들어진 것이 아닌가 추정하고[39] 있으나 모두 근거가 희박하다.
최근의 연구자들도 이 운서의 편찬에 관해서는 구체적인 언급을 피
하고 있다.[40]

필자는 이 운서의 형식이 조선에서 편찬된 운서의 형식적 특성과
유사한 점을 보아 중국이나 일본에서 만들어진 운서는 아닐 것이라
고 생각한다.[41] 특히 이 운서가 한자음을 표기하고 있지 않은 점은
이 운서의 편찬 시기를 적어도 훈민정음의 창제 이후로 추측할 수
없도록 하고 있다. 그리고 조선에서 만들어진 운서류는 여러 전적에
편찬과 관련된 기록이 남아 있는데,『삼운통고』는 전혀 아무런 기록
을 남기고 있지 않은 점을 들어 김민수(1980)의 고려 말 제작설에 동
의한다.

無據 而後人猶遵用焉 其說亦是 余時讀經 一一校勘 則只是書中漏字極多 豈
非大可羞恨耶 余每欲以六經漏字 編入於今之韻考 而力未暇焉耳……"(『星湖
僿說』, 8권)

38) "日本雖居海島 開國亦久 典籍皆具 北溪性理字義 三韻通考 我人從倭得之
鼎福按 考事撮要 慶州冊板 有北溪字義 則中國泯滅 而後因金東溟 使日本持
來復行于世 至於我國之李相國集 國中已失 而復從倭來 復刊行于世……"(『星
湖僿說』, 類選)

39) "三韻通考 未知緣起 似是世宗朝 命儒臣 編定者 至今爲藝苑之懸法……"
(『雅亭遺稿』, 奎章全韻 凡例)

40) 강신항(1970ㄱ)은 예부운략을 개편한 이 운서가 조선 중기 이후에 널리 쓰였
다는 사실만을 언급하고 있다. 그러나 김민수(1980)는 고려 말 운학가가 만든
것이라고 한다. 한편 리득춘(1994)은 이 운서를 중국에서 유입된 것으로 보고
있는데, 중국에 同名의 운서가 없기 때문에 수용하기 어렵다.

41) 일본에서 최초로 만들어진 운서인 虎關師練(1278-1346)의『聚分韻略』은『광
운』과 마찬가지로 평성 2권, 상성, 거성, 입성 각 1권씩 모두 5권으로 구성되
어 있다.

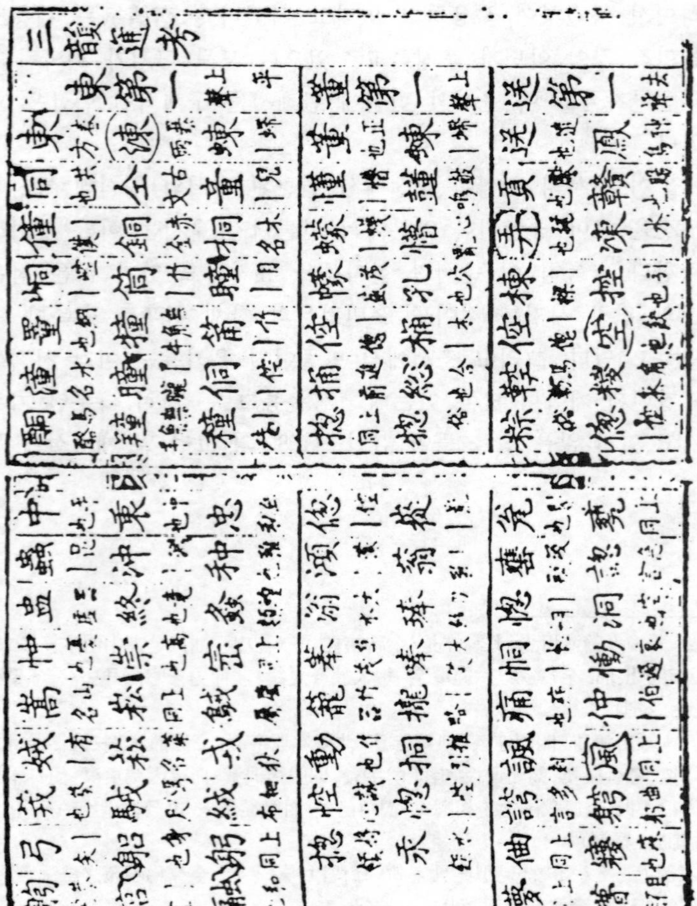

〈그림 3〉『三韻通考』

3.1.2 체제의 특징

이 운서는 고려시대에 사용되었을 것으로 짐작되는 중국의 송대 운서와는 체제상 커다란 차이를 드러낸다. 이 차이는 중국 운서와 한국 운서를 가르는 매우 중요한 기준이 되는데, 그것은 이 운서의 본문에 나타나는 한자 배열 방식이 삼단체제로 되어 있다는 점이다.

송대에 사용되던 절운계 중국 운서는 한자를 평상거입의 사성으로 나누고, 각 성조별로 운을 분류하여 글자를 배열한다. 예를 들어 『광운』은 평성 57운, 상성 55운, 거성 60운, 입성 34운 도합 206운으로 나뉘어 한자를 배열하고 있고, 『예부운략』의 경우 평성 29운, 상성 30운, 거성 30운, 입성 17운 도합 106운으로 나뉘어 있다. 그리고 한 운에 속한 한자들을 다시 성모별로 나누어 차례대로 배열한다. 따라서 운서의 한 면에는 동일한 성조와 운모에 속한 한자들이 배열되어 있다.

『三韻通考』는 이와 달리 평성과 상성, 거성에 속한 한자들을 한 면에 배열하고 있다. 즉 운서의 본문을 삼단으로 나누어 상단에 평성, 중단에 상성, 하단에 거성에 속한 한자들을 배열하였고 입성에 속한 자들은 따로이 권말에 일괄하여 배열하고 있다.

이와 같은 편운 방식의 변화를 통해서 새로운 모습으로 만들어진 이 운서는 조선시대에 대단히 애용되어 科場의 필수적인 운서로 취급되었다. (김민수 : 1980) 아울러 『三韻通考』가 취한 삼단체제의 편운 방식은 조선 후기의 『華東正音』과 『三韻聲彙』, 『奎章全韻』에 계승되어 조선 운서의 중요한 편운 방식이 되었다.[42]

---

42) 『규장전운』은 『삼운통고』와 달리 한 면에 평·상·거·입의 사성을 모두 수록하는 사단체제로 편찬되었다. 그러나 『규장전운』도 사성을 모두 한 면에 수록하는 체계인 점에서 『삼운통고』의 편운 방식을 수용, 발전시킨 것으로 보아야 한다.

44

그런데 『三韻通考』와 관련하여 우리는 중대한 사실 하나를 확인
해야만 한다. 그것은 이 운서의 편찬자가 어찌하여 종래 중국 운서
의 체제를 버리고 이와 같이 삼단체제라는 새로운 형식의 운서를 만
들었느냐 하는 점이다.

조선시대에 만들어진 한국 운서들 가운데 『東國正韻』이나 『四聲
通解』, 『洪武正韻譯訓』 등 중국음 표기 운서 또는 중국음으로의 회
귀를 의도한 운서들의 편운 방식은 중국 운서들의 방식과 유사하거
나 동일하다. 『홍무정운역훈』은 『홍무정운』에 한글로 字音만을 부
기한 것이므로 중국 운서의 편찬방식을 그대로 따를 수밖에 없었을
것이다. 『동국정운』과 『사성통해』는 운목별로 한자를 나눈 뒤 성모
별·성조별로 나누어 수록하여 한자 배열 방식은 중국 운서와 다르
나 本文의 수록 방식은 三段이 아닌 通段체제로 되어 있다.

그런데 『화동정음』이나 『삼운성휘』, 『규장전운』 등 東音, 즉 한국
한자음을 표기하고 있는 운서들은 모두 『三韻通考』와 동일한 편운
방식을 보여주고 있다.

이 점은 이 운서의 성격을 규명하는 중요한 단서가 된다고 본다.
이에 대해 김근수(1979)는 정조20년 이전까지는 과거에서 시를 지을
때 入聲을 韻脚으로 하지 않았기 때문에 삼단체제를 취하게 된 것
이라고 하였다. 정조 시기와 관련한 이와 같은 추측은 상당히 타당
한 일면을 가지고 있다. 정조가 『규장전운』을 만드는 과정에서 보여
준 운에 대한 관념은 분명 평상거입의 성조를 모두 압운에 사용하여
야 한다는 것이었다.[43] 즉 정조는 당시에 시를 지을 때 입성을 압운
하지 않는 것은 잘못이고, 또 이러한 경향으로 『화동정음』이나 『삼
운성휘』 같은 운서가 삼운주의에 치우치고 있음을 지적하고 이를 바
로잡기 위하여 새로이 『규장전운』을 편찬케 한 것이다.

43) 이에 대하여는 제4장. 3. 『규장전운』과 정경일(1984, 1989, 1998) 참조

그러나 이와 같은 추측은 몇 가지 문제를 가진다. 먼저 김근수도 스스로 지적하였듯이 조선시대 시인들이 입성을 압운하지 않은 시기가 언제부터인지가 확인되지 않는다는 점이다. 이 운서는 고려 말엽에 편찬된 것으로 추정되는데, 이 때 과연 입성을 운각으로 사용하지 않았는지에 대한 정밀한 확인이 필요하다.[44] 또 하나는 좀더 본질적인 문제로 왜 입성을 운각으로 사용하지 않았느냐 하는 점이다. 즉 단순히 입성을 사용하지 않았다는 사실보다는 어떤 특별한 이유가 있었기에 입성을 사용할 필요가 없었느냐 하는 점을 확인하여야 한다.

『三韻通考』가 삼단체제를 택하게 된 이유에 대해 필자는 두 가지 측면에서 이해하고자 한다. 첫째는 편찬자가 중국어와 우리말의 음운적 차이를 인식하고 이를 운서 편찬에 반영하였으리라는 점이다. 그러나 편찬자는 그가 인식한 두 언어의 음운적 차이를 드러내 보여줄 만한 표기 수단을 가지고 있지 못하였으므로, 다만 그 편운의 체제만을 바꾸는 것으로 만족해야 하는 한계를 보여준 것이다.

대부분의 중국 운서는 일반적으로 '1단계: 성조의 구분', '2단계: 운모의 구분', '3단계: 성모의 구분'의 3단계의 편운과정을 거친다.[45]

---

44) 필자의 조사에 따르면 고려 말에 지어진 李仁老의 五言律詩「贈酒友李湛之」는 '石, 敵, 釋, 適'을, 李奎報의 五言律詩「蓼花白鷺」는 '入, 集, 濕, 立'을 脚韻字로 사용하고 있다. 이처럼 입성을 각운자로 사용하는 경우는 광범위한 조사를 거칠 경우 더 많은 작품 예가 발견될 것이다.

45) '대부분의 중국 운서'란 광운으로 대표되는 절운계의 전통적 운서를 의미한다. 이외에 운서의 분류 양식은 다음과 같은 여러 가지가 더 있다. (유창균: 1969)

韻書名	1단계	2단계	3단계	4단계	5단계
『古今韻會擧要』	四聲別	韻目別	字母韻別	字母別	字類別
『中原音韻』	韻類別	四聲別	字母別	字類別	
『韻略易通』	韻類別	字母別	四聲別	字類別	
『蒙古字韻』	韻類別	字母韻別	字母別	四聲別	字類別

한편 문선규(1987: 143)는 운서를 체제에 따라 다음과 같이 세 가지로 분류

이러한 편운단계는 중국인들이 자신들의 언어음의 변별 자질의 크기를 구분지어 인식한 단계에 맞춰진 것으로 추정된다. 중국인들이 성조를 발견한 것은 六朝시대에 이르러서이다. 물론 그 이전에도 그들은 四聲에 의거하여 어휘를 구별하였을 것이다. 그러나 육조시대에 이르러 당시 전래된 인도의 '聲明論'의 영향으로 사성의 존재를 구별하여 내기 시작하였다. 이후 이를 이용한 文詞의 格式을 제정하는 과정에서 운의 분류가 이루어지고 이에 따라 운서가 나오게 된 것이다.(동동화: 1965)

중국 운서의 변화를 살펴보면 가장 두드러지는 것이 운모 분류의 변화이다. 초기의 운서를 살펴보면 절운계 운서를 대표하는 『절운』이 193운, 王仁煦의 『刊謬補缺切韻』은 195운인데 이를 계승한 『당운』은 207운,[46] 『광운』은 206운으로 점차 분운이 확대되어 간다. 그러나 그 후 『예부운략』은 106운으로 줄어들어 이후 작시의 기본이 된다. 이와 같은 편운 방식의 변화는 결국 운모 사이의 변별 자질들 사이의 변별력 변화에 따른 것이다.

이와 같은 언어적 변별성의 변화가 가장 두드러지게 나타나는 시

하고 있다.
제1류 : 성조별로 字를 나누고, 다음에 각 성조의 字를 각 운별로 나누고, 각 운에 속하는 字를 小韻으로 나누는 전통적인 방식. 『광운』 이하 전통적 분운법.
제2류 : 먼저 운부를 나누고, 다음에 각 운의 字를 성조별로 나누어 그것들을 성모가 같은 것끼리 분류하여 배열하는 방식. 『중원음운』이 그 최초.
제3류 : 제2류와 같이 먼저 운부를 나누고, 각 운에 속하는 字를 성모별로 나누어서, 동성모의 字를 다시 성조별로 분류, 배열하는 방식. 『운략이통』이 그 최초.
46) 『唐韻』은 2종의 異本이 있는데 分韻이 각각 다르다. 唐 玄宗 開元年間(713-741)에 나온 開元本은 195운, 玄宗天寶 10年(751)에 나온 天寶本은 207운으로 분운되었다.(장세록 : 1983, 문선규 : 1987)

기는 원의 『중원음운』 시기이다. 이 때에 들어 중국에서는 입성이
소멸되어 각각 평성, 상성, 거성으로 派入되고 만다. 그리하여 『중원
음운』은 중국 운서상 최초로 三聲을 나타내는 운서가 되었다.

이러한 이유로 『三韻通考』가 채택하고 있는 삼단체제를 『중원음
운』의 영향으로 보고자 하는 이도 있다.[47) 그러나 『중원음운』은 다
만 입성을 각각의 성질에 따라 평성, 상성, 거성에 派入시켜 삼성을
만들었을 뿐이지 운서의 편찬 양식은 종래의 관습을 그대로 이어받
아 평성, 상성, 거성의 순서로 되어 있다. 따라서 『삼운통고』의 형식
이 『중원음운』의 형식을 따랐다고 할 수 없다.

오히려 필자는 『三韻通考』의 편운 방식은 한국 한자음의 특성에
기인하는 것으로 보고자 한다. 중국음과 우리 음운의 체계적 차이로
인하여 중국에서는 변별기능을 가진 자질들이 우리말에서는 변별성
을 상실하는 경우가 발생한다. 이와 같은 현상은 『동국정운』의 서문
에서 자세히 밝히고 있는 바와 같이 한자음의 음운체계를 분석하는
과정에서 이미 상당수 드러나고 있다.

그런데 이와 같은 음운체계의 차이 가운데 가장 두드러진 것이 성
조였던 것으로 보인다. 즉 자립분절소인 성조에 따른 자음의 구별은
중국인들에게는 본질적이고 일차적인 음운 현상이다. 그러나 우리나
라 사람들에게는 어떠했을까? 지금까지의 연구에 의하여 15세기 말
엽까지의 한국어도 중국어와 마찬가지로 성조 언어였음이 밝혀지고
있다.[48)

그러나 성조의 체계는 조금 다르다. 『切韻』으로 대표되는 중고음
기 중국어의 성조 체계는 平聲, 上聲, 去聲, 入聲의 四聲體系이다.

47) "夫三韻爲名者 因元周德淸中原音韻 倂行三聲 故仍有三韻之名 麗朝襲三聲
之韻 入我國初 仍用元麗之韻 而有三韻通考書 奉作金科玉條 時勢然也"(李圭
景, 『五州衍文長箋散稿』, 經史編, 韻書辨證說)
48) 차재은(1996)에 성조와 관련한 연구사가 상술되어 있다.

48

중세 한국어의 성조도 표면적으로는 平聲, 上聲, 去聲, 入聲의 四聲
體系이나 기저에서는 평성과 거성의 二聲體系로 나누어진다. 상성은
평성과 상성이 복합되어 형성된 굴곡성조로서 기저에서는 성조로 인
정되지 않는다. 입성은 성조가 아니고 어말자음 /-p, -t, -k/로 인한
발음의 촉급 현상, 즉 음절 지속 시간의 단축 현상을 나타내기 위한
용어일 뿐이다. 다시 말하면, 성조는 높낮이의 변별을 위한 개념인
반면, 입성은 발화 시간의 짧음을 구별해 내기 위한 구분 방식이므
로 성조체계에 포함되지 않는다.

　다양한 문헌 자료에서 확인할 수 있는 이러한 15세기의 성조체계
는 고려시대는 물론 그 이전에도 마찬가지였던 것으로 추정된다. (권
인한 : 1995) 그러므로 『三韻通考』가 편찬된 것으로 짐작되는 14세기
에는[49] 입성은 우리말에서 전혀 자립분절적 기능을 수행하지 못하였
다. 즉 평성과 상성, 거성은 일단 동일한 분절음 체계를 지니고, 다
만 성조적으로만 변별이 되었던 반면, 입성은 어말에 존재하는 파열
자음으로 인하여 지극히 쉽게 다른 성조의 한자들과 구분할 수 있었
다.[50]

　그러나 우리말에 성조체계가 존재했다 해서 고려 말의 문인들이
모든 한자의 성조를 중국인과 동일하게 정확히 인식하고 있었으리라
고는 기대할 수 없다. 한자의 전래 이후에 한자음의 학습은, 훈민정
음의 창제 이전까지는 전적으로 구전에 의존하는 상황이었다. 이렇
게 구전에 의존하는 한자의 학습은 한자음의 轉訛를 초래하는 가장
큰 원인이 되었다. 더욱이 분절음체계가 아닌 성조체계를 구전으로
정확히 전달한다는 것은 매우 어려운 일로 짐작된다. 따라서 당시
한자를 학습하거나 운서를 이용할 때 동일한 분절음을 지닌 한자의

---

49) 김민수(1980 : 96)는 1300년(고려 충렬왕 26년)경에 편찬한 것으로 추측한다.
50) 국어음은 물론 한자음에서도 15세기에 이미 상성과 거성 또는 거성과 입성이
　　명확히 구별되지 않게 되었다.

경우 성조 차이에 따른 변별을 정확히 하기가 어려웠을 것이므로 이
들을 한눈에 비교하여 알아볼 수 있는 방법이 요구되었을 것이다.
즉 동일 분절음체계를 가진 한자들 사이에서는 성조의 혼란이 야기
될 수 있었기 때문에 운서의 한 면에 이들을 비교하여 보여줌으로써
그 혼란을 막고, 정확한 운을 사용하도록 해주었던 것이다.

　두번째는 운서에 운도의 형식을 혼합하여 可讀性을 높였다는 점
이다. 운서의 목적은 한자의 발음을 정확히 보여주는 것이다. 특히
한자의 운을 정확히 보여주어 작시에 있어 압운을 정확히 하고자 함
이다. 앞서 언급한 바와 같이 한국인들에게 일차적으로 필요한 성조
의 구별은 평성과 상성, 거성 사이의 구별이었을 것이다. 그런데 종
래의 운서 편찬 방식은 음소적으로 유사한 운모들이 각각의 성조에
따로 흩어져 있어 운모의 성조를 확인하기 위하여는 운서를 여러 번
뒤적이어야 하는 불편이 있었다.

　이 때 착안한 것이 운도의 방식이었던 것으로 보인다. 운도는 횡
으로 자모를 배열하고, 종으로는 운모를 나누어 배열하는데 자모는
36자모를 기준으로 하고, 운모는 사성과 등호로 나누어, 성조와 성모
가 동시에 나타나는 격자형 체제로 되어 있다.[51] 이 방식은 운서에
비하여 한 면에서 보여줄 수 있는 한자의 양은 극히 적으나, 한 면
에 동일 운에 속하는 각 성조의 한자들 사이의 음운적 변별 관계를
잘 보여주고 있다.

　평성·상성·거성 사이의 구별을 명확히 하고자 했던 고려의 운
학가는 이 운도의 방식과 운서의 방식을 혼합하여 동일한 운모의 각
성조들 사이의 관계를 정확히 드러내기 위한 방식을 궁리하여 결국
『삼운통고』의 방식을 창안하였을 것이다.

　그리하여 이 방식은 고려 말과 조선의 문장가들에게 대단한 호평

---

51) 운도의 체제에 대해서는 제6장. 1.「운도의 개념과 발달」참조

을 받았다. 이수광은

　　삼운통고는 왜국에서 나온 책인데 약운에 비교하여도 더욱 적다. 그러
나 한번에 곧 모두 볼 수 있어 고열에 편리하다. 그러므로 지금 그것을
사용한다.[52]

고 하여 사용하기에 편리함을 강조하고 있고, 이덕무도

　　삼운통고는 …… 중략 …… 과장에서도 통용할 수가 있어 편리하고 긴
요한 책으로 삼고 있다.[53]

고 하여 그 편리함을 인정하고 있다.

　　결국 『삼운통고』는 작시의 기본 운서로 인식되어 온 『예부운략』
의 분운을 이어받은 운서 내용적 측면과 성조 간의 변별성과 가독성
을 확보해 준 편찬체제의 외형적 측면의 조화 속에 일반의 전폭적인
환영을 받았다.[54] 『삼운통고』에 대한 선호 정도는 조선 후기에 들어
이 운서를 보완한 『삼운통고보유』와 『증보삼운통고』가 편찬된 사실
에서도 충분히 확인할 수 있다.

---

52) "三韻通考 出於倭國 比略韻尤少 而一覽輒盡 便於考閱 故今用之"(『芝峰類
　　說』, 卷七, 經書部)
53) "今世所行 三韻通考 …… 中略 …… 通用科場 爲便要切近之書"(『靑莊館全
　　書』卷之十, 盎葉記)
54) 하혜정(1997, 48)에 따르면 현재까지 29부의 『삼운통고』가 전해지고 있는데,
　　이본의 종류만도 현전하는 판종은 10종, 기록된 판종은 7종에 이를 만큼 다양
　　한 판본이 존재하는 사실에서도 이 운서에 대한 일반인의 선호도를 짐작할 수
　　있다.

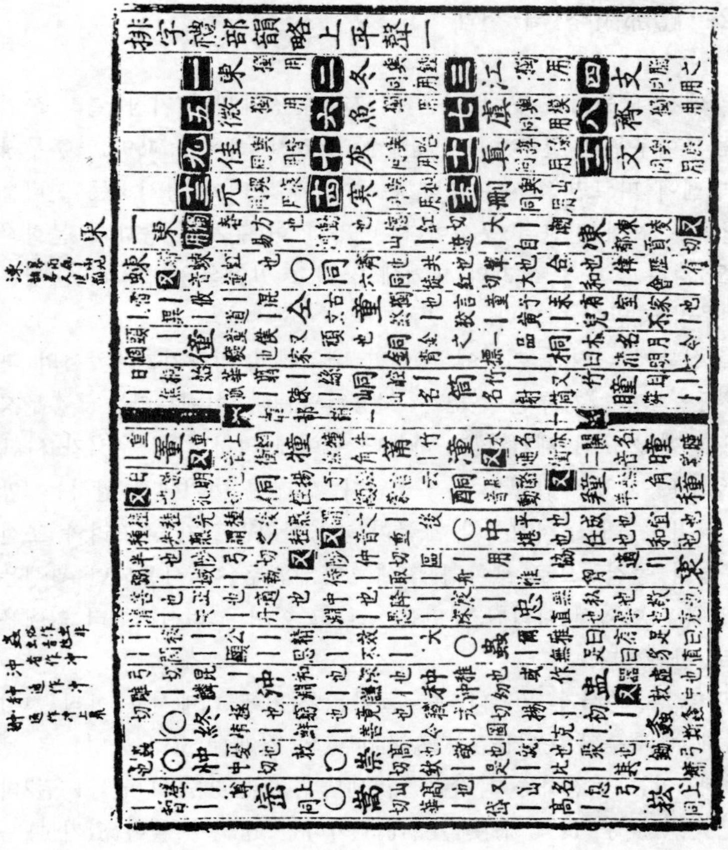

〈그림 4〉『禮部韻略』

3.2 『禮部韻略』의 전래

중국에서 만들어진 운서 가운데 고려에 전래되어 가장 널리 쓰인 운서는 『예부운략』일 것이다. (강신항 : 1970ㄱ, 하혜정 : 1997) 『홍무정운』 범례에 따르면[55] 『예부운략』은 송대에 과거에 응시하는 선비들의 편의를 위해 편찬된 운서이다. 따라서 이 운서가 송대의 문화적 영향을 강하게 받은 고려의 과거에 쓰이고 있었음을 짐작하는 것은 그리 무리한 일이 아니다.

세조실록에 나타난 기록에 따르면 예조에서 청하기를 "앞서의 과거에서는 다만 『예부운략』만을 사용하였는데 이제부터는 『홍무정운』도 함께 쓰도록 해달라"고 하였다.[56] 이에 의하여 이 운서가 科試用으로 사용되었음이 분명히 드러난다. 그러면 여기에서 말하는 '앞서의 과거'는 어느 시기까지 소급이 가능한가? 필자는 고려와 조선의 문화적 동질성으로 보아 科擧에 『禮部韻略』이 사용되던 관행은 조선조에 들어와서 나타난 것만은 아니고 이미 고려시대부터 있어온 것으로 판단한다.

그런데 이 운서가 우리나라에 들어온 시기에 대해서는 아직 정설이 없다. 대부분의 논저들은 『禮部韻略』의 전래를 고려 중엽으로 보고 있다. 이는 현전하는 복각판 『新刊排字禮部韻略』의 권1과 권2의 끝에 '大德 庚子 良月 梅溪書院刊行'이라는 刊記가 붙어 있기 때문이다. 대부분의 학자들은 大德 4년(庚子)을 고려 충렬왕 26년(1300)에 해당하는 것으로 보고 이를 고려조에 복각한 것으로 판단하였다.

그러나 안병희(1970)는 이러한 판단에 대하여 의문을 제기하고 있

---

55) "唐韻至詳 舊韻乃其略者 以係禮部所頒 爲科詩賦之用 號爲禮部韻略"(『洪武正韻』, 凡例)

56) "禮曹啓 在先科擧時 只用 禮部韻略 請自兼用洪武正韻"(『世祖實錄』, 世祖 8 年 6月)

다. 그는 책의 간행년도는 간기에 기초하여 확인하는 것이 당연하나 그것이 절대적인 것이 아님을 지적하고 있다. 그의 주장에 따르면 이 책의 간기는 복각 당시 원간본의 간기까지 모두 복각한 것이기 때문에 복각본의 간기를 그대로 복각 연대로 믿어서는 안 된다는 것이다. 그 방증으로 그는 간기에 등장하는 梅溪書院에 대해서, 고려시대에는 매계서원은 물론이고 서원 자체가 존재하지 않았다고 하고 매계서원은 劉씨라는 사람이 주인인 중국 북경 평강로 천심교 남쪽에 있었던 원나라 때의 유명한 서점의 이름이라고 주장하였다. 그리고 이 책의 이겸노본에 나타난 '天順八年 甲申七月日 慶尙道淸道郡'의 간기를 통해 이 책이 세조 10년에 우리나라에서 복각한 것임을 밝혔다. 그리고 趙復衍(1981)은 이 책의 서문을 쓴 金孟이라는 사람이 세종 23년(1441) 辛酉式年丙科에 등용되어 세조 13년(1468) 사이에 司憲府執儀라는 관직에 있었던 점으로 보아 세조 9년의 복각본 설을 지지하고 있다.

『新刊排字禮部韻略』의 복각연대에 대한 안병희의 주장은 상당한 설득력을 지닌다. 그러나 우리가 안병희의 주장을 그대로 수용한다고 하여도 그것이 고려시대에 이 운서가 널리 쓰이고 있었다는 종래의 추론을 완전히 부인하는 근거가 된다고는 생각지 않는다. 오히려 안병희의 주장으로 인하여 우리는 이 운서가 고려 말에 널리 사용되었으리라는 점에 대한 확신을 할 수 있게 된다.

안병희의 주장은 국어사적 또는 국어학사적 자료를 다룰 때 문헌에 대한 엄격한 접근을 일깨우는 데 주장의 초점이 맞추어져 있었다. 『新刊排字禮部韻略』의 복각연대가 고려 충렬왕 때가 아니라 조선 세조 때 복각이 되었다 하더라도, 그것이 복각되어 사용되었다고 하는 것은 그만큼 그 운서의 사용 저변이 넓게 퍼져 있었음을 입증하는 것이다. 이미 고려시대로부터 문인들 사이에 이 운서에 대한 광범위한 수요가 있어 왔을 것이고, 이에 따라 중국에서 수입된 서

54

적만으로는 그 수요를 감당하기 어려웠기 때문에 복각이 이루어졌을 것이라고 판단된다. 따라서 이 운서는 당연히 고려시대에 사용되었을 것이다.

『예부운략』은 『집운』과 함께 景佑 4년(1037)에 편찬되었다. 이 운서는 수록하고 있는 한자의 수와 字義의 주석이 『광운』이나 『집운』에 비해 매우 간략히 되어 있어서 '韻略'이라 이름하게 되었다. 그리고 이 운서가 취하고 있는 운의 분류는 당시의 考官이나 과거 응시자들이 모두 따르던 官韻이었는데, 당나라 이래 과거를 관장하던 禮部에서 이를 편찬, 반포하였으므로 이 운서를 『예부운략』이라 부르게 되었다. 따라서 이 운서는 과거의 표준운서로서 확고한 자리를 차지하게 되면서 송대에 여러 차례 내용상의 수정을 거치면서 편찬되었다.

『예부운략』은 운목의 체계에 따라 크게 3종으로 분류된다. 처음 편찬된 『예부운략』은 모두 9,590자를 수록하고 있었고 운목은 광운과 마찬가지로 206운이었다. 이러한 체계는 隋·唐시대의 음운 분류에 치우쳐 있어서 당시 시인들의 압운 경향을 정확히 반영하지 못했던 것으로 평가되고 있다. 그러나 운목의 아래에 '獨用, 通用' 등의 주를 달아 후대 운서들이 운을 부분적으로 통합하여 운목의 수를 줄이는 데에 영향을 준 것은 높이 평가된다. 그러나 이 초간은 현재 전하지 않고 다만 남송의 毛晃이 편찬한 『增修互註禮部韻略』(1162), 편찬자가 밝혀지지 않은 『附釋文互註禮部韻略』(1230년경)이 전해진다.

두번째 유형으로 206운목을 당시의 作詩上 통용례를 감안하여 운목의 수를 106운으로 대폭 줄여 새로이 정리한 운서가 있다. 金의 王文郁이 편찬한 『新刊韻略』(1252)이 그것이다. 이 운서는 平水지방에서 간행되어 통칭 平水韻이라 불리는데, 이는 이후 작시의 기본을 이루는 詩韻으로 자리잡게 된다.

세번째는 107운체계로, 南宋 劉淵이 편찬한 『壬子新刊禮部韻略』

이 있다. 이 책은 현재 전하여지지 않고 있으나 이 운서가 취한 107
운체계[57]는 그 후『고금운회』와『고금운회거요』등에 이어져 우리나
라에도 적지 않은 영향을 끼쳤다.

아무튼 우리나라에서는 전래 초기에는 중국에서 간행된 간본을 도
입하여 사용하였으나 점차 수요가 많아지면서 복각본들이 나타나게
된다. 현재 우리나라에도『新刊排字禮部韻略』을 비롯하여 조선 숙
종 때에 나온『排字禮部韻略』에 이르기까지 모두 10여 종 이상의
『禮部韻略』이 전해진다. (강신항 : 1970ㄱ, 조복연 : 1981)[58] 그런데 이들
은 모두 106운체계로 되어 있다. 따라서 모두 평수운의 영향을 받고 있
으며 앞서 살핀 바와 같이『三韻通考』역시 106운목으로 되어 있다.

따라서 중국에서 과거용으로 널리 쓰이던『禮部韻略』이 고려시대
에 우리나라에 유입되어 역시 과거와 시문 창작에 널리 쓰이게 되었
고, 이러한 경향은 고려 말에 나타난 최초의 우리 운서인『삼운통
고』의 운목 결정에 그대로 이어지고 있다.

3.3 『龍龕手鏡』의 전래

『龍龕手鏡』은 遼의 僧侶 行均이 997년에 지은 字書이다.[59] 모두
4권으로 되어 있는데 먼저 偏旁으로 242개의 部首를 나누고, 각 부
수에 속한 글자는 다시 평상거입의 四聲으로 배열하였다. 每字마다
반절로 음을 달고 간단한 주석을 붙였다. 또한 매자마다 古字, 今字,

---

57) 이 107운은 106운의 상성에 속한 迥韻과 有韻 사이에 拯韻을 하나 더 독립
　　시켜 30개의 운목을 설정한 점이 다를 뿐 전체적인 운목 분류에서 차이는 크
　　지 않다.

58) 현전『예부운략』의 판본에 대해서는 하혜정(1997 : 13-14) 참조

59) 이 책은 宋 熙寧 年間(1068-1077)에 복간되었는데, 宋 翼祖의 諱 '敬'과 書
　　名의 '鏡'이 同音이어서 이를 피하고자 '龍龕手鑑'으로 改名되었다.

俗字 또는 變體, 別體의 글자를 기록하여 자서로서의 역할을 충실히 하게 하였다. 이 책에 수록된 글자는 모두 26,433자로 어느 운서보다 많은 글자를 수록하고 있다.[60]

특히 불경에 쓰인 글자를 모두 망라하고 있어 불경의 誦讀·연구에 없어서는 안 될 중요한 자전의 기능을 하였다. 또 편찬 당시의 난해문자 수집에 역점을 두고, 訓詁가 필요하지 않은 상용한자는 채록하지 않은 특수한 자전이다.

이 『龍龕手鏡』도 그 전래 연대가 확인되지는 않으나, 고려시대에 복각되어 사용되었음이 분명하다. 이미 언급한 바와 같이 복각판의 존재는 이 운서가 당시에 상당한 호응을 받았고, 이에 따라 이에 대한 일반의 수요가 상당하였음을 입증하는 것이다. 현재 羅州牧에서 복간된 고려판[61]이 전해지고 있음을 볼 때, 그 원본은 遼로부터 전래된 佛經과 함께였던 것으로 추측되고 있다. 특히 김민수(1980)는 이 책을 反切과 四聲의 전래를 확신케 하는 史料로 믿고 있다. 현재 전하는 고려판으로는 금강산 유점사 소장본(권 1)과 고려대 아세아연구소 육당문고본(권3, 4)이 있는데 이들은 遼版을 직접 계승한 것으로 알려져 있다. (김근수: 1979)

이 책의 사용에 대한 명백한 기록은 조선에 들어와서야 나타난다. 조선왕조실록에는 명종조에 처음으로 이에 관한 내용이 나타나는데, 명종이 讓寧의 御諱에 대한 설명 자료로 이 책을 인용하고 있다.[62] 또한 『故事撮要』 책판 목록에 이 책의 판목이 黃海道 瑞興 歸眞寺,

---

60) 『切韻』은 12,158자, 『廣韻』은 26,194자, 『古今韻會擧要』는 12,652자, 『禮部韻略』이 9,590자를 수록하고 있는 것과 비교할 수 있다.

61) "羅州牧官 彫刻四卷 入九十三文 司錄掌書記 借良醞 令權□得齡" 고려판 복각본 권4의 末尾. (김민수(1980)에서 再引)

62) "禮曹啓曰 …… 讓寧之名 雖非祖宗御諱之比 命名東宮 似有未安之心 龍龕手鑑 衣字邊衱字 則釋其義 曰胡衣也 ……"(『明宗實錄』, 明宗 12年 6月)

全州, 金溝 등지에 있음을 밝히고 있다. 그런데 현재 嘉靖 42년(명종
18년, 1563)에 黃海道 歸眞寺에서 간행된 판본이 전해지고 있음을 보
아 全州나 金溝 등에서도 이 책이 간행되었음을 짐작할 수 있다. 또
『지봉유설』에서도 이 책에 대해 언급하고 있다.[63] 따라서 이 책이 고
려에서 복각되어 사용되기 시작한 이래 조선에까지 폭넓게 지속적으
로 사용되었음을 알 수 있다.

3.4 『古今韻會擧要』의 전래

『古今韻會擧要』(약칭 『韻會』)는 元의 熊忠이 大德元年(1297)에 편
찬하였다. 이 책은 至元29년(1292) 이전에 黃公紹가 편찬한 『古今韻
會』가 卷秩이 많아 이를 간략히 편집한 것으로 宋末元初의 어음 계
통을 표시하는 중요한 자료이다.

『韻會』에 관한 우리나라 최초의 기록은 태종 때에 보인다. 태종은
신하들과 글자에 대해 논하면서 "지금 운회(韻會)를 보니 봉(封)자를
주석(註釋)하기를, '봉(封)은 계(界)이며, 강(疆)이다.' 하였으므로 이
것을 보고서야 나의 의심이 풀렸소."라고 말하고 있다.[64] 이는 『운
회』를 단순히 운서의 기능뿐 아니라 字義 주석의 기능에까지 폭넓
게 사용하고 있었음을 알게 해주는 기록이다. 이와 같이 『운회』를
字義 註釋에 사용하는 일은 조선시대에 아주 흔한 일로 되어 있었
다. (정경일 : 1998)

『운회』와 관하여 주목할 일은 이 운서가 조선시대 성운학과 관련
하여 차지하고 있는 비중이다. 『운회』는 세종을 비롯한 조선시대 운

---

63) "韻會凡一萬二千六百五十二字 禮部韻只九千五百九十字 而龍龕手鑑 至十六
萬餘字 契丹時遼僧所撰也 ……"(『芝峰類說』, 卷七, 經書部)
64) "予自受讀以來 常不協於心 今觀韻會釋封之註 封界也 疆也 看此予疑乃解"
(『太宗實錄』, 太宗 17年 5月)

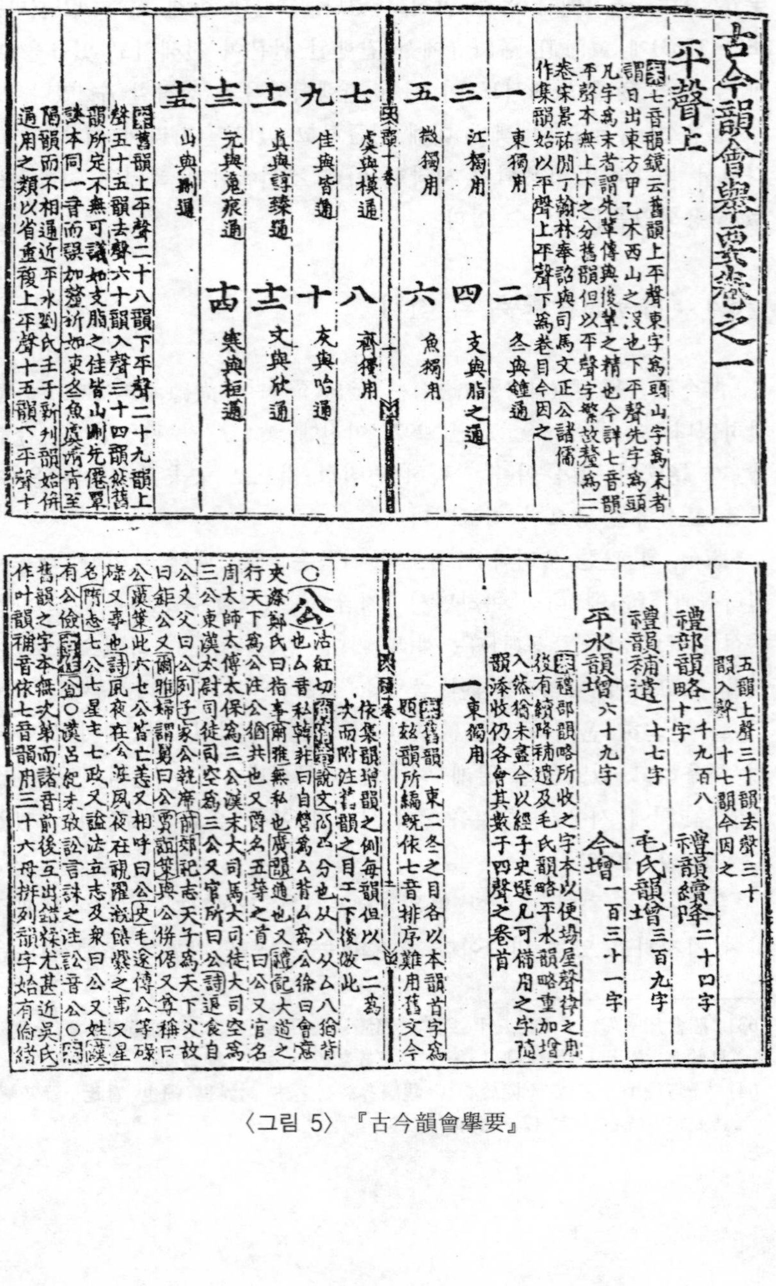

58

古今韻會擧要卷之一

平聲上

案七音韻鏡云舊韻上平聲東字烏頭山字烏末者
謂日出東方甲乙木西山之沒也下平聲先字烏末烏頭
凡字烏末者韻先聲傳與後聲之精也今詳七音韻
平聲本無上下之分舊韻先聲傳與後聲
卷宋景祐閒丁翰林奉詔與司馬文正公諸儒
作集韻始以平聲字目爲卷下爲目
韻以平聲字繁故整爲二

東部十卷

一　東獨用
二　冬與鍾通
三　江獨用
四　支與脂之通
五　微獨用
六　魚獨用
七　虞與模通
八　齊獨用
九　佳與皆通
十　灰與咍通
十一　真與諄臻通
十二　文與欣通
十三　元與魂痕通
十四　寒與桓通
十五　山與刪通

舊韻上平聲二十八韻下平聲二十九韻上
聲五十五韻去聲六十韻入聲三十四韻從舊
韻所定不無可議如支脂之佳皆刪先僊
韻本同一音而誤加分析如東冬魚虞庚清
隔韻而不相通近於省畫復上平聲十五韻下平聲十
通用之類以省畫復上平聲十五韻下平聲十

五韻上聲三十韻去聲三十
閒入聲一十七韻今附之

禮部韻略一千一百八
禮韻補遺二十七字　毛氏韻增三百九字
平水韻增六十九字　合增一百三十一字

一　東獨用

〔公〕沽紅切○說文通也从八从ム八背ム爲公
　也ム音私韓非曰背ム爲公○又漢爵名五
　等之首曰公○爾雅大司馬大司徒大司空三公
　周太師太傳太保爲三公○又官名周天
　天漢公卿大夫五官大司馬公府大司農
　大司尉公注見事○家語孔子爲魯司寇
　又曰公父文伯母○又姓○漢書公孫弘○
　又三國志公孫瓚○又複姓公羊公孫公
　玉公車公儀公伯公賓公孟公
　又卑公○又天子故○左傳公伯寮○

韻添所編姎俟七音排序難用舊文今
題舊韻增字之例一東二冬之目各以本韻首字爲
從俗韻有續添精遺及毛氏韻略平水韻略重加增
入於姎韻末盡今以四聲之卷首
仍各會其數於四聲之卷首

〈그림 5〉 『古今韻會擧要』

학가들에게 가장 중요한 운서로 인식되어 있었다. 이는 첫째, 이 운서가 세종대에 최초로 번역된 운서라는 점에서 추측이 가능하다. 세종 26년, 세종은 집현전의 학사들과 수양대군, 안평대군에게 『운회』를 번역할 것을 명하고 있다.[65] 다시 말하면 세종25년 12月에 훈민정음을 창제한 뒤 이를 이용하여 공식적으로 시도한 최초의 사업이 바로 『운회』의 언해이다. 이는 훈민정음 창제의 동기가 무엇이었는지를 살피는 데에도 매우 중요한 고려 사항이다. 그리고 공식적인 운서 언해 사업의 대상으로 『운회』가 선정되었다는 사실은 이 운서에 대한 당시의 관심도를 알 수 있게 해준다. 이 운서의 번역에 대군들이 일을 맡아 처리하도록 맡길 만큼 이 일은 매우 중요한 일이었으며, 그것은 곧 이 일의 비중을 보여주는 것이라 하겠다. 이에 따라 『운회』는 세종조를 위시한 조선 초기의 운서 가운데 가장 널리 쓰인, 대표적인 위치에 있었음을 알 수 있다. 이 운서가 우리나라에서 처음 복각된 것도 역시 세종조 때의 일로 세종 16년 경상도 밀양에서 30권 10책으로 복각된 것이 시초였다. (박병채 : 1983)[66]

둘째 이 책이 『동국정운』 편찬의 저본이 되었음은 이미 널리 알려진 사실이다. 『동국정운』은 그 편찬 의도, 목적 등이 『홍무정운』의 영향을 받았으나 音系에 관해서는 운회를 기반으로 하고 있다. 또한 『洪武正韻譯訓』이나 『四聲通攷』, 『四聲通解』 등 조선 초기 운서 편찬에도 대단한 영향을 끼쳤다.[67]

---

65) "命集賢殿校理崔恒 …… 姜希顔等詣議事廳 以諺文譯韻會 東宮與晉陽大君瑈 安平大君瑢 監掌其事 皆稟睿斷 賞賜稠重 供億優厚矣"(『世宗實錄』, 世宗 26 年 2月)

66) 김민수(1980)는 12책으로 복각하였다고 하여 약간의 차이를 보이고 있다.

67) "而獨於入聲 世俗率不用終聲 甚無謂也 蒙古韻與黃公紹韻會 入聲亦不用終 聲何耶"(『洪武正韻譯訓』, 序文)
　　"黃公紹作 韻會字音 則亦依蒙韻 而又緣蒙字有一音兩體之失 古今取其分音 之類也 …… 故今撰通解亦取韻會注解爲釋"(『四聲通解』, 凡例)

그런데 조선 초에 들어 대단히 중요한 운서로 여겨진 『고금운회거요』는 과연 어느 시기에 우리나라에 들어왔는가? 아쉽게도 여기에 대해서는 다른 운서들의 경우와 마찬가지로 확증할 만한 자료가 없다. 그러나 여러 정황으로 보아 이 운서가 고려시대에 사용되었을 것은 의심의 여지가 없다.

4 조선 초의 운서 사용 양상[68]

4.1 『東國略韻』의 편찬

漢詩를 바르게 짓기 위해서는 필수적으로 알아야 할 압운과 성운학에 대한 지식, 그리고 널리 사용된 중국 운서 등은 고려 말에 전래된 성리학적 학풍과 어우러지면서 자주적인 운서의 편찬이라는 새로운 경향으로 발전하게 되었다. 『삼운통고』는 이러한 경향을 가장 잘 보여주는 결과라고 여겨진다. 조선 초에 들어 이루어진 훈민정음의 창제와 『동국정운』, 『홍무정운역훈』 등의 편찬도 모두 고려 말에 나타난 이와 같은 학문적 경향의 결과들이다.

조선에 들어와 최초로 시도된 운서의 편찬은 『東國略韻』의 편찬일 것이다. 조선왕조실록에 따르면 太宗 16년(1416)에 左議政 河崙이 편찬하여 올린 『동국약운』을 인쇄하여 중외(中外)에 반포하도록 하였다는 기록이 있다.[69]

그러나 이 책은 현재 전혀 전하여지지 않고, 또 조선왕조실록의

---

68) 조선시대에 만들어진 운서 전반에 관한 고찰은 제2장 이후로 미루고 이 절에서는 조선 초에 나타난 운서편찬 시도와 『용비어천가』를 통해 알 수 있는 운서 사용 양상에 대해서만 간략히 기술한다.

69) "命印左議政河崙撰進東國略韻頒諸中外"(『太宗實錄』, 太宗 16年 4月)

위의 기록 이외에는 이 책과 관련한 기록이 어느 곳에도 나타나지 않는다.

따라서 이 책이 어떤 성격의 책이었는지는 현재로서는 확인할 수 없다. 다만 '~略韻'이라는 책의 이름으로 미루어 운서임에는 틀림이 없었을 것이며, 방대한 양의 운서가 아닌 간략한 규모와 내용을 담은 운서일 것이라는 점, 『東國正韻』과 마찬가지로 '東國'이라는 이름을 사용한 점, 편찬을 맡은 하륜이 조선 초기의 개혁적 정치가였고, 학문 부흥을 위한 十學의 설치를 건의하면서 '字學'을 포함시킨 점[70] 등을 감안할 때, 이 책은 당시 사용되던 중국 운서를 개혁하여 조선의 실정에 맞는 새로운 운서를 만들어내려는 의도에서 편찬되었던 것으로 짐작된다.

이 운서는 실제로 인쇄와 반포가 이루어졌는가조차 확인하기 어렵다. 이 책이 완성되지 못한 이유를 하륜의 사망(1416년)으로 인하여 편찬 작업이 중단된 것으로 보는 견해도 있으나(강호천: 1991), 위 기사에 따르면 일단 하륜에 의하여 『동국약운』 편찬은 완료된 것으로 보인다. 다만 여러 가지 이유로 인하여 실제로 인쇄와 반포의 과정이 이루어지지 않았던 것이 아닌가 짐작된다. 이 운서는 비록 印頒은 되지 않았다 하더라도 조선 초기에 나타난 운서 편찬에 관한 관심과 욕구를 보여주는 점에서는 상당한 의미가 있다 하겠다.

4.2 용비어천가의 반절 표기

반절은 중국 운서에서 한자음을 표기하는 가장 대표적인 방법이다. 따라서 중국 운서를 도입하여 사용했을 우리 선조들은 자연스레

---

70) "置十學 從左政丞河崙之啓也 一曰儒 二曰武 三曰吏 四曰譯 五曰陰陽風水 六曰醫 七曰字 八曰律 九曰算 十曰樂"(『太宗實錄』, 太宗 6年 11月)

개별 한자음의 반절표기에 익숙해져 있었을 것이다. 이는 고려시대 편찬된 각종 시화집이나 개인 문집들에서 자음의 구별을 위해 반절이 언급되어 있음을 통해 충분히 짐작되고 남는 일이다.

이런 관점에서 조선 초기의 운서 사용 양상을 살펴볼 수 있는 자료로 우리는 『龍飛御天歌』에 나타난 한자음의 반절 표기를 주목해 볼 필요가 있다. 『용비어천가』의 편찬자들은 이 책을 편찬하면서 읽기에 편하도록 한자의 음과 훈을 달았다.[71] 이 '音訓'은 본문 가사보다는 주로 註解 부분의 한자에 대하여 반절을 이용하여 기록되었다. 그렇다면 이 반절들은 어떤 운서를 기준으로 하여 표기되었을까를 분석해 볼 필요가 있다. 왜냐하면 이는 곧 당시 조선 초기의 가장 대표적인 운서가 어떤 것이었는가를 알아볼 수 있는 시금석이 될 수 있기 때문이다.

강신항(1994ㄱ)에 따르면 『용비어천가』 내의 한자 가운데 반절법으로 자음이 표시된 자는 전부 1,494자이다.[72] 그런데 이들 한자의 반절에 대한 검토결과는 당시 사용되었을 것으로 짐작되는 『고금운회거요』, 『홍무정운』, 『광운』, 『예부운략』, 『용감수경』 등의 반절과 거의 대부분 일치하고 있다고 한다. 더욱이 이들의 반절표기는 동국정운의 표시음과도 일치하지 않아 이들이 당시 현실음을 반영하고 있다고 판단할 수도 없다. 결국 조선 초기에는 특정 운서에 치우치지 않고 고려시대에 유입되었을 여러 운서가 모두 참고자료로 사용되었을 것으로 보인다. 이러한 결론은 그만큼 고려 말에서 조선 초에 걸치는 시기에 우리나라에 다양한 운서가 도입되어 있었음을 알게 해준다.

---

71) "粗敍其用事之本末 復爲音訓 而便觀覽"(『龍飛御天歌』, 跋文)

72) 이 가운데는 동일한 한자가 4종류의 반절로 자음이 표시된 것이 있고, 동일한 한자가 115회나 되풀이되어 표시된 것도 있다고 한다. 자세한 내용은 강신항(1994ㄱ)을 참조.

제 2 장
東音 表記 韻書

1 『東國正韻』

『東國正韻』은 조선조에 들어와서 처음으로 편찬·간행된 운서이다. 고려시대에는 중국의 운서를 원본 그대로 또는 복각하여 사용하거나, 『三韻通考』처럼 체제를 개편하여 사용하였다. 그러나 운서를 사용하는 목적이 한자음을 정확히 하기 위한 것이라는 점에서 보면 중국에서 만들어진 운서나 『삼운통고』는 분명한 한계를 드러내게 된다. 『삼운통고』에는 전혀 자음이 표시되어 있지 않으며, 중국 운서는 반절을 이용하여 한자음을 표기하고 있기 때문에 반절자의 자음을 알지 못하면 무용지물이 되기 때문이다. 또 표기된 반절자의 한자음은 화음을 반영하는 것이기 때문에 화음과 동음 사이에 음운 변동으로 인하여 나타나는 한자음의 괴리 역시 극복할 수 없는 일이었다.

한편 새로운 국가를 건설한 조선은 불교 국가였던 고려와의 차별성을 강화하기 위하여 유교를 국시로 하면서 이에 바탕한 새로운 문화 정책을 펼쳐 나가기 시작하였다. 태조와 태종의 국가 형성기를 거치면서 이룩된 국왕중심체제를 바탕으로 한 사회적 안정기에, 왕위에 오른 세종이 유교국가를 확립하면서 뛰어난 문화적 업적을 후세에 남기게 된 것도 이 같은 시대적 바탕을 가지고 있다.

64

성리학과 함께 고려 말에 유입된 중국 음운학도 이 시기에 새로운
학문체계로 주목되면서 당시 지식인 사이에서 유행되었고, 이를 바
탕으로 우리말의 음운에 관한 고찰이 비롯되었을 것으로 보인다. 이
때에 대두된 사업이 세종의 주도로 이루어진 훈민정음의 창제와 한
자음의 정리였다.

물론 이러한 성운학적 사업들은 전술한 『동국약운』의 편찬에서
보이듯 이미 조선 초부터 그 기운이 싹튼 것으로 보인다. 그러나 세
종대에 들어 훈민정음의 창제 과정에서 우리말과 한자음의 음운 구
조에 대한 치밀하고 철저한 분석이 이루어지고, 그 결과로 『훈민정
음』과 『동국정운』이 편찬된다. 훈민정음의 창제가 의미하는 우리 민
족의 고유한 표기수단 확보와 『동국정운』이 보여주는 한국 한자음
의 정리는 우리 민족문화의 자주성을 확립하고 국민교화 수단을 확
보한 매우 의미 있는 사업이었다.

1.1 편찬 사항

1.1.1 편찬의 경위

세종은 治世기간 동안 다양한 어문정책[1]을 입안·추진하여 조선

---

1) 세종이 입안·추진한 어문정책은 크게 다음 네 가지로 나뉜다. (강신항:
   1987)
   가) 고유 문자인 훈민정음의 창제
   나) 외래어음인 조선 한자음의 정리 — 표준 조선 한자음의 설정
   다) 중국 본토 표준 자음의 제시 — 표준 중국 자음의 제시
   라) 인근 제 민족어 학습을 위한 四學(漢, 蒙, 女眞, 倭學)의 장려
   한편 유창균(1988)은 세종조 언어학상의 성과를 다음 세 가지로 정리하였다.
   가) 고유문자의 제정 — 훈민정음
   나) 우리나라 표준한자음의 제정 — 동국정운

의 문화적 기틀을 공고히 하는 데 커다란 기여를 하였다.

세종의 어문정책은 결국 한글의 창제와 한자음 연구라는 두 가지를 축으로 하여 이루어졌는데, 이 일들은 그 사업의 선후관계를 명확히 하기 어려울 정도로 유기적인 관련 속에서 진행되었다.

훈민정음이 창제됨으로써 『동국정운』의 편찬을 위한 기초적 조건, 즉 한국 한자음 표기 수단의 확보라는 외형적 조건이 갖추어졌음은 분명한 사실이다. 그러나 훈민정음의 창제가 반드시 『동국정운』보다 선행되었다고 단언할 수도 없다. 이동림(1968)은 『동국정운』의 편찬은 훈민정음 원리의 직접적 방편을 만든 것으로 훈민정음 창제의 이론적 바탕을 만든 것으로 평가하였다. 남성우(1979)는 훈민정음은 순수 국어 語音만을 표기하기 위해 제정된 것이 아니며, 훈민정음은 『동국정운』을 이해시키기 위한 연습장적 구실을 한다고 말하고 있다. 물론 남성우의 견해는 다소 과장된 일면도 없지는 않다. 그러나 훈민정음의 창제를 위해 성운학 지식의 습득, 이를 통한 음운의 분석 과정에서 자연스레 우리 한자음에 대한 분석이 진행되었을 것이고 문자의 제정 과정에서 이들을 모두 표기하기 위한 방안이 마련되었으리라는 점은 매우 자연스런 일이다.

특히 주지하는 바와 같이 훈민정음의 초성체계가 23자모체계인 반면 당시 국어음에는 전탁음이 사용되지 않아 17자모만 쓰였다는 사실은 훈민정음 전체 체계가 무엇을 위하여 만들어졌는가를 다시 생각하게 해준다. 강신항(1984 : 40)이 지적하듯 훈민정음의 17자모가 중세국어의 음소 숫자와 일치하지 않는 원인은 이들이 15세기 중세국어를 직접 분석한 것이 아니라, 당시까지 전해오던 국어 한자음을 분석하였기 때문에, 이미 터득하고 있던 중국 음운학적 지식을 활용하여 이를 이론화한 것이다. 이 작업이 결국은 『동국정운』 편찬의

다) 중국어 표준발음의 표시 — 사성통고, 홍무정운역훈

바탕이 되었고 새로운 문자도 이 체계로 완성이 되었다고 보인다.

한자음의 연구와 정리에 관한 세종의 구체적인 첫번째 시도는 『韻會』의 번역으로 나타난다. 앞서 언급한 바와 같이 세종은 26년 2월 16일에 集賢殿校理 崔恒·副校理 朴彭年, 副修撰 申叔舟·李善老·李塏, 敦寧府 注簿 姜希顔 등에게 명하여 議事廳에 나아가 언문으로 『韻會』를 번역하게 하고, 東宮과 晉安大君 李瑈·安平大君 李瑢으로 하여금 그 일을 관장하게 하였다.[2]

이 기록을 그대로 의지하면 일단 『운회』의 번역 사업은 훈민정음의 창제 이후에 시작된 것으로 보인다. 『운회』는 일반적으로 『古今韻會擧要』를 말하는 것인데,[3] 이 운서는 元나라 黃公昭가 1292년

---

2) "命集賢殿 校理 崔恒 副校理 朴彭年 副修撰 申叔舟 李善老 李塏 敦寧府注簿 姜希顔等 詣議事廳 以諺文譯韻會 東宮與晋陽大君瑈 安平大君 瑢 監掌其事 皆稟睿斷 賞賜稠重 供億優厚矣"(『世宗實錄』, 世宗 26年 2月)

3) 운회가 무엇을 가리키느냐에 대해서는 다음과 같이 세 가지 의견이 있다.

　가) 『고금운회거요』설; 이동림(1970), 유창균(1979ㄱ), 성원경(1970), 강신항
　　 (1969)

　나) 일반 운서설; 강길운(1964)

　다) 『홍무정운』설; 박병채(1983)

　『운회』는 『고금운회거요』를 가리키는 말이다. 조선왕조실록에는 위의 기록 외에도 태종대와 세종대에 이미 여러 차례 『운회』가 기록되어 있는데 이들이 모두 『고금운회거요』를 가리키고 있다. 따라서 위의 기록에 나타난 『운회』만을 다른 것으로 해석할 수는 없다. 또 『홍무정운역훈』의 서문이나 『노걸대』 『박통사』 언해의 범례 등에 기록된 『운회』도 『고금운회거요』를 지칭하는 것이다.

　『운회』가 일반 운서를 가리킨다는 강길운의 주장은 여러 기록에 일반적으로 불특정 운서에 대해서는 명시적으로 운서라고 기록하고 있음을 보아, 이를 인정하기 어렵다. 예를 들어 최만리 등의 상소에서는 『운회』를 오히려 운서라고 지칭하고 있기도 하다. 또 이에 대한 세종의 대응 과정에서 세종은 "너희가 운서를 아느냐?"라고 꾸짖고 있다. 이 때 운서는 『운회』가 아니라 운서 일반에 대한 것으로 보아야 한다. 박병채의 『홍무정운』설은 강길운의 입장을 지지하면서 그에 덧붙여 나온 것인데, 강길운의 주장이 설득력이 없으므로 이 주장

이전에 편찬한 『古今韻會』가 지나치게 부피가 많고, 字意의 訓詁와 典據 인용에 치중하여 사용에 불편이 따랐기 때문에 이를 간략히 하여 1297년 熊忠이 다시 만든 것이다.[4] 현재 황공소의 원본은 전해지지 않으나 이 두 책의 운부는 서로 같은 것으로 알려져 있다.(왕력: 1980)

고려시대에 우리 나라에 수입된 『운회』는 세종 당시 과거 시험에 널리 사용되고 있었던 운서이다. 특히 실록의 기록에 의거하면 『운회』는 심음이나 시문 창작의 용도로 한자음을 확인하는 데 쓰였을 뿐 아니라, 한자의 주석을 확인하기 위한 용도로도 활용하였던 것으로 보인다.(정경일: 1998)

그런데 세종이 운회의 번역을 지시한 날로부터 4일 뒤에 최만리 등이 올린 상소에는

　　또 가볍게 옛사람이 이미 이룩한 운서를 고치고 근거 없는 언문을 附會하여 工匠 수십 인을 모아 刻本하여서 급하게 널리 반포하려 하시니, 천하 후세의 公議에 어쩌하겠습니까.[5]

라는 주장이 있다.

또한 받아들이기 어렵다.

4) 申叔舟는 『홍무정운역훈』 서에서 "蒙古韻與 黃公紹韻會 入聲亦不終聲 何也"라 하여 『운회』가 『고금운회』를 가리키는 것으로 말하고 있다. 따라서 현재 전하지 않는 운회가 세종 때에는 전해져 있었을 가능성도 생각할 수 있다. 그러나 고려시대의 기록이나 조선 초기의 기록에 모두 웅충의 『고금운회거요』만이 나타나는 것으로 보아 신숙주의 이 기록은 『고금운회거요』를 의미하는 것으로 이해된다. 아마 신숙주는 당시에 널리 사용되던 『고금운회거요』를 기록하면서 그 연원이 되는 황공소의 『고금운회』와 동일한 것으로 판단하고 표기한 것으로 보인다.

5) "又輕改古人已成之韻書 附會無稽之諺文 聚匠數十人刻之 劇欲廣布 其於天下 後世公議何如"(『世宗實錄』, 世宗 26年 2月)

최만리는 이 상소에서 세종이 고인의 운서를 함부로 고치려고 함을 비판하고 있다. 그는 구체적으로 운서의 이름을 말하지는 않았으나, 여기서 말하는 운서가 『운회』를 말하는 것임은 짐작하기에 어렵지 않다. 훈민정음의 창제를 반대하여 5개 항목의 내용을 담아 상소를 올린 최만리가 상소를 올린 직접적인 계기가 바로 『운회』의 번역이라고 볼 수도 있다. (강신항 : 1987, 157)

세종이 『운회』의 번역을 지시한 지 4일 만에, 최만리가 이에 반대하는 상소를 올린 것은 분명한 사실이나 이 책의 번역이 바로 이 시점에서 시작되었다고 생각되지는 않는다. 오히려 훈민정음의 창제를 비롯하여 이와 관련한 일련의 언어정책적 사업들이 대체로 그 진행과정이 비밀에 붙여진 채 진행된 사실에(이숭녕 : 1981, 3-38) 비추어 보아 이 일도 이보다는 앞서서 진행되었을 것으로 짐작된다.

그러던 것이 세종 26년 2월에 들어 이 사실이 더 이상 비밀을 유지하기 어렵게 진행되어 가자, 정식으로 세종이 이를 공개적으로 지시하였고 이에 대해 최만리도 정식으로 상소한 것으로 믿어진다. 이렇게 본다면 『운회』의 번역은 이미 상당히 오래 전부터 진행되어 왔으며 당시에 이미 상당히 진척을 보이고 있었던 것으로 보인다.

그러나 이와 관련한 기록이 이후에 전혀 나타나지 않고 있는 점으로 보아 이 사업은 곧 중단된 것으로 보인다. 이는 『운회』의 번역이 단순히 반절표기음을 훈민정음으로 대역하는 사업이었으므로 당시의 한자음의 잘못을 바로잡고자 했던 세종의 의도로 보아 전승 조선 한자음과는 너무도 체계가 다른 중국 본토 자음체계를 그대로 제시할 수는 없었기 때문으로 보인다. (강신항 : 1987, 46)

또한 세종이 새로운 언어정책 수립의 기준으로 삼았던 『홍무정운』의 음운체계와 상당한 차이를 보이는 『운회』를 그대로 언해할 경우 나타날 조선 한자음의 표준음 설정 기준 문제도 언해 사업의 걸림돌로 작용하였을 것이다.

그러나 이 사업의 중단이 곧 한자음 정리 사업의 실패를 의미하지
는 않는다. 세종의 한자음 정리사업은 『운회』의 체계를 바탕으로, 온
전히 한국 한자음에 대한 분석을 통한 새로운 운서를 만드는 일로
발전시켜 『동국정운』의 편찬으로 승화했다. 그리고 중국 운서의 언
해 사업은 그 대상을 『홍무정운』으로 바꾸어 진행되어 결과적으로
『홍무정운역훈』을 탄생시키게 된다.

그렇다면 한자음의 체계 분석이 이루어진 바탕 위에서, 『운회』의
번역사업을 승계하여 진행된 『동국정운』의 편찬이라는 구체적인 사
업은 대략 세종 26년 여름 이후에 시작된 것이 아닌가 짐작된다. 그
리고 운회의 번역사업은 홍무정운의 역훈사업으로 바뀌었으니, 세종
은 27년 1월부터 申叔舟와 成三問, 孫壽山 등을 요동에 보내서 韻
書에 대해 질문하여 오게 하였다.[6] 이 때 신숙주는 주로 黃瓚에게서
중국 음운체계에 대한 지식을 습득한다.[7]

그리고 이듬해인 세종 28년 9월에는 훈민정음 해례본이 완성되어
반포되었다. 우리는 훈민정음의 초성체계와 『동국정운』의 성모체계
의 일치로 미루어 보아 적어도 이 시기에 『동국정운』의 기초 작업인
우리 음운에 대한 분석이 마무리되었던 것으로 보인다.

그리고 이듬해인 세종 29년 9월 『동국정운』 전6권이 완성되고[8] 1
년 2개월의 인쇄 과정을 거쳐 세종 30년 11월 전국 各道와 성균관,

---

6) "集賢殿 副修撰申叔舟 成均館 注簿 成三問 行司勇孫壽山堯東韻書"(『世宗
    實錄』, 世宗 27年 1月)

7) "時適翰林學士黃瓚以罪配遼東 乙丑春命公隨入朝使臣 到遼東見瓚質問 公諺
    字飜華音 隨問輒解 不差毫釐 瓚大奇之 自是往還遼東凡十三度"(『保閒齋集』)
   "訓民正音一篇, ……中朝翰林學士黃瓚 時謫遼東 命三問等見瓚質問音韻, 凡
    往來遼東十二度乃成."(『增補文獻備考』 卷245, 藝文考 四)
   "世宗朝 遣申叔舟成三問等 到遼東 就黃瓚 質正語音字訓 成洪武正韻 四聲通
    攷等書 故我國之人賴之 粗知漢訓矣"(『成宗實錄』, 成宗 18年 2月)

8) "是月 東國正韻成"(『世宗實錄』, 世宗 29年 9月)

4부학당 등에 반포된다.[9]

1.1.2 편찬자

신숙주가 기록한 『동국정운』의 서문에 따르면, 편찬에 관여한 사
람들은 다음과 같다.

申叔舟　崔恒　成三問　朴彭年　李塏　姜希顔　李賢老　曹變安
金曾

이들 가운데 신숙주가 서문을 쓴 점으로 보아 그가 가장 중심적인
역할을 하지 않았나 생각된다. 특히 신숙주는 『동국정운』뿐 아니라
『홍무정운역훈』의 편찬에 가장 중심적인 역할을 수행하는데, 이는
그가 중국 음운이론을 배우기 위해 만났던 황찬이 그의 뛰어난 이해
력에 감탄하였다고 할 정도로 당시 문신들 사이에서 가장 음운이론
에 해박하였고, 아울러 중국어 실력이 뛰어났기 때문일 것이다.
　이보다 앞서 운회의 번역에 참여한 사람들은 다음과 같다.

　1) 編纂者 : 崔恒　朴彭年　申叔舟　李善老[10]　李塏　姜希顔
　2) 監掌者 : 東宮　晉陽大君　安平大君

이 두 사업의 참여자를 비교하여 보면 세종으로부터 『운회』를 언
해하도록 명령받은 6명은 모두 『동국정운』의 편찬에 참여하고 있고
이들 외에 성삼문, 조변안, 김증 등이 추가되었다. 이는 곧 두 사업

---

9) "頒東國正韻于諸道及成均館四部學堂"(『世宗實錄』, 世宗 30年 11月)
10) 李善老는 李賢老의 初名이다. (『민족문화대백과사전』, 李賢老 條)

이 하나의 연관성을 가지면서 규모 면에서 더 확대되었던 것으로 해석할 수 있게 한다.

그런데 『운회』의 언해를 담당한 6인은 모두 훈민정음의 창제에 직접 관여한 사람들로 음운이론에 밝은 사람들이었다. 그들 가운데 정인지와 성삼문이 『동국정운』의 편찬에 제외되어 있다가 성삼문은 뒤에 동참하게 된 것이다. 정인지는 훈민정음의 창제 당시 집현전의 대제학으로 훈민정음의 창제에 관여한 뒤에, 다시는 세종의 언어정책 사업에 직접 관여하지 않는다.

여기서 세종조의 중요한 언어학적 사업에 참여한 사람들이 어떤 일에 종사하였는지를 살펴보도록 하자.

〈표 1〉 세종조 운서 편찬 사업의 참여자

편찬사업 참여자	훈민정음 창제	운회 언해	동국정운 편찬	홍무정운역훈 편찬
정인지	○			
최 항	○	○	○	
박팽년	○	○	○	
신숙주	○	○	○	○
성삼문	○		○	○
이현로	○	○	○	
이 개	○		○	
강희안	○	○	○	
조변안			○	○
김 증			○	○
손수산				○

72

이를 검토하여 보면 『운회』의 언해에 참여한 사람들은 모두 훈민
정음의 창제에 관여한 사람들이다. 이들은 모두가 세종의 측근으로
서 운학에 조예가 깊었을 뿐 아니라 세종의 언어정책에 시종 참여하
여 세종시대 우리말 연구의 금자탑을 이룬 신하들이다. (박병채 : 1983,
17)

『동국정운』의 편찬에 『운회』의 언해사업에 제외되었던 성삼문이
보강되고, 이들 외에 조변안과 김증이 추가된 것은 아마 이들이 중
국어에 대한 조예가 뛰어났기 때문일 것이다. 특히 조변안과 김증은
신숙주, 성삼문과 함께 『홍무정운』의 역훈 사업에 참여하는데, 이는
이들이 중국어에 능통하였음을 입증하는 사례가 된다.

따라서 단순히 『운회』의 반절음을 귀납하여 훈민정음으로 일 대
일로 대응시켜 언해하려던 세종의 계획은 일단계 발전하여 『동국정
운』의 편찬으로 발전하였고, 이 과정에서 중국어에 대해 잘 알고 있
던 사람들을 보강하여 중국 원음에 가까운 새로운 한자음을 설정하
게 된 것이다.

1.1.3 편찬의 동기

1.1.3.1 『洪武正韻』의 영향 — 정책적 배경

세종이 『동국정운』을 편찬한 배경에는 『홍무정운』의 영향이 지대
하였다. 중국한자음 통일이라는 『홍무정운』 편찬의 정책적 의도가
세종이 생각하고 있던 한국 한자음의 정리라는 생각과 일치하였기
때문이다.

『홍무정운』은 明 太祖 8년(1375)에 樂韶鳳, 宋濂 등이 칙명을 받
들어 편찬한 운서이다. 명나라는 원나라의 뒤를 이어 천하를 통일한
뒤 이를 효과적으로 다스리기 위하여 南京과 北京의 兩京을 설치한
다. 그런데 이들 사이의 방언차가 너무 심하여 통치에 어려움이 나

타나자 이를 극복하기 위하여 새로운 한자음체계를 수립하기에 이르
른 것이 바로『홍무정운』의 편찬으로 나타난다.
『홍무정운』의 편찬동기는 송렴의 서문에 잘 나타나 있다. 서문에
서는 명 태조가『홍무정운』을 편찬하도록 한 경위를 다음과 같이 기
록하고 있다.

　황제께서 옛것을 높이시고 문학을 숭상하시어 정사를 돌보시는 가운데
에도 친히 운서를 살피시다, 그 분류함이 올바름을 잃고 실제 언어생활의
성음과 어긋남을 보시고, 우리들을 부르시어 말씀하시기를, 운학은 양자
강 하류에서 일어난 것이기 때문에 이제 크게 정음(正音)을 잃었다. 지금
홀로 쓰이지만 마땅히 함께 쓰여야 하는 것에는 동(東)과 동(冬)운, 청
(淸)과 청(靑)운 등이 있고, 함께 쓰이지만 마땅히 두 가지로 나뉘어야
하는 것에는 우(虞)와 모(模)운, 마(麻)와 차(遮)운 등이 있다. 이런 예를
다 들 수 없으니 경들은 마땅히 음운에 통달한 사람에게 널리 물어서 책
을 거듭 만들어서 정할지어다.[11]

　결국 양자강 하류, 즉 남방음을 중심으로 한 운학의 발달과 이에
따른 운서의 발달은 당시 명의 중심지였던 북방 한자음의 실상을 명
확히 드러내주지 않기 때문에 정음(正音)을 잃었다는 것이다. 따라서
명태조의『홍무정운』편찬 의도는 정음을 되찾기 위한 것이다. 그가
새로운 운서의 이름을 '--정운'이라고 한 의도가 분명히 드러난다.
　그러면 명 태조가 생각한 正音은 어떤 음인가?『홍무정운』의 범
례는 이를 다음과 같이 정의한다.

---

11) "皇上 稽古右文 萬機之暇 親閱韻書 其見比類失倫 聲音乖舛 召詞臣 喩之曰
韻學起於江左 殊失正音 有獨用當倂爲通用者 如東冬淸靑之屬 亦有一韻 當析
爲二韻者 如虞模麻遮之屬 若斯之類 不可枚擧 卿等當廣詢通音者 重刊定之"
(『洪武正韻』, 序文)

74

어떤 것이 正聲인지 알고자 하면, 각 지방 사람들에 두루 통하여 이해
되는 음이 바로 정음이다. 심약이 한쪽 지방의 오음으로 천하의 음을 통
일하려 한 것은 어려운 일이었다.[12]

각 지방 사람들에 두루 통하는 "五方之人이 다 通解하는 음"을
정음이라 생각하였던 『홍무정운』 편찬자들은 남북조 시대부터 남조
에서 발전해 온 운서들을 '吳音'계라 규정하고, 이 음계를 가지고는
「正音」을 삼을 수 없으니 새로운 음계를 제시해야 한다고 하였던
것이다. (강신항: 1987, 44)

그렇다면 『홍무정운』이 지향하는 정음은 중국의 모든 방언적 차
이가 무시된, 현대적 개념의 표준어를 가리키는 것이다. 이러한 정음
관은 이미 육법언이 『절운』에서 언급한 바와 동일한 관점이다. 육법
언은 『절운』을 편찬한 동기를 "널리 문로를 넓히고, 스스로 청탁에
통하게 하고자 하였다"고 밝히고 이를 위해 "남북의 시비와 고금의
막히고 통합을 논하여 정밀하고 절실한 것은 취하고, 소략하고 느슨
한 것은 없이 하여" 절운을 만들었다고 서문에 기록하고 있다.[13] 따
라서 『홍무정운』의 편찬 의도는 중국 운서의 역사 속에 꾸준히 이
어온 표준한자음의 제시라는 기본 취지를 그대로 계승하고 있는 것
이다.[14]

---

12) "欲知何者爲正聲 五方之人皆能通解者 斯爲正音也 沈約以區區吳音 欲一天
下之音難矣"(『洪武正韻』, 凡例)
13) "欲廣文路 自可淸濁皆通 …… 論南北是非 古今通塞 欲更捃選精切 削除疏
緩"(『切韻』, 序文)
14) 이런 관점은 최근까지도 이어져 온다. 林尹(1977: 14)은 방언적 차이를 없앤
공통음을 '普通音'이라 하고 그 조건을 다음과 같이 들었다.
　(一) 全國多數人能發之音　(二) 韻最簡少之音
　그리고 이 조건에 가장 잘 부합되는 말이 直隸, 山東, 山西 등 이른바 북부
의 음인데 이들은 가장 紐韻이 간단하고, 지역이 광대하기 때문이라 했다.

『동국정운』도『홍무정운』의 이와 같은 취지를 그대로 따르고 있다. 서문에 따르면 명 태조와 마찬가지로 세종도 "일찍이 학문에 뜻을 두었고, 정사를 돌보는 가운데에도 한자음의 정리에 뜻을 두어 신하들을 불러 일을 맡기시고, 널리 전적을 참고하여 올바름을 회복하라 하시고, 마지막에는 모두 임금의 재가를 받도록"[15] 하고 있음을 볼 수 있다. 한 나라의 문화정책을 책임지는 제왕의 모습이 마치 약속이나 한 듯이 닮아 있다. 이러한 서술은 세종의 한자음 정리의 의지가 무엇으로부터 비롯되었는가를 충분히 짐작하게 해주는 대목이다.

결국 몽고족의 지배로부터 漢族의 천하를 회복한 뒤, 혼란에 빠진 남북 간의 한자음을 통일하겠다는 명 태조의 의지는, 세종에게는 새로운 나라의 건국과 함께, 중국의 원음으로부터 벗어나 혼란에 빠진 조선 한자음을 정리하여 표준이 되는 한자음을 만들겠다는 포부로 계승되었다고 하겠다.

1.1.3.2. 조선 한자음의 개정

『동국정운』의 편찬자들은 당시 우리 한자음이 중국 한자음과 달라져 있음을 알고 이를 바로잡고자 운서를 편찬하려고 하였다.

신숙주는『동국정운』의 서문에서 중국 음운과 우리나라 음운의 차이를 지리적 차이에 의한 풍토의 다름에 기인하는 것으로 설명하고 있다. 다음의 서문 기록을 읽어보자.

　대저 음(音)이 다르고 같음이 있는 것이 아니라 사람이 다르고 같음이

---

15) "恭惟我 主上殿下 崇儒重道 右文興化 無所不用其極 萬機之暇 慨念及此 爰命臣叔舟 …… 旁採俗習 博考傳籍 本諸廣用之音 協之古韻之切 字母七音 淸濁四聲 靡不究其源委 以復乎正 臣等才識淺短 學問孤陋 奉承未達 每煩指顧 乃因古人編韻定母 可併者併之 可分者分之 一併一分 一聲一韻 皆稟宸斷 而亦各有考據"(『東國正韻』, 序文)

있고, 사람이 다르고 같음이 있는 것이 아니라 지방이 다르고 같음이 있나니, 대개 지세(地勢)가 다름으로써 풍습과 기질이 다르며, 풍습과 기질이 다름으로써 호흡하는 것이 다르니, 동남(東南) 지방의 이(齒)와 입술의 움직임과 서북(西北) 지방의 볼과 목구멍의 움직임이 이런 것이어서, 드디어 글뜻으로는 비록 통할지라도 성음(聲音)으로는 같지 않게 된다. 우리나라는 안팎 강산이 스스로 한 구역이 되어 풍습과 기질이 이미 중국과 다르니, 호흡이 어찌 중국음과 서로 합치될 것이랴. 그러한즉, 말의 소리가 중국과 다른 까닭은 이치의 당연한 것이고, 글자의 음에 있어서는 마땅히 중국음과 서로 합치될 것 같으나, 호흡의 돌고 구르는 사이에 가볍고 무거움과 열리고 닫힘의 동작이 역시 반드시 말의 소리에 저절로 끌림이 있어서, 이것이 글자의 음이 또한 따라서 변하게 된 것이다.[16]

이러한 인식은 정인지에게도 동일하게 나타난다. 그는 『훈민정음』의 발문에서,

천지(天地) 자연의 소리가 있으면 반드시 천지 자연의 글이 있게 되니, 옛날 사람이 소리로 인하여 글자를 만들어 만물(萬物)의 정(情)을 통하여서, 삼재(三才)의 도리를 기재하여 뒷세상에서 변경할 수 없게 한 까닭이다. 그러나 사방의 풍토(風土)가 구별되매 성기(聲氣) 또한 따라 다르게 된다.[17]

___

16) "夫音非有異同 人有異同 人非有異同 方有異同 盖以地勢別 而風氣殊而呼吸異 東南之齒唇 西北之頰喉是已 遂使文軌雖通 聲音不同焉 矧吾東方 表裏山河 自爲一區 風氣已殊於中國 呼吸豈與華音相合歟 然則語音之所以與中國異者 理之然也. 至於文字之音 則宜若與華音相合矣 然其呼吸旋轉之間 經重翕闢之機 亦必有自牽於語音者 此其字音之所以亦隨而變也"(『東國正韻』, 序文)

17) "有天地自然之聲 則必有天地自然之文. 所以古人因聲制字 以通萬物之情 以載三才之道 而後世不能易也. 然四方風土區別 聲氣亦隨而異焉"(『訓民正音』, 鄭麟趾 跋文)

라고 하였다.

이와 같이 음운의 차이를 지리와 풍토의 차이로 인식하고 있었던 것은 당시 음운학자들의 일반적 인식이었던 것으로 보인다. 『홍무정운역훈』에도 이와 동일한 견해가 피력되어 있음을 볼 수 있다.[18]

물론 이러한 견해가 우리나라에만 있었던 것은 아니었다. 이는 중국에서는 이미 일반화된 견해였다. 중국에서 운서가 발달하게 된 직접적인 원인도 바로 이와 같은 지리적 차이로 인하여 분화된 언어체계를 표준화하기 위한 의도에서 비롯된 것이기 때문이다. 육법언은 『절운』의 서문에서 당시에 편찬되었던 여러 운서들의 이름을 거론한 뒤 이들이 모두 일정한 지역의 한자음을 근거로 하고 있기 때문에 그 음들 사이에 서로 어긋남이 있음을 말하고, 이것을 바로잡아 하나로 하려는 것이 『절운』 편찬의 근본 동기임을 밝혔다.[19]

이미 육법언의 시대에도 지역적 차이에 의한 방언 차이가 존재하고 있었는데, 하물며 언어적 차이가 엄연히 존재하는 중국과 우리나라의 경우에는 당연히 그 한자의 음이 다를 수밖에 없었다. 위 서문에 나타나는 신숙주를 비롯한 당시 음운학자들의 언어에 대한 기본적 인식은 비교적 정확했던 것으로 보인다. 즉 언어를 절대 유일무변의 존재로 본 것이 아니라 기후와 풍토가 바뀌면, 즉 언어를 사용하는 언중이 바뀌면 달라질 수 있다고 한 점은 탁견이라 할 수 있다.

그런데 여기서 한 가지 이해할 수 없는 부분이 발생한다. 풍토설을 충실히 따른다면 동일한 한자라 하더라도 그 음이 중국과 우리나라에서 달리 읽히는 것은 당연한 일이다. 한자의 음이 상호 동일하지 않은 것은 오히려 정상적인 현상으로 받아들일 수 있었을 것이라

---

18) "蓋四方風土不同 而氣亦從之 聲生於氣者也 故所謂四聲七音 隨方而異宜" (『洪武正韻譯訓』, 序文)

19) "呂靜韻集 夏侯詠韻略 楊休之韻略 周思言音韻 李季節音譜 杜臺卿韻略 等 各有乖互 江東取韻 與河北復殊 因論南北是非古今通塞"(『切韻』, 序文)

78

는 점이다. 그런데 이를 잘 알고 있었을『동국정운』의 편찬자들은
왜 한국 한자음을 중국 한자음의 체계로 환원하려 한 것일까?

결과적으로 풍토설에 따른 언어변이를 인정하지 않으려는 태도를
보여주고 있는데, 이는 중국의 학문에 대한 예속의 결과로 이해할
수밖에 없을 듯하다. 신숙주는『동국정운』을 편찬하게 한 세종의 뜻
을 '崇儒重道'와 '右文興化'의 두 가지로 이해하였다.[20] 세종의 이 생
각은 물론 조선의 건국 이래 주창되어 온 事大慕華와 崇儒抑佛策의
변형된 양상이라고 여겨지는데, 이에 따라 한자와 한문 교육의 필요
성이 더욱 증진되었다. 특히 사대교린을 위한 역관의 양성을 위해서
는 정확한 한자음의 습득이 필수적으로 선행되어야 한다.[21] 이와 같
이 한학에 대한 탐구열이 증대할수록 언어와 문자의 불일치에서 오
는 혼란이 가중되었다고 보는 것이 일반적인 견해이다.

구체적으로 중국 한자음과 우리 한자음의 차이를 가져온 원인은
무엇이었는가? 신숙주는 이렇게 된 가장 중요한 원인으로 다음 두
가지를 지적하였다.[22]

1) 올바른 한자음을 정확히 알려주는 책이 없었다.
2) 어리석은 선비들이 반절법을 알지 못하였다.

1)은 한자음을 표기하는 수단이 없었다는 점에서 당연한 지적이
다. 구전을 통하여 한자음을 학습하고 전승하는 상황에서는 불가피

<hr>

20) "恭惟我 主上殿下 崇儒重道 右文興化 無所不用其極 萬機之暇 慨念及此爰
命臣叔舟 …… 以復乎正"(『東國正韻』, 序文)
21) 조선의 역관 양성제도에 관해서는 강신항(1978ㄴ, 2000ㄴ) 참조. 역관 양성을
위한 역학서에 대해서는 정광(2002) 참조.
22) "曾無著書 以傳其正 庸師俗儒 不知切字之法 昧於紐躡之要"(『東國正韻』, 序
文)

하게 나타날 수밖에 없는 폐해였다. 2)는 고려 말과 조선 초의 학문
사회에 대한 비판이다. 이미 고려시대에 운과 운서에 대한 지식은
전래되어 있었다. 그러나 고려시대의 학자들은 성운학에 대한 정확
한 지식을 습득하고 있지 않았던 것으로 보인다. 그들은 단지 운에
맞춰 시를 짓고 이를 평하는 일에는 능숙하였지만 음운이론으로서의
성운학 이론은 접촉을 하지 못하였었다. 이에 대해 새로이 성리학을
접하고 아울러 음운이론으로서 성운학을 익히게 된 신숙주로서는 한
자음의 혼란이 야기된 이유를 반절법으로 대표되는 성운 이론의 무
지에서 찾고 있는 것이다.

이에 따라 우리 한자음에는 다음과 같은 잘못된 현상들이 나타났
다.[23]

1) 자체가 비슷하면 하나로 음을 삼았다.
2) 전대의 휘(諱)를 피하기 위하여 다른 자의 음을 빌려서 썼다.
3) 두 글자를 합하여 하나로 삼았다.
4) 한 글자를 나누어 두 음으로 만들었다.
5) 다른 자를 차용하였다.
6) 점과 획을 가감하였다.
7) 한어(漢語)나 이어(俚語)를 따랐다.

이렇듯 여러 방면에서 나타난 잘못된 모습들을 기술하고 있는데,
결국 字母와 七音, 淸濁과 四聲 등 한자음의 모든 분야에서 변화가
발생하였다.[24] 그리고 이렇게 한번 잘못된 한자음은 바로 잡아지지

---

23) "或因字體相似而爲一言 或因前代避諱而假他音 或合二字爲一 或分一音爲二
    或借用他字 或加減點畫 或依漢語 或從俚語 而字母七音淸濁四聲 皆有變
    焉."(『東國正韻』, 序文)
24) "字母七音淸濁四聲 皆有變焉"(『東國正韻』, 序文)

않고 그대로 전승되어 갔던 것이다. 이러한 잘못을 궁극적으로 字學과 韻學에 대한 지식의 결여와 언어의 차이에서 오는 것으로 판단하였다.(유창균: 1979ㄱ) 이에 따라 잘못된 한자음은 한학의 습득에 커다란 장애가 되었던 것이다.

따라서 이를 정리하여 올바른 한자음을 만들려고 한 것이 바로 『동국정운』 편찬의 제일의적 목적이다. 이에 대해 신숙주는 "그 동안 몇몇 유학자들이 개인적으로 이를 고쳐 자녀들을 가르치고 있으나, 이는 너무 크고 중대한 일이라 아직도 구습에 빠진 이들이 많다. 만일 이를 크게 바로잡지 않으면 오래도록 폐단을 바로잡지 못할 것이라"[25]고 하여 한자음 교정의 중요성을 강조하고 있다.

그렇다면 이를 바로 잡으려면 어떻게 해야 하는가? 신숙주는 이에 대해 다음과 같은 다섯 가지 방식을 제시하였다.[26]

1) 세속의 습관을 두루 채집한다.
2) 전해오는 문적을 널리 상고한다.
3) 널리 쓰이는 음(音)에 기본을 두고 옛 음운의 반절법에 맞춘다.
4) 자모(字母)의 칠음(七音)과 청탁(淸濁), 사성(四聲)을 연구하여 바로잡는다.
5) 옛사람이 편성한 음운과 자모를 합쳐야 할 것은 합치고 나눠야 할 것은 나눈다.

---

25) "世之 爲儒師者 往往 或知其失 私改之以敎子弟 然重於擅改因循舊習者多矣 若不一大正之則 愈久愈甚將有不可救之弊矣"(『東國正韻』, 序文)
26) "旁採俗習 博考傳籍 本諧廣用之音 協之古韻之切 字母七音 淸濁四聲靡不究其源委 以復乎正 …… 乃因古人編韻定母 可併者併之 可分者分之 一併一分 一聲一韻 皆稟宸斷 而亦各有考據"(『東國正韻』, 序文)

東國正韻卷之一

一掯　肯　亙　亟
平　　上　去　入

君
ㄱㆆ

矜
平

掯掯
同　上

亙恆
韻　又千韻

縆絚
上同又　又掯
亙干韻　韻

絚絙
又韻　又掯
干韻　韻

鮣
同上

絚
上

競

堩
ㄱㆆ
入

亟
同上
韻

葯
又
韻

蕋
同上

兢

殛極
上同又
本韻

恆革
極韻
又隔
韻

棘棘
隔　又本
韻　韻

棘
同上

鮣

東
上同又
穀彼
韻

欯
ㄱㆆ
上

掯
韻

肯

82

이 다섯 가지 방식은 결국 현실적으로 사용되고 있는 조선 한자음과 운서의 반절에 나타난 규범음의 조화를 목표로 하고 있다. 조선 한자음의 검토 대상은 종래 우리나라에서 읽히던 모든 전적들과 한자음들이며, 이를 교정하면서 기준으로 삼은 것은 옛 음운의 반절법, 즉 중국의 전통 운서음이다. 그러나 신숙주는 모든 한자음을 철저히 중국식으로 바꾼다는 것은 이미 불가능함을 알고 있었다. 그렇기 때문에 이들은 일단 옛 운서를 기준으로 하되, 합할 것은 합하고 나눌 것은 나누어서, 즉 우리 음운체계에 따라 다시 정리하여 한자음을 개정한 것이다. 어느 한쪽을 일방적으로 지지하거나 수용하는 것이 아니라 현실에 바탕을 둔 새로운 규범화의 입장이다.

이에 따라 한자음을 분석·정리한 뒤에 이들을 다음과 같이 정하여 『동국정운』을 완성하였다.[27]

1) 四聲으로써 한자를 나누고 91韻과 23字母를 정한다.
2) 훈민정음으로 그 음을 정한다.
3) 質韻, 勿韻 등은 以影補來로 속음을 바로잡아 정음에 맞게 한다.

1.2 체제와 형식적 특징

1.2.1 체제

『동국정운』은 모두 6권 6책인데, 각 책의 판광은 가로가 15.7cm 세로가 23cm이며, 界隔은 無界, 본문이 매면 7행에 매행 1자, 주는 쌍행, 서문은 매면 9행에 매행 13자이다. 판심에는 내향흑어미가 있

---

27) "於是 調以四聲 定爲九十一韻二十三母 以御製訓民正音定其音 又於質勿諸
韻 以影補來因俗歸正 舊習譌謬 至是而悉革矣"(『東國正韻』, 序文)

고, 상·하의 어미 사이에는 「正韻」이라는 판심제와 권차 및 장차가
표시되어 있다.

서문의 큰 자와 본문의 작은 자는 初鑄甲寅字이고, 본문의 한글,
한자 大字는 木活字이다.[28]

체제는 다음과 같다.

序文
目錄
本文

서문은 신숙주가 기록하였다. 목록에는 26운류, 91운목이 나열되어
있고, 곧바로 본문에 한자음이 기록되어 있다. 여타의 운서에 비해
범례가 없어 『동국정운』의 유래와 자음계통의 연원 등을 파악하는
일이 쉽지 않아 아쉬운 점으로 남는다.

1.2.2 편운방식

주지하는 바와 같이 대부분의 중국 운서는 대체로 다음의 세 단계
를 거쳐 운서를 편찬한다.

1) 사성의 구분
2) 운목의 구분
3) 성모의 구분

---

28) 천혜봉(1991)은 이 활자를 '東國正韻字'라고 칭하고 이 활자로 찍은 책을 일
　　컬어 '東國正韻字本'이라 하였다. '동국정운자'의 연원에 대해 유창균(1979)은
　　교정과 정서의 임무를 맡았던 강희안의 필적으로 추정하고 있는 반면, 천혜봉
　　(1991)은 수양대군의 필적으로 추정하고 있다.

첫단계는 모든 한자를 평상거입의 사성으로 나누는 일이다. 이에 의거하여 절운계 운서는 평성으로부터 입성의 순으로 체제가 짜여진다. 예를 들어『광운』은 평성을 다시 상하로 나누어 제1권은 상평성, 제2권은 하평성의 한자를 수록하고 제3권은 상성, 제4권은 거성, 제5권에 입성을 배열하였다.

다음 단계는 동일 성조 내에서 다시 운목의 구분이 이루어진다. 이를 흔히 '大韻'이라 일컫는다. 운목의 숫자는 당시 어음의 상황과 편자의 주관에 따라 늘기도 하고 줄기도 한다.[29)]

다음 단계는 동일 운모를 가지는 한자 가운데 동일 성모를 가지는 한자를 모으는 일이다. 이처럼 동일한 성모와 운모를 가지는 한자들의 분류를 '小韻'이라 한다. 결국 하나의 소운에 속한 자들은 동음이의자들이다.

그러나『동국정운』은 이들 중국 운서와 다른 체제로 편운하였다.『동국정운』은 91운목을 성조를 무시하고 평상거입의 운목들을 하나로 묶어 26운류로 나누었다. 즉 성조의 변별력을 중시하는 중국 운서에 비해『동국정운』은 운미와 운복의 변별력을 상대적으로 더욱

---

29) 주요 중국 운서의 성조별 운목의 숫자는 다음과 같다.

운서명 \ 성조	평성	상성	거성	입성	계
切韻	54	51	56	32	193
廣韻	57	55	60	34	206
集韻	57	55	60	34	206
壬子新刊禮部韻略	30	30	30	17	107
平水新刊禮部韻略	30	29	30	17	106
洪武正韻	22	22	22	10	76
中原音韻	19	19	19	.	57

중시한 결과이다. 이렇게 성조의 변별성을 무시하고 통합하는 편운
방식은 이미 『삼운통고』에서 비롯된 것이다.

다음 동일 운류에 속한 자들은 다시 23자모순으로 나뉘고 동일 자
모 내부에서 사성에 의한 구별이 이루어진다. 즉 성조의 구별은 가
장 최종적인 요소가 되어버렸다.

한편 본문의 한자 배열방식은 중국식의 통단배열 방식을 취하고
있다. 이는 『광운』이나 『예부운략』, 『고금운회거요』 등 중국 운서의
방식이다. 『동국정운』의 편찬 당시 이미 3단체제로 편찬된 『삼운통
고』가 실용되고 있었으나 『동국정운』은 이를 따르지 않고 중국식을
채택하였다.

1.2.3 字數와 字順

이 운서에 수록된 한자는 모두 18,775자이고 중복된 글자를 제외
하면 14,243자이다.(성원경, 1975) 이는 『예부운략』의 9,590자, 『운회』
의 12,652자보다 상당히 증가된 숫자이다.

수록된 한자의 배열 순서는 다음 기준에 따른다.

1) 운류 — 26운류
2) 중성모음 — 11모음
3) 자모 — 23자모
4) 성조 — 4성

한자의 배열 순서는 91운목을 평성을 기준으로 26개의 운류로 취
합하여 모은 뒤 각 운류 내부에서는 다시 중성모음의 순서로 한자를
배열한다.[30] 26개의 운류는 91운목을 취합한 결과인데 운미를 기준으
로 삼았다. 즉 1~7운류는 /-ŋ/류, 8~12운류는 /-n/류, 13~15운류

는 /-m/류로 양운미를 취하고 있고, 여기에 각각 /-k, -l(←t), -p/의
입성운이 상배되어 있다. 그리고 16~26운류는 음성운이다. 이 중 1
6~17운은 效攝, 流攝자의 운미 /-w/를 재구하여 'ㅸ'으로 종성을
표기하였고 18~26운은 무운미의 음성운자이지만 훈민정음의 成字
法에 따라 무음가의 후음'ㅇ'을 표기한 것이다. 따라서 『동국정운』
한자음의 종성 순서는 'ㆁ, ㄴ, ㅁ, ㅸ, ㅇ'으로 되어 있다. 이 순서는
임의적인 것이 아니라 훈민정음의 오음 순서에 의거한 것이다.

이를 도표로 나타내면 다음과 같다.

<표 2> 『동국정운』의 운류 분류

운 미		운 류	비 고
양운미	-ㆁ(ŋ)	拖, 觥, 肱, 公, 江, 弓, 京	1운~ 7운
	-ㄴ(n)	根, 昆, 干, 君, 鞬	8운~ 12운
	-ㅁ(m)	簪, 甘, 箝	13운~ 15운
음운미	-ㅸ(w)	高, 鳩	16운~ 17운
	-ㅇ(ø)	貴, 傀, 佳, 嬀, 雞, 孤, 歌, 拘, 居	18운~26운

다음 중성모음의 순서는 훈민정음의 모음 순서인 'ㆍ, ㅡ, ㅣ, ㅗ,
ㅏ, ㅜ, ㅓ, ㅛ, ㅑ, ㅠ, ㅕ'의 순서를 따른다. 예를 들어 제1운류인 '拖
肯亘亞'의 경우를 살펴보면 이 운류의 중성모음은 'ㅡ, ㅣ, ㆍ'의 세
종류만 나타나므로 초성에 상관없이 이들 모음을 지닌 한자를 우선
적으로 배열한다. 그리고 가장 먼저 나타나는 'ㅡ' 모음을 가진 한자
가운데 초성의 순서대로 다시 배열한다. 동일 중성모음을 가지는 한

---

30) 91운목의 자세한 내용은 1.4.2.2.2에서 상술한다.

　자들은 23자모의 순서에 따라 초성자음의 순서로 이를 나누고 동일 초성자음을 가지는 한자들은 평상거입의 순서로 배열된다.

　초성의 순서는 23자모의 순서이므로 가장 먼저 나타나는 한자음은 君母의 '궁'이 된다. 그리고 이 '궁'의 성조에 의거하여 다시 나누어지므로 군모에 속한 한자음은 '궁(平聲) : 궁(上聲)·궁(去聲), 극(入聲)'의 순서가 된다. 그리고 다음에 快母의 한자가 역시 성조의 순서로 이어진다.

　『동국정운』의 첫 한자음이 '궁'인 것은 중성모음이 'ㆍ'인 한자로서 초성 군모와 종성 ㆁ을 가지는 한자, 즉 'ᄀᆞᆼ'에 해당하는 한자가 없었기 때문이다.

　초성은 아설순치후의 오음 순서에 따라 배열하였다. 오음의 순서는 자모체계를 이루는 가장 중요한 요소이다.

　현전하는 자료 가운데 자모의 체계에 관한 가장 이른 자료는 唐代에 나온 30자모이다. 이는 敦煌의 고대 유물들 사이에서 출토되었는데, 돈황에서 출토된 유물에는 字母와 관련한 두 건의 유물이 있었다. 그 중 하나가 현재 프랑스 파리 국립도서관에 보관 중인 『守溫韻學殘卷』이다. 이 책에는 '南梁漢比丘 守溫述'이라고 기록되어 있어 지은이가 華僧인 守溫임을 알 수 있는데, 여기에는 30자모가 다음과 같이 수록되어 있다.

```
脣音    不芳並明
舌音    端透定泥 是舌頭音
        知徹澄日 是舌上音
牙音    見溪群來疑 等字是也
齒音    精淸從 是齒頭音
        審穿禪照 是正齒音
喉音    心邪曉 是喉中音淸
        匣喩影 亦是喉中音濁
```

守溫의 30자모 배열 순서는 '순음 → 설음 → 아음 → 치음 → 후음'이다. 이 순서는 조음 위치의 순서를 입술로부터 후두의 방향으로 설정하여 기록하고 있다. 『廣韻』의 卷末 「辨字五音法」에는 이 순서가 약간 변형되어 '순음 → 설음 → 치음 → 아음 → 후음'으로 조정된다. 이는 조음 위치의 순서를 좀더 정밀히 반영하여 수정된 것으로 이해된다.

수온의 『운학잔권』과 함께 발견된 문서에는 또 다른 唐人의 「歸三十字母例」가 있는데, 이는 자모의 분류명은 밝히지 않은 채 매자모마다 例字를 4자씩 들어놓고 있다.[31]

이 자모례를 귀납하여 보면 그 순서가 舌頭音(端, 透, 定, 泥) → 整齒音(審, 穿, 禪, 日, 心, 邪) → 齒上音(照, 精, 淸, 從) → 牙音(喩, 見, 溪, 群, 疑) → 喉音(曉, 匣, 影) → 舌上音(知, 徹, 澄, 來) → 脣音(不, 芳, 並, 明)으로 되어 있다.

그런데 이에 앞서 이미 당대 이전에 오음의 순서가 만들어져 있었던 듯하다. 현재 전하여지는 『玉篇』의 「오음성론」은 당대 이전의 작품인데 상변에 오행의 자들이 열거되어 있다.[32] 이들의 배열 순위는

31) 그 구체적 내용은 다음과 같다. (동동화 : 1975, 124)

端 丁當顚战	透 汀湯天添	定 亭唐田甛	泥 寧囊年拈
審 升傷申深	穿 稱昌瞋覘	禪 乘常神諶	日 仍穰壬任
心 修相星宣	邪 囚詳餳旋	照 周章征專	精 煎將尖津
淸 千槍僉親	從 前墻朁秦	喩 延羊鹽寅	見 今京犍居
磎 今卿褰祛	羣 琴擎褰渠	疑 吟迎言魰	曉 馨呼歡祆
匣 形胡桓賢	影 纓烏剜煙	知 張衷貞珍	徹 帳忡聖縝
澄 長蟲呈陳	來 良隆冷隣	不 偏逋賓夫	芳 偏鋪繽敷
並 便蒲頻符	明 綿模民無		

32) 그 구체적 내용은 다음과 같다. (임도 · 경진생 : 1997, 136)

東方喉聲　何我剛諤歌可康各
西方舌聲　丁的定泥寧亭聽歷
南方齒聲　詩失之食止示勝識

방위에 따른 서열순으로 되어 후성 → 설성 → 치성 → 순성 → 아성
의 순이다.

이렇듯 자모체계의 배열 순서는 중국에서도 일정한 원칙을 가지고
있지 않았고 분류하는 사람에 따라 다양한 모습을 보여준다.

한편 우리나라에서 널리 통용되는 오음배열 순서인 아음 → 설음
→ 순음 → 치음 → 후음의 순서는 『절운지장도』에서 비롯된 배열방
법이다. 이 방식은 그 후 중국에서는 『절운지남』과 『사성등자』 등의
운도를 비롯하여 『운회』와 『홍무정운』 등의 운서에 채택되었고, 우
리나라에서는 훈민정음의 창제와 『동국정운』의 편찬에 영향을 주어
오음 배열의 기준으로 사용되었다.[33)]

이와 같은 배열 순서의 특징은 무엇보다 한자음의 분석이 종래의
2분법에서 3분법으로 전환되었다는 점에서 중요한 의미를 갖는다.
종성이 자음 분류의 제일의 기준이 되었다는 점은 종래 중국식의 2
분법에서는 단순히 운모의 일부분인 운미의 변별성을 크게 인식한
결과이다. 중국에서도 파스파 문자에서 3분법이 비롯되어 『몽고운
략』에서 실용되고 있음을 볼 수 있다. 그런데 『몽고운략』 종성의 차
례는 'ㆁ-ㅇ-ㄴ-ㅱ-ㅁ-ㅇ'인데, 이는 절운계 운서의 오음의 차례를
그대로 좇은 것이다.

그러나 이러한 3분법의 지나친 적용의 결과 '따쭁, 世솅'와 같이
음성운의 운미음에도 종성을 표시하였는데, 이것이 『동국정운』 한자
음의 특징이 되었다.

北方脣聲　邦龐剝電北墨明邈
中央牙聲　更硬牙格行幸亨客
33) 『훈민정음』 예의와 제자해의 초성배열은 이 순서를 따르고 있다. 그러나 「제
　　자해」의 성리학적 설명순서는 이와 달리 喉音-牙音-舌音-齒音-脣音으로 되
　　어 있다. 이는 기류의 흐름에 따른 조음위치의 순서를 좇아 후두로부터 입술까
　　지를 北-東-南-西-中의 五方의 위치에 맞추어 설명한 것이다.

1.2.4 字義註釋 ─ 有音無釋

『동국정운』의 중요한 특징은 有音無釋, 즉 漢字의 뜻을 풀이하지 않은 운서라는 점이다. 운서의 주된 목적이 심음에 있음은 사실이나 중국에서 편찬된 운서들은 모두 비교적 자세한 주석을 가지고 있다. 특히 『운회』의 경우는 운서로서의 기능보다 오히려 주석서로 활용될 정도였다. (정경일 : 1998)

『동국정운』을 제외한 우리나라 운서들도 매우 소략하기는 하나 주석을 가지고 있다.[34] 그런데 『동국정운』은 전혀 주석이 없는 철저히 심음 위주로 만들어졌다. 이 운서가 일반에 환영받지 못한 가장 중요한 이유는 표기 한자음의 성격에 있지만, 주석이 실리지 않은 점도 이에 일조를 하였을 것으로 짐작된다. 유음무석의 체계는 形・音・義라는 한자의 삼요소 가운데 하나를 제외한 것이므로 한자 학습의 자료로서 가치를 상실한 것이기 때문이다.

유음무석의 편찬방식은 『사성통고』에도 이어진다. 그런데 『사성통고』의 유음무석의 편찬방식이 곧바로 비판의 대상이 되어 이후 『사성통해』를 편찬하는 계기가 되었다는 사실은 당시에 전통 운서의 주석 방식을 무시한 편찬태도가 어떤 결과를 초래하는지를 잘 보여주는 사건이다.

───────────────

34) 중국운서와 한국운서의 자의주석 비교는 제5장.1.2.2 『삼운통고 보유』의 '자의 주석' 참조.

1.3 字音의 표기

1.3.1 자음의 특성 — 표준한자음의 설정

『동국정운』의 자음은 당시 현실음이 아니라 편찬자들이 찬정한 개신음이었다. 개신한자음이란 당시 현실한자음이 중국의 운서음에 부합하지 않은 경우 이를 중국한자음체계로 바로잡은 한자음을 말한다. 곧 이는 인위적으로 설정한 표준한자음이었다. 『동국정운』에 반영된 표준한자음은 대내적으로는 우리 사회에 존재하는 다양한 자음을 통일하여 기록함으로써 신숙주가 언급한 바와 같이 '崇儒重道'와 '右文興化'의 기틀을 다지고, 대외적으로는 중국과의 교역을 위한 漢音의 학습에 이용하기 위한 정책적 의도를 가지고 정리된 한자음이다.

그러나 세종은 『동국정운』을 편찬하여 반포하면서도 이 운서에 표기된 한자음이 일반에 널리 사용되리라는 기대를 하지는 않았던 것으로 보인다. 왜냐하면 비록 중국 한자음과는 상당한 거리가 있다 하더라도 천여 년 동안이나 커다란 변동없이 사용해 온 현실 한자음이 갑자기 바뀔 수는 없다는 사실을 잘 알고 있었기 때문이다. 이는 세종이 『동국정운』을 반포할 당시부터 이 책을 인쇄하여 반포는 하되 억지로 강권하여 사용토록 하지 말고 학습자의 뜻에 맡기도록 하였다[35]는 사실에서 충분히 짐작이 된다.

이는 『동국정운』이 지니고 있는 본질적인 약점이었다. 당시 사용되던 현실적 한자음과 『동국정운』의 한자음이 보여주는 차이는 그리 쉽게 극복되기 어려운 것이었다. 그렇기에 위와 같은 세종의 예

---

35) "仍敎曰 本國人民 習熟俗韻已久 不可猝變 勿强敎 使學者隨意爲之"(『世宗實錄』, 世宗 30年 11月)

견과 지시처럼 이 운서는 그리 널리 환영을 받지 못하였다. 이 운
서가 편찬된 뒤 이를 널리 펴기 위한 보급책의 일환으로 대두된 것
이 과거시험에 이 책을 쓰도록 하는 일이었다. 이에 따라 세조 대
에는 예조에서 『동국정운』과 훈민정음 등을 읽히고 이를 시험보이
도록 해야 한다고 건의하고 있다.[36) 또 『동국정운』을 과거 시험장
에서 『예부운략』과 마찬가지로 압운용 운서로 사용하게 하도록 하
기도 하였다.[37)

그런데 단종실록에 따르면 이 때에 이 책을 과거에 사용하고자 하
였으나 미처 인쇄가 안 되어 사용하지 못하였다는 기록이 있다.[38)

이 기록이 의미하는 바는 상당히 크다. 이 기록은 세종 30년에 인
쇄되어 반포된 『동국정운』의 양이 그리 충분하지 못했고, 그 통용이
매우 제한되어 있었음을 의미한다. 이는 왜일까? 세종이 심혈을 기
울여 만든 이 운서는 각도와 성균관, 사부학당 등에 나누어졌다. 그
런데 과거에 사용하기에는 매우 부족하였다는 것은, 이 한자음을 강
제로 교육하지 말라고 한 것과 관련하여 우리는 세종의 한자음 개정
작업이 실제로 모든 한자음을 바꾸어 교육하고자 했던 것인지에 대
하여 의아하게 만드는 요소이다.

『동국정운』에 기록된 한자음은 편찬 당시부터 성종조 초기까지의
간행된 모든 언해류에 표기되었다. 특히 세종의 妃인 昭憲王后의 사

---

36) "禮曹啓 訓民正音 先王御製之書 東國正韻洪武正韻 皆先王撰定之書 吏文又
   切於事大 請自今文科初場 試講三書依四書五經例給分 終場幷試吏文 依對策
   例給分 從之"(『世祖實錄』, 世祖 6年 5月)
   "禮曹啓 …… 每當式年講經時 講四書幷試訓民正音 東國正韻洪武正韻吏文
   且五經諸史"(『世祖實錄』, 世祖 6年 9月)
37) "禮曹啓進士試取條件 …… 東國正韻 旣已參酌古今韻書定之 於用韻 無所防
   礙 乞如禮部韻 略出注解 令擧子 用以押韻"(『文宗實錄』, 文宗 2年 4月)
38) "壬子 議政府據禮曹呈啓 魯奉敎旨 於科擧 用東國正韻 然時未印頒 請依舊
   用禮部韻 …… 皆從之"(『端宗實錄』, 端宗 元年 12月)

망과 이에 따른 『석보상절』, 『월인천강지곡』의 창제, 그리고 수양대
군의 즉위와 뒤를 이은 불경언해 등에 이 한자음이 널리 쓰였다. 그
러나 그 후 이 한자음은 실제적인 표기방식으로서의 효용을 상실하
고 말았다.

성종조에 『동국정운』의 내용을 설명하고 이를 이용하여 한어 학
습을 하여야 함을 역설하는 일도 있기는[39] 하였으나 이미 『동국정
운』의 가치는 상실된 것으로 보아야 한다. 실제로 성종조 이후에는
『동국정운』식 한자음은 세인의 관심으로부터 멀어진 것으로 보인다.
명종조에 장악원장인 이수복이 당시 한자음의 오류를 바로잡기 위하
여 『동국정운』을 가르쳐야 한다고 주장하고 있으나[40] 이미 널리 호
응을 받지 못하였다.

조선은 건국과 함께 事大交隣을 국시로 내세워 중국과의 관계를
원만히 유지하고자 노력하였다. 이에 따라 훌륭한 역관의 양성은 무
엇보다 중요한 일이었다. 세종도 중국어 역관의 양성뿐 아니라 대신
의 자제들에게도 중국어를 가르치기 위하여 여러 차례 대 중국 유학
생을 파견하려고 시도하였다. 그러나 이러한 노력이 여러 가지 여건
으로 인하여 실패로 돌아가게 되자, 세종의 중국어 교육 열의를 훈

---

39) "禮曹據黃州牧使權引陳言啓 本國正韻 先王朝 命諸儒臣校正 不可以一人偏
見更改命議于知漢韻文臣 李命崇李春景李昌臣議 聲韻有七音淸濁 本國之音
無齒頭正齒之別 而又無唇音輕重之辨 故學華語者 鮮有得其精矣 苟能先正本
國之音 則韻學可明也 臣等謹按 東國正韻 私與思 齒頭音也 師與獅 正齒音也
而合爲一音 卑與悲 唇重音也 非與飛 唇經音也 而合爲一音 芳字全淸音也 滂
字次淸音也 而亦混而不辨 誠若權引所言者也 今將本國正韻 分以七音 叶以淸
濁 使初學者先習是書 次學洪武韻 則七音回聲 隨口自分 其於學漢音也 未必
無補矣 傳曰 然"(『成宗實錄』, 成宗 30年 11月)

40) "掌樂院長 李壽福曰 …… 至於字音 亦多承訛襲謬 誠非細故 伏見 世宗朝 軫
念此習 命申叔舟 作東方正韻 以爲永世之法 廢而不講久矣 請於經筵之上 館
學之中 一依正韻讀之 則下至窮鄕僻村 可以廣傳 以不患字韻之謬矣"(『明宗實
錄』, 明宗 6年 3月)

94

민정음의 창제와 이에 이은 운서의 편찬사업으로 발전시킨 것이 아닌가 추정된다.

한음의 학습에 『동국정운』을 사용하게 하자는 주장이 성종조에 있었음도 이를 뒷받침하는 것이라 보인다. 만일 이와 같은 생각을 우리가 인정하게 된다면 『동국정운』은 근본적으로 널리 사용될 수 없는 태생적 한계를 지닌 운서이다.

즉 『동국정운』은 당시 조선인들이 일상적으로 사용하던 한자음과도 차이가 있고, 또 실제로 중국에서 사용되던 중국음과도 거리가 있었기 때문이다. 따라서 조선과 중국 그 어느 쪽에서도 환영을 받지 못하였던 운서이다.

1.3.2 자음의 표기 방식

『동국정운』은 동음만을 표기하고 있다. 표기방식은 앞의 자순에서 살핀 차례에 따라 나누어진 한자들을 모아서 먼저 자모를 앞에 표시하고 그 뒤에 한글로 자음을 표시한다. 한글 자음에는 성조를 표시하고 동일 성조의 同音字를 배열한 뒤에, 다음 성조에 속하는 자음을 표기하는 식으로 표기하고 있다. 다음에 卷之一, 揯肯亙亟 韻의 첫부분을 보인다.

揯 긍平 揯絚絚兢矜 ·긍去 亘恆緪䰣堩 ·극入 亟殛極恆

1.4 字音의 특징

1.4.1 초성체계 — 23자모체계

1.4.1.1 『고금운회거요』의 자모체계

『동국정운』의 초성은 23자모로 되어 있다. 이 23자모체계는 당시 우리 한자음의 초성을 23개의 음소체계로 이해한 결과이다. 『동국정운』의 23자모를 표로 제시하면 다음 〈표 3〉과 같다.

〈표 3〉 『동국정운』의 23자모체계

七音	角	徵	羽	商	宮	半徵	半商
五行	木	火	水	金	土	半火	半金
五音	牙音	舌音	脣音	齒音	喉音	半舌音	半齒音
全淸	君 ㄱ	斗 ㄷ	彆 ㅂ	卽 ㅈ	挹 ㆆ		
次淸	快 ㅋ	呑 ㅌ	漂 ㅍ	侵 ㅊ	虛 ㅎ		
全濁	虯 ㄲ	覃 ㄸ	步 ㅃ	慈 ㅉ	洪 ㆅ		
不淸不濁	業 ㆁ	那 ㄴ	彌 ㅁ		欲 ㅇ	閭 ㄹ	穰 ㅿ
全淸				戌 ㅅ			
全濁				邪 ㅆ			

이 체계는 훈민정음의 17초성체계에 전탁음 6자(ㄲ, ㄸ, ㅃ, ㅉ, ㅆ, ㆅ)를 합한 체계이다.

『동국정운』의 편찬자들이 『고금운회거요』를 편찬의 기저로 삼았음은 주지의 사실이다. 따라서 23자모체계는 『고금운회거요』의 자모체계를 통합한 체계일 것이다.

『고금운회거요』의 자모체계는 各韻에 실려 있는 七音淸獨과 卷首에 있는 「禮部韻略三十六字母七音通考」에 따라 36자모체계로 귀납된다. 그러나 이 체계는 비록 자모의 숫자는 중고음의 36자모와 동일하나 실제 내용에서는 차이가 있다. 중고음에는 서로 다른 자모에 속했던 글자들 중 일부를 동일한 자모에 귀속시킴으로써, 새로운 성모계통을 귀납할 수 있게 하였다. 즉 중고음의 舌上音인 知, 徹, 澄母에 속한 글자가 正齒音에 합류하여 없어진 대신 牙音의 次濁次音에 魚, 喉音의 次淸次音에 ㅿ, 次濁次音에 ㅇ 등 세 자모가 새로이 증가되었다.

또 칠음의 명칭도 牙, 舌, 脣, 齒, 喉 등의 용어를 사용하지 않고 角, 徵, 宮, 商, 羽, 半徵商, 半商徵으로 나누었다. 그리고 宮을 宮과 次宮으로 나눈 것은 重脣音과 輕脣音의 구별이고, 商을 商과 次商으로 나눈 것은 齒頭音과 正齒音을 나눈 것이다. 따라서 『고금운회거요』의 자음체계는 9음체계이다.

청탁의 구별도 종래 전청, 차청, 전탁, 불청불탁의 4분체계에서 차청차음과 차탁차음을 세분하여 6분체계가 되었다.

이상의 설명을 정리하면 다음 페이지의 〈표 4〉와 같다.

1.4.1.2 현실 한자음의 분석

『고금운회거요』의 36자모를 23자모로 통합한 기준은 무엇이었을까? 이는 당시 조선 한자음에 대한 편찬자들의 분석에서 출발한다.

그러면 편찬자들은 당시 한자음의 실상을 어떻게 파악하고 있었는가? 『동국정운』의 서문에는 당시의 한자음 체계에 대한 분석이 실려 있다. 이들 가운데 먼저 초성에 관련된 사항을 살펴보자.

1) 설두음과 설상음의 구별이 없다.

〈표 4〉 『고금운회거요』의 36자모체계

七音	角	徵	宮	次宮	商	次商	羽	半徵商	半商徵
淸音	見	端	幫	非	精	知	影		
次淸音	溪	透	滂	敷	淸	徹	曉		
次淸次音					心	審	么		
濁音	群	定	並	奉	從	澄	匣		
次濁音	疑	泥	明	微		娘	喩	來	日
次濁次音	魚				邪	禪	合		

2) 순중음과 순경음의 구별이 없다.

3) 치두음과 정치음의 구별이 없다.⁴¹⁾

4) 전탁음이 없다.⁴²⁾

5) 중국에서 차청음 k'로 발음되던 자음이 우리 한자음에서는 대부분 전청음 k로 발음된다.⁴³⁾

6) 중국에서 차청음 k'로 발음되던 자음이 우리 한자음에서는 가끔 차청음 h로 발음된다.⁴⁴⁾

7) 우리말에는 차청음 k'가 많이 쓰이고 있으나 한자음에는 오직 '쾌'자 하나뿐이다.⁴⁵⁾

---

41) "且字母之作諧於聲耳 如舌頭舌上 脣重脣輕 齒頭正齒之類 於我國字音 未可分辨 亦當因其自然 何必泥於三十六字乎"(『東國正韻』, 序文)

42) "我國語音 其淸濁之辨 與中國無異 而於字音獨無濁聲 豈有此理 此淸濁之變也"(『東國正韻』, 序文)

43) "若以牙言言之 溪母之字 太半入於見母 此字母之變也"(『東國正韻』, 序文)

44) "溪母之字 或入於曉母 此七音之變也"(『東國正韻』, 序文)

45) "國語多用溪母 而字音則獨夬之一音而已"(『東國正韻』, 序文)

　　이상의 7가지 사실은 편찬자들이 이른바 "字母七音淸濁四聲之變"
이라 한 것으로 세종 당시 한자음의 초성의 특징을 가장 잘 보여주
고 있는 내용이다. 이들을 좀더 자세히 검토함으로써 우리는 당시의
국어음체계와 한자음체계를 알아볼 수 있다.

　　위의 7항 가운데 1)-3)까지는 국어 음운체계의 내부적 특성에 기
인한 설명이다. 먼저 1)설두음과 설상음의 구별에 대하여 살펴보자.
우리 국어에는 고대 국어 이래 현재까지도 설두음([t])과 설상음([ṭ])
의 구별이 존재하지 않는다. 따라서 한자음을 받아들일 때에도 이러
한 구별을 인식하지 못해 이들을 모두 설두음으로 통합하여 대응시
킨 것이다. 이는 훈몽자회의 한자음을 검토한 결과에서 실증되고 있
다. 박병채(1971), 이돈주(1979ㄴ) 등의 검토에 따르면 설두음과 설상
음은 규칙적으로 ㄷ-/ㅌ-으로 대응되고 있다. 극히 소수의 한자만이
치음 'ㅊ-'으로 대응되고 있을 뿐이다.

　　설상음은 3, 4등 요운으로 구개음화의 환경에 놓여 있었다. 이들은
조선 후기에 들어와 국어음에서 진전된 구개음화의 영향으로 한자음
에서도 구개음화가 진행되어[46] 조선 후기 운서인 『화동정음』, 『삼운
성휘』 등에서는 설상음을 모두 치음으로 표기하고 있다.[47]

　　따라서 적어도 『동국정운』의 시기에 이들은 전혀 구별되지 않고
있었다. 그리고 이에 대하여 두 가지 관점에서 논의가 이루어져 왔
다. 하나는 이들의 구별이 이루어지지 않는 것은 우리 한자음의 기
반이 중국 상고음에 있기 때문이라는 주장이다. (강신항 : 1987)

---

46) 이에 대해 이돈주(1980)는 근세 중국어에서 설상음 知系가 정치음 2등 莊系,
　　3등 照系와 병합하여 捲舌聲母로 바뀐 것의 영향을 받아 우리 한자음을 규범
　　적으로 조응시킨 인위적 노력의 소산이었다고 보았다.
47) "我音不知五音淸濁之別 故字書反切之讀 混淆商宮之 ㅈㅊ 誤作徵宮之 ㄷㅌ
　　假如直當切之直직作以딕 丑他切之丑축作以튝 直當之本戇장而讀以當 丑他
　　切之本咤차而讀以타 五音相失 故此等之類 一依五音所屬之宮而釋之 餘皆倣
　　此"(『華東正音』, 凡例)

중국 상고음에서 설두음과 설상음의 구별이 없다는 주장은[48] 이미
정설로 되어 있다.[49] 따라서 우리가 한자음을 받아들일 당시에 설두
음과 설상음의 구별이 없었기 때문에 고대국어에서 이들을 구별하지
않았다는 주장이다.

또 하나는 우리가 한자음을 받아들일 당시에는 이미 중국음에서
설두음과 설상음의 구별이 시작되었을 것이지만 우리 국어의 음운체
계에서는 이들이 구별되지 않아서 우리가 이를 구별하여 받아들이지
못하였다는 입장이다. 중국 음에서 설두음과 설상음이 구별되기 시
작한 시기는 중고음 시기부터로 『절운』의 음운체계에서는 이들이
확연히 구별되기 시작한다.

결국 이와 같은 논란은 우리 한자음의 기반과 관련한 문제가 된
다. 우리가 받아들인 중국의 한자음이 언제, 어느 지역의 것인가 하
는 문제와 밀접히 관련된다 하겠다. 그러나 결과적으로는 중국한자
음에서 언제 이들이 변별되었는가와 관계없이 15세기의 한자음은 설
두음과 설상음을 구분하지 못했었다.

　2) 순중음과 순경음의 구별 및 3) 정치음과 치두음의 구별도 설음

---

48) 錢大昕은 『十駕齋養新錄』에서 "古無舌頭舌上之分 知徹澄三母 以今音讀之
　　與照穿牀無別也 求之古音 則與端透定 無異 …… 舌音類隔之說不可信"이라
　　하여 '古無舌上音'을 주장하였다. 그리고 그 예로 說文의 '沖讀若動', 書經의
　　'惟余沖人 沖子猶童子' 등을 꼽고 있다. 설상음은 설두음이 3등운 개모의 영향
　　으로 설첨의 위치가 뒤로 이동하여 생긴 음이다.
49) 林燾·耿振生(1997: 249)은 파열음과 파찰음의 상고음에 대한 여러 주장을
　　다음과 같이 정리하였다.
　　"塞音, 塞擦音分以下幾組 本組之內諧聲爲常規 各組之間互諧的很少
　　1) 脣塞音 幫滂竝 (含非敷奉) 互諧
　　2) 舌音 端透定, 知徹澄, 章昌船互諧
　　3) 齒音 精淸從, 莊初崇互諧
　　4) 牙音 見溪群, 影曉匣于互諧
　　5) 章組有和見組互諧的"

의 경우와 크게 다르지 않아 역시 중국 상고음에서는 이들이 구별되지 않고 있다.[50] 국어에서도 이들은 음운적으로 변별되지 않는다. 그런데 훈민정음은 제자해에서

ㅇ을 순음의 아래에 이어 쓰면 순경음이 된다. 경음은 입술이 잠깐 합하여지고 목구멍소리가 많이 섞이는 소리이다.[51]

라고 하여 우리 음에서도 순경음이 구별됨을 밝혔다. 이에 따라 ㅂ, ㅍ, ㅃ, ㅁ과 ㅸ, ㆄ, ㅹ, ㅱ의 구별이 나타났다. 그러나 순경음은 초성의 23자모체계에 포함되지 않았다. 따라서 15세기 국어 순경음의 음운적 가치에 대하여 논란이 있다.

『동국정운』의 한자음에 순경음이 초성의 표기에 사용되지 않고 있는 것은 당시 전래 한자음에 순경음이 없었기 때문이다. 아마도

---

50) 錢大昕은 『十駕齋養新錄』에서

　"凡 今人所謂輕脣音 漢魏以前 皆讀重脣 …… 六朝以後轉重脣爲輕脣"이라 하여 古無輕脣音說을 주장하였다.

　중순음과 경순음의 분화는 당대 중엽(8, 9세기) 이후 이루어진다. (이돈주: 1995) 이에 따라 '伏羲'와 '包犧', '汾水'와 '盆水'가 같이 읽히고, '邦 封也', '法 逼也', '房과 旁', '悲와 排' 등이 서로 해성이 되었다. 순경음과 순중음은 30자모에서는 不分되고, 36자모에 이르러 分離된다.

　黃侃은 照系二等諸母 古讀精系說을 주장하였는데, 치상음 照母 二等(莊系)에 속하는 자들은 상고음에서는 치두음인 精系와 합하여져 있었다. 즉 '創, 瘡, 愴'과 '倉, 蒼, 槍', '詐, 窄, 乍'과 '作, 昨, 祚', ' 助, 阻, 且'과 ' 租, 租, 組, 粗 등이 미분되었다.

　그리고 黃侃은 錢大昕의 "古人多舌音 後代多變爲齒音"의 영향으로 照系三等諸母 古讀舌頭音說을 주장하였다.

　치상음 照母 三等(章系)자들은 상고음에서 舌頭音과 합하여져 있었다. 예를 들어 '周, 週'와 '彫, 調', '甀, 顫'와 '檀, 壇' 등이 미분되어 사용되었다.

51) "ㅇ連書脣音之下 則爲脣輕音者 以輕音脣乍合而喉聲多也"(『訓民正音』, 制字解)

고대국어는 물론 8~10세기의 국어 음운에도 순중음만이 존재하였을 뿐이므로 중국음에 존재한 순경음과의 변별성을 인식하지 못한 것으로 해석된다.(이돈주: 1995, 297) 따라서 15세기 당시에도 순경음은 음소로서 기능하지 않았을 것으로 짐작된다.

우리 한자음에 대한 위의 세 가지 분석은 한자음을 포함하는 우리 국어의 음운체계 특성에 기인하는 것으로 신숙주가 이러한 사실을 『동국정운』 서문에서 강조하고 있는 것은 중국음을 받아들일 당시의 우리음의 체계가 중국음과 분명히 달랐다는 사실을 강조하기 위함이었다.

그러나 나머지 사항에 대해서는 우리 한자음의 초성에 대한 개별적 분석 결과를 바탕으로 이들을 바로잡고 있다.

4)의 전탁음 관련 내용을 살펴보자. 이돈주(1995 : 299)는 『동국정운』이 현실음과 괴리된 체제를 가지게 된 원인으로 청탁 자질의 반영을 꼽고 있다. 이는 신숙주의 음운 인식과 관련이 깊다. 그는 서문에서 중국과 우리의 한자음이 풍토적 차이에서 서로 다를 수밖에 없음을 언급한 뒤 다음과 같이 말하고 있다.

호흡이 바뀌는 사이에 경중흡벽의 기틀이 역시 반드시 어음에 스스로 이끌리는 것인바, 이것이 자음이 역시 따라 변화하는 까닭으로서 그 음은 비록 변하더라도 청탁과 사성은 오히려 옛 그대로이다.[52]

자음의 변화는 인정을 하지만 청탁과 사성의 변화는 인정할 수 없다는 주장은 당시의 우리 국어음과 한자음의 가장 중요한 차이를 인식한 것이 아닌가 한다.

---

52) "然其呼吸旋轉之間 經重翕闢之機 亦必有自牽於語音者 此其字音之所以亦隨而變也 其音雖變 淸濁四聲則猶古也"(『東國正韻』, 序文)

당시 편찬자들이 전탁음의 성격을 어떻게 파악하고 있었는지는 여전히 논란이 계속되고 있는 문제이다. 이에 관해 훈민정음 해례는 다음과 같이 기록하고 있다.

전청의 소리를 엉기게 하여 조음하면 전탁음이 된다.[53]

이를 근거로 하여 그 동안 학계에서는 전탁음의 음가에 대하여 유성음으로 보려는 입장과 경음으로 보려는 입장이 대립하여 왔다.

그러나 전탁음자는 우리 음운체계를 표기하기 위한 문자는 아니었던 것으로 보인다. 『동국정운』의 23성모와 훈민정음의 17초성의 차이는 바로 이들 전탁음 자모들이기 때문이다. 훈민정음의 초성이 전탁음을 제외한 17초성으로 이루어졌음을 상기하면 당시 우리나라의 음운체계에는 전탁음이 존재하지 않았음은 짐작하기 어렵지 않다.

그렇다면 『동국정운』의 전탁음은 대표적으로 중고음의 음운체계를 따라서 만들어진 복고적인 체계로 보인다.

그런데 전탁음에 대한 이와 같은 독립 자모의 설정은 상당한 의문을 남긴다. 『동국정운』과 동일한 사람들이 편찬한 『홍무정운역훈』이나 『사성통고』에서는 이미 중국에서 전탁음이 변화하고 있음을 밝히고 있다. 다음의 기록들을 살펴보자.

『홍무정운역훈』에서는 전탁음을 다음과 같이 기록하고 있다.

사성은 평상거입으로 되어 있다. 그런데 전탁음의 평성은 차청에 가까워졌고, 상거입성자는 전청에 가까워졌다. 세상에서 쓰이는 바가 이와 같다.[54]

---

53) "以其全淸之聲 凝則爲全濁也"(『訓民正音』, 制字解)
54) "四聲爲平上去入 而全濁之字平聲近於次淸 上去入近於全淸 世之所用如此"
   (『洪武正韻譯訓』, 序文)

또한『사성통고』도 범례에서 다음과 같이 전탁음의 변화를 밝히
고 있다.

　전탁의 상성, 거성, 입성 삼성의 자들은 이제 한인들이 쓰는 초성의 청
성과 서로 가깝다. 또한 각각 청탁의 구별이 있는데 유독 평성자의 초성
은 차청과 서로 가깝다. 그러나 차청은 청성이니, 음의 끝이 곧고 낮다.
탁성은 그 소리가 탁하니 소리의 끝이 점점 갈라진다.[55]

또 『노걸대박통사언해』의 범례에서는 다음과 같이 기록하고 있다.

　전탁음은 群定竝奉從邪床禪의 여덟 성모이다. 평성이 처음 발성되는
소리가 또한 갈라지며 쌍성이 되며 소리가 이끌려나오는 기세가 가운데
는 눌린 듯하고 뒤는 힘차다. 상성, 거성, 입성 세 성조의 평성이 처음 소
리 날 때는 전청음과 매우 같다. 그러나 소리의 이끌리는 기세는 각각 성
조의 등호에 알맞게 소리난다. 그러므로 전청과 구별하기가 어렵다. 오직
상성은 거성과 비슷하게 소리나니 전청 거성과 구별하기 어렵다. …… 대
개 청탁성의 구분은 평성에서는 분명히 구별되나 나머지 세 성조에서는
진실로 구별하기가 어렵다.[56]

이상의 기록들은 훈민정음이 창제되고『동국정운』이 편찬되던 당
시에 이미 전탁성모는 평성이 차청으로, 상거입성이 전청으로 변하

---

55) "全濁上去入三聲之字 今漢人所用初聲與淸聲相近 而亦各有淸濁之別 獨平聲
　　之字初聲與次淸相近 然次淸則其聲淸 故音終直佢 濁聲則其聲濁 故音終稍
　　厲"(『四聲通攷』, 凡例)
56) "全濁群定竝奉從邪床禪八母 平聲初呼之聲亦岐出雙聲 而引聲之勢中按後勵
　　上去入三聲初呼之聲逼同全淸 而引聲之勢各依三聲之等而呼之 故與全淸難辨
　　唯上聲則呼爲去聲 而與全淸去聲難辨矣 …… 大抵呼淸濁聲勢之分在平聲則分
　　明可辨 餘三聲則固難辨明矣"(『飜譯老乞大朴通事』, 凡例)

104

고 있었음을 입증하는 것이다. 아울러 전탁 상성은 전청 또는 차청
으로 변함과 동시에 거성으로도 전이되었음을 말해 준다.

중국 한자음에서는 이미 『중원음운』시대부터 이와 같은 변화가
일어났다. 『동국정운』의 편찬자들도 『사성통고』의 범례 기록을 미루
어 탁성의 이러한 변화를 잘 알고 있었음에 틀림없다.

중국 음운학에서 구별하는 淸濁의 관념은 성대의 진동 유무에 따
른 구별이다. 왕력(1980)은 청탁을 幽音과 響音으로 구별하는데 유음
(voiceless)이란 발음시 기류가 구강으로부터 흘러 나가면서, 성문이
크게 열리고, 성대가 진동하지 않는 소리를 말한다. 반면 향음
(voiced)은 성문이 닫힌 상태에서 성대가 진동하여 발성되는 소리를
말하는 것으로[57] 정의하였다. 중국음운학에서는 淸濁을 다시 全淸과
次淸, 全濁과 次濁으로 세분하여 다음과 같이 정의하고 있다. (羅常
培 : 1956)

```
      ┌ 全淸 : 不送氣不帶音之塞聲 擦聲 及塞擦聲也
淸 ─┤
      └ 次淸 : 送氣不帶音之塞聲 塞擦聲  及不帶音之擦聲也
      ┌ 全濁 : 送氣帶音之塞聲 塞擦聲 及 帶音之擦聲也
濁 ─┤
      └ 次濁 : 帶音之鼻聲邊聲及半元音也.
```

그러나 당시 국어 음운체계에서는 성의 유무는 전혀 음소적 변별
력을 가지지 못하였으며, 당시의 편찬자들도 이미 이에 대해 알고
있었다. 이는 훈민정음의 초성체계가 전탁음을 제외한 체계로 되어
있음이 이를 잘 보여주는 것이다. 즉 훈민정음의 중국 음운학체계에
맞추기 위하여 전탁음을 설정한 뒤 이에 대한 음성적 설명을 하고는

---

57) "所謂 幽音 是當發音時 氣流自口腔出 聲門大開而聲帶不顫動的那種音 至於
響音 是聲門閉而聲帶顫動的音"(王力 : 1980, 58)

있으나 실제로 우리 언어음에서 전탁음이 변별성을 가지지 못함을
알고 이를 초성체계에서 제외한 것이다.

　그러나 『동국정운』의 편찬자들은 한자음 교정이라는 성격에 맞추
기 위하여 전혀 현실적이지 못한 전탁음을 체계안에 설정한 것이다.

　실례로 당시의 한자음에서 『동국정운』에 전탁음으로 표기된 자음
이 다시 현실음에서 청음으로 바뀐 경우를 들어보기로 하자.

　　1) 전탁음 > 전청음
　　　極 끅 > 극　　　強 깡 > 강
　　　騰 뜽 > 등　　　鄧 뜽 > 등
　　　朋 뽕 > 붕　　　貧 삔 > 빈
　　　食 씩 > 식　　　植 씩 > 식
　　　賊 쯕 > 적　　　雜 짭 > 잡
　　　行 헹 > 힝　　　幸 헹 > 힝

　　2) 전탁음 > 차청음
　　　特 뜩 > 특　　　蕩 땅 > 탕
　　　鑿 짝 > 착　　　層 쫑 > 층

　이렇게 당시 현실음의 변화를 무시하고 전탁음을 체계 속에 존재
시키고자 하는 태도는 마치 『홍무정운』이 "一以中原雅音爲定"이라
고 하면서도 『中原音韻』의 당시 전탁음이 탈락된 음운체계나 입성탈
락의 체계를 받아들이지 않고, 오히려 『예부운략』이나 『고금운회거
요』의 체계만을 받아들여 전탁음의 계열을 분립시킨 것과 유사하다.

　『홍무정운』은 이에 대해

　　사람이 생겨나니 소리가 있고, 소리가 나오면 칠음(七音)이 갖추어지게

된다. 소위 칠음이란 아, 설, 순, 치, 후와 반설, 반치음이다. 아는 사람은
살펴 알 것이니 그 청탁의 질서에 따라 나누어 각, 치, 궁, 상, 우와 반상,
반치를 정한다.[58]

라고 하여 칠음과 청탁을 나누고 있음을 밝히고 있는데 『동국정운』
도 다음과 같이 『홍무정운』과 같은 입장을 취하고 있다.

　　하늘과 땅이 화합하여 조화가 유통하매 사람이 생기고, 음(陰)과 양
(陽)이 서로 만나 기운이 맞닿으매 소리가 생기나니, 소리가 생기매 칠음
이 스스로 갖추이고, 칠음이 갖추이매 사성(四聲)이 또한 구비된지라, 칠
음과 사성이 경위(經緯)로 서로 사귀면서 맑고 흐리고 가볍고 무거움과
깊고 얕고 빠르고 느림이 자연으로 생겨난다.[59]

　5)항부터 7)항까지는 溪母의 변화에 대한 내용이다.
　5)항은 '字母之變'이다. 溪母에 속한 한자음이 대부분 見母로 발
음이 되기 때문이다. 자모지변은 동일 음계 내부에서의 변화를 의미
한다. 계모는 동음에 수용되면서 견모와 동일하게 /ㄱ/으로 대응되었
다. 이는 고대국어 유기음의 발달 과정에서 설음이나 순음, 치음에
비해 아음의 발달이 매우 더디게 일어 났음을 보여주는 예로 지목되
고 있다. (박병채 : 1972, 100) 7)항에서도 밝히고 있듯이 계모가 次淸의
음가를 유지하면서 유기음으로 반영된 예는 '快' 하나뿐이다.[60]

---

58) "人之生也 則有聲 聲出而七音具焉 所謂七音者牙舌脣齒喉及舌齒各半是也
　　知者察知 分其淸濁之倫 定爲角徵宮商羽以至於半商半徵"(『홍무정운』, 서문)
59) "天地絪縕 大化流行 而人生焉 陰陽相軋 氣機交激 而聲生焉 聲旣生而七音
　　自具 七音具而四聲亦備 七音四聲經緯相交 而淸濁輕重深淺疾徐生於自然矣"
　　(『東國正韻』, 序文)
60) 현행 한자음에도 초성/ㅋ/을 지닌 한자는 快 이외에, 현재 널리 쓰이고 있는
　　옥편류에 儈 噲 夫 筷 등 8자가 더 수록되어 있을 뿐이다. (장삼식 편, 1979.

따라서 『동국정운』의 편찬자들은 이를 바로잡아 溪母의 한자들을 모두 유기음으로 대응시킨 것이다. 이러한 개정은 당시의 한자음을 전혀 무시한 발상이다. 다음에 溪母字의 『동국정운』음과 『훈몽자회』음을 비교하여 몇 예를 제시한다.

客 킥/킥   孔 콩/공   曲 콕/곡   卿 켱/경

자모의 변은 다만 계모에서만 나타나는 현상은 아니다. 설음에서도 端母와 透母 사이, 순음의 幇母와 滂母 사이, 치음의 精母와 淸母 사이에서 무기음과 유기음은 상호 교차하면서 반영되고 있다. 물론 본래의 음가 쪽에 반영되는 경향이 더 강하기는 하나 다른 음가로 반영되는 비율도 무시할 수 없다. (박병채: 1972, 98) 또한 전탁음은 주로 무기음으로 반영되고 있으나 유기음으로의 반영도 무시할 수 없다.

결국 한자음 수용 과정에서 나타나는 이와 같은 자모 간의 이동 현상은 모든 음계에서 나타나는데 『동국정운』의 편찬자들이 굳이 계모만을 지적하고 있는 이유는 계모의 경우가 가장 두드러지게 무기음으로 반영되어 있기 때문이 아닌가 생각한다.

6)은 '七音之變'이다. 계모의 한자음이 曉母로 발음되기 때문이다. 즉 아음에 속한 한자가 후음으로 발음되기 때문에 칠음으로 구분하는 音系 사이의 변화가 일어났다는 지적이다. 15세기에 이미 상당수의 溪母字가 曉母字로 반영되었다. 『훈몽자회』에 계모가 효모로 대응되어 표기된 예를 일부 찾아보면 다음과 같다.

蛞 활   槁 호   龕 함   欠 흠   榼 합   篋 협

─────────────

『大漢韓辭典』, 진현서관)

또 이와 반대로 曉母자가 見母로 반영되는 경우도 있었다. 역시
『훈몽자회』에 나타나는 예를 일부 들어본다.

鵠 곡   槐 괴   絋 굉   覡 격   脛 경   棍 곤

자모지변과 마찬가지로 칠음지변도 계모에서만 나타나는 현상은
아니었다. 그런데 편찬자들은 자모지변의 대표적인 예로 계모에서만
문제삼고 이를 바로잡아야 한다고 말하고 있다. 앞에서도 살핀 바와
같이 이는 계모자의 변화가 가장 심하다는 것이 가장 중요한 이유일
것이고, 또 계모가 오음의 처음인 아음에 속하였기 때문에 이를 대
표적으로 들어 우리 한자음의 변화를 설명한 것이다.
　7)은 5)와 6)에 이은 부연 설명으로, 특히 계모의 경우 화음과 동
음의 차이가 가장 심하게 나타났기 때문에 이를 대표적으로 언급한
것이다.
　이렇듯 『동국정운』의 편찬자들은 당시 한자음을 정리하면서 초성체
계의 설정은 국어의 현실음에 기초하여 이루어나갔음을 알 수 있다.

1.4.1.3 자모의 설정
　『동국정운』의 편찬자들은 중국의 전통적 자모체계인 36자모를 통
합하여 23자모를 설정하면서 자모의 표기자들을 모두 바꾸었다. 즉
앞의 〈표 3〉에서 본 것과 같이 '見, 溪, 群, 疑' 등의 자모를 '君, 快,
虯, 業' 등으로 바꾼 것이다. 다만 치음의 전탁 '邪'만이 중국 자모와
동일하다.
　중국에서도 운서를 편찬할 때마다 당시의 음운체계에 대한 분석에
따라 운목의 통합과 분리가 있어왔음은 주지의 사실이다. 그러나 이
와 같은 통합과 분리는 다만 운목 숫자의 변화나 분속 항목의 변화
는 초래했으나 韻目字가 바뀌는 경우는 없었다. 성모의 경우도 마찬

가지로 체계의 변화는 나타나나 이를 대표하는 字母의 변화는 일어
나지 않았다.

그런데 『동국정운』은 자모를 모두 바꾸기에 이르렀다. 왜일까? 분
명한 것은 종래 중국의 자모를 가지고는 우리 한자음의 특성을 정확
히 표기하기에 부적합하다는 인식을 하였기 때문이다. 『동국정운』이
설정한 23자모는 다음과 같은 세 가지 특징을 지니고 있다.

1) 음절 구조의 차이를 반영한 표기
2) 초성, 중성, 종성을 모두 대표하는 표기
3) 東音에 바탕한 표기

첫번째는 동음과 화음의 음절구조 분석 결과에 따른 독자적인 표
기이다. 자모는 중국어의 음절구조를 성모와 운모로 2분할 때, 성모
를 표시하는 대표자이다. 그런데 『동국정운』의 편찬자들은 훈민정음
의 창제과정에서 우리말의 음절 구조를 초성, 중성, 종성의 3분구조
로 나누고 있다. 그리고 초성은 종성과 같은 것으로 보았으므로 음
소체계는 자음과 모음의 2분구조로 분석하였다.

그러므로 종래의 음절초 자음인 성모만을 표시하던 자모로는 우리
말에서도 초성자음만을 의미하게 되므로 음절구조에 관한 새로운 인
식을 반영하기 위하여 자모자를 모두 새롭게 바꾼 것으로 보인다.

두번째는 전통적인 중국의 자모가 성모의 표기에 국한되어 있었던
것에 비하여 『동국정운』의 자모는 초성뿐 아니라 중성과 종성의 음
가까지도 동시에 표기하도록 고안되었다는 점이다.

일례를 들면 『훈민정음』에서 '君'자는 초성 자음 'ㄱ'과 중성 모음
'ㅜ'의 음가를 나타내 보여주는 데에 모두 이용되었다.

1) 초성의 표기

ㄱ 牙音 如君字初發聲

(ㄱ는 엄쏘리니 君군ㄷ字쭝 처섬 펴아나는소리ᄀᆞ트니)

2) 중성의 표기

ㅜ 如君字中聲

(ㅜ는 君군ㄷ쭝 가온뎃소리 ᄀᆞ트니라)

훈민정음의 표기에 사용된 『동국정운』 자모의 초성과 중성 결합 관계를 다음 〈표 5〉에 정리하여 제시한다.

〈표 5〉 동국정운 자모의 초성과 중성 결합관계

	ㄱ	ㅋ	ㄲ	ㆁ	ㄷ	ㅌ	ㄸ	ㄴ	ㅂ	ㅍ	ㅃ	ㅁ	ㅈ	ㅊ	ㅉ	ㅅ	ㅆ	ㆆ	ㅎ	ㆅ	ㅇ	ㄹ	ㅿ	계
·						呑									慈									2
ㅡ													卽					挹						2
ㅣ												彌		侵										2
ㅗ											步									洪				2
ㅏ							覃	那																2
ㅜ	君				斗																			2
ㅓ				業															虛					2
ㅛ										漂											欲			2
ㅑ																	邪						穰	2
ㅠ			虯													戌								2
ㅕ									彆													閭		2
ㅐ		快																						1
계	1	1	1	1	1	1	1	1	1	1	1	1	1	1	1	1	1	1	1	1	1	1	1	23

이 표를 통해 확인할 수 있는 것은 이들의 결합관계가 매우 균형 적이라는 것이다. 23개의 초성은 각각 변별적인 것이므로 하나의 초 성에 각각 하나의 자모가 대응되어 있다. 그런데 이들과 중성의 관

계는 훈민정음의 11개 초성에 각각 2개씩 22개의 자모가 대응되어
있어 체계의 균형성을 유지하고 있다. 다만 자모 '快'가 예외적인데
당시 조선 한자음 가운데 초성이 /ㅋ/으로 발음되는 한자는 '快'밖에
없으므로 부득이 11개 모음자欄에 넣지 못하고 'ㅙ'모음을 예외로 선
별하였다.(신상순 외 : 1988, 21)

이 표에서 굵은 글씨로 표시되어 있는 자모가 훈민정음에서 중성
의 대표 발음으로 제시된 자모인데, 이렇게 선정된 자모를 초성과
중성 표기에 동시에 이용함므로써 새로 창제한 문자의 음가를 학습
하고 사용하는 데 편리함을 기한 것이다.

다음에, 이들 자모와 종성의 관계는 어떻게 되는가? 훈민정음에서
는 초성과 중성에 대해서는「예의」에서 그 음가와 자모를 분명히 제
시하고 있으나 종성에 대해서는 매우 간략히 다루고 있다.「제자해」
에 다만 "終聲復用初聲"이라고만 하였을 뿐 음가에 대해서는 구체
적으로 언급하지 않았다.「종성해」에서도 'ㄱ'과 'ㆁ'이 '卽'과 '洪'의
종성을 밝히는 정도로 간략하게 기술하고 있을 뿐이다.[61] 훈민정음의
이러한 기술 태도는 초성이나 종성과 비교할 때 얼핏 이해하기 어려
운 점이 있다. 종성에 대해서도 그 사용예를 분명히 제시하여 그 음
가를 확인시켜 주었어야 했음에도 불구하고 이렇게 간략히 기술한
것은 자모를 이용해서는 우리말의 종성체계의 일부만을 나타낼 뿐
완전히 보여줄 수 없었기 때문이다.

자모가 종성의 음가를 나타내는 데에도 쓰였음을 좀더 구체적으로
알아보기 위하여 『동국정운』의 자모를 중성과 종성의 결합관계를
중심으로 알아보자. 먼저 이를 도표로 제시한다.

---

61) "終聲者 承初中而成字韻 如卽字終聲是ㄱ ㄱ居ᄌ 終而爲즉 洪字終聲是ㆁ
ㆁ居ᅘ終而爲ᅇᅮᆼ之類 舌脣齒喉皆同"(『訓民正音』, 終聲解)

〈표 6〉 동국정운 자모의 중성과 종성 결합관계

종성＼중성	·	ㅡ	ㅣ	ㅗ	ㅏ	ㅜ	ㅓ	ㅛ	ㅑ	ㅠ	ㅕ	ㅙ	계
ㄱ		卽						欲					2
ㅭ										戌	彆		2
ㅂ			挹				業						2
ㆁ				洪					穰				2
ㄴ	呑					君							2
ㅁ			侵		覃								2
ㅱ						斗		漂		叫			3
ㅇ	慈		彌	步	那	虛			邪		閭	快	8
계	2	2	2	2	2	2	2	2	2	2	2	1	23

　　여기에서 확인할 수 있는 것은 초성과 중성의 결합과 마찬가지로 종성과 종성의 결합도 매우 규칙적이고 균형적이라는 사실이다. 『동국정운』의 종성은 /ㄱ, ㅭ, ㅂ, ㆁ, ㄴ, ㅁ, ㅱ, ㅇ/의 8종성체계이다. 이들은 다시 실제 발음이 이루어지는 유운미종성과, 成字法에 따라 상징적으로 사용된 무운미종성으로 나뉜다. 이들의 중성과의 결합관계는 유운미종성이 12자모, 무운미 종성이 11자모로 균형을 맞추고 있다. 이들과 자모와의 관계를 정리하면 다음과 같다.

　　1) 유운미종성 : -ㄱ (卽, 欲)　-ㅭ (戌, 彆) -ㅂ (業, 挹)

　　　　　　　　 -ㆁ(洪, 穰)　-ㄴ (呑, 君) -ㅁ (侵, 覃)

　　2) 무운미종성 : -ㅱ (漂, 斗, 叫)　-ㅇ (慈, 彌, 快, 步, 那, 邪, 虛, 閭)

유운미종성의 경우 중성별로 2개씩의 자모가 설정이 되었는데, 이

들 12자모 가운데 '웁'을 제외한 다음의 11자모가 11모음의 대표자로 설정이 되었다.[62]

呑(·) 卽 (一) 侵 (ㅣ) 洪(ㅗ) 覃(ㅏ) 君(ㅜ) 業(ㅓ) 欲(ㅛ) 穰(ㅑ) 戌 (ㅠ) 彆(ㅕ)

　결국 이들 자모는 초성과 중성, 종성을 갖추어 우리말의 음절구조를 완벽하게 드러내 보여주는 예로 제시된 자모인 셈이다.

　그러나 한자음의 종성은 유운미 6종성만이 변별되므로 당시 우리말의 8종성체계를 드러내는 데에는 한계가 있었다. 이런 연유로 훈민정음의 「종성해」에서 종성의 예를 구체적으로 밝히지 못했을 것이다.[63]

　결론적으로 『동국정운』에서 새로이 설정한 23자모는 우리 한자음의 초성과 중성, 종성을 동시에 보여주기 위한 의도에서 설정된 자모이다.

　세번째는 중국운서의 자음체계와 우리 한자음의 자음체계가 다르기 때문에 동일 자모를 사용하였을 경우에 초래되는 혼란을 방지하기 위함이다. 즉 36자모체계에서는 설음과 순음, 치음이 각각 2분되어 있다. 그런데 우리 한자음에서는 이들이 모두 하나로 통합되어 있다. 예를 들어 설두음과 설상음이 변별되지 않는 상태에서 그들 중의 어느 한쪽을 나타내는 자모를 그대로 사용하였을 경우 전통 자

---

62) 23자모의 중성과 종성 결합 원칙은 하나의 중성에 두 개의 자모를 설정하되, 유운미종성자와 무운미종성자를 각각 하나씩 정하는 것이다. 그러나 '一'의 경우에는 모두 유운미종성자인 '卽, 挹'이 설정되었는데 이는 우리 한자음에 중성 '一'로 끝나는 한자가 없기 때문에 나타난 불가피한 선택이었을 것이다.

63) 이러한 정황은 훈몽자회에서 「초성종성통용팔자」의 용례를 보여주면서 ㄷ과 ㅅ을 '池ⓣ, 時ⓢ'이라 표기하고 ⓣ과 ⓢ은 뜻으로 풀이하여 읽도록 기술한 것에서 충분히 짐작이 된다.

음체계에 익숙한 사람들에게는 우리 한자음의 실상을 잘못 이해하게 할 가능성이 있는 것이다. 따라서 이들의 통합된 모습을 반영하는 새로운 자모의 설정이 필요하였을 것이고 이에 따라 설음, 치음, 순음 등의 경우 필연적으로 새로운 자모의 설정이 필요하였을 것이고 이와 아울러 단일한 체계로 이어지는 아음이나 후음에도 새로운 자모가 만들어진 것으로 보아야 한다.

아울러 자모의 음이 우리 한자음에서 구체적으로 달라진 경우도 생각해 보아야 한다. 예를 들어 화음과 동음 사이에 가장 많은 혼란이 발생한 '溪母'의 경우 字母字의 음부터 변화되어 있으므로 '溪'를 그대로 사용할 수가 없었던 것이다.

이와 같은 세 가지 이유로 인해 동국정운의 편찬자들은 조선식의 자모체계를 설정하게 되었고 이를 훈민정음에도 사용하였던 것이다.

1.4.2 중성체계

『동국정운』은 서문에서 당시 한국 한자음의 성모에 대해서는 매우 자세하게 그 실상을 분석하여 언급하고 있으나 운모에 대해서는 다음 세 가지 사항만을 언급하고 있다.[64]

1) 한자음을 사성으로 나누었다.
2) 운목은 91운으로 나누었다.
3) 質・物 등의 운은 影母(ㆆ)로써 來母(ㄹ)를 보충하였다.

이를 근거로 하여 『동국정운』의 운모에 대해 살펴보기로 한다.

---

64) "調以四聲 定爲九十一韻二十三母 以 御製訓民正音定其音 又於質勿諸韻 以 影補來因俗歸正"(『東國正韻』, 序文)

1.4.2.1. 사성의 분류

『동국정운』이 편찬되던 15세기 중국어는 이미 전통적인 평·상·거·입의 사성체계가 붕괴된 시기이다. 중고음의 사성체계는 이미 송대에 들어 변화하기 시작한다. 성조의 변화는 성모의 변화와 밀접한 관계를 가지는데, 唐代 중기 이래로 長安방언에서는 탁음 성모가 점차 청음 성모와 합류하기 시작하였다. 이로 인해 청음계는 陰調류로 되어 陰平, 陰上, 陰去, 陰入으로 바뀌고, 탁음계는 陽調류가 되어 陽平, 陽上, 陽去, 陽入으로 바뀌게 된다.(임도·경진생 : 1997, 61)

일반적으로 탁음 음절은 처음의 가락이 낮고, 청음 음절은 처음이 높기 때문에 같은 평성이라 할지라도 옛 탁음계(陽調)와 옛 청음계(陰調)의 調型이 달라지게 되었다. 그리하여 이전의 4성조는 다음처럼 8조류로 바뀐다.

| 舊平聲 | 陰平聲 | 舊上聲 | 陰上聲 | 舊去聲 | 陰去聲 | 舊入聲 | 陰入聲 |
| | 陽平聲 | | 陽上聲 | | 陽去聲 | | 陽入聲 |

이러한 변화는 북송시대 소옹의 『황극경세서』에 반영되어 운미 /-t/인 '日, 骨'이 /-k/인 '德, 北'에 수록되어 있다.(축가령 : 1986, 98)

그 후『고금운회거요』에 들어 입성의 변화가 나타난다. 운회의 자모운을 살펴보면 전통적 입성운인 緝(/-p/), 質(/-t/), 職(/-k/)운 등이 상호 변별성을 상실한 채 나타난다.『고금운회거요』의 각 운에 나타나는 입성운미의 분포를 도표로 보이면 다음 〈표 7〉과 같다.

이 표가 보여주는 바는『운회』의 운에 종래의 입성운이 일 대 일 대응되는 것이 아니라 입성들이 혼재되어 있음을 보여주는 것이다. 즉『운회』의 입성운인 穀운(/-k/)에는 동일한 입성 禿族 외에 입성 /-t/인 突卒도 함께 수록되어 있다. 운미 /-t/인 訖의 경우에는 모든 입성자가 전부 함께 들어 있다.

116

〈표 7〉『고금운회거요』의 자모운에 대응하는 입성 운미

자모운 입성운미	觳	匊	櫛	訖	吉	國	橘	聿	葛	怛	戛	訐	結
-p			戢澀	急執					合盍	雜答	夾洽	涉業	獵妾
-t	突卒	衕律	櫛瑟	必實	吉詰	筆密	橘苗	聿	葛曷	撩達	點瞎	舌歇	列切
-k	禿族	肅竹		極直	激檄	碧域	焱闃	役					

이를 이어 元代에 편찬된 『중원음운』에는 입성이 사라져 각각 평·상·거성으로 派入되고, 평성이 음·양으로 나뉘어 현대 북경 어의 사성체계의 기본이 이루어졌다. 이에 따라 원대 이후는 비록 사성의 숫자는 중고음기와 같으나 그 성격은 판이하게 달라졌다.

그러나 『홍무정운』은 『중원음운』과 성조체계가 상이하다. 『중원 음운』은 평성을 음·양으로 나누었는데 『홍무정운』은 하나로 두었 고, 『중원음운』이 입성을 구별하지 않았음에도 『홍무정운』은 이를 존속시키었다. 이는 『홍무정운』이 특정 지역 방언을 중심으로 한 운 서가 아니라 남방음과 북방음 모두를 포괄하는 운서로 편찬되었기 때문으로 보인다. 이 운서는 명이 북경으로 천도하기 이전에 남경에 서 만들어졌으며, 편찬과 질정에 참여한 인사들도 대부분 남방인이 었기 때문에, 편찬 근거를 "以中原雅音爲正之"라고 하여 북방 현실 음을 바탕으로 한다고 하였으나 실제로는 그러하지 못하였음을 알 수 있다. 당시 북방음은 『중원음운』음과 같이 성조의 변화가 있었으 나 남방음은 중고음의 성조를 그대로 유지하고 있었다.

『동국정운』은 『홍무정운』으로부터 운서 편찬의 정책적 근거를 차 용하였다. 따라서 성조에 대한 입장도 이에서 벗어나지 못한 것으로 보이며 당시의 현실음이나 『운회』의 체계를 따르지 않고 『홍무정 운』의 전통적, 규범적 체계를 따라 성조를 나누게 됨에, 이를 강조하

기 위하여 사성으로 분류하였음을 분명히 한 것이다.

1.4.2.2 91운목의 설정

1.4.2.2.1 『운회』의 자모운

『동국정운』의 운목은 『운회』의 체계를 좇아 분류하였으므로 먼저 『운회』의 운목 분류에 대해 알아보도록 한다.

『운회』는 유연의 『임자신간배자예부운략』의 107운[65]에 따라 배열되었다. 따라서 이 책은 표면적으로는 전통적인 운서의 체계를 따르고 있는 듯이 보인다. 그러나 실제로는 편찬 당시인 元代의 어음 계통을 반영하고 있다. 이를 가장 잘 보여주는 것이 이른바 '字母韻'이라고 하는 것이다. 이 자모운은 『운회』의 편찬자가 당시의 어음 계통에 대한 분석을 바탕으로 하여 운을 새로이 나누어 정리한 것이다.

『운회』의 범례에 보면

> 옛 운서에 실린 7음을 살펴보니, 한 운에 속한 자가 여러 운으로 나뉘어져 들어간 것도 있고, 여러 운에 속하는 자가 한 운으로 병합된 것도 있다. 지금 각각의 운을 7음의 운에 의해 각기 분류해 모으고 "이상은 7음을 살피건대 어떤 자모운에 속한다"고 주하였다.[66]

라고 하여 자모운 설정의 이유를 밝히고 있다. 이와 같이 전통적인 분운방식을 채택한 뒤에 이를 다시 실제 어음을 중심으로 하나의 운을 둘로 나누기도 하고 둘 이상의 운을 하나로 묶기도 하였으므로

---

65) 평성 30, 상성 30, 거성 30, 입성 17운으로 되어 있다. 106운 체계에 비하여 상성에 拯韻이 하나 더 많은 체계이다.

66) "舊韻所載 考之七音 有一韻之字而分入數韻者 有數韻之字而幷爲一韻者 今每韻依七音韻 各以類聚 注云 以上案七音屬某字母韻"(『韻會』, 序文)

118

실제 자모운은 107운의 분류를 무시하고 이루어졌다. 이는 당시 현실음과 예부운략의 전통체계와의 절충으로 인하여 운목을 통합하는 과정에서 나타난 과도기적인 현상으로, 절운계 운서의 변화가 발생하는 중요한 의미를 가진다. (謝雲飛 : 1987, 95)

이렇게 107운체계를 새로이 해석하여 자모운을 설정하다 보니 전통적인 운목체계와는 서로 어긋나는 부분들이 나타나게 되었다. 예를 들어 東, 冬운에는 자모운 公, 弓이 공통으로 나타나는데,[67] 자모운 公은 이외에도 庚, 蒸운 등 모두 4개의 운에 나타난다. 또 자모운 穀은 質, 物, 屋, 沃, 月 등 5개의 운에, 자모운 干은 元, 寒, 山 등 3개의 운에 동시에 나타난다. 또 支운과 庚운은 현실음에서 분화가 매우 심하여 각각 다음처럼 8개씩의 자모운으로 나뉘어짐을 볼 수 있다.

1) 支의 자모운 : 羈, 嬀, 規, 乖, 雞, 惟, 貲, 麾
2) 庚의 자모운 : 京, 行, 兄, 經, 抈, 公, 雄, 弓

그런데 이 자모운은 운부가 아니며 운부를 통합하고 새로이 나눈, 운부보다 더 작은 단위이다. 이는 실제로는 한 운부 중 하나의 呼와 유사한 개념이 된다. (왕력 : 1980)

예를 들면 魚와 虞韻의 居, 孤 두 자모운은 실제로 撮口呼와 합구호의 구별이고, 麻韻의 嘉, 瓜, 牙 嗟의 4자모운은 개구호와 합구호, 제치호, 촬구호를 구별하는 것에 불과하다.

운회의 자모운을 평성자로 대표하여 보면 모두 95종이다.[68] 쓰家

---

67) 『고금운회거요』의 본문에 東韻의 雄을 雄字母韻에 소속시켜 놓았다. 그러나 『고금운회거요』 권두의 운회통고에는 弓字母韻이라고 註하였다.

68) 왕력(1980)은 자모운을 96종으로 분류하였다. 축가령(1986)에 비하여 弘이 더 있다. 필자가 조사한 바에도 弘은 분류되지 않았다.

寧(1986)은 이를 운미를 중심으로 다음과 같이 분류하였다.

1) 양성류 :
설첨비음 자모운 : 干 間 韆 堅 賢 官 關 涓 卷 根 巾 欣 分 鈞 雲(15운)
설근비음 자모운 : 公 弓 岡 江 光 黃 莊 揯 京 經 行 雄 兄(13운)
쌍순비음 자모운 : 金 歆 簪 甘 緘 箝 兼 嫌 枕(9운)
2) 입성류
穀 匊 各 覺 脚 爵 郭 矍 克 黑 訖 吉 櫛 國 洫 橘 聿 額 格 虢 怛 葛
戛 訐 結 括 刮 厥 玦(29운)
3) 음성류
貲 羈 雞 嬀 規 麾 惟 孤 居 該 佳 乖 高 交 驕 驍 歌 戈 牙 嘉 迦 嗟
瓜 麻 鉤 鳩 樛 裒 浮(29운)

　동일 자모운에 속한 자들은 다시 초성의 체계, 즉 오음의 순서에
의거하여 분류 배열된다. 이에 따라 자모운의 운목자는 대체로 아음
의 전청에 속한 자로 결정된다.[69]

1.4.2.2.2 『동국정운』의 운목
『동국정운』은 91운목체계로 편찬되었다. 『예부운략』의 107운목을
통합한 결과이다. 이와 같은 운목의 통합은 이미 소옹의 『황극경세
서』의 「칠성십이음창화도」나 『절운지장도』, 『중원음운』 등에서 볼
수 있는 대폭적인 섭의 통합과 맥을 같이하는 것이다.

---

69) 예를 들어, 자모운 公에 속한 자들 가운데 소운자의 순서와 음계를 살펴보면
　　다음과 같다.
　　　○ 公(角全淸音) ○ 空(角次淸音) ○ 東(徵淸音) ○ 通(徵次淸音) ○ 同(徵
　　濁音) ○ 濃 (徵次濁音) ○ 蓬(宮濁音) ○ 蒙(宮次濁音) ○ 風(次宮淸音)
　　　○ 豊(次宮次淸音) ○ 馮(次宮濁音) …… ○ 洪(羽濁音) ○ 籠(半徵商音)

이들을 다시 평성을 기준으로 하여 상거입성을 함께 묶으면 26운류로 나뉜다.

26운류와 각각에 속한 운목은 다음과 같다.

1. 궁 揯平 : 큰 肯上　　·궁 亙去　　·극 亟入
2. 굉 觥平 : 굉 礦上　　·觺 橫去　　·괵 虢入
3. 귕 肱平　　　　　　　　　　　　·귁 國入
4. 공 公平 : 공 拱上　　·공 貢去　　·곡 穀入
5. 강 江平 : 강 講上　　·강 降去　　·각 覺入
6. 궁 弓平 : 뜽 重上　　·쿵 穹去　　·국 匊入
7. 경 京平 : 경 景上　　·경 敬去　　·격 隔入
8. 근 根平 : 큰 懇上　　·근 艮去　　·긁 訖入
9. 곤 昆平 : 곤 袞上　　·곤 論去　　·곯 骨入
10. 간 干平 : 간 笴上　　·간 旰去　　·갏 葛入
11. 군 君平 : 군 麕上　　·군 攈去　　·긇 屈入
12. 건 鞬平 : 건 蹇上　　·건 建去　　·겷 訐入
13. 줌 簪平 : 슴 痒上　　·줌 譖去　　·즙 戢入
14. 감 甘平 : 감 感上　　·감 紺去　　·갑 閤入
15. 겸 箝平 : 검 檢上　　·검 劍去　　·겁 劫入
16. 골 高平 : 골 杲上　　·골 誥去
17. 궁 鳩平 : 긓 九上　　·궁 救去
18. 줌 貲平 : 줌 紫上　　·줌 恣去
19. 굉 傀平 : 굉 隗上　　·굉 儈去
20. 갱 佳平 : 갱 解上　　·갱 蓋去
21. 궝 嬀平 : 궝 軌上　　·궝 媿去
22. 경 雞平 : 켱 啓上　　·경 闋去
23. 공 孤平 : 공 古上　　·공 顧去

24. 강 歌平 : 강 哿上　　・강 箇去
25. 궁 拘平 : 궁 矩上　　・궁 屨去
26. 겅 居平 : 겅 擧上　　・겅 據去

　이 운목은『고금운회거요』의 107운목에 비해 16운목이 줄어든 것이며,『홍무정운』의 76운목에 비해서는 15운목이 더 많은 체계이다.
　『동국정운』의 운목은『고금운회거요』의 자모운을 근거로 책정되었다. 여기에서『동국정운』과『고금운회거요』의 운목을 간략히 비교하면〈표 8〉과 같다.

〈표 8〉『동국정운』과『고금운회거요』의 운목 비교

운류	『동국정운』 운목	『고금운회거요』 자모운	운류	『동국정운』 운목	『고금운회거요』 자모운
1	揯 肯 亘 㔬	揯 肯 亘 訖	14	甘 感 紺 閣	甘 感 紺 葛
2	觥 礦 橫 號	公 孔 貢 號	15	箝 檢 劍 劫	箝 檢 劍 訏
3	肱 ○○ 國	公 ○○ 國	16	高 杲 誥	高 杲 誥
4	公 拱 貢 穀	公 拱 貢 穀	17	鳩 九 救	鳩 九 救
5	江 講 絳 覺	江 講 絳 覺	18	昝 紫 恋	昝 紫 恋
6	弓 重 穹 匊	弓 拱 供 國	19	傀 隗 儈	嬀 軌 媿
7	京 景 敬 隔	京 景 敬 格	20	佳 解 蓋	佳 解 蓋
8	根 懇 艮 訖	根 懇 艮 訖	21	嬀 軌 媿	嫩 軌 媿
9	昆 袞 睔 骨	昆 袞 睔 穀	22	鷄 啓 闗	鷄 啓 闗
10	干 笴 肝 葛	干 笴 肝 葛	23	孤 古 顧	孤 古 顧
11	君 麕 攈 屈	鈞 袞 攈 匊	24	歌 哿 箇	歌 哿 箇
12	騫 騫 建 訏	騫 騫 建 訏	25	拘 矩 屨	居 擧 據
13	簪 瘁 譖 戢	簪 錦 譖 櫛	26	居 擧 據	居 擧 據

122

이 표에서 굵은 글씨로 표시되어 있는 운목이 두 운서 사이에 공통되는 운목이다. 여기서 우리는 『동국정운』의 91운목 가운데 67운목이 『고금운회거요』의 운목과 동일함을 알 수 있다. 이를 통해 『동국정운』의 운목이 『고금운회거요』의 것을 모방하고 있음을 알 수 있다.

1.4.2.2.3 운목의 설정

91운목은 어떻게 설정되었는가? 『동국정운』은 중국 운서들의 분운방식과는 기본적으로 상이한 입장에서 운목을 분류 배열하였다. 『동국정운』이 취한 분운 방식은 다음 순서에 따랐다.

종성 → 중성 → 개합 → 사성

1) 종성의 구분 : 먼저 모든 한자를 종성, 즉 운미에 따라 나누었는데, 양운미와 음운미 음절로 구별한다. 입성 운미는 대응이 되는 양운미에 포함시켜 구별한다.

　양운미 : ─ㆁ, ─ㄴ, ─ㅁ(─ㄱ, ─ㅭ, ─ㅂ)
　음운미 : ─ㅱ, ㅇ

결국 전체적인 운목 분류의 순서는 '─ㆁ(─ㄱ), ─ㄴ(─ㅭ), ─ㅁ(─ㅂ), ─ㅱ, ─ㅇ'에 따랐다. 이 순서는 운미의 오음 순이다.[70]

　아음 : ─ㆁ, (─ㄱ)
　설음 : ─ㄴ, (─ㅭ)
　순음 : ─ㅁ, (─ㅂ)

---

70) 齒音 운미는 중국 한자음에 존재하지 않았으므로 나타나지 않는다.

후음 : -ㅱ,
        -ㅇ

유창균(1979 : 133)은 'ㅱ'을 순음에 포함시켰다. 순경음은 순중음의 뒤에 배열하는 것이 통례이기 때문이라는 것이다. 그러나 필자는 ㅱ 을 후음에 배속시킨다. 그렇게 보는 이유는 종성에 쓰인 ㅱ이 과연 순음으로서의 음가를 나타내고 있는가 하는 점에 의문이 가기 때문 이다. ㅱ은 초성에서는 순경음으로서 微母의 /ɱ-/를 나타내나, 운미 에서는 오히려 음운미 /-u/를 나타내고 있다. 따라서 후음에 포함시 키는 편이 합리적이라고 본다.

그러나 한국어의 음절 구조 규칙은 핵모음의 뒤에 원순 반모음이 놓이는 일을 용납하지 않는다. 따라서 중국어에 충실하려면 자음 가 운데 모음성과 원순성을 가지는 자음을 선택하여 운미에 사용함으로 써 한국어의 종성체계에 부합시켜야 했다. 이에 따라 ㅱ이 사용된 것이다.

2) 중성과 개합의 구분

『동국정운』 한자음에 나타나는 중성자는 모두 23자이다.[71] 이는 이후 동음의 기본 중성 모음이 되어 조선 후기 운서에도 공통적으로 나타난다.

이 23개의 모음은 다음과 같다.

단모음 : · ― ㅣ ㅗ ㅏ ㅜ ㅓ
복모음 : ㅛ ㅑ ㅠ ㅕ ㅘ ㅝ ㅟ ㅐ ㅚ ㅢ ㆎ
       ㅙ ㅔ ㅖ ㆀ ㅖ

---

71) 훈민정음에는 모두 29종의 중성자가 사용되고 있다. 이 가운데 『동국정운』에 사용되지 않은 것은 ㆇ, ㆌ, ㆉ, ㆊ, ㆈ, ㆋ 등 6종이다.

124

그런데 이들 중성모음이 위의 종성과 결합하여 운류를 형성한다. 중성모음이 종성과 결합하는 순서는 훈민정음의 순서이다. 여기에서 26운류의 중성과 종성이 결합하는 양상을 표로 정리해 보면 다음과 같다.

〈표 9〉 26운류의 종성과 중성 결합관계

종성 \ 중성	1	2	3	4	5	6	7	8	9
ㆁ	ㅡ	ㅚ	ㅟ	ㅗ	ㅏ	ㅜ	ㅕ		
ㄴ	·	ㅗ	ㅏ	ㅜ	ㅓ				
ㅁ	·	ㅏ	ㅓ						
ㅱ	ㅗ	ㅜ							
ㅇ	·	ㅚ	ㅐ	ㅟ	ㅔ	ㅗ	ㅏ	ㅜ	ㅓ

종성 'ㅇ'을 가진 운류를 살펴보면 중성의 배열 순서에 개합의 요소가 작용하고 있음을 알 수 있다. 즉 'ㅡ'와 'ㅗ' 사이에 'ㅚ, ㅟ'가 배열되어 있는데, 훈민정음의 순서에 따르면 'ㅣ'가 나타날 자리이다. 이 자리에 'ㅚ,ㅟ'가 배열되는 것은 종성 'ㅇ'을 가지는 한자 중에 중성 'ㅣ'를 가지는 한자는 없고 대신에 합구음 'ㅚ, ㅟ'는 있다는 의미이다. 이러한 양상은 무운미항에서도 나타난다. 결국 운목의 구분에 개합의 요소가 작용하고 있음을 알 수 있다.

3) 성조의 구분

운목의 설정에서 마지막으로 성조에 따라 26운류를 나누었다. 성조는 사성으로 나누었으므로 26운류를 기계적으로 사성으로 나누면 104운이 된다 . 그러나 실제로는 평성 26, 상성 25, 거성 25, 입성 15

등 91운이 분류된다.

이 91운목은 중국의 어느 운서와도 같지 않다. 이는 『동국정운』의 분운이 현실음을 바탕으로 이루어졌음을 의미한다.

1.4.3 종성체계

중고음의 운미는 다음과 같이 나뉜다. [72)]

1) 양운미 : /-n, -m, -ŋ/
2) 음운미 : /-ø, -i, -u/
3) 입성운미 : /-p, -t, -k/

이들 운미는 화음에서는 운의 일부이나 동음에서는 종성으로 초성, 중성과 함께 음절을 이루는 독립적인 요소이다. 따라서 이들이 동음에 대응될 때 양운미와 입성운미는 종성의 위치에 쓰이나 음운미는 중성으로 대응되고 만다.

양운미는 『동국정운』은 모두 규칙적으로 ㄴ(/-n/), ㅁ(/-m/), ㅇ(/-ŋ/)으로 대응되어 중고음의 모습을 충실히 이어가고 있다.

음운미는 동음 반영시 핵모음과 결합하여 중성모음을 형성한다. 무운미는 당연히 무종성으로, 즉 국어는 중성만으로 음절을 이룰 수 있으므로 문제가 되지 않는다. -i 운미는 운미로서가 아니라 반모음으로서 기능하여 동음에서 규칙적으로 하강 이중모음 ㅐ, ㅔ, ㅖ, ㅢ의 형성에 관여한다. 『동국정운』도 이를 반영하여 ㅐ, ㅔ 등의 운목을 나누어놓고 있고 종성의 체계에서는 제외하고 있다.

그러나 /-u/운미음은 전혀 동음에서 대응되지 않는다. 한국어의

---

72) 현대 중국 표준어의 운미는 /-i, -u, -n, -ŋ/의 네 가지이다. (왕력 : 1963)

126

음절 구조상 반모음 /i/와 달리 반모음 /u/는 핵모음에 후행될 수 없기 때문에 이들은 모두 단모음화한다. 즉 효섭의 자음에서 볼 수 있듯이, 원순 후설 고모음 /u/와 저모음인 /ɑ, a/ 또는 중모음인 /ɛ, ə/ 등이 결합하여 동음에서는 ㅗ로 대응되고 있다. 결국 음운미는 단지 /i/만이 핵모음과 결합할 뿐 나머지는 모두 기능을 상실한다. 그러나 『동국정운』은 이를 'ㅱ'으로 종성에 표기하여 중국음에서의 발음을 표기하고 있다. 그러나 'ㅱ'이 사용되는 환경을 보면 이들이 중성 'ㅗ, ㅜ'와만 결합하여 모두 6개의 운목만을 형성하고 있는데, 이는 이미 동음에 이 운미의 자질이 모음에 흡수되어 모음이 변화한 상태임을 알 수 있게 해준다.

입성운미 /-p, -t, -k/는 동음에서는 /-p/는 'ㅂ'으로, /-k/는 'ㄱ'으로 규칙적으로 대응되어 받침으로 쓰이고 있다. 『동국정운』도 동일하다. 다만 잘 알려진 바와 같이 /-t/는 /-l/로 바뀌어 'ㄹ'로 대응되었는데, 『동국정운』은 이를 잘못된 것으로 인식하고 이른바 以影補來의 방식을 동원하여 입성의 음으로 환원하고자 종성을 'ㅭ'으로 표기하였다.

결국 『동국정운』의 종성은 앞에서 살핀 바와 같이 다음의 8종성으로 되어 있다.

ㅇ, ㄱ, ㄴ, ㅭ, ㅁ, ㅂ, ㅱ, ㅇ

91운목이 이들 종성에 어떻게 배당되었는지를 살펴보자.

1) ㆁ(/-ŋ/) : 19운
2) ㄱ(/-k/) : 7운
3) ㄴ(/-n/) : 15운

4) ㅭ(/-t/) : 5운
5) ㅁ(/-m/) : 9운
6) ㅂ(/-p/) : 3운
7) ㅱ(/-w/) : 6운
8) ㅇ(/-ø/) : 27운

　　이들 가운데 'ㅱ'과 'ㅇ'은 현실적으로 무음가이었고, 'ㅭ'은 인위적인 입성표기이므로 당시 한자음의 실질적인 종성은 6종성체계였고, 이 체계는 조선 후기 운서에 그대로 지속된다.

제 3 장
華音 表記 韻書

1 洪武正韻譯訓

『洪武正韻譯訓』은 중국 명나라 때 만들어진 『洪武正韻』의 한자음을 훈민정음으로 표기한 운서이다. 그러므로 표기된 한자음은 우리 한자음과는 상관없는 순수 화음이다.

훈민정음을 창제한 세종은 곧바로 『동국정운』의 간행을 통하여 당시 잘못 읽히고 있는 것으로 판단된 우리나라 한자음을 바르게 정리하고자 노력한다.

한편 개국 이래 사대교린의 정책을 표방해 온 조선은 중국과의 선린, 우호 관계를 돈독히 하는 일에 상당한 노력을 기울이고 있었다. 이를 위하여는 중국어에 능통한 士大夫와 역관의 양성이 시급한 과제로 대두되었고 이를 위해 사대부의 자제를 선발하여 중국어를 교육하는 한편, 역관을 양성하기 위한 기관을 설치하여 중국과의 교류에 힘을 쏟았다.[1]

이 때 당시 중국음의 표준으로 인식되었던 운서가 『홍무정운』이

---

1) 이에 대해 『四聲通解』의 序文은 다음과 같이 언급하여 이 일의 중요성을 강조하고 있다. "惟我東國 世事中華 語音不通 必賴傳譯 故設官委任 俾專其業"

었다. 조선이 개국하기 바로 직전 明 太祖의 勅命에 의해 홍무8년 (1375년) 편찬된 이 운서는 조선의 통치자들에게는 언어정책적 측면에서는 혼란한 현실언어를 바로잡고자 하는 의도적 언어정리 모델로 비추어졌음직하다. 한편 음운적 측면에서 이 운서는 당시 중원음의 표준으로 인식되어 중국어 학습의 표준으로 인정받았다.

따라서 세종은 반절로 표기된『홍무정운』을 훈민정음으로 번역하여 이를 널리 교육시킴으로써 중국어의 교육에 이바지하고자 하였으며, 또 이를 통해 새로운 문자의 권위를 고양하고, 활용도를 높이고자 하였을 것이다.

1.1 편찬 사항

1.1.1 편찬자와 편찬 시기

『홍무정운역훈』(이하『역훈』으로 칭함)은 申叔舟의 주도로 단종 3년(1455) 2월에 완성되었다.[2] 신숙주 외에 편찬에 참여한 사람들은 成三問, 曹變安, 金曾, 孫壽山 등으로 모두 5명이었고, 이 일의 중요성에 따라 首陽大君과 桂陽君이 모든 지원 업무를 담당하였다. 문종대에 원고가 완성되자 申叔舟와 魯參, 權引, 任元濬 등이 최종적으로 원고를 검토하였다.[3]

신숙주는 세종대의 언어 정책 사업에서 가장 주도적인 역할을 수

---

2) "景泰六年 仲春旣望 …… 申叔舟 拜手稽首敬書"(『洪武正韻譯訓』, 序文)

3) "首命譯洪武正韻 令今禮曹參議臣成三問 典農少尹臣曹變安 知金山郡事臣金曾 前行通禮門奉禮郎臣孫壽山 及臣叔舟等 稽古證閱 首陽大君臣諱 桂陽君臣瑠 監掌出納 而悉親臨課定 …… 文宗恭順大王 自在東邸 以聖輔聖 參定聲韻 及嗣寶位 命臣等及前判官魯參 今監察臣權引副司直臣任元濬 重加讐校"(『洪武正韻譯訓』, 序文)

행하고 있다. 그는 뛰어난 운학적 지식과 중국어 지식을 바탕으로
훈민정음 창제와 『운회』의 번역, 『동국정운』의 편찬, 『홍무정운』의
역훈 등 모든 사업에 빠지지 않고 참여한다. 성삼문도 『운회』의 편
찬을 지시받은 사람들 명단에는 빠져 있으나 나머지 사업에는 모두
참여하고 있다. 이들 두 사람은 일찍부터 세종의 측근으로 운학에
정통하고 있었을 뿐 아니라 중국 時音에도 능통하여 세종의 언어 정
책 구현의 중심적 역할을 수행하였다.

　나머지 세 사람은 모두 중국어에 능통한 관리이거나 역관 출신이
다. 조변안과 김증은 『역훈』뿐 아니라 『동국정운』의 편찬에도 관여
하고 있다. 반면 손수산은 오직 『역훈』의 편찬에만 관여하고 있고,
신숙주, 성삼문 등과 더불어 明使와의 음운 질정에 중심인물로 참여
하고 있는[4] 것으로 미루어 실제 회화를 통한 당대 회화에는 가장 능
통한 사람이었던 것으로 짐작된다.

　그러나 이 운서의 편찬이 언제 착수되었는지에 대해서는 세종대에
이루어진 다른 언어학적 업적들과 마찬가지로 구체적인 기록이 남아
있지 않기 때문에 정확히 알 수가 없다. 그러나 훈민정음의 창제를
전후한 일련의 과정을 검토하여 보면 이들 사업이 결코 개별적으로
진행되지 않고 서로 유기적인 관련을 맺고 진행되었을 것이다.

　훈민정음의 창제는 우리 국어음에 대한 면밀한 분석을 전제로 하
는 것이고, 우리 국어음에 대한 분석은 자연스레 한자음의 분석에서
출발하였을 것이다. 왜냐하면 당시 음운학자들이 가지고 있던 음운
지식인 성운학 이론은 한자음 분석에 더 적당한 것이었기 때문이다.
이에 따라 당시 음운학자들은 전통적인 중국의 36자모체계를 기저로
하여 이를 우리 한자음과 비교·분석하여 23자모체계로 정리하였다.

---

4) "命直集賢殿成三問 應敎申叔舟 奉禮郞孫壽山 問韻書于使臣 三問等因館伴
　以見 …… 此二者 欲從大人學正音 願大人敎之 三問叔舟將洪武韻講論良久"
　(『世宗實錄』, 世宗 32年 1月)

132

그리고 이 가운데 우리 국어에서 음운으로서의 변별적 기능을 수행
하지 못하는 전탁음 6모를 떼어낸 뒤 훈민정음의 17자모 초성체계를
설정하고 23자모는 한자음 정리를 위한 『동국정운』의 자모체계로
존속시킨 것이다.

이와 같은 음운 분석의 과정에서 중국 음운에 대한 별도의 고찰이
진행되었을 것임은 의심의 여지가 없다. 이 때 중국음의 표준으로
제시된 것이 바로 『홍무정운』이다. 『홍무정운』은 당시 운서의 조종
으로 높이 평가되고 있었기 때문이다.[5]

『역훈』의 간행 시기에 관한 가장 구체적인 내용은 신숙주의 문집
인 『보한재집』에 수록되어 있는 『역훈』의 서에

무릇 원고를 십여 차례나 베끼고 어렵게 반복하여 8년의 세월이 다하여
서야 없어지고 빠진 것을 바르게 하여 거의 의심됨이 없어졌다.[6]

라고 한 내용이 이와 관련된 사실을 짐작할 수 있게 해주는 기록의
전부이다. 이 내용으로 미루어보면 이 운서를 편찬하는 데 약 8년여
의 세월이 소요되었음을 알 수 있다.

조선왕조실록에 따르면 세종은 이 무렵 중국 운학의 질정에 상당
한 관심을 보이고 있다. 세종 31년(1449) 12월에 임금이 승정원에 이
르기를,

---

5) "洪惟皇明太祖高皇帝 愍其乖舛失倫 命儒臣 一以中原雅音 定爲洪武正韻 實
是天下萬國所宗 我世宗莊憲大王 留意韻學 窮硏底蘊 創制訓民正音若于字 四
方萬物之聲 無不可傳 吾東邦之士 始知四聲七音 自無所不具 非特字韻而已
也. 於是以吾東國世事中華 而語音不通 必賴傳譯 首命譯洪武正韻"(『洪武正
韻譯訓』, 序文)
6) "凡謄十餘藁 辛勤反復 竟八載之久 而向之正罔缺者 似益無疑"(『洪武正韻譯
訓』, 序文)

지금 오는 사신은 다 유학자이다. 신숙주 등이 교열한 운서를 바로잡게
하고자 하니, 사신이 입경한 뒤에는 신숙주·성삼문 등으로 하여금 대평
관에 왕래하게 하고, 또 손수산·임효선으로 하여금 통사를 삼게 하라.[7]

하여 신숙주와 성삼문이 교열한 운서를 가지고 사신을 만나 질정케
하도록 하였고, 이듬해 정월에는 성삼문, 신숙주, 손수산에게 명하여
운서를 사신에게 묻게 하였는데, 이 때 사신과 함께 토론한 운서는
『홍무정운』이었다.[8] 즉 『홍무정운』의 음운체계에 관해 토의한 것이
니 이는 『역훈』의 간행을 위한 일로 보아야 한다. 이 밖에도 신숙주
는 이 시기에 중국의 요동을 수차례 드나들면서 운서에 대해 문의를
하였는데 이 때 주로 자문에 응한 사람이 황찬이다.

어쨌든 이를 근거로 『역훈』의 편찬이 시작된 시점을 간행일로부
터 8년 전으로 추정하는 것이 가능한가? 역시 서문에 있는 다음 내
용은 그러한 추정을 유보하게 한다.

삼가 생각하옵건대 성상(단종)께서 즉위하신 다음, 이 책을 간행하여
널리 펴도록 자주 명하시고, 신에게는 일찍이 선왕의 명을 받은 바가 있
으니 서를 지어 앞뒤 사실을 기록하라고 명하시었다.[9]

이에 따르면 단종이 신숙주에게 여러 차례 『역훈』의 간행을 명하
였다고 하였으니, 이는 원고가 완성된 뒤로부터 어느 정도의 시일이
경과된 뒤에야 간행의 작업이 시작되었음을 알게 해준다. 따라서 앞

---

7) "今來使臣 皆儒者也 申叔舟等 所校韻書 欲令質正 使臣入京後 使叔舟成三
   問等 往來大平館 又令孫壽山 林效善 爲通事"(『世宗實錄』, 世宗 31年 12月)
8) 앞의 주 4) 참조.
9) "恭惟聖卽位 亟命印頒 以廣其傳 以臣嘗受命於先王 命作序 以識顚末"(『洪
   武正韻譯訓』, 「序文」)

134

서 말한 8년은 간행된 시점이 아니라 원고가 완성되기까지 소요된 시간이라고 보는 것이 온당하리라고 본다. 따라서 역훈의 사업이 시작된 기간은 이보다 오래 전이었을 것으로 추정된다.

신숙주의 연보에 따르면 『역훈』이 완성된 시기는 그의 나이 39세 때인 을해년이다.[10] 그런데 그가 처음 요동에 유배 와 있던 한림학사 황찬을 만나 음운에 관한 질정을 한 때는 그의 나이 29세인 을축년이었다.[11] 신숙주가 황찬에게 물어 확인하고자 했던 바가 중국어의 음운에 관한 것이었으므로 아마 이 무렵부터 『역훈』에 관한 사업이 시작되었으리라 보인다. 그렇다면 『역훈』 편찬 사업은 최소한 10년 이상의 기간이 소요된 것으로 보인다.

이에 대해 박병채(1983)는 세종 26년 2월 『운회』의 번역을 명한 시점을 이 사업의 시작으로 보고 있다. 이는 이 때 번역을 명한 『운회』는 『고금운회거요』라는 구체적인 운서를 가리키는 것이 아니라 일반적인 운서를 이르는 것이고, 그것은 다시 『홍무정운』이라는 것이다. 따라서 『역훈』의 편찬은 세종 26년(1444)에 시작되어 단종 3년(1455)에 간행이 완료된 약 11년여가 소요된 사업이라고 추정하였다.[12] 이러한 추정은 『운회』의 번역을 지시한 것을 곧바로 『홍무정운』의 역훈으로 이해하고 있다는 점에서 논란의 여지가 있으나 역훈 사업이 이 시기에 함께 비롯되어 약 10여 년이 소요되었을 것이라는

---

10) "乙亥 公 三十九歲 二月 與成三問 譯訓洪武正韻"(『保閒齋集』, 卷十二, 附錄 年譜)
11) "乙丑 公 二十九歲 使遼東 釀華音定五聲 ○ 時皇明學士黃瓚 以罪配遼東 公往見質問 隨問輒解不差毫釐 學士大奇之"(『保閒齋集』, 卷十二, 附錄 年譜)
12) 박병채(1983)는 편찬 경위를 다음과 같이 추정하고 있다.
  세종 26년 (1444) 2월   착수
  문종 원년 (1451)   원고 완성
  문종 원년 (1451)   원고 정리와 重加 讎校
  단종 3년 (1455) 중춘   간행

점은 타당한 결론이다.

1.1.2 편찬 동기

『역훈』의 서에는 이 운서의 편찬 동기가 다음과 같이 기록되어 있다.

세종께서는 우리나라가 대대로 중국과 사귀어왔으나 어음이 통하지 않아 반드시 통역관에게 의지해야만 하는 사실을 비추어보시고, 무엇보다도 홍무정운을 번역하라고 명령하시었다.[13]

이에 따르면 『홍무정운』을 번역한 이유는 통역관을 통하지 않고도 중국인과 교류를 하기 위한 목적이었음을 알 수 있다. 사대부들에게 한어를 가르치기 위한 표준 중국음 운서로『홍무정운』을 번역하게 한 것이다.

여기에서 우리는 한 가지 의문에 부딪히게 된다. 『역훈』의 편찬자들은 이미 『홍무정운』의 한자음이 당시 중국의 현실음을 충실히 반영하고 있지 못함을 알고 있었다. 이는 『역훈』의 편찬자들 대부분이 『동국정운』의 편찬에 참여한 사람들이기 때문이다. 『동국정운』이 『운회』를 저본으로 삼아 편찬된 이유가 『홍무정운』의 비현실성에 있었던 만큼, 한어 학습의 진흥을 도모하면서 『홍무정운』을 번역하도록 한 태도는 합리적이지 못한 것이었다.

그럼에도 불구하고 『역훈』이 편찬된 이유는 『홍무정운』이 칙찬 운서라는 권위를 가지고 있었기 때문이다. 즉 세종의 언어 정책적 판단과 명 태조의 정책적 입안이 동일한 바탕 위에 있었기 때문이다.

---

13) "於是以吾東國世事中華 而語音不通 必賴傳譯 首命譯洪武正韻"(『洪武正韻 譯訓』, 序文)

『역훈』은 그 서문에서 『홍무정운』의 가치를 높이 평가하고 있다.

> 명나라 태조 황제께서 성운 체계가 어그러지고 순서가 어그러진 것을 딱하게 여기시어, 유신들에게 한결같이 중원아음으로써 기준을 삼아 홍무정운을 정하라고 명하시니, 홍무정운은 실로 천하 만국이 받들 기준이다.[14]

그러나 당시 편찬자들이 『홍무정운』의 미비점을 간과한 것은 아니다. 그들은 그들이 알고 있던 당시 북방음과 『홍무정운』이 보여주는 자음과의 괴리를 바로잡기 위하여 중국에 7,8번이나 다니면서 음운을 물어보았고, 중국의 수도인 북경에 사신으로 가는 기회가 있으면 그 곳에서, 중국의 사신이 우리나라에 오면 그들에게 묻는 등 최선의 노력을 기울여 표준이 될 만한 한음의 정리에 공을 들였다.[15] 그러나 그 결과는 그리 만족할 만한 것이 아니었던 것으로 보인다. 『역훈』 관련 기록에 따르면 黃瓚과 倪謙을 제외하고는 그들이 만난 중국의 학자들이 구체적으로 밝혀져 있지 않다. 따라서 그들이 어떤 사람들과 만나서 당시 중국음에 대한 토론을 하였는지는 알 수 없으나, 결과적으로는 그리 커다란 성과를 거두지 못하였던 것으로 보인다. 역훈의 서문은 이에 대해 다음과 같이 기록하고 있다.

> (중국을) 오가며 바로잡은 것이 이미 많으나, 마침내 운학에 정통한 사

---

14) "洪惟皇明太祖高皇帝 愍其乖舛失倫 命儒臣 一以中原雅音 定爲洪武正韻 實是天下萬國所宗"(『洪武正韻譯訓』, 序文)

15) "然語音旣異 傳訛亦甚 乃命臣等 就正中國之先生學士 往來至于七八 所與質之者若于人 燕都 爲萬國會同之地 而其往返道途之遠 所嘗與周旋講明者 又爲不少以至殊方異域之使 釋老卒伍之徵 莫不與之相接 以盡正俗異同之變 且天子之使 至國而儒者 則又取正焉 凡謄十餘藁 辛勤反復竟八載之久 而向之正罔缺者 似益無疑"(『洪武正韻譯』, 序文)

람을 만나서 성모(紐)와 운모(攝) 등을 고르게 분별하는 요령을 터득지 못했으며, 다만 말과 책 읽는 틈에 성모(청탁)와 운모(개합)의 근원을 거슬러 올라가 이른바 가장 어려운 운학의 이치를 밝히고자 하니, 이것이 곧 여러 해를 고생하면서 노력하여 겨우 얻은 까닭이다.[16)]

따라서 『역훈』의 편찬자들은 그들 나름대로 『홍무정운』의 음운체계를 분석하여 그 결과를 훈민정음으로 번역한 것이다.

1.2 체제와 형식적 특징

『역훈』은 전 16권 8책으로 이루어졌다. 그러나 현재 제1책, 권 1, 2는 발견되지 않았고, 이를 뺀 나머지 7책만이 전해지고 있다.[17)]

역훈의 체제는 원판본이 半葉 橫이 21cm, 縱이 31.3cm이며 板匡은 寬이 15.6cm, 高가 22.1cm이고, 四周單邊 有界이며 半每葉 8行이다. 그리고 每行에 字母, 한글 譯音, 韻字는 大字이고, 이를 제외한 반절, 속음, 발음법 설명 및 釋義는 모두 小字雙行 1행 15자이다. 板心은 大黑口 上下內向 黑魚尾이며 판심 서명은 '正韻 卷三'으로 되어 역훈은 특기되어 있지 않고 권수 표시 밑단에 장수가 표시되었는데 이 장수는 매권마다 一부터 시작되었다. (박병채: 1983, 6)

---

16) "往復就正 旣多 而竟未得一遇精通韻學者 以辨調諸紐攝之妙 特因其言語讀誦之餘 遡求淸濁開闔之源 而欲精夫所謂最難者 此所以辛勤歷久 而僅得者也"(『洪武正韻譯訓』, 序文)

17) 박병채(1974)는 결본이 된 권1, 2를 복원하였다. 그리고 그 후 1976년 고려대 출판부에서 역훈을 영인, 발간할 때 이를 역훈의 자체와 유사하게 모사, 합본하였다.

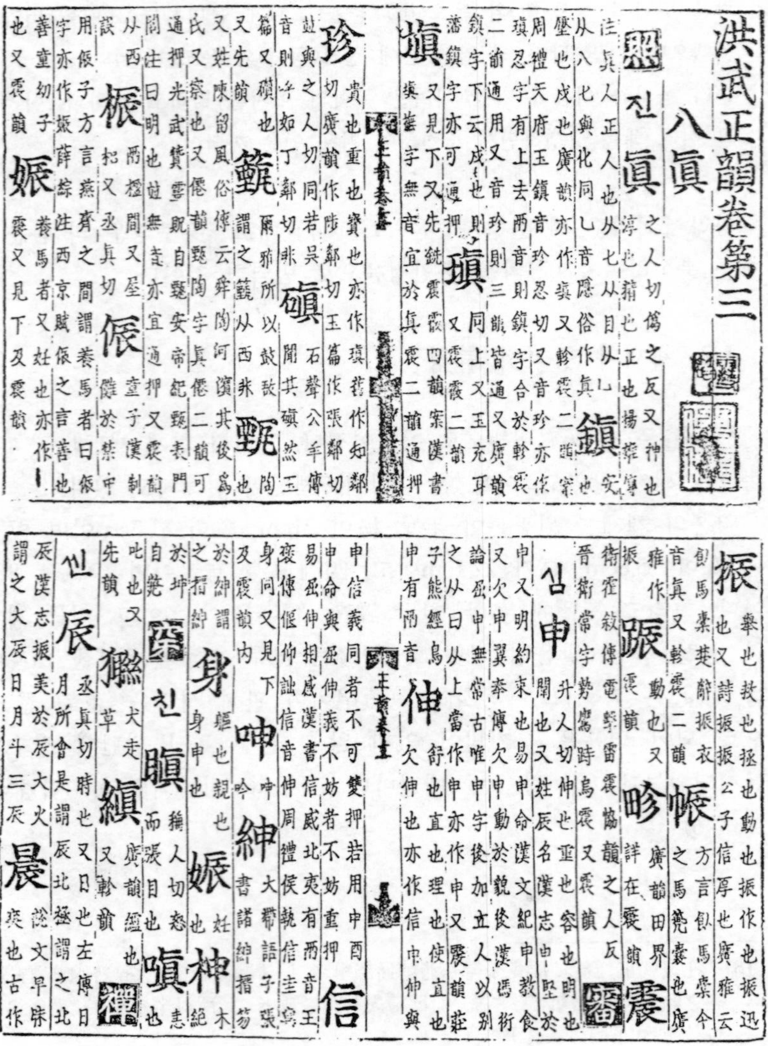

〈그림 7〉『洪武正韻譯訓』

권1과 2가 전해지지 않기 때문에 일반적으로 전적류에 나타나는
서와 범례 등을 확인할 수 없다. 그런데 서문은 다행히 편찬자인 신
숙주의 문집인『보한재집』에 전문이 수록되어 전해져 오고 있어 그
내용을 자세히 알 수 있다. 한편 범례는 어디에도 전해져 오지 않는
데, 박병채(1983)는『사성통해』에 수록되어 전해지는『사성통고』의
범례가 그 내용으로 보아『역훈』의 범례였을 것으로 추정하고 있다.
『홍무정운』의 본문과『역훈』의 본문을 비교하면『역훈』은『홍무
정운』의 체제와 내용 및 순서를 그대로 두고, 다만 자음을 덧붙여 표
기하였다. 그렇다면『역훈』의 권두에는 편찬의 동기와 과정을 기록한
서문과 범례 등이『홍무정운』의 체제에 덧붙여졌을 가능성이 있다.[18]
이숭녕(1959)은 이런 관점에서『역훈』권두의 순서를 다음과 같이
추측하였다.

　　1) 世宗의 文인 五聲분류를 四聲으로 통일한 新韻書에 대한 序
　　　　說的 一文
　　2) 신숙주의 홍무정운 서
　　3) 송렴의 원본 홍무정운 서
　　4) 신숙주의 편인 사성통고 범례
　　5) 한글 음을 각 자모 밑에 배열한 홍무정운 31자모도
　　6) 운목 일람표

한편 박병채(1974)는 卷頭 附載文 및 순서를 다음과 같이 복원하
였다.

　　1) 홍무정운 역훈 서(신숙주)(보한재집 소재의 역훈 서 해당)

---

18)『홍무정운』은 '서문, 범례, 본문(5冊 16卷)'의 체제로 되어 있다.

2) 홍무정운 서 (송렴)(명판 경릉본 홍무정운 소재의 서 해당)
3) 홍무정운 31자모지도(사성통해 권두 소재의 자모도 해당)
4) 역훈 범례(사성통해 권말 소재의 사성통고 범례)
5) 범례(명판 경릉본 홍무정운 소재의 범례 해당)
6) 홍무정운 목록(명판 경릉본 홍무정운 소재의 목록 해당)

일반적으로 운서의 기본 체제는 '서 - 범례 - 운목 목록 - 본문'의
순서이다. 따라서 『역훈』은 對譯韻書라는 성격상 이들 각각의 내용
에 『홍무정운』과 역훈의 각각의 내용이 모두 나타나리라고 기대된
다. 이숭녕은 『홍무정운』의 범례를 제외시킨 반면, 세종의 서설적 일
문을 권두의 가장 앞에 수록하였을 것으로 추정한다. 신숙주의 서문
에서 세종이 지은 『사성통고』를 따로 첫머리에 붙이고 다시 범례를
실어서 기준이 되도록 하였다고 기록하고 있기 때문이다.[19] 서문에
기록된 『사성통고』를 이숭녕은 완본으로서의 운서로 보지 않고, 『사
성통고』를 만든 이유를 기록한 문서로 축소하여 이해하고, 이를 『역
훈』의 권두에 따로 수록하였을 것으로 추정한다.

반면에 박병채는 『사성통고』의 기록을 문면의 내용 그대로 이해
하여 『사성통고』 운서 전체를 역훈에 붙인 것으로 파악하고 본디 전
체를 붙일 예정이었으나 중도에 계획이 바뀌어 범례만 수록하고 만
것으로 보았다.

『역훈』은 세종이 역점을 두어 진행한 사업이기는 하였으나 이것
이 완성되어 간행된 것은 세종 死後 5년 뒤의 일이다. 따라서 세종
이 생전에 서문을 따로이 작성해 두지 않았다면 사후에 서문을 얹는
일은 아무래도 자연스럽지 못하다. 더욱이 이와 함께 주요한 사업이

---

19) "且以世宗所定四聲通攷 別附之頭面 復著凡例爲之指南"(『洪武正韻譯訓』,
序文)

었던 『동국정운』은 세종의 생존시기에 간행되었음에도 신숙주의 서문만이 있음으로 미루어보아 『역훈』에 세종의 글이 부재되어 있으리라고는 생각하기 어렵다. 그렇다고 운서인 『사성통고』 전체를 『역훈』의 앞에 붙였다고 보기도 어렵다. 『사성통고』는 『역훈』을 축약한 또 하나의 운서인데 이를 권두에 붙여놓으려 했다는 것은 이해가 되지 않는 일이기 때문이다.

결론적으로 서문에서 말한 『사성통고』는 현재 전하지 않는 『역훈』의 권 1, 2가 발견되어야 확실하게 알 수 있을 것이기는 하나 현재로서는 『사성통고』에 실려 있던 서문으로 추정한다. 이렇게 추정하는 이유는 『사성통고』 역시 세종의 주도로 이루어진, 서문과 범례 등을 갖춘 운서였을 것이므로 나름대로 운서를 만든 동기와 경위를 기록하였을 것이기 때문이다. 특히 잘 알려진 대로 『사성통고』가 『역훈』의 축약본이라면 범례는 두 운서의 것이 동일하겠으나 서문만은 달랐을 것이 틀림없다.

따라서 『역훈』의 체제는 다음과 같았을 것으로 추정한다.

1) 홍무정운 역훈 서
2) 홍무정운 서
3) 사성통고 서
4) 홍무정운 31자모지도
5) 역훈 범례
6) 홍무정운 범례
7) 홍무정운 목록
8) 본문

그리고 본문의 한자 배열은 『홍무정운』과 동일하게, 평성부터 시작하여 입성까지, 각 운목별로 자모 순에 따라 배열하는 통단배열

142

방식을 취하고 있다.

1.3 자음의 표기

1.3.1 자음 표기 방식

현전『역훈』에는 대표자 2,220자와 동운자 14,546자 등 모두 16,766자가 수록되어 있다.

역훈에는 이들의 화음만을 표기하고 있는데 표기 방식은『동국정운』을 따랐다. 자음을 표기하는 방법에 대해『역훈』은 다음과 같이 하였음을 밝히고 있다.

여러 운의 소운 머리에 자모를 분입하고, 훈민정음으로 반절을 대신하고, 속음과 양용음은 모르면 안 되므로 본자의 아래에 나누어 주를 달고, 만일 이들 아래 통하기 어려운 것이 있으면 간략히 발음법의 주석을 보태어 그 예를 보인다.[20]

즉 사성과 운목을 나눈 뒤에, 소운의 첫머리에 해당 자모를 方圈에 표기한 다음 대표자의 음을 한글로 기록한다. 이 때 성조를 방점으로 표기한다. 그리고『홍무정운』의 반절을 그대로 옮겨 적는 방식을 택하였다. 그런데 이 때 속음이나 발음상의 특기할 점이 있을 때에는 반절의 아래 이어서 주석의 형태로 기록하였다.

표기방식은 주석의 형태에 따라 다섯 가지로 나누어지는데, 이를 구체적으로 알아보기 위해 먼저 각 방식별로 대표적인 예를 전재한

---

20) "而分入字母於諸韻各字之首 用訓民正音以代反切 其俗音及兩用之音 又不可以不知 則分注本字之下 若又有難通者 則略加注釋 以示其例"(『洪武正韻譯訓』, 序文)

다. (소운의 대표자만 표기하며, 자음과 관계없는 주석 부분은 생략한다.)

1) 㪦   듕   董   多動切
2) 照   ·지   寘   支義切 俗音 ·징下同說見支韻支字
3) 照   :지   紙   諸氏切 俗音 :징 又音:증 下同說見支韻支字
4) 犗   ·졔   霽   子計切 俗音 ·지 韻中諸字中聲並同說見齊韻
5) 㸌   채   差   初皆切 韻內中聲ㅏ音諸字 其聲稍深 宜以ㅏ·之間
          讀之 唯屑音正齒音以ㅏ呼之 韻中諸字中聲同

   위의 예를 통해 표기방식을 정리하면
   첫째, 1)의 예는 가장 대표적인 표기방식으로 자모와 자음, 해당
한자, 반절의 순서로 이루어져 있다. 원본의 小韻 머리에 자모를 표
기하는 데는 음각 대자를 사용하였다. 위의 예에서 □ 안에 표기된
것들이다. 자모는 편찬자들이 분석한 『홍무정운』의 31자모체계에 따
른다. 운서의 소운 대표자의 앞에 자모를 표기하는 방식은 중국 운
서의 약점을 보완하는 독특한 방식으로 이미 『동국정운』에서 실용
화되었다.
   둘째, 소운 대표자의 역음을 한글로 표기하였다. 위의 예에서 '듕,
·지, :지, ·졔, 채' 등이다. 『역훈』은 자음 표기에 두 가지의 방식
을 사용하고 있다. 하나는 한글 표기이고 하나는 반절 표기이다. 반
절은 『홍무정운』의 것을 그대로 인용하여 해당 소운의 대표자에 이
어 표기하였다.
   그런데 신숙주의 서문에서는 훈민정음으로 반절을 대신한다고 하
였다. 이에 대해 이숭녕(1959)은 문맥으로 보아 『역훈』에서는 반절
표기를 하지 않기로 했던 것인데 실제 간행 단계에서는 이것이 지켜
지지 않고 반절이 그대로 남아 있어 '以代反切'이 아니라 '倂示反切'
이 되었다고 했다. 박병채(1983)도 이에 동의하면서 좀더 자세히 그

144

원인을 상고하고 있다. 반절을 그대로 존치시킨 가장 중요한 이유로
계획 단계와 정리 단계의 시간적 차이로 이해하였다. 즉 서문이 기
초된 것은 문종대이고, 간행은 단종대에 이루어지므로 시간적 간격
이 있었다는 점, 그리고『역훈』사업의 중간에 관여한 편찬자들의
변화가 있었다는 점 등을 들고 있다.

그러나 신숙주의 서문은 景泰 6년, 즉 端宗 3년에 쓰여진 것으로
기록되어 있어[21] 서문과 간행 사이의 시간적 차이를 확인하기 어렵
고, 또 "世宗所定 四聲通攷別附之頭面"도 "別附之省略"으로 계획
수정을 가져왔으리라고 추정하고 있는데, 이에 대해서도 현재로서는
그 사실 여부를 확인할 수 없다. '以代反切'에 대한 해석은 반절을
삭제하고 한글로만 표기하겠다는 의미로 해석할 것이 아니라 반절
표기를 그대로 둔 채 새로이 한글 표기를 이용하여 정확한 독음을
표기하기로 한다는 의미로 해석하는 것이 온당하리라 생각된다.[22]

반절은 대표자를 먼저 제시한 뒤 협주로 표기하는 것이 원칙이나,
한글 표기는 자모 표기의 다음에 대표자보다 먼저 표기된다. 이는
이런 표기 방식은 굳이 반절의 존치 여부에 상관하지 않는다는 의식
의 표출이라고 보인다. 또『홍무정운』의 권위에 비추어 운서의 기본
인 반절을『역훈』과정에서 모두 삭제한다는 것은 편찬의 원칙인
"감히 가벼이 바꿈이 있겠는가? 다만 그 옛것에 의지한다"[23]는 태도
에 어긋나는 방식이기 때문이다.

여기서 조선 전기에 편찬된 주요 운서의 자음 표기 방식을 잠시

---

21) "景泰六年仲春旣望 輸忠協策靖難功臣 通政大夫 承政院都承旨經筵參贊官
    兼尙瑞尹 修文殿直提學 知製教 充春秋館兼判奉常寺事 知吏曹事 內直司樽院
    事 臣申叔舟拜手稽首敬序"(『洪武正韻譯訓』, 序文)
22) 정연찬(1972 : 76)도 이와 같은 생각을 피력하면서, "반절 상자와 정음 초성이
    서로 대신할 수 있는 관계에 있음을 의미하는 것으로 해석"하고 있다.
23) "不敢輕有變更 但因其舊"(『洪武正韻譯訓』, 序文)

살펴보자

『동국정운』은 새로이 정리한 자음을 한글만으로 표기하고 있다. 그러므로 『동국정운』에 표기된 자음은 편찬자들이 정음으로 인식한 자음이었다. 역훈은 한글로 자음을 표기하며, 동시에 반절을 표기하고 있다. 또 정음 외에 속음을 표기하고 있다. 『사성통고』는 전하지 않기 때문에 확인할 수는 없으나 역훈과 동일하였을 것이다. 『사성통해』는 한글표기만 있고 반절은 생략되었다. 그리고 정음과 속음, 금속음 등 세 종류의 자음을 기록하고 있다. 어찌하여 이렇게 다양한 양상이 나타났을까? 『동국정운』은 조선 한자음에 대한 새로운 표준음의 제시를 위한 것이므로 한글로만 자음을 표기하는 것이 마땅한 일이다. 그리고 중국음의 표기를 위한 『홍무정운』의 역훈 과정에서 편찬자들은 나름대로 토론을 거치는 과정에서 원칙적으로는 한글만으로도 자음 표기가 충분하다고 결정하였을 것이다. 그러나 역훈의 과정에서 『홍무정운』의 권위를 인정하여, 여전히 반절을 존치시켰을 것이다. 그 후 최세진이 『사성통해』를 편찬할 때에는 비록 그가 『사성통고』에 표기된 한자음을 표음의 근거로 하고 있기는 하였으나 이미 『홍무정운』의 반절은 자음 표기의 기능을 상실한 시기였을 것이므로 반절을 삭제하고 한글로만 표기하는 방식으로 정착되었다.

셋째, 속음이 있을 경우에는 숫자에 관계없이 이를 반절의 바로 아래에 표기하였다. 위의 2)와 3)의 경우이다. 특히 序文에서 언급한 '兩用音'이란 역훈에 나타나는 둘 이상의 속음을 말한다. 위의 4)의 예가 이에 해당한다.[24]

---

24) 역훈에 나타난 양용음은 위의 예 이외에 다음의 다섯을 포함, 모두 6예만 있다.
　　지　支　諸氏切 俗音 짓又즛,
　　궁　庚　古衡切 俗音 궁又깅

넷째, 5)는 본자의 아래에 주를 달아 발음을 정확히 하도록 한 것이다.

그리고 다섯째로 속음이 실제의 중국어와 발음상에 차이가 심한 경우에는 이를 좀더 원음에 가깝게 발음할 수 있도록 마)와 같이 주석을 붙였다.

1.3.2 俗音과 發音 註釋

1.3.2.1 正音과 俗音

『역훈』은 당시인들에게 정확한 중국 한자음을 알려주기 위하여 편찬되었다. 그리하여 당시에 운서의 으뜸으로 생각하였던 『홍무정운』을 번역한 것이다. 이 일은 기계적인 번역으로만 이해하면 그리 어려운 일이 아닐 수 있다. 『홍무정운』의 음운체계를 반절 계련을 통하여 분석해 낸 뒤 이에 해당하는 문자를 만들고 이를 일 대 일로 대응시키기만 하면 되는 일이었기 때문이다. 이러한 일련의 사업들은 이미 훈민정음의 창제와 『동국정운』을 편찬하는 과정에서 충분히 진행되었을 것이다.

이 과정에서 편찬자들은 『홍무정운』의 성모체계를 31성모체계로 재구해 내었고 이 결과는 아마도 역훈의 권두에 수록되었을 것이다.[25] 한편 운모체계에 대해서도 『홍무정운』의 22운류에 대응하는 체계를 갖추어 대역 작업을 진행했을 것이다.

궁　更　居孟切 俗音 궁又경
궁　梗　古杏切 俗音 궁又경
윙　榮　于平切 俗音 융又音잉

25) 현재 권1이 전하지 않기 때문에 이를 확인할 수 없다. 그러나 『사성통해』의 권두에 「홍무운31자모지도」가 실려 있는데, 이것이 이 당시 편찬자들이 귀납한 『홍무정운』의 자모체계일 것이다.

그런데 『역훈』에는 앞서 살핀 바와 같이 속음을 표기하고 있다. 속음은 반절의 뒤에 표기된다. 그렇다면 속음은 어떤 성격의 음이고, 그것을 표기할 필요는 무엇이었을까? 분명한 것은 당시 편찬자들이 보기에 소운의 대표자 앞에 표시된 자음, 즉 정음만으로는 중국음의 표기가 불완전하다고 느꼈기 때문에 또 다른 음을 보여주는 것이었다.

이에 따라 『역훈』에는 정음과 속음의 두 가지 음이 표기되어 있는데, 모든 한자에는 기본적으로 정음이 표기되어 있고, 속음은 해당되는 자음이 있는 경우에만 표기된다.

정음과 속음을 구별하는 일은 편찬 작업에서 매우 주요하고 어려운 일이었던 것으로 짐작된다. 『역훈』의 서문은 이에 대해

> 북경은 모든 나라가 모이는 땅이다. 그 오고가는 먼 길에서 …… 이역의 사신이나 미천한 사람에 이르기까지 만나지 않은 사람이 없이 정속과 이동의 변천을 다하였다.[26]

고 기록하고 있어 이 일이 오랜 시간에 걸쳐 많은 사람을 만나면서 진행된 일임을 시사하고 있다.

그렇다면 속음은 어떤 음인가? 『사성통고』는 범례 제1조에서 속음에 대해 다음과 같이 기술하고 있다.

> 여러 운도와 운서 및 중국인이 쓰는 것으로 그 자음을 정하고, 또 중국인이 널리 쓰기는 하나 운서와 운도에 맞지 않는 것은 글자에 따라 반절의 아래에 속음을 기록한다.[27]

---

26) "燕都 爲萬國會同之地 而其往返道途之遠 所嘗與周旋講明者 又爲不少以至 殊方異域之使 釋老卒伍之徵 莫不與之相接 以盡正俗異同之變"(『洪武正韻譯訓』, 序文)

27) "以圖韻諸書及今中國人所用 定其字音 又以中國時音所廣用而不合圖韻字 逐

이 내용은 속음과 관련한 가장 기본적인 언급이다. 이 내용을 바탕으로 하면 여러 운도와 운서 및 중국인이 쓰는 자음은 정음이 되고 실제로 중국인이 쓰기는 하나 운도나 운서에 맞지 않는 것은 속음이 된다. 정음과 속음에 관한 이러한 입장은 사회적 통용이라는 언어의 본질적 조건보다는 운서의 표기를 중심으로 판단하는 지극히 규범적인 모습을 보여준다.

위의 기록에 따르면 『역훈』의 정음과 속음은 모두 당시 중국 사회에서 실용적으로 사용되는 음이다. 따라서 사용하는 데에는 아무런 불편이 없는 현실음이라고 보아야 할 것이다.[28] 다만 문면으로 보면 "中國人所用 定其字音"인 정음보다는 "以中國時音所廣用"인 속음이 더 널리 쓰이던 음임을 알 수 있다. 그런데 이를 나누는 것은 그 음이 운도나 운서에 맞는지 그렇지 않은지에 따를 뿐이다. 이 기록은 역설적으로 정음과 속음의 구별이 『역훈』의 본래 편찬 의도에 비추어 보아서는 별다른 의의가 없는 일임을 시사하고 있는 것으로 해석할 수도 있다.

그렇다면 왜 편찬자들은 정속을 나누기 위하여 그리 오랜 세월을 보냈을까? 앞에서 본 바와 같이 정속의 구별에 심혈을 기울였다는 점은 이 구별이 그리 의미없는 일이 아니었을 것임을 알려주기에 충분하다.

『홍무정운』은 중원의 공통음을 위주로 편찬한다고 하였으나 실제로는 남방적 요소가 더 많이 가미된 운서이다. 이는 『홍무정운』의 편찬자들이 주로 남방 태생이었던 까닭에 남방적 요소를 전혀 배제할 수가 없었기 때문에 그들이 비록 전통적 운서에 근거하여 『홍무

字書俗音於反切之下"(『四聲通攷』, 凡例)

28) 그래서 박병채(1983 : 173)는 정음을 전통적인 정음이자 현실적 정음이므로 '문어적 정음'이라 하고, 속음은 다만 현실적 정음이므로 '구어적 정음'이라 하였다.

정운』을 만들었으나 결국은『중원음운』과는 같지 않은 운서를 만들고 말았다.(동동화: 1975, 81)

이에 따라『홍무정운』의 편찬자들은 운서 편찬의 기본이 되는 운모 설정에 있어서는 당시 북방음의 음계를 반영하고자 노력하였다. 이에 따라『홍무정운』의 분운은 22류가 되었는데 이는 당시 중원음을 충실히 반영하고 있는『중원음운』의 19운류와 비슷하다. 그러나 성모체계는 북방음과는 사뭇 다르다. 당시 북방음은『중원음운』을 통하여 확인되는데『중원음운』은 20성모로 되어 있다.[29] 그러나『홍무정운』은 31성모체계로 되어 있어 북방음의 체계와는 아주 다르다. 『홍무정운』의 31성모는 蘇州語로 대표되는 吳音系와 매우 유사하다.(강신항: 1973, 53)

남북의 음이 혼합된 것은 이 운서가 중국 전체의 표준음을 보여주고자 했기 때문인데『홍무정운』은 이를 정음이라고 정의하고 있다. 『홍무정운』의 범례 5조에는 다음과 같이 정음을 규정하고 있다.

천지에 사람이 생기니 곧 소리가 있게 되었다. 五方의 習俗이 다르고 또 사람마다 달라서 그것을 한가지로 할 수 있는 사람이 드물다. …… 吳楚지방은 가벼이 뜬 것에 상해 있고, 燕趙에서는 무겁고 탁한 데에 흠이 있다. 秦隴에서는 거성이 입성이 되고, 梁益에서는 평성이 거성에 가까이 된다. 강동과 하북은 운을 취함이 더욱 다른지라 어느 것이 正聲인지를 알려면 오방의 사람들에게 다 통하여 이해될 수 있는 것을 정음으로 삼아야 한다.[30]

---

29) 북방음을 나타내는 운서로『中原音韻』과『韻略易通』,『韻略匯通』등이 대표적이다. 중원음운은 20성모, 19운모,『운략이통』과『운략회통』은 20성모, 20운모의 체계를 가지고 있다.(동동화: 1975)『중원음운』의 성모체계에 대해 이돈주(1995, 155)는 나상배(1932), 동동화(1972), 왕력(1958) 등을 참고하여『중원음운』의 성모를 21개로 재구하였다.

150

여기에서 말하는 "五方之人皆能通解者"는 바로 공통음 내지 표준
음을 이르는 것이라 볼 수 있다. (박병채 : 1983, 176) 따라서 『홍무정
운』의 자음은 현실음이라기보다는 가공의 이상음이 되어버리고 만
것이다. 이러한 정속관념은 『사성통해』에도 그대로 이어지고 있다.[31]
따라서 『역훈』의 편찬자들은 『홍무정운』의 일 대 일 대역음이 가지
는 비현실성을 극복하기 위하여 당시의 현실음과 운도의 음을 비교
하였을 것이다. 물론 여기에서 말하는 운서는 『홍무정운』을 기준으
로 하였을 것이며, 운도는 『절운지장도』를 기준으로 하고 『칠음략』
을 참고로 하였던 것으로 보인다. (홍기문 : 1946, 206-216, 정연찬 :
1972, 241)[32] 이 밖에 『광운』, 『집운』 등의 운서가 이용되었던 것으로
보인다.[33] 『광운』과 『집운』 등 이미 死韻이 된 운서가 사용된 것은
『홍무정운』이 반절로 표기되어 있었기 때문에 이 반절의 성격을 이
해하기 위해서였을 것이다.[34]

---

30) "天地人生則有聲音 五方殊習人人不同 鮮有能一之者 如吳楚傷於輕浮 燕薊
失於重濁 秦隴去聲爲入 梁益平聲似去 江東河北取韻尤遠 欲知何者爲正聲 五
方之人皆能通解者 斯爲正音也"(『洪武正韻』, 凡例)

31) "正韻凡例云人居異區五方殊習 而聲之所發乃有剽疾重遲之別 故字音之呼萬有
不同也 欲知何者爲正聲 五方之人皆能通解者斯爲正音也"(『四聲通解』, 凡例)

32) 그러나 『역훈』의 대역음이 『절운지장도』의 체계와 정연한 대응 관계에 있기
는 하나 그 체계를 그대로 이식한 것은 아니었고 『역훈』 편찬자들의 독창적인
해석에 따라 다소 변화가 있었다. (정연찬 : 1972, 김무림 : 1990ㄱ).

33) 세종대를 비롯한 조선 초기에 어떤 운서가 우리나라에 들어와 있었는지를 구
체적으로 알 수는 없다. 다만 『운회』와 『예부운략』의 존재는 분명히 확인되나
그 밖의 중국운서에 대해서는 확인하기 어렵다. 그런데 『사성통해』는 본문에
많은 중국의 서적을 인용하고 있다. 여기에 나타나는 서적들이 세종대에 읽혔
을 것으로 추정하는 것은 그리 큰 무리가 아니라고 생각한다. 『사성통해』에
인용된 서적 가운데 중요한 것들은 다음과 같다.
　廣韻, 集韻, 蒙古韻略, 韻會, 中原音韻, 洪武正韻, 韻學集成,

34) 『사성통해』에 「광운36자모지도」가 수록되어 있고, 이에 대한 설명 가운데
『집운』이 언급되고 있는 점으로 보아 당시에 이들 운서를 활용했음을 확인할

제3장 華音 表記 韻書   151

가공적, 이상적인 표준음을 표방하는『홍무정운』음에 비하여 중국
의 현실음은 각 지역마다 서로 달랐을 것이며, 중국어를 습득하기
위한 운서를 편찬하는 사람들의 입장에서는 이를 무시할 수가 없었
을 것이다. 그들이 만나게 되는 사람들이 중국의 한 지역의 사람들
에게만 국한될 리가 없기 때문이다. 그래서 중국인이 널리 사용하는
말이되『홍무정운』의 반절에 부합하는 음은 정음으로 삼고, 그렇지
않은 것은 속음으로 규정하여 하나의 한자를 여러 가지로 읽을 수 있
도록 규정한 것이다. 이러한 판단은『노걸대박통사』범례의 다음과
같은 기록을 통하여 더욱 타당성을 지닌다. 범례의 정속음조에서는

　　무릇 字에는 정음이 있고 속음이 있다. 그래서 통고에서는 정음을 위
　에 기록하고 속음을 아래에 적었다. 지금 한인들의 발음을 보니 한 글자
　에 대하여 또는 속음을 따르고, 또는 정음을 따르며, 또는 한 글자의 발
　음에 두세 개의 속음이 있으나 통고에 기록하지 않은 것이 많다.[35]

고 하여『사성통고』역시 정음과 속음을 구별하여 기록하고 있음을
알려주고 있다.
　『사성통고』가『역훈』을 축약하여 만든 운서임은 이미 공지의 사
실이다. 따라서『사성통고』에도 정음과 속음이 기록되어 있었을 것
이다. 표기의 위치가 위, 아래라는 내용도『역훈』의 체제와 같다. 그
런데 당시 한인들은 어떤 이는 정음을, 어떤 이는 속음을 따르니 이
를 기록하지 않을 수 없다는 것이고 한자에 따라서는 두세 가지의
속음이 함께 있었음을 알 수 있다.

───────────
　　수 있다.
35)“凡字有正音而又有俗音者 故通攷先著正音於上 次著俗音於下 今見漢人之呼
　以一字 而或從俗音 或從正音 或一字之呼有兩三俗音 而通攷所不錄者多焉 今
　之反譯書正音於右 書俗音於左”(『老乞大朴通事』, 凡例)

이렇듯 현실음으로서의 속음 판단의 기준은 당시 북방음뿐 아니라 남방음도 포괄되어 있었을 것이다. 다시 말해 『사성통고』의 범례에서 언급한 正俗異同의 판별은 일정한 지역, 특히 북경을 중심으로 하는 북방음만을 기준으로 한 것이 아니라 남북을 두루 섭렵하는 광범위한 것이었으리라는 점이다. 이 점에 대해 안기섭(1988)도 동일한 고찰을 하고 있다.

그는 『사성통고』 범례 3, 4조에서도 1조의 뒤를 이어 중국 시음이라는 말이 사용되고 있는데, 그 내용은 『홍무정운』의 31자모체계를 설명하는 말이라는 점, 또 『사성통해』의 「홍무정운31자모지도」 설명에 쓰인 시용 한음이 『사성통고』의 범례에서 언급한 중국 시음과 결과적으로 같은 내용이라는 점 등을 들어 속음은 남방음과 북방음을 아우르는 음으로 설명하였다.

김무림(1999 : 245-248)은 이와 같은 속음의 양상을 세분하여 다음과 같이 나누고 있다.

1) 정음에 상대되는 통속음으로서의 속음
2) 정음의 위치를 잃은 고음으로서의 속음
3) 일자다음을 표시하기 위한 수단으로서의 속음
4) 체계적 대역에서 놓친 음성적 대역으로서의 속음

그는 여기에서 1)의 경우는 북방음에서의 음운 변화에 의한 속음의 생성을 언급하고 있다. 따라서 이 경우, 기정형인 정음은 남방음에서는 여전히 현실적으로 사용되고 있는 음이라고 보아야 할 것이다. 2)는 속음이 古音인 경우이니 사용한 예에서 운미는 오히려 새로운 변화를 수용하고 있어 고음으로 정의하기가 어렵게 된다. 3)는 방언적 차이를 현실적으로 수용한 속음이며, 4)는 체계적인 음운적 대역에 의해 정밀을 담보하지 못한 경우로 오히려 속음이 현실적으로는 정음의 위치에 있는 것이라 하였다.

결국 정음과 속음은 당시에 모두 현실적으로 사용되고 있었던 한 자음이며, 정음과 속음이 병기된 경우에는 속음의 사용이 정음에 비해 좀더 광범위하였던 것으로 보아야 한다.

1.3.2.2 발음 주석

1.3.2.2.1 발음 주석의 개념

『역훈』에는 정음과 속음 이외에 몇몇 운의 발음에 관한 설명이 별도로 부기되어 있다. 이를 발음 주석이라고 한다. 발음 주석이 부기된 것은 우리말과 중국어의 실제 발음상 차이를 보완하기 위한 발음법의 설명으로 보인다.

즉 중국어의 발음을 우리말에 대응시켜 훈민정음으로 표기할 때에 훈민정음으로 나타내는 우리말과 실제 중국어 사이에 미묘한 음성적 차이가 나타나게 되자 이를 주석에서 설명하여 바르게 중국어 발음을 하도록 유도하고 있는 것이다.

우리말과 중국어 중성의 발음 차이에 대해 『사성통고』의 범례는 다음과 같이 매우 자세하게 서술하고 있다.

대개 우리나라의 소리는 가볍고 얕으나(輕而淺) 중국의 소리는 무겁고 깊다(重而深). 훈민정음은 우리나라 소리에서 나온 것이므로 만일 이를 중국 소리에 사용한다면 반드시 바꾸어 통해야 막힘이 없게 된다. 중성 ㅏㅑㅓㅕ는 입을 벌려 내는 소리이니(張口之字), 초성을 발음할 때 입이 바뀌지 않고, ㅗㅛㅜㅠ는 입을 오무려 내는 소리이니(縮口之字) 초성을 발음할 때, 혀가 바뀌지 않는다.

그러므로 중성의 ㅏ를 읽을 때에는 ㅏ·의 사이에서, ㅑ는 ㅑ·의 사이에서, ㅓ는 ㅓㅡ의 사이에서, ㅕ는 ㅕㅡ의 사이에서, ㅗ는 ㅗ·의 사이

154

에서, ㅛ는 ㅛ·의 사이에서, ㅜ는 ㅜㅡ의 사이에서, ㅠ는 ㅠㅡ의 사이에
서, ·는 ·ㅡ의 사이에서, ㅡ는 ㅡ·의 사이에서, ㅣ는 ㅣㅡ의 사이에서
읽어야만 중국의 소리에 부합된다. 이제 중성의 변한 것은 운의 같은 중
성자의 머리자 아래에 논하여 해설한다.[36]

라고 하여 중국어와 우리말의 발음상의 차이를 바로잡는 방법에 대
해 논하고 있다.

중국어와 우리말의 차이의 핵심은 중국어는 '重而深'이고 우리말
은 '輕而淺'이라는 것이다. 그래서 이러한 차이를 바로잡기 위해서는
양성모음인 'ㅏ ㅑ ㅗ ㅛ'는 이들의 본디 조음 위치와 '·' 사이에서,
음성모음인 'ㅓ ㅕ ㅜ ㅠ'는 이들의 본디 조음 위치와 'ㅡ' 사이에서
발음해야 한다는 것이다.

범례의 이 설명에 대하여는 그 동안 많은 논저에서 그 의미를 파
악하려고 노력해 왔는데, 이에 대해 가장 먼저 언급한 사람은 柳僖
(1824)이다. 그는 『諺文志』 中聲例 柳氏校正中聲正例十五形에서 위
의 설명에 대해 다음과 같이 언급하였다.

이는 燕京의 여음에 대하여 말한 것이다. 언문을 창제할 당시에는 여음
에 관계하지 않았다. 그런데 오·초의 음은 본래 명확히 하는 데에 힘쓸
따름이다. (북음은 완이하게 하는 데에 힘쓰므로 여음을 짓는다)[37]

36) "大抵本國之音輕而淺 中國之音重而深 今訓民正音出於本國之音 若用於漢音
則必變而通之 乃得無礙 如中聲ㅏㅑㅓㅕ張口之字則初聲所發之口不變 ㅗㅛㅜ
ㅠ縮口之字則初聲所發之舌不變 故中聲爲ㅏ之字則讀如ㅏ·之間 ㅑ之字則讀
如ㅑ·之間 ㅓ則ㅓㅡ之間 ㅕ則ㅕㅡ之間 ㅗ則ㅗ·之間 ㅛ則ㅛ·之間 ㅜ則ㅜ
ㅡ之間 ㅠ則ㅠㅡ之間 ·則·ㅡ之間 ㅡ則ㅡ·之間 ㅣ則ㅣㅡ之間然後庶合中國
之音矣 今中聲變者逐韻同中聲首字之下論釋之"(『四聲通攷』, 凡例)
37) "此因燕京餘音而言也 諺文爲制初 不關於餘音 且吳楚之音本務明白而已 (北
音務在緩弛故作餘音)"(『諺文志』)

유희가 주장하는 핵심은 이른바 '餘音'이라는 것이다. 그는 중국의 남방음은 '명확히 하는 음'이고 북방음은 '완이하게 하는 음'이라고 지역 간의 차이를 언급하고, 완이한 음의 표기를 위하여 여음을 짓는 것이라 하였다. 그런데 유희가 여음을 설명하기 위해 언급한 남음과 북음의 차이에 관한 표현을 『사성통고』의 범례는 입성의 설명에 사용하고 있다.[38] 그렇다면 여음은 입성의 소멸로 인하여 발생한 운모 핵모음의 변화이다.

그 후 이숭녕(1949)은 여음을 "이중모음 비슷하게 발음하여 重深感을 갖게 하는 延音法의 기교이며 아음을 아·로 양모음 사이에 걸쳐 이중모음식 사성구별이 발음되기 쉽도록 하는" 것으로 해석하였고 유창균(1966)도 "중국어에 있어서 입술과 혀의 조음이 동시적으로 이루어지는 것이 아니고, 계기적인 조음 운동에 의하여 이루어지는 이중 조음"으로 해석하였다. 이들은 모두 중성의 조음 위치의 이동으로 해석하고 있다.

한편 정연찬(1970)은 여음을 성조의 차이로 이해한다. 즉 15세기 우리말은 수평체계의 성조를 가졌고 중국어는 기복체계인데, 이에 따라 우리말은 輕而淺이고, 중국어는 重而深의 음상을 지니게 되었다는 것이다. 따라서 이러한 성조의 차이를 보완하기 위한 발음법이 여음이라고 하여 성조 위주의 고찰을 하였다.

박병채(1983)도 범례의 설명이 중국어의 음절 전체에 관한 내용이라는 점에서 이를 성조와 연관시킨 정연찬의 견해에 원칙적으로 동의하면서도 15세기 중기 국어가 성조 언어라는 주장에 대해서는 회의적 견해를 피력하고 있다. 이에 따라 그는 "중이심은 고저에 관여하는 성조적 자질이요, 경이천은 잘라 띄어 장단에 관여하는 음량적 자질"이라고 하였다.

---

38) "入聲諸韻終聲 今南音傷於太白 北音流於緩弛"(『四聲通攷』, 凡例)

김무림(1989)은『역훈』의 발음주석을 검토하면서 'ㅏ'의 발음 주석 부분은 등운의 비교를 통하여, 'ㅓ'와 'ㅕ'의 비교는 근대음의 음가 비교를 통하여 설명하면서 이들을 조음 위치의 이동에 의한 중고음 에서 근대음으로의 음가 변동을 반영하는 것으로 이해하였다.

김무림의 견해를 제외한 나머지 견해는 결국 여음을 발음법으로 보느냐 아니면 성조의 표시로 보느냐 하는 점에서 엇갈리고 있는데, 이는 결국 동일한 현상의 서로 다른 표현으로 이해된다. 발음법과 성조는 서로 다른 자질이기 때문이다.

성조는 음절 내부에서 音高의 변화를 의미한다. 音高 외에 音長 과도 일정한 관계가 있으나 일반적으로 서로 다른 성조를 형성하는 주된 요소는 음고의 변화이기 때문에 이 음의 장단의 대립은 고려의 대상으로 삼지 않는 것이 보통이다. (이재돈 : 1993, 39) 音高의 변화를 가져와 유지하기 위해서는 조음 위치의 이동이 필수적으로 수반된다.

『사성통고』범례에 나타난 위의 언급은 한국어를 중국어와 유사 하게 발음하도록 유도하기 위한 것이므로 한국어의 발음에서도 미미 하나마 조음 위치의 이동을 유도하는 것으로 이해하여야 한다. 즉 "ㅏ · 之間"은 ㅏ와 · 사이의 일정한 조음점에서 발음을 하라는 의미가 아니라 유창균의 해석과 같이 조음위치를 'ㅏ'에서 '·' 방향 으로 다소 이동하면서 발음하라는 의미로 해석하여야 할 것이다. 왜 냐하면 중세국어의 모음체계에 비추어볼 때 이렇게 발음하여야만 고 저의 차이가 발생하게 되고 이를 통해 중국어의 성조적 특징과 유사 하게 발음할 수 있기 때문이다.

그렇다면 15세기 국어의 모음체계는 어떠했는가를 간단히 살펴보 도록 하자.

훈민정음 제자해는 모음의 음가에 대해 다음과 같이 기록하고 있 다. 먼저 기본 모음은 다음과 같다.

　　· 舌縮而聲深
　　一 舌小縮而聲不深不淺
　　ㅣ 舌不縮而聲淺

　이에 따르면 혀는 縮과 小縮·不縮으로 대립되고 소리는 深·淺으로 대립된다. 縮을 문자 그대로 혀의 오므림으로 해석하면[39] '·'는 혀를 인후방향으로 깊이 수축시켜 조음되므로 후설 저모음이 되고, 'ㅡ'는 이보다 덜 오므리므로 중설 고모음이 된다. 그리고 'ㅣ'는 전설 고모음이 된다. 이에 따라 이들의 조음 위치는 구강 내에서 혀가 사선으로 뻗어 있는 형상을 따라서 하나의 선상에 놓이게 된다.(김주원: 1993) 혀의 위치가 수평으로[40] 늘어서지 않고 사선으로 되어 있다고 보는 이유는 이렇게 해야 위의 모음들을 변별하는 또 하나의 자질인 深淺의 규정과 일치할 수 있기 때문이다.

　深淺은 소리의 음향감을 변별하는 용어로 이해되는데 음향감은 공명도(Sonority)와 관계가 깊다. 음향감이 깊다는 것은 소리의 공명이 큰 것을 의미한다. 공명이 크기 위하여는 개구도가 커져야 하므로 深은 개구도가 큰 저설모음, 淺은 개구도가 작은 고설모음, 不深不淺은 중설모음으로 이해된다. 이로써 앞에서 살핀 축과 소축·불축의 규정과 일치하게 되어 이들의 조음 위치가 선명히 드러난다.

　이를 종합하면 '·'는 후설 저모음이고 'ㅡ'는 중설 중모음, 'ㅣ'는 전설 고모음임을 알 수 있다.

　다음 'ㅗㅏㅜㅓ'에 대해서 제자해는 위의 자질 이외에 口蹙과 口

---

39) '舌縮'의 개념에 대한 여러 해석의 정리와 검토는 김주원(1988), 김무식(1993) 등을 참조.

40) 박병채(1971, ㄷ)의 모음체계가 이에 가깝다. 그는 ㅣ는 고설모음으로 ·와 ㅡ는 중설모음으로 이해하여 ·와 ㅡ를 수평적 관계로 다루었다. 그러나 이렇게 할 경우 深淺의 해석이 어려워진다.

158

張이라는 자질을 추가하여 이들을 변별하고 있다.

ㅗ 與·同而口蹙
ㅏ 與·同而口張
ㅜ 與一同而口蹙
ㅓ 與一同而口張

구축과 구장은 원순과 비원순의 대립으로 이해된다. 따라서 'ㅗ, ㅜ'는 원순모음이고, 'ㅏ, ㅓ'는 비원순모음이다. 그런데 원순성은 자연스레 개구도와 관계를 가진다. 현대 국어에서 원순성을 가지는 'ㅗ, ㅜ'는 〔-low〕를 공유한다. 그리고 비원순모음 'ㅏ, ㅓ'는 〔-high〕를 공유한다. 이는 동일한 조음 위치에서 원순모음이 비원순모음에 비해 상대적으로 조음 위치가 높다는 것을 의미한다. 따라서 비원순모음은 개구도가 큰 저설모음이 되고 원순모음은 상대적으로 고설모음이 되는 것이다. 이러한 논의를 바탕으로 15세기의 모음체계를 도표로 나타내면 다음과 같다.[41]

〈표 10〉 15세기의 모음체계도

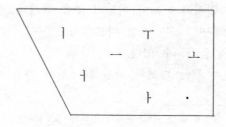

41) 김진우(1978), 허웅(1985), 김차균(1985), 박창원(1986), 백두현(1992), 장영길(1997) 등도 이와 유사한 사선체계로 재구하고 있다.

그러면 이를 바탕으로 위의 범례에서 말한 훈민정음과 중국어 발음과의 차이를 다시 검토하여 보자. 범례에서 지적하고 있는 조음 위치의 이동 방향은 그 목표가 'ㆍ'와 'ㅡ'의 두 방향이다. 범례의 설명을 이동 방향으로 발음 방향으로 정리하면 다음과 같다.

1) ㅏ ㅑ ㅗ ㅛ   → ㆍ
2) ㅓ ㅕ ㅜ ㅠ   → ㅡ
3) ㅣ   → ㅡ
4) ㅡ   → ㆍ
5) ㆍ   → ㅡ

여기에서 'ㅑㅕㅛㅠ' 등은 『훈민정음』의 「제자해」에서 말한 "再出字起於ㅣ"에 해당하는데, 이들의 조음 방식은 핵모음인 'ㅏㅓㅗㅜ'와 같을 것이므로 일단 논의에서 제외한다.

그러면 결국 이동의 방향은

1)   ㅏ ㅗ ㅡ   → ㆍ
2)   ㅓ ㅜ ㆍ ㅣ   → ㅡ

과 같이 정리된다.

이들을 위의 모음체계와 비교하여 보면 모두 조음 위치의 상하 이동이 이루어지고 있음을 알 수 있다. 즉 'ㆍ'를 기준점으로 할 경우 'ㅏ'는 상향이동을, 'ㅗ, ㅡ'는 하향이동을 하여야 하고, 'ㅡ'를 기준점으로 하는 경우에도 'ㅓ, ㆍ'는 상향이동을, 'ㅣ, ㅜ'는 하향이동을 하여야 한다.

따라서 자연스레 상하의 이동에 따른 음고의 변화가 일어나므로 우리말을 중국어와 유사하게 성조언어로 발음할 수 있게 된다. 『사성통고』의 발음 주석은 우리말을 중국어와 유사하게 성조언어로 발음하도록 유도하기 위한 것이었다.

1.3.2.2.2 발음 주석의 실제

『역훈』에는 모두 7곳에 발음 주석이 부기되어 있다. 먼저 그 전부를 옮겨 적는다.[42]

1) 皆 穿 채 差 初皆切　韻內中聲ㅐ音諸字　其聲稍深　宜以ㅏ·之間 讀之　唯脣音正齒音以 ㅏ呼之　韻中諸字中聲同

2) 刪 審 산 刪 師姦切　韻內中聲ㅐ音諸字　其聲稍深　當以ㅏ·之間 讀之　唯脣音正齒音以 ㅏ讀之　韻中諸字中聲同

3) 蕭 心셤蕭 先彫切　韻內諸字中聲　若直讀以ㅕ 則不合時音　特以口不變　故讀如ㅕ一之間　俗音샴 韻中諸字中聲並同

4) 爻 幫 방 包 班交切　韻內中聲ㅐ音諸字　其聲稍深　宜以ㅏ·之間 讀之　唯脣音正齒音以 ㅏ讀之　韻中諸字中聲並同

5) 歌 見 거 歌 居何切　韻內諸字中聲　若直讀以ㅓ 則不合時音　特以口不變　而讀如ㅓ一之間　故其聲近於ㅗㅓ之字亦同

6) 陽 非 방 芳 敷戶切　韻內中聲ㅏ音諸字　其聲稍深　唯脣音正齒音以ㅏ讀之其餘諸字　宜以ㅏ·之間讀之

7) 覃 定 땀 覃 徒含切　韻內中聲ㅏ音諸字　其聲稍深　宜讀以ㅏ·之間　唯脣音正齒音以 ㅏ呼之　俗音땀 韻中諸字終聲同

『사성통고』의 범례에서는 우리말의 모든 모음을 대상으로 발음을 변화를 언급하고 있는 데 비하여 역훈은 위의 7개의 운에만 주석을

---

42) 발음 주석은 해당 운목의 평상거입성 모두에 걸쳐 있으나 여기서는 평성의 내용을 대표로 표기한다. 爻韻의 거성에는 발음 주석이 나타나지 않는다. 단순한 누락으로 보인다. 皆韻의 발음 주석은 박병채(1974)가 복원한 내용이다.

부기하고 있다. 이를 모음별로 나누어보면 오직 ‘ㅏ, ㅓ, ㅕ’의 세 모음의 발음에 대해서만 언급하고 있을 뿐이다.

이와 같이 발음 주석의 표기가 일부에 그친 것은, 범례에서 언급한 것을, 이들 7운부만으로 대표하게 하여 모든 운부에 발음 주석을 하나하나 붙이는 논석의 번거로움을 피하기 위한 것으로 보는 견해가 있다. (박병채 : 1983) 이 주장은 이들이 모두 ‘張口之字’이고, 이들의 운미가 ‘무운미, ㅱ, ㄴ, ㅁ, ㆁ’의 5종으로, 양운미에 상배되어 있는 입성을 제외하고는 모든 운미를 대표하고 있다는 점에서 매우 타당한 견해로 보인다.

그런데 『사성통고』의 범례에서는 발음주석의 형태를 일률적으로 ‘A AB之間’의 형태로 표기하고 있으나 실제 역훈 주석에서는 내용이 조금씩 다르다.

먼저 ㅏ의 발음에 대한 주석은 皆, 刪, 爻, 陽, 覃 등 5운에 부기되어 있는데 그 핵심은 “其聲稍深 宜以 ㅏ · 之間 讀之”이라는 것이다. 중성 ㅏ음을 가지는 한자들은 그 소리가 다소 깊으므로 마땅히 ‘ㅏ · 之間’에서 발음해야 중국어에 맞게 된다는 말이다.

이미 밝힌 대로 ‘AB之間’의 의미는 조음 위치가 정확히 AB의 중간 위치를 가리키는 것이라고 볼 수는 없다. 구강 내에서의 조음 위치를 일정한 부분으로 특정화시킬 수 없다. 따라서 위의 표현은 A의 위치에서 다소 B의 방향으로 조음 위치를 이동하여 조음하라는 의미로 이해되어야 한다. 즉 ‘ㅏ’의 경우 중설적인 저모음 ‘ㅏ’에서 비롯하여 후설의 고모음인 ‘ · ’의 방향으로 혀를 이동하면서 발음하라는 의미로 해석된다.

ㅓ의 발음 주석은 歌韻에 부기되었는데, 핵심은 “若直讀以ㅓ 則不合時音 特以口不變 而讀如ㅓㅡ之間 故其聲近於ㅗ”라는 점이다. 이 기록은 ㅏ와 달리 소리의 深淺에 대한 비교가 없고 다만 時音에 맞지 않음을 강조하고 있다. 이를 맞게 발음하기 위하여는 ㅓ와 ㅡ

사이에 발음하면 되는데, 이렇게 하면 'ㅗ'와 같아진다는 것이다. 이
는 앞에서 살핀 대로 조음위치를 상승시키면 'ㅗ'와 같은 위치가 되
는 것이다. 'ㅕ'의 발음 주석은 ㅓ와 대동소이하다.

여기에서 발음 주석이 나타나는 위의 운목의 『역훈』음과 조음당
(1936)이 추정한 『홍무정운』음과 대비하여 보자

운목	중성	홍무정운음
皆	ㅐㅒ내	ɑi
刪	ㅏㅑ놔	ɑn
蕭	ㅕ	au
爻	ㅏㅑ	ɑu
歌	ㅓㆌ	o
陽	ㅏㅑ놔	ɑŋ
覃	ㅏㅑ	ɑm

이를 다시 생각해 보면 중성 'ㅏ'는 효운의 경우 운미 /-u/에 이끌
리어 핵모음이 'ɑ'로 바뀌므로 결국 다음과 같이 정리된다.

ㅏ : ɑ
ㅓ : o

따라서 'ㅏ'를 전설적인 /a/에서 후설적인 /ɑ/를 향하여 발음 위치
를 변화시켜야만 중국음의 소리에 가깝게 낼 수 있는 것이며, 'ㅓ'도
조음위치를 상승시키면서 이중으로 조음하여야 『홍무정운』음에 가
까워지도록 발음할 수 있었을 것이다.

그런데 'ㅏ'의 발음주석에서 예외적으로 순음과 정치음을 초성으로
가지는 경우에는 위와 같은 발음의 변화를 하지 않도록 규정하고 있

다. 즉 순음과 정치음은 훈민정음대로 'ㅏ'로 발음하여도 중국음과
부합된다는 것이다. 박병채(1983 : 253-255)는 이에 대해 순음과 정치
음은 그 자체가 重深感을 주기 때문에 발음의 변동이 없어도 되는
것으로 보았다. 순음은 경순음과 중순음을 모두 포괄하는 데 반해
치음은 정치음과 치두음을 구별하는 데 대해서는 모순된 것이라고
지적하였다.

이에 대해 김무림(1989)은 이들을 등호로 구별하여 설명하고 있다.
즉 위의 발음주석을 가지는 운목에 속한 한자들 가운데 순음과 정치
음의 자들은 모두 2등자인 데 반하여 아, 후음은 모두 1등에 속해
있다. 중고음에서 1등과 2등의 차이는 1등이 더 후설적이고 2등은
상대적으로 전설적인 음이다. 이런 구별은 결국 강신항(1989)에서 언
급하듯 이들 성모의 조음 위치가 'ㅏ'모음보다 훨씬 전방에 있기 때
문에 'ㅏ'모음이 이에 이끌리어 중설 쪽에서 발음되었기에 발음 주석
에서 제외한 것으로 보인다.

1.4 자음의 체계

1.4.1 성모 체계

1.4.1.1 31자모체계

『역훈』의 성모는 『홍무정운』의 31성모체계를 그대로 이어받고 있
다. 『역훈』의 편찬자들은 이미 『동국정운』의 편찬 과정에서 『운회』
의 36성모체계를 우리 현실에 맞게 23자모로 정리한 바가 있다. 따
라서 그들은 굳이 전통적인 36자모체계에 얽매이지 않아도 된다는
관념을 지니고 있었다고 보인다.

그들은 『홍무정운』의 권위 때문에 이를 함부로 고치는 것에 대하
여 매우 신중한 태도를 보이지만[43] 결국은 31자모체계로 정리하게

164

된다. 이러한 생각은 『역훈』의 서문에서 발견된다.

　　성모는 36자모로 표시하나, 설상음 4모와 순경음의 차청을 표시하는 1
모는 세상에서 쓰이지 않음이 이미 오래고, 또 선배가 이미 바꾼 것이 있
으니, 이것이 억지로 36자모를 존속시켜 옛것에 사로잡혀서는 안 될 까닭
이다.[44]

　　이에 따라 『홍무정운』의 성모체계를 31자모체계로 정리하는데 이
렇게 한 이유를 『사성통고』 범례에서

　　무릇 설상음은 혀의 중간이 위턱에 닿는다. 고로 그 소리를 내기 어려
워 스스로 정치음에 귀속된다. 그러므로 운회에서는 知徹澄母를 照穿牀
母에 합하였다. 중국 현실음에서는 홀로 孃母가 泥母로 합하여졌는데 본
운에서는 泥母와 孃母의 자들이 섞여서 구별이 되지 않는다. 이제 知徹
澄母를 照穿牀母에, 泥母를 孃母에 합한다.[45]

고 하여 4개의 성모를 통합하였음을 밝히고, 다시

　　순경음 非敷 2모의 자는 본운과 몽고운에서는 섞여서 하나가 되었다.
또 중국의 현실음에서도 구별이 되지 않는다. 이제 敷母를 非母에 합한
다.[46]

---

43) "夫洪武韻 用韻倂析 悉就於正 而獨七音先後不由其序 然不敢輕有變更 但因其
　　舊 而分入字母於諸韻各字之首 用訓民正音以代反切"(『洪武正韻譯訓』, 序文)
44) "七音爲三十六字母 而舌上四母 脣輕次淸一母 世之不用已久 且先輩已有變
　　之者 此不可强存而泥古也"(『洪武正韻譯訓』, 序文)
45) "凡舌上聲以舌腰點齶故其聲難 而自歸於正齒 故韻會以知徹澄孃 歸照穿牀禪
　　而中國時音獨以孃歸泥　且本韻混泥孃而不別　今以知徹澄歸照穿牀以孃歸泥"
　　(『四聲通攷』, 凡例)

라고 하여 非母와 敷母를 하나로 통합함을 밝혔다. 결과적으로 36자모에서 知, 徹, 澄, 泥, 敷의 5모가 줄어 31자모체계가 된다. 이 31자모를 정리한「洪武韻三十一字母之圖」는 다음과 같은데,『사성통해』의 권두에 실려 있다.[47]

洪武韻三十一字母之圖

五音	角	徵	羽		商		宮	半徵	半商
五行	木	火	水		金		土	半火	半金
七音	牙音	舌頭音	脣重音	脣輕音	齒頭音	正齒音	喉音	半舌	半齒
全清	見ㄱ	端ㄷ	幇ㅂ	非ᄫ	精ㅈ	照ㅈ	影ㆆ		
次清	溪ㅋ	透ㅌ	滂ㅍ		淸ㅊ	穿ㅊ	曉ㅎ		

---

46) "脣輕聲非敷二母之字本韻及蒙古韻混而一之且中國時音亦無別今以敷歸非"(『四聲通攷』, 凡例)

47) 이숭녕(1959)은『홍무정운역훈』의 반절을 귀납하여 성모체계를 31자모체계로 정리하였다. 그 결과는『사성통해』의 권두에 실려 있는 이 표와 같다. 이 자모도는 이후 국내에서 발간된 여러 韻書類에 전재되어 알려져 왔다.

한편 劉文錦(1931)은 반절 하자를 중심으로『홍무정운』의 聲類를 정리하여 31자모임을 밝혔다. 유문금이 재구한 자모체계와『사성통해』에 수록된 자모체계는 음운적으로 완전히 일치한다. 비교를 위하여 유문금의 체계를 다음에 기록한다.

牙音	古類	苦類	渠類	五類	
舌音	都類	佗類	徒類	奴類	
脣重音	博類	普類	蒲類	莫類	
脣輕音	方類		符類	武類	
齒頭音	子類	七類	昨類	蘇類	徐類
正齒音	陟類	丑類	直類	所類	時類
喉音	烏類	呼類	胡類	以類	
半舌音				盧類	
半齒音				而類	

全濁	群ㄲ	定ㄸ		並ㅃ	奉뼁	從ㅉ	牀ㅉ	匣ㆅ
不淸	疑ㆁ	泥ㄴ		明ㅁ	微ㅱ			喩ㅇ 來ㄹ 日ㅿ
不濁								
全淸						心ㅅ	審ㅅ	
全濁						邪ㅆ	禪ㅆ	

1.4.1.2 새로운 표기 문자의 제정

『홍무정운』의 성모체계를 31자모체계로 정리한 편찬자들은 이들 31자모체계를 표기할 새로운 문자가 필요하였다. 왜냐하면 훈민정음의 초성은 『동국정운』의 자모와 같은 23자모였기 때문에 적어도 8개의 문자가 새로이 필요하게 된 것이다. 『동국정운』의 23자모와 비교할 때 순경음의 非, 奉, 微 3모가 추가되고, 치음 5모가 정치음과 치두음으로 나뉘기 때문에 이를 구분하여 표기해야 하기 때문이다.

순경음의 3母의 표기는 『훈민정음』「제자해」에서 이미 제시한 바가 있기 때문에[48] 이를 원용하면 별다른 문제가 생기지 않는다.

『역훈』에서 정치음과 치두음의 구별을 위해 사용된 문자는 훈민정음의 해례본에는 나타나지 않고, 훈민정음 언해본에 나타난다.[49] 이를 종합하면 『역훈』의 한자음 표기를 위하여 다음과 같은 한글 자모가 더 사용되었다.

순경음 : 븡 퐁 뭉
치두음 : ㅈ ㅊ ㅉ ㅅ ㅆ
정치음 : ㅈ ㅊ ㅉ ㅅ ㅆ

---

48) "ㅇ連書脣音之下則爲脣輕音者 以輕音脣乍合而喉聲多也"(『訓民正音』, 例義)

49) "漢音 齒聲은 有齒頭正齒之別ᄒᆞ니 ㅈㅊㅉㅅㅆ은 用於齒頭ᄒᆞ고 ㅈㅊㅉㅅㅆ은 用於正齒ᄒᆞᄂᆞ니"(『訓民正音』, 例義)

이로 미루어보면 훈민정음 언해본은 해례본이 만들어진 뒤 상당한 시간이 흐른 뒤에 이루어졌을 것이다. 적어도 『역훈』의 편찬 과정에서 『홍무정운』의 성모체계를 31자모체계로 분석, 귀납한 뒤 이를 표기하기 위한 문자를 훈민정음을 바탕으로 조정, 개정한 뒤에 이루어졌을 것이다.

『사성통고』 범례는 좀더 구체적으로 이에 대해 언급하고 있다. 즉 우리나라의 치성은 치두음과 정치음의 중간 소리이기 때문에 훈민정음에서 이를 구별하지 않았으나 중국음에서는 이들이 구별되기 때문에 새로운 문자를 사용한다는 것이다.[50]

결국 『역훈』은 정치음과 치두음의 변별에 따른 새로운 문자의 수요를 위해 훈민정음의 치음을 좌우를 길게 함으로써 구별하였고, 이러한 문자의 사용은 당대인은 물론 조선 후기의 학자들에게도 영향을 미쳤다.

1.4.2 운목체계

1.4.2.1 76운목체계

『역훈』은 『홍무정운』의 편운 방식을 따라 22운류 76운목으로 분운하였다. 『역훈』의 운목과 이의 표기에 사용된 중성자는 다음과 같다.

---

50) "凡齒音齒頭則擧舌點齒故其聲淺 整齒則卷舌點齶故其聲深 我國齒聲在齒頭 整齒之間 於訓民正音無齒頭整齒之別 今以齒頭爲ㅅㅈㅊ 以整齒爲ㅅㅈㅊ以別 之"(『四聲通攷』, 凡例)

〈표 11〉 『홍무정운역훈』의 운목별 중성

운류	운 목	중성	운류	운 목	중성
1	東董送屋	ㅜㅠ	12	簫篠嘯○	ㅕ
2	支紙寘○	ㅡㅣ	13	爻巧效○	ㅏㅑ
3	齊薺霽○	ㅖ	14	歌哿箇○	ㅓㅕ
4	魚語御○	ㅠ	15	麻馬禡○	ㅏㅑㅘ
5	模姥暮○	ㅜ	16	遮者蔗○	ㅕㅖ
6	皆蟹泰○	ㅐㅒㅙ	17	陽養漾藥	ㅏㅑㅘ
7	灰賄隊○	ㅟ	18	庚梗敬陌	ㅣㅓㅝㅖ
8	眞軫震質	ㅡㅣㅜㅠ	19	尤有宥○	ㅡㅣ
9	寒旱翰曷	ㅓㅕ	20	侵寢沁緝	ㅡㅣ
10	刪産諫轄	ㅏㅑㅘ	21	覃感勘合	ㅏㅑ
11	先銑霰屑	ㅕㅖ	22	鹽琰豔葉	ㅕ

이를 정리하면 『역훈』에는 훈민정음 해례본의 29개 중성자 가운데 18자가 이용되었다.

이들을 운복과 운두를 구별하여 다시 정리하면

단모음: ㅏ ㅓ ㅜ ㅡ ㅣ
복모음: ㅑ ㅕ ㅠ ㅟ ㅐ ㅝ ㅘ ㅝ ㅒ ㅖ ㅠ ㅙ ㅖ

로 정리된다.

결국 『역훈』의 운모 중성은 운복 'ㅏ, ㅓ, ㅜ, ㅡ, ㅣ'의 5모음, 그리고 운두, 즉 개음 'ㅗ/ㅜ, ㅣ'의 두 가지로 귀납된다.

1.4.2.2 운미의 체계

1.4.2.2.1 정음 운미

『역훈』의 22운류 가운데 운미를 가지고 있는 운류는 13운류이고 나머지 9운류는 운미가 없는 무운미운이다.

먼저 다음에 각 운목별 운미를 표기한 종성을 일람으로 제시한다.

〈표 12〉 『홍무정운역훈』의 운목별 종성

운류	운목	종성	운류	운목	종성
1	東 董 送 屋	ㆁ/ㄱ	12	簫 篠 嘯 ○	ㅱ
2	支 紙 寘 ○	ø	13	爻 巧 效 ○	ㅱ
3	齊 薺 霽 ○	ø	14	歌 哿 箇 ○	ø
4	魚 語 御 ○	ø	15	麻 馬 禡 ○	ø
5	模 姥 暮 ○	ø	16	遮 者 蔗 ○	ø
6	皆 蟹 泰 ○	ø	17	陽 養 漾 藥	ㆁ/ㄱ
7	灰 賄 隊 ○	ø	18	庚 梗 敬 陌	ㆁ/ㄱ
8	眞 軫 震 質	ㄴ/ㄷ	19	尤 有 宥 ○	ㅱ
9	寒 旱 翰 曷	ㄴ/ㄷ	20	侵 寢 沁 緝	ㅁ/ㅂ
10	刪 産 諫 轄	ㄴ/ㄷ	21	覃 感 勘 合	ㅁ/ㅂ
11	先 銑 霰 屑	ㄴ/ㄷ	22	鹽 琰 豔 葉	ㅁ/ㅂ

이를 각 운류의 평성을 기준으로 하고 입성을 따로 분리하여 운미의 성격에 따라 정리하면 다음과 같다.

1) 양운미:
   ㆁ : 東 陽 庚
   ㄴ : 眞 寒 刪 先
   ㅁ : 侵 覃 鹽

2) 음운미:
   Ø : 支 齊 魚 模 皆 灰 歌 麻 遮
   ㅸ : 蕭 爻 尤

3) 입성운미
   ㄱ : 屋 藥 陌
   ㄷ : 質 曷 轄 屑
   ㅂ : 緝 合 葉

이러한 운미는 『홍무정운』의 그것과 완전히 동일하다.

특히 이미 『중원음운』에서는 입성이 소멸되어 양평성, 상성, 거성으로 파입되었음에도 『홍무정운』은 여전히 입성을 가지고 있는데 『역훈』도 이를 충실히 대역하여 표기하고 있다.

1.4.2.2.2 속음 운미

그러나 속음에서는 이와 다른 모습을 보여준다. 역훈에서 입성 운미를 가지는 자들은 모두 속음을 가지고 있다. 속음의 표기는 입성의 운목자가 배열되어 있는 가운데 가장 첫 소운의 대표자에 표기되어 있고, 그 뒤에 "韻內諸字終聲同"이라는 注記가 붙어 있어 해당되는 모든 운의 속음 운미가 동일함을 나타내고 있다. 'ㄱ, ㄷ, ㅂ'의 입성 운미 가운데 대표되는 예를 하나씩 들어보기로 한다.

1) 一 屋 䁇 ·욱 屋 烏谷切 俗音 · 홍 韻內諸字終聲同
2) 二 質 䐡 ·진 質 職日切 俗音 · **짱** 韻內諸字終聲同
3) 八 緝 䡊 ·칩 緝 七入切 俗音 · **칭** 韻內諸字終聲同

　　이와 같은 표기 방식을 통하여 입성 'ㄱ, ㄷ, ㅂ'의 속음이 모두
'ㆁ'으로 바뀌었음을 알려주고 있다. 다만 예외적으로 약운의 경우만
입성 'ㄱ'이 'ㅸ'으로 대응되었다. 이러한 사정은 『사성통고』 범례에
서 분명히 밝혀주고 있다.[51]
　　이는 당시 북방음에 이미 입성이 사라졌음에도 『홍무정운』이 남
방음의 영향으로 이를 존치하고 있음을 파악하고 속음을 통하여 북
방음의 현실을 보여주려 한 것이다. 그런데 역훈에서는 소멸된 입성
의 자리에 ㆆ을 표기하고 있다. 이는 적어도 당시에는 중국어에서
입성이 완전히 사라지지 않았음을 암시한다. 훈민정음에서 'ㆆ'은 후
두파열음 /ʔ/에 해당한다. 그러나 이 /ʔ/이 과연 음소로 실재하였는
지는 논란의 여지가 있다. 박병채(1989)는 이를 음소로 인정하지 않
고 다만 후두 자질로 인정하고 있다. 오정란(1987 : 204) 김무림(1992 :
198)도 음소로 인정하지 않는 입장을 취하고 있다. ㆆ는 후두파열의
음가를 가지나 실제 사용 환경을 보면[52] 음절 말에서 설측음과 함께

---

51) "以ㄱㄷㅂ爲終聲　然直呼以ㄱㄷㅂ則又似所謂南音　但微用而急終之不至太白
　　可也　且今俗音雖不用終聲　而不至如平上去之緩弛　故俗音終聲於諸韻用喉音
　　全淸ㆆ　藥韻用脣輕全淸ㅸ以別之"(『四聲通攷』, 凡例)
52) ㆆ이 문헌에 쓰인 경우와 예는 다음과 같다.
　　가) 관형사형 어미 'ㄹ'에 병서 : 니르고져 홇 배(훈민정음 언해본)
　　나) 사잇소리 : 하ᄂᆞᆳ ᄠᅳ디시니(용비어천가, 4장), 先考ㆆᄠᅳᆮ(용비어천가, 12장),
　　　　快ㆆ字(훈민정음 언해본)
　　다) 한자음 표기 : 戌 슗, 安 ᅙᅡᆫ

쓰이는 경우가 가장 많음을 볼 수 있다. 이는 유성음화의 역기제로서 절음현상을 위한 것으로 동일한 음성효과를 위한 것으로 (김무림 : 1992, 196) 볼 수 있는데, 결국 파열보다는 폐쇄자질로 사용되었음을 살펴볼 수 있다. 따라서 역훈에서도 입성이 소멸된 이후, 운미가 완전히 온전한 중성모음처럼 이완된 음이 아니라 입성의 폐쇄성이 다소간 남아 있어 다소 촉급하게 발음을 끝내는 것을 표기하기 위한 것으로 이해된다.

방효악(1979 : 151)은 절운음계 이후 현대음에 이르기까지 普通話의 운모 변천을 설명하면서 중고음 입성의 변천 양상을 다음과 같이 도시하였다.

$$
\begin{array}{l}
/\text{-p}/ \\
/\text{-t}/ \quad\text{——}\quad /?/ \text{——} /\phi/ \\
/\text{-k}/
\end{array}
$$

중국음에서도 이미 이와 같은 변화가 있었음은 당시 역훈 편찬자들의 중국어음 인식이 상당히 투철하였음을 보여주는 것이라 판단된다.

한편 藥韻은 입성표기에 '뷩'을 사용하였다. 이 표기 또한 당시 중국음의 변화에 정통한 표기이다. 입성이 소멸되는 과정에서 대부분의 입성운미는 약화되어 탈락하고 만다. 그러나 약운의 입성운미는 근대음 이후 대개 음운미 /-u/로 변화하였다. 입성표기 '뷩'은 이를 반영한 것이다. 그런데 『사성통해』의 범례에 따르면 약운은 소리가 변하여 효운과 같아진다고 하였다. 역훈은 정음에서 효운의 운미에 '뭉'을 가하고 있는데, 이에 따라 『몽고운략』은 약운의 입성표기에 '뭉'을 사용하고 있다.[53] 그러나 『사성통고』가 이를 바꾸어 '뷩'으로 표기하였다고 하였다.[54] 최세진은 『번역노걸대박통사』범례에서도 이와 같은 내용을 기록하고 있는데, 『사성통고』가 'ㅱ'을 'ㅸ'으로 바꾼 이유에 대해서는 자세히 알지 못하겠다고 말하고 있다.[55]

그러면 왜 『사성통고』는 종래의 'ㅱ'표기를 'ㅸ'으로 바꾸었는가? 그리고 그 음가는 어떤 것이었는가? 약운의 종성 표기가 'ㅱ'에서 'ㅸ'으로 바뀐 이유는 ㅸ이 전청음이었기 때문이다. 『사성통고』의 범례 8조에서는 'ㄱ, ㄷ, ㅂ' 종성에 대해 중국음에서의 소리 변화에 대해 언급한 뒤 이들을 종성에 사용하지 않고, 다만 후음전청 'ㆆ'을 사용하고 약운에는 경순음전청 'ㅸ'을 사용함을 밝히고 있다.[56] 이를 통해 표기자의 일관성을 유지하고자 했던 의도로 파악된다. 이는 원래 정음의 입성 'ㄱ, ㄷ, ㅂ'이 모두 전청자였던 것(김무림: 1994)이 중요한 이유이다.

한편 'ㅸ'이 나타내고자 했던 것은 원순자질이었을 것이다. 앞에서 'ㆆ'을 후두폐쇄음 /ʔ/을 온전히 나타내는 것이라기보다는 단지 약간의 촉급성을 나타내는 자질로 이해한 것처럼 'ㅸ'도 순음이 가지는 원순자질을 표기하는 것으로 보인다. 그러나 이는 음운적으로 구체

---

53) 『蒙古韻略』은 元의 표음문자인 八思巴문자로 한자음을 표기한 운서이다. 八思巴문자는 元 世祖의 帝師인 八思巴가 만든 문자인데, 창제연대는 1269년경으로 추정된다. 그런데 『몽고운략』의 수정본이라 할 수 있는 『몽고자운』이 1308년에 간행되었으므로 『몽고운략』의 간행은 이 시기 사이에 이루어졌을 것이다.

54) "唯藥韻則其呼似乎效韻之音 故蒙韻加ㅱ爲字 通攷加ㅸ爲字 今亦從通攷加ㅸ爲字"(『四聲通解』, 凡例)

55) "蒙古韻內蕭爻尤等平上去三聲 各韻及藥韻皆用ㅱ爲終聲 故通攷亦從蒙韻於蕭爻尤等平上去三聲 各韻以ㅱ爲終聲 而唯藥韻則以ㅸ爲終聲 俗呼藥韻諸字槩與蕭同韻 則蒙韻制字亦不嗟謬 而通攷以 ㅸ爲終聲者 殊不可曉也"(『飜譯老乞大朴通事』, 凡例)

56) "今以ㄱㄷㅂ爲終聲 然直呼以ㄱㄷㅂ則又似所謂南音 但微用而急終之不至太白可也 且今俗音雖不用終聲而不至如平上去之緩弛 故俗音終聲於諸韻用喉音全淸ㆆ 藥韻用脣輕全淸ㅸ以別之"(『四聲通攷』, 凡例)

화되지는 않았던 것으로 이해된다. 당시 최세진이 구체적으로 인식하고 있었던 중국음은 그가 편찬한 노걸대·박통사류를 통하여 확인해 볼 수 있는데 현존하는 번역노박의 경우, 약간의 예외를 제외하고는 약운의 종성에 ㅗ나 ㅜ가 쓰이지 않고 있음을 확인하게 된다. 따라서 ㅱ이나 ㅸ은 원순자질인 /-w/로 생각할 수 있다.

1.5 續添洪武正韻[57)

『홍무정운역훈』과 관련하여 함께 고려해야 하는 운서가 있다. 최세진이 편찬한 것으로 추정되는『속첨홍무정운』이다. 이 운서는 2권 2책의 목판본 운서로『홍무정운역훈』의 결함을 보충하기 위해서 간행된 것이다. 이 운서의 체재상 특징은

첫째, 분운과 한자의 배열 방식은 역훈과 동일하다.
둘째, 자음의 표기에 반절을 사용하지 않고 소운의 처음에 한번 표기하였다.
셋째, 운모 밑에 음절구성의 패턴을 보여주고 있다. 그리고 속음에 대한 내용도 아울러 기록하고 있다. 예를 들면

九寒 中聲ㅓㅓ 終聲ㄴ ○ 中聲ㅓ音諸字俗呼 ㅏ 故着俗音於各字之下

넷째, 자음의 표기는 정음, 속음 이외에 금속음을 기록하고 있다.

---

57) 현재까지 이 운서에 대한 본격적인 연구는 김완진(1966)의 연구가 유일하다. 이 운서는 현재 일본의 산기문고에 보관 중이며, 영인되어 나오지도 않았기 때문에 내용을 정확히 확인하기 어렵다. 여기에서는 편의상 김완진(1966)의 내용을 정리, 소개한다.

성모체계는 다음과 같은 31자모체계인데,[58] 『역훈』이나 『사성통해』
와 같다.

ㄱ　ㄷ　ㅂ　ㅈ　ㅉ
ㅋ　ㅌ　ㅍ　ㅊ　ㅊ
ㄲ　ㄸ　ㅃ　ㅉ　ㅉ

ㅅ　ㅅ　ㅎ　ㅸ
ㅆ　ㅆ　ㆅ　ㅹ
　　　ㆆ　ㅱ
　　　ㅇ
ㆁ　ㄴ　ㅁ　ㄹ　ㅿ[59]

　다만 금속음을 병기하고 있는 점이 『역훈』과 차이나는 부분이다.
그러나 금속음의 표기는 『사성통해』의 표기와 동일하므로 이 운서
의 편찬자를 최세진으로 추정하게 하는 강력한 증거가 된다.
　이로 보아 『속첨홍무정운』은 『역훈』을 보충, 정리한 것인데 간행
시기에서는 『사성통해』에 뒤지는 것으로 보이지만, 실제로는 『사성
통해』를 만들기 위한 기초 작업의 성격을 가진 것으로 볼 수 있다.
　『속첨홍무정운』을 비롯한 조선 초기 운학 관련 업적들 사이의 상
관 관계를 도시하면 다음과 같다.

---

58) 김완진(1966 : 357)에 의한다. 김완진은 한글 자모 옆에 로마자로 음가를 표기
　　하고 있는데, "음운론적 견지에서의 전사가 아니라 단순히 일 대 일의 원칙에
　　서"이루어진 것이므로 옮겨 적지 않는다.
59) 김완진(1966 : 357)의 표기 기준표에는 빠져 있다. 그러나 『역훈』을 보완한
　　부분을 열기한 부분에서는 日母를 /z/으로 대응시켜 표기하고 있다. 표기 기준
　　표의 탈자로 보인다.

176

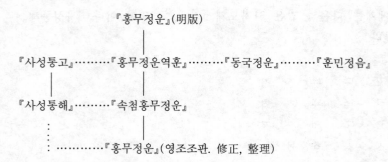

2 四聲通解

조선시대에 편찬된 운서 가운데 화음만을 표기하는 운서로 대표적인 것이 『사성통해』이다. 『홍무정운역훈』의 화음을 이어받으면서도 편찬 당시의 변화된 화음을 구분·수록하여 현실음을 표기하기 위하여 노력하였다. 동일한 한자가 화음과 동음의 두 가지 음으로 읽히는 이중적 언어 현실에서 화음의 학습을 위하여 편찬된 운서이다. 따라서 이 운서는 일반인의 시문 창작이나 심음을 위한 용도로 쓰인 것이 아니라 역관의 한어 학습을 위한 교재로서 주로 사용되었다.

2.1 편찬사항

2.1.1 편찬자와 편찬 시기

『四聲通解』는 최세진이 중종 12년(1517)에 편찬한[60] 운서로 한자의 화음을 훈민정음으로 표기한 운서이다. 따라서 이 운서는 당시 일반인의 한자음 학습을 위한 목적으로 편찬된 것이 아니라 역관의 중국어 학습을 위한 것이었다. 이는 조선왕조 시대의 역학정책 목적과 부합되는 것인데, 편찬자인 최세진이 세종조 이래의 역학자들의 일반적인 통념을 이어받아서 중국어 학습을 위해서는 무엇보다도 중국어음을 정확하게 표시하는 운서가 필요하다고 판단했기 때문이다. (강신항 : 1973ㄱ, 26)

편찬자인 최세진에 대해서는 이미 널리 알려진 인물이므로 자세히 언급하지 않고 다른 연구 업적에 미룬다.[61]

---

60) "時正德十二年 歲舍 丁丑十一月日通訓大夫行內瞻寺 副正 兼承文院參校 漢學敎授臣崔世珍拜手稽首謹序"(『四聲通解』, 序文)

61) 최세진의 생애와 업적에 관해서는 방종현(1963), 이기문(1971), 박태권(1974),

178

2.1.2 편찬 동기

『사성통해』의 편찬은 『홍무정운역훈』과 『사성통고』의 맥을 잇는 작업이다. 앞에서 살핀 바와 같이 세종은 정확한 중국어음을 표시하는 운서를 필요로 하여 『홍무정운역훈』을 만들었다. 그러나 이 운서는 『홍무정운』의 체제와 내용을 그대로 두고 단지 자음만을 대역하여 만든 운서이기 때문에 지나치게 주석이 많고 내용이 방대하였다. 따라서 한어 학습을 위하여 이용하기에는 불편이 따랐을 것이다. 세종은 이를 걱정하여 다시 간소하게 하여 『사성통고』를 만들게 하고,[62] 이 책을 중국어 학습시에 정속음을 판별하는 기준서로 활용하게 하였다.[63]

그런데 『사성통고』는 『역훈』의 방대함을 수정하는 과정에서 오히려 또 다른 극단을 취한 것 같다. 현재 이 운서는 그 서문만이 『사성통해』에 수록되어 전할 뿐 본문을 비롯한 나머지 부분이 전혀 전해지지 않기 때문에 편찬 관련 사항이나 자음의 표기와 관련한 제반 사항을 살펴볼 수가 없다.

다만 『사성통해』의 범례는 다음과 같이 『사성통고』와 『사성통해』의 차이를 알려주고 있다. 범례는

사성통고의 각 운에 속한 모든 글자는 하나의 성모와 사성에 모두 언음을 표기하였고 평성에는 점이 없고, 상성에는 두 점, 거성과 입성에는 한 점을 찍었다. 지금 사성통해를 편찬하면서는 다만 평성에만 언음을 적

정광(1999) 등 참조

62) "世宗 莊憲大王 …… 創制訓民正音 命譯洪武正韻 又慮其浩穰難閱而覽者病焉 乃命高靈府院君申叔舟類 **秤**諸字會爲一書 冠以諺音序以四聲 諧之以淸濁 系之以字母 賜命曰四聲通攷"(『四聲通解』, 序文)

63) "夫始肄華語者 先讀 老乞大朴通事二書 以爲學語之階梯 初學二書者 必觀四聲通攷 以識漢音之正俗"(『四聲通解』, 序文)

는다. 상성과 거성, 입성은 모두 같고 평측의 소리는 가히 본성을 좇아
구분되니, 그 언음을 다시 적지 않고 방점도 찍지 않으며 다만 상성, 거
성이라고 적기만 한다.[64)]

라고 하였는데 이는 『사성통해』와 『사성통고』의 차이를 보이는 내
용이다. 이로 미루어보면 두 운서 사이에 형식과 내용상의 차이가
없음을 알겠다. 다만 자음의 표기에 『사성통고』는 모든 한자의 음을
한글로 기록하고 모두 방점을 찍어 성조를 표시하였음에 비하여 『사
성통해』는 이를 간소화하여 평성에만 음을 기록하고 상성과 거성은
다만 성조를 표기하고 방점을 찍지 않았다는 내용이다.

그러나 『사성통해』의 서문에 나타난 기록에 따르면 『사성통고』의
가장 큰 특징은 『역훈』의 내용에서 한자음만을 남긴 채 모든 주석을
생략해 버린 有音無釋의 운서로 변모하였다는 점이다. 본디 운서는
자음의 기록을 근간으로 한다. 그러나 중국에서 편찬된 운서들은 자
음의 표기 외에 주석에도 상당한 노력을 기울인다. 따라서 운서는
어떤 의미에서 사서의 기능도 아울러 가지고 있었다. 조선에서도
『예부운략』이나 『광운』 등을 이용하여 한자의 뜻을 논하는 데 사용
하였음을 알 수 있다. (정경일: 1996)

『사성통고』가 유음무석의 운서가 된 것은 아마 『동국정운』의 영
향이었을 것이다. 조선 최초로 운서를 만들어 간행한 당시의 음운학
자들은 모든 한자의 주석을 과감히 생략하고 오직 자음만을 표기하
였다. 이를 이어받은 것이 『사성통고』인 셈이다. 이후 조선에서 만들
어지는 운서들은 『동국정운』이나 『사성통고』와 같이 주석을 완전히
생략하지는 않았으나 중국 운서에 비하여는 매우 소략하게 주석을

---

64) "四聲通攷各韻諸字一母四聲各著諺音 平聲無點上聲二點去聲入聲一點 今撰
通解 只於平聲著其諺音上聲去聲則其音自同 而平仄之呼 可從本聲 故更不著
其諺音及加點而只書上聲去聲也"(『四聲通解』, 凡例)

달고 있다.

바로 이 점이 『사성통해』를 편찬하게 된 이유가 되었다. 서문에서
는 이에 대해

    사성통고의 모든 한자들은 소리는 있되 주석이 없다. 따라서 그릇된
것을 이어받고, 잘못된 것을 전하게 되니, 비록 경전을 풀이할 때에도 바
름에 나아갈 수가 없다. 소리는 있되 주석이 없으니 한 글자가 여러 번
나와도 마땅히 따를 바가 없다.[65]

고 하여 그 잘못됨을 지적하고 있다.

    그리고 이어서

    이제 통고를 역시 조야에 물어 옛날 운으로 중거를 삼고 음과 주해를
간략히 달아 …… 고쳐서 상하 2권으로 만들어 그 이름을 『사성통해』라
하였다.[66]

고 『사성통해』를 편찬한 경위를 밝히고 있다.

    그렇다면 결국 『사성통해』는 『사성통고』가 주석을 하지 않았음에
불만을 품고 만든 운서이다. 그러면 『사성통해』는 어느 정도나 주석
을 하고 있는가? 최세진은 『운회』를 참고하여 주석을 붙였다[67]고 밝
히고 있다. 그러나 두 운서의 주석을 비교하여 보면 『사성통해』는

---

65) "通攷諸字 有音無釋 承訛傳僞則雖經老譯 莫能就正 有音無釋則 一字重出
無所適從"(『四聲通解』, 序文)
66) "今將通攷一書 亦已傳聞于朝 證據古韻 抄著音解 …… 釐之爲上下二卷 名之
曰 四聲通解"(『四聲通解』, 序文)
67) "故今撰通解亦取韻會注解爲釋"(『四聲通解』, 凡例)

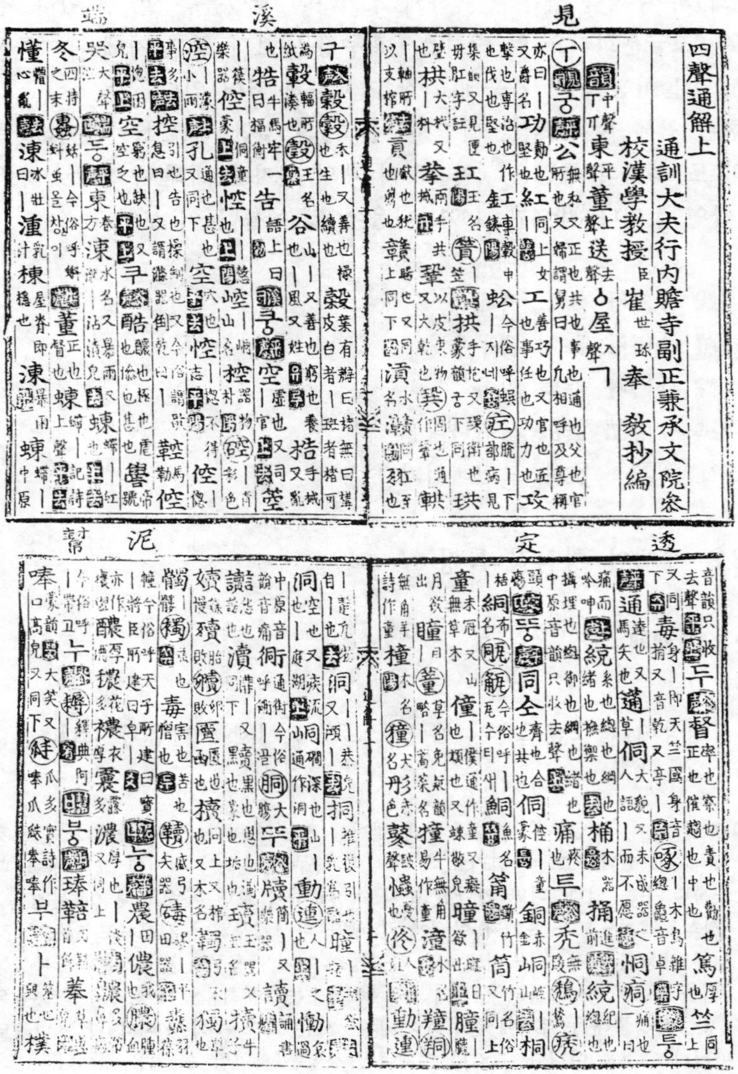

〈그림 8〉 『四聲通解』

182

『운회』의 주석을 매우 간략하게 정리하여 놓았음을 알 수 있다. 실제로 『고금운회거요』의 주석은 『홍무정운』보다 훨씬 자세하며 중국에서 만들어진 운서 가운데 가장 자세하게 되어 있다.[68]

한편 최세진은 자석을 달면서 『운회』의 것만을 달지는 않았다. 주석의 또 하나의 특징은[69] 약 470여 개의 한자에 대해 우리말로 주석을 붙인 점이다. (박태권 : 1991) 다음에 몇 예를 들어 보인다.

蚣 今俗呼 蜈蚣 지네
蔔 今俗呼 蘿葍 댓무수
綜 今俗呼 綜線 잉아
洪 今俗語 發洪 시위나다
從 俗語　從他 므던히너기다

2.2 체제와 형식적 특징

2.2.1 체제

『사성통해』는 2권 2책의 목판본으로 그 체제는 다음과 같다.

---

68) 예를 들어 『고금운회거요』의 본문 첫번째 자는 公이다. 『사성통해』도 公으로 시작하고 있다. 『고금운회거요』의 주석이 너무 방대하여 여기에 그 내용을 다 수록할 수는 없다. 다만 간단한 수치로 비교하여 보면, 『운회』와 『홍무정운』, 『사성통해』는 모두 표기자 아래에 각 행을 다시 2분하여 세주하고 있는데 각 행에 사용된 글자 수를 비교하면 『운회』는 44자, 『홍무정운』은 48자, 『사성통해』는 38자씩이다. 公의 주석에 소요된 행수는 『운회』는 18행, 『홍무정운』은 4행, 『사성통해』는 1행에 불과하다. 물론 모든 자의 주석이 이와 같은 비율로 나타나는 것은 아니다. 그러나 대체적인 경향은 확인할 수 있을 것이다.

69) "凡物之鄕名 難以文字爲解者直用 諺語爲釋庶不失眞又楊曉解 若兩字爲名者則於先出字下詳著鄕名 及漢俗之呼後出字下則只著本解"(『사성통해』, 범례)

四聲通解序
韻母定局
廣韻36字母之圖
韻會35字母之圖
洪武韻31字母之圖
凡例
本文(上下 2卷)
四聲通攷凡例
飜譯老乞大朴通事凡例
動靜字音

 서문은 최세진이 기록하였다. 운모정국은『사성통해』의 운목 분류
를 보여준다. 각 성조별 운목은 평성 23운, 상성 23운, 거성 23운, 입
성 11운을 합하여 80운목이다. 그리고 「광운36자모도」[70]와 「운회35
자모지도」,[71] 「홍무운31자모지도」가 개략적인 설명과 함께 실려 있
다. 특히 「홍무운31자모지도」는 중국의 유문금(1931)이 홍무정운의
성모체계를 귀납한 것보다 400여 년이나 앞선 분석결과이다.
 범례는 모두 26조항으로, 운서 편찬에 관한 기본적인 내용과 당시
한자음, 국어음에 대한 고찰 등을 설명하고 있다. 본문은 상하 2권으
로 되어 있고, 이어서『사성통고』범례와『번역노걸대박통사』범례
가 실려 있다. 특히『사성통고』범례는 현전하지 않는『사성통고』의

---

70) 강신항(1966)은 당시 조선에『광운』이 실재하지 않았을 것으로 추정하고, 이
   도표는『광운』을 실제로 인용한 것이 아니고 다만 널리 통용되는 36자모에 재
   래 운서의 대표격인『광운』의 이름을 붙인 것으로 보았다.
71)『운회』의 성모체계는 36자모체계이다.『사성통해』의 「운회35자모지도」는 羽
   音의 次濁次音 '늘'이 빠져서 35자모가 된 것이다. 습과 匣을 통합한 결과로
   보인다.

184

모습을 부분적으로나마 살펴볼 수 있는 귀한 자료이다.

권말에 수록되어 있는 「動靜字音」은 성조에 따라 음이 다른 한자
들을 모아놓은 것이다. 성조에 따라 음이 달라지면 그 뜻도 달라지
게 되므로 이를 따로이 정리한 것이다. 예를 들어 東韻의 空은 본문
에는 去聲으로 표기되어 있고, 주석은 '穴也'이다. 그런데 이 한자가
평성이 되면 그 의미가 '虛也 虛之曰 空'이 된다는 것이다. 重은 본
문에는 거성이고 주석은 '厚也 難也 遲也 再也 尊- 輻- 鄭- 又-之
也'이다. 동정자음에는 重이 평성인 경우 '再也 再之曰重'이라 하여
성조에 따른 의미차이를 분명히 보여주고 있다.

2.2.2 수록자

『사성통해』는 글자의 取捨와 音의 正俗을 오로지 『홍무정운』을
위주로 하였으므로 『역훈』의 한자를 대부분 옮겨 적었을 것이다. 그
러나 『역훈』의 한자에는 현실사회에서 실제로 사용하는 한자들이
빠진 것이 있어, 최세진은 이를 보충하여 圈 안에 표시하였다.[72] 또
『홍무정운』에 수록되어 있다 하더라도 실제로 쓰이지 않는 글자들
은 이를 삭제하였다.[73] 따라서 『사성통해』는 최세진 자신이 중국어
에 능통했던 역학자의 입장에서 상당히 현실적 욕구에 부합하는 운
서를 만들고자 노력한 모습을 찾아볼 수 있다.

이에 따라 수록된 한자의 수는 대표자 2,096자, 원운자 10,642자,

---

72) 예를 들어 卷 上 東董送屋韻의 見母 부분을 살펴보면 다음과 같다.
　ㄱ 園 궁 (平聲) 公 功 紅 工 攻 蚣 ㄲ 玒 囏 (上聲) 拱 珙 栱 拳 鞏 㸓
　𨱏 (去聲) 貢 贛 공灨 狂 구(入聲) 縠 㲉 곡 縠 곡 囷 谷 榷 牿 告
73) "一字之取捨音之正俗專以洪武正韻爲準　但以俗所常用之字而正韻遺闕者多
　矣 故今並增添 或以他韻參補之可省搜閱之勞俾無遺珠之嘆矣亦非敢使之盡用
　也 又恐帙繁罕於日用者亦不具取"(『四聲通解』, 凡例)

첨입자 2,650자를 합하여 모두 15,388자에 달한다.

2.2.3 자순

『사성통해』의 한자 배열 순서 기준은 다음과 같다.

1) 운류의 분류
2) 운모 중성의 분류
3) 성모의 분류
4) 성조의 분류

이 배열 순서는『사성통고』와 동일하며 동시에『동국정운』의 방식과 기본적으로 동일하다. 운류의 분류는「운모정국」에서 나누어 놓은 순서에 의한다. 따라서 본질적으로 역훈과 동일하다. 동일 운목 내의 여러 중성의 분류는 훈민정음의 순서를 따르고 있다. 그리고 동일 운모 내에서 성모의 차례에 따라 나누어 배열되는데, 성모의 순서는「홍무운31자모지도」의 오음배열 순서이다. 그리고 성조에 따라 배열된다.

2.3 자음의 표기

2.3.1 표기 방법

동일 운목의 중성모음이 여럿일 경우 훈민정음의 순서에 따라 이를 배열하고 그 중성모음을 圓 안에 표기한다. 다음에는 성모를 圈 안에 표기하는데 우측에 자모를, 좌측에는 훈민정음을 표기한다. 다음 자음을 훈민정음으로 표기하고 해당 한자를 수록하는데, 이 때 성조에 따라 이를 구별하여 표기한다. 『사성통고』는 각각의 성조마다 방점을 찍어 구분하고 있는 데 반하여 통해에서는 방점을 찍지 않고 다만 상성, 거성, 입성이라는 표시만 하고 있음이[74] 비교되는 부분이다.

『사성통해』의 자음표기에서 주목되는 바는 반절을 사용하지 않고 있다는 점이다. 『홍무정운』이 반절을 사용하였기 때문에 『역훈』과 『사성통고』는 모두 이를 따르고 있다. 그런데 『사성통해』는 이를 표시하지 않고 있다. 범례에서 밝히고 있는 이유는 다음 두 가지로 정리된다.[75]

1) 반절의 방식이 이미 옛날식이어서 현재 널리 융통되지 못하고 이를 정확히 아는 사람이 드물다.
2) 반절은 上下 兩字로 성운을 표시하는 방식인데, 통해에서는 언음을 표기하기 때문에 반절을 취하지 않는다.

결국 최세진의 생각은 실용성과 개혁성으로 모아진다. 반절이라는 방식이 자음을 표기하는 수단에 불과하므로 표음문자를 이용하여 자음을 표기하는 수단을 지닌 우리로서는 굳이 표기할 이유가 없게 된 것이다. 특히 실용성을 중시하는 역관으로서 최세진의 이런 입장은 당연한 것이 아니었나 생각된다. 역훈의 편찬자들도 이러한 생각을 하지 않았을 리 없다. 그들도 훈민정음으로 "以代反切"하고자 했었

---

74) "四聲通攷各韻諸字一母四聲各著諺音 平聲無點上聲二點去聲入聲一點 今撰通解 只於平聲著其諺音上聲去聲則其音自同 而平仄之呼 可從本聲 故更不著其諺音及加點而只書上聲去聲也"(『四聲通解』, 凡例)
75) "飜切之式古有門法立性等局不相通融 雖老師大儒鮮能通解也 今但取其上字爲聲 下字爲韻 而聲諧韻叶則音無不通矣 不必拘拘泥古也 故今撰通解只著諺音不取反切也 韻學集成亦著直音正切不取古切也"(『四聲通解』, 凡例)

기 때문에 최세진과 마찬가지의 입장에 있었다고 추측된다. 그러나
그들은 권위적이고 규범적이었기 때문에 감히 『홍무정운』의 체제를
함부로 바꾸지 않으려고 반절을 존치시켰을 것이다. 반면, 실용성을
중시한 최세진은 이를 과감히 생략하고 말았다.

2.3.2 표기음의 종류

『사성통해』에는 하나의 한자에 여러 가지의 음이 기록되어 있으
니 정음과 속음, 금속음이 그것이다. 『사성통해』는 범례에서 한자의
음을 정하는 기준이 『홍무정운』에 있음을 분명히 하였으므로[76] 실제
로는 역훈의 표기음, 즉 『사성통고』의 표기음을 옮겨 정음과 속음을
기록하였을 것이다. 그런데 최세진은 스스로 중국어에 능통했던 만
큼 『사성통고』의 한자음만으로는 현실적인 통용에 문제가 있음을
느껴 자신이 관찰한 16세기의 북방음을 따로 기록하였다. 이에 따라
『사성통해』에는 다음과 같은 세 가지 한자음이 나타난다.[77]

1) 정음 : 홍무정운역훈의 정음
2) 속음 : 홍무정운역훈의 속음
3) 금속음 : 최세진이 기록한 새로운 속음

이 밖에도 『몽고운략』, 『운회』, 『중원음운』을 비롯하여 고운서의
음 등을 참고로 기록하기도 하였다. 『사성통해』의 범례에는 편찬에
인용하거나 참고한 운서로 중국의 『몽고운략』, 『홍무정운』, 『운회』,
『집운』, 『중원아음』, 『중원음운』, 『운학집성』 등을 들고 있고, 조선

---

76) "一字之取捨音之正俗專以洪武正韻爲準"(『四聲通解』, 凡例)
77) "註內只曰俗音者卽通攷元著俗音也 曰今俗音者臣今所著俗音也 今俗音或著
或否者非謂此存而彼無也隨所得聞之音而著之也"(『四聲通解』, 凡例)

의 『사성통고』를 기준으로 하였다고 밝히고 있다. 본문 가운데 이들
이 참고되었음을 알려주는 예를 몇 곳 제시한다.

융 傭 蒙韻츙

슌 春 俗音蒙韻並슝

슈 俶 韻會 蒙韻츄

슈 琡 韻會츄 蒙韻쥬 …… 韻會又쓔

융 擁 古韻ㆆ母下同 …… 蒙韻유ㅇ下同

루 六 中原音韻·류·룡二音

2.4 자음의 체계

2.4.1 성모체계

2.4.1.1 정음의 성모체계

『사성통해』에는 正音과 俗音, 그리고 今俗音의 세 가지 한자음이
표기되어 있다. 먼저 정음을 위주로 초성체계를 살펴보자. 『사성통
해』는 범례에서 "字之取捨 音之正俗 專以洪武正韻爲準"이라 하였
는데, 여기서 말하는 『홍무정운』의 음이란 『역훈』음을 의미하는 것
으로 보아야 한다.

『홍무정운』의 초성체계는 31자모체계로 되어 있다. 이미 『역훈』의
편찬자들에 의하여 정리된 이 체계를 최세진은 다음과 같은 〈표 13〉
으로 정리하여 『사성통해』의 권두에 수록하였다.

『홍무정운』의 31자모체계는 이미 언급한 바와 같이 당시 북방음
의 체계가 아니라 남방음의 체계이다. 그리고 이 체계는 절운 이래
중국 운서에 나타난 성모체계의 전통을 유지하는 것이다. 절운계 운
서는 운서에 따라 성모체계의 귀납에 다소 유동이 있기는 하나 기본

〈표 13〉　洪武韻三十一字母之圖

五音	角	徵	羽		商		宮	半徵半商
五行	木	火	水		金		土	半火半金
七音	牙音	舌頭音	脣重音	脣輕音	齒頭音	正齒音	喉音	半舌半齒
全淸	見ㄱ	端ㄷ	幫ㅂ	非ㅸ	精ㅈ	照ㅈ	影ㆆ	
次淸	溪ㅋ	透ㅌ	滂ㅍ		淸ㅊ	穿ㅊ	曉ㅎ	
全濁	群ㄲ	定ㄸ	並ㅃ	奉ㅹ	從ㅉ	牀ㅉ	匣ㆅ	
不淸不濁	疑ㆁ	泥ㄴ	明ㅁ	微ㅱ			喩ㅇ	來ㄹ 日ㅿ
全淸					心ㅅ	審ㅅ		
全濁					邪ㅆ	禪ㅆ		

적으로 36자모체계를 기준으로 하고 있기 때문이다.

　최세진도 위의 「홍무운31자모지도」 아래에 36자모를 기준으로 하여 31자모로 통합하는 이유를 부기하고 있다.[78] 이런 태도는 『사성통해』의 권두에 붙어 있는 자모도를 통해서 확인된다. 『사성통해』는 권두에 「廣韻三十六字母之圖」와 「韻會三十五字母之圖」, 「洪武韻三十一字母之圖」를 각각의 설명을 곁들여 수록하고 있다.[79] 이 세

---

78) "時用漢音 以知倂於照 徹倂於穿 澄倂於牀 孃倂於泥 敷倂於非 而不用 故今亦去之"(『四聲通解』, 洪武韻 31字母之圖)

79) 0. 「광운36자모지도」의 설명

　　舌上音卽同本國所呼似與 正齒音不同而 漢音自歸於正齒 非敷泥孃 鄕漢難辨 集韻皆用三十六母而稱影曉匣三母爲淺喉音 喩母爲深喉音 又以影母紋入匣母之下 古今沿襲不同 盖亦必有所由也 而今不可究矣

　0. 「운회35자모지도」의 설명

　　魚卽疑音 孃卽泥音 么卽影音 敷卽非音 不宜分二而韻會分之者 盖因蒙韻內魚疑二母 音雖同而蒙字卽異也 泥孃么影非敷六母亦同 但以泥孃二母別著論辨 決然分之而不以爲同則未可知也

190

가지 자모도를 제시하는 이유는 최세진이 『사성통해』를 만들면서 여전히 그가 알고 있던 북방음의 체계보다는 『홍무정운』이 채택하고 있는 절운계의 전통적 성모체계를 따르고 있음을 암시하는 것이다. 이는 역훈 편찬자를 중심으로 하는 세종조 음운학자들의 학문적 입장을 반영하는 것으로 짐작된다.

2.4.1.2 속음과 금속음의 성모체계

속음의 성모체계도 『역훈』과 『사성통해』가 모두 31성모체계이다. 이에 대해서는 『역훈』 부분에서 이미 언급한 바 있다.

『사성통해』에서 주목되는 부분은 금속음의 체계이다. 금속음은 최세진이 파악한 당시 중국 음일 것이므로 이 체계를 정리하면 그가 알고 있었던 중국음의 모습을 살펴볼 수 있기 때문이다. 그러나 강신항(1980 : 191)에 따르면 금속음도 정음, 속음과 마찬가지로 31성모 체계를 고수하고 있다. 이는 뛰어난 중국어 실력을 갖추고 있었던 최세진의 입장에서 볼 때 쉽사리 이해되지 않는 부분이다.

당시 중국음의 성모체계는 『중원음운』의 20자모체계였던 것으로 생각된다.[80] 『중원음운』의 자모체계는 다음과 같이 재구된다. (방효악 : 1979, 135)

---

0. 「홍무운31자모지도」의 설명은 앞의 주 참조

80) 중원음운의 성모체계는 학자에 따라 21성모체계와 20성모체계로 대별된다. 나상배(1932), 동동화(1975), 방효악(1979) 등은 20성모를, 나상배(1978), 임도・경진생(1997) 등은 21성모를 재구하였다. 이 차이는 의모를 독립시키느냐 아니냐에 따라 구분된다. 중고음의 의모자는 대부분 중원음운에서 영모, 유모에 흡수된다. 그런데 일부가 별도로 독립되어 영・유모와 대립되는 경우가 있다. 대부분의 학자들은 독립시키지 않고 있다. 동동화(1975)는 의모의 독립을 확신하지 못하여 괄호 안에 처리하였다. 왕력(1958)은 24성모로 재구하였으나 그 후 왕력(1980)에서 이에 대해 확신하지 못하겠다고 한 뒤 나상배(1932)의 의견을 좇아 20성모로 재구하고 있다.

```
k    k'
t    t'    n    l
p    p'    m    f    v
ts   ts'   s
tʂ   tʂ'   ʂ
o    x
           ʐ
```

15세기 중국 북방음을 보여주는 대표적 운서인 『韻略易通』(1442
년)도 20성모체계를 보여준다.

이런 20성모체계와 31성모체계 사이의 가장 큰 차이는 전탁음의
변화이다. 절운계의 전탁성모는 『중원음운』에서는 청성모로 바뀌는
데, 성조의 차이에 따라 전청과 차청으로 구별된다. 즉 원래 전탁의
파열음과 파찰음의 성모(群, 定, 並, 從, 牀, 澄) 평성자는 차청으로 변
하고, 측성자는 전청으로 변한다. 그리고 전탁의 마찰음(邪, 禪, 匣)
성모는 일반적으로 상응되는 마찰음으로 바뀐다.

또한 차탁성모가 변하여 전탁이 되었다. 『중원음운』에는 여전히
두 개의 전탁성모가 유지되고 있다. 즉 /v/와 /ʐ/이다. 이는 36자모
의 微母와 日母에 해당된다. 『절운』의 명모(/m/)는 /iu/, /iw/운의
韻頭에서는 微母(/ɱ/)로 바뀌는데, 『중원음운』 시기에 와서 비음이
상실되어 /v/로 바뀌고 만다. 日母(nʐ)도 후기에 /nʐ/로 바뀌는데 역
시 비음의 상실로 /ʐ/로 바뀐다. (방효악: 1979, 137-138)

최세진도 중국음에서 이처럼 전탁음의 변화가 일어나고 있었다는
사실을 잘 알고 있었다. 그는 『사성통해』에 수록된 「번역노걸대박통
사 범례」에서 이에 대해 구체적으로 언급하고 있다.

　ㅋㅌㅍㅊㅎ 다섯 글자는 『사성통고』에서 차청음에 쓰였는데, 전탁음의

초성이 또한 비슷하므로 지금 번역할 때 전탁초성에 모두 차청으로 초성을 삼는다.[81]

　지금 번역을 하면서 평성 전탁인 群, 定, 並, 從, 床, 匣의 여섯 자모에 속한 모든 글자의 초성에는 차청음을 빌려 글자로 삼았고, 邪, 禪의 두 자모는 전청을 빌려 글자로 삼았다.[82]

그는 『사성통해』보다 다소 앞서 편찬한 『번역노걸대박통사』의 표음에는 『사성통고』음과 함께 실제 북방음을 병기했었다.

『번역노걸대박통사』에는 하나의 한자에 두 종류의 음이 좌우로 기록되어 있다. 左音성모는 『사성통고』의 표기음을 전재한 것이다. 그러므로 좌음의 성모체계는 31성모체계를 이어가고 있다. 그러나 우음은 최세진이 파악하고 있던 당시 중국음[83]을 보여주는데, 장향실(1994)은 이를 다음과 같이 18성모체계로 재구하고 있다.

```
ㅂ    ㅍ    ㅁ    ㅸ    ㅱ
ㄷ    ㅌ    ㄴ          ㄹ
ㅈ    ㅊ          ㅅ    ㅿ
ㄱ    ㅋ    ㆁ    ㅎ
ㅇ
```

---

81) "ㅋㅌㅍㅊㅎ乃通攷所用次淸之音 而全濁初聲之呼 亦似之 故今之反譯 全濁初聲皆用次淸爲初聲"(『飜譯老乞大朴通事』, 凡例)

82) "但今反譯 平聲全濁 郡定並從床匣六母諸字初聲 皆借次淸爲字 邪禪二母 亦借全淸爲字"(『飜譯老乞大朴通事』, 凡例)

83) "在左者 卽通攷所制之字 在右者 今以漢音依國俗撰字之法而作字者也"(『飜譯老乞大朴通事』, 凡例)

이를 앞서 제시한 『중원음운』의 성모체계와 비교하면 치두음과 정치음이 구별되지 않는 점이 가장 두드러진다. 이는 당시 최세진이 이를 구별하지 못했다기보다는 표기상의 문제로 이해된다. 『역훈』과 『사성통해』의 표기에서는 이들을 표기하기 위하여 당시에 실제로는 쓰이지 않던 'ㅅ'과 'ㅅ', 'ㅈ'과 'ㅈ', 'ㅊ'과 'ㅊ'의 표기를 사용하였다. 그러나 『번역노박』 범례는 이를 구별하지 않고 있다. 그 이유로 제시한 것이 "國俗撰字之法"이라는 표기 원칙이다. "국속찬자지법"이란 비록 漢音에서는 음운적으로 치두음과 정치음이 변별되지만, 이를 기록할 때에는 당시 일반사회에서 사용하는 문자로 기록한다는 의미로 이해되는데, 이에 따라 위의 치두음과 정치음의 구별을 위한 표기를 모두 통합하여 'ㅅ, ㅈ, ㅊ'으로만 표기하게 된 것이다.

그렇다면 노박범례의 우음은 표기상의 제약으로 인하여 당시의 중국음을 충실히 나타내지는 못한 것으로 생각해야 한다. 최세진은 역훈의 편찬자들이 보여준, 정확하게 중국음을 표기하기 위하여는 문자를 변형하기까지 하여 정밀을 기하고자 하는 전통을 수용하고 있으면서도 우음에서 이렇게 다소 소홀하게 표기한 이유는 아마 이 책이 중국어를 배우는 과정에서 기초 학습서였기 때문으로 짐작된다. 당시 중국어 학습의 단계는 『노걸대』와 『박통사』를 먼저 배우고 다음 단계에서 『사성통고』를 통해 한음의 정음과 속음을 배우는 것이었다.[84] 즉 초학자용 중국어 학습서인 『노걸대』와 『박통사』를 통하여는 치음의 구별이라는 음성적 변별력을 키우기보다는 회화체의 용례를 먼저 배우고 차후에 음성적 구별을 위하여는 『사성통해』를 이용하도록 하였기 때문에 굳이 정밀하게 표기하지 않았던 것이다.

그렇다면 이와 같이 당시 중국어의 현실을 정확히 파악하고 있었

---

84) "夫始肄華語者 先讀老乞大 朴通事二書 以爲學語之階梯 初學二書必觀四聲通攷以識漢音之正俗"(『四聲通解』, 序文)

194

던 최세진이 『사성통해』의 정음과 속음, 금속음 등 모든 표기에 31 성모체계를 유지하고 있었던 것은 결국 『홍무정운』의 권위에 이끌린 규범적 표기인 것으로 해석할 수밖에 없다.

2.4.2 운목체계

2.4.2.1 정음의 운목체계

『홍무정운』과 역훈의 운모는 76운목체계이다. 그러나 『사성통해』는 80운목으로 되어 있어 운목의 숫자에서 4개가 더 많다. 이는 『역훈』의 眞軫震質운을 『사성통해』에서는 眞軫震質과 文吻問物로 나눈 결과이다. 그러나 이렇게 나누어 놓았어도 음계에 있어서는 크게 차이가 나타나지 않는다. 다음에 두 운서의 운목과 해당 운목에 대응된 화음의 중성을 비교하여 〈표 14〉로 제시한다.

이 표를 통해 보면 두 운서의 운목에 대응된 중성은 정확하게 일치하고 있다. 따라서 최세진이 『역훈』, 즉 『사성통고』의 음을 기준으로 자음을 기록하였음이 입증된 셈이다.

2.4.2.2 속음과 금속음의 운모체계

강신항(1973, 75-76)은 『역훈』과 『사성통해』의 속음 운모를 비교하여 도표로 제시하고 있다. 이를 〈표 15〉에 전재한다.

이상에서 보듯 속음에서도 『역훈』과 『사성통해』의 운목 중성이 서로 같다. 금속음의 경우도 마찬가지이다.

그러나 운미의 표기, 특히 입성운미의 표기는 서로 같지 않다. 『역훈』은 정음의 입성운미를 'ㄱ, ㄷ, ㅂ'으로 표기하고 속음의 입성운미는 이를 통합하여 'ㆆ'으로 표기하고 다만 약운의 경우만 'ㅸ'으로 표기하였는데, 『사성통해』는 입성을 무종성으로 표기하였다. 그런데 『사성통해』는 『역훈』의 속음체계조차 따르지 않고 온전히 모든 입성의

〈표 14〉 『洪武正韻譯訓』과 『四聲通解』의 운목 비교

洪武正韻 譯訓			四聲通解		
순서	운목	중성	순서	운목	중성
1	東董送屋	ㅜ ㅠ	1	東董送屋	ㅜ ㅠ
2	支紙寘	ㅡ ㅣ	2	支紙寘	ㅡ ㅣ
3	齊薺霽	ㅖ	3	齊薺霽	ㅖ
4	魚語御	ㅠ	4	魚語御	ㅠ
5	模姥暮	ㅜ	5	模姥暮	ㅜ
6	皆解泰	ㅐ ㅒ ㅙ	6	皆解泰	ㅐ ㅒ ㅙ
7	灰賄隊	ㅟ	7	灰賄隊	ㅟ
8	眞軫震質	ㅣ ㅡ ㅜ ㅠ	8	眞軫震質	ㅣ ㅡ ㅜ ㅠ
			9	文吻問物	ㅡ ㅜ ㅠ
9	寒旱翰曷	ㅓ ㅝ	10	寒旱翰曷	ㅓ ㅝ
10	刪産諫轄	ㅏ ㅑ ㅘ	11	刪産諫轄	ㅏ ㅑ ㅘ
11	先銑霰屑	ㅕ ㆋ	12	先銑霰屑	ㅕ ㆋ
12	蕭篠嘯	ㅕ	13	蕭篠嘯	ㅕ
13	爻巧效	ㅏ ㅑ	14	爻巧效	ㅏ ㅑ
14	歌哿箇	ㅓ ㅝ	15	歌哿箇	ㅓ ㅝ
15	麻馬禡	ㅏ ㅑ ㅘ	16	麻馬禡	ㅏ ㅑ ㅘ
16	遮者蔗	ㅕ ㆋ	17	遮者蔗	ㅕ ㆋ
17	陽養漾藥	ㅏ ㅑ ㅘ	18	陽養漾藥	ㅏ ㅑ ㅘ
18	庚梗敬陌	ㅣ ㅓ ㅟ ㅒ	19	庚梗敬陌	ㅣ ㅓ ㅟ ㅒ
19	尤有宥	ㅡ ㅣ	20	尤有宥	ㅡ ㅣ
20	侵寢沁緝	ㅡ ㅣ	21	侵寢沁緝	ㅡ ㅣ
21	覃感勘合	ㅏ ㅑ	22	覃感勘合	ㅏ ㅑ
22	鹽琰艶葉	ㅕ	23	鹽琰艶葉	ㅕ

〈표 15〉 『홍무정운역훈』과 『사성통해』의 속음 운모 중성 비교

<table>
<tr><th colspan="3">洪武正韻譯訓</th><th colspan="3">四聲通解</th></tr>
<tr><th>순서</th><th>正音中聲</th><th>俗音中聲</th><th>순서</th><th>正音中聲</th><th>俗音中聲</th></tr>
<tr><td rowspan="3">1 東</td><td rowspan="3">ㅠ</td><td rowspan="3">ㅜ</td><td>1 東</td><td>ㅠ</td><td>ㅜ</td></tr>
<tr><td rowspan="2">2 支</td><td>ㅣ</td><td>ㅡ(치음만)</td></tr>
<tr><td>ㅣ</td><td>(ㅢ)</td></tr>
<tr><td>3 齊</td><td>ㅖ</td><td>ㅣ,(ㅢ)</td><td>3 齊</td><td>ㅣ</td><td>ㅣ,ㅢ</td></tr>
<tr><td>6 皆</td><td>ㅒ</td><td>ㅖ</td><td>6 皆</td><td>ㅒ</td><td>ㅖ, ㅒ(或從)</td></tr>
<tr><td>7 灰</td><td>ㅟ</td><td>ㅢ(순음만)</td><td>7 灰</td><td>ㅟ</td><td>ㅢ</td></tr>
<tr><td rowspan="2">8 眞</td><td rowspan="2">ㅜ</td><td rowspan="2">ㅡ(순음만)</td><td rowspan="2">9 文</td><td>ㅜ</td><td>ㅡ(순음만)</td></tr>
<tr><td>ㅠ</td><td>(ㅜ)</td></tr>
<tr><td rowspan="2">9 寒</td><td>ㅓ</td><td>ㅏ</td><td rowspan="2">10 寒</td><td>ㅓ</td><td>ㅏ</td></tr>
<tr><td>ㅝ</td><td>ㅓ</td><td>ㅝ</td><td>ㅓ(순음만)</td></tr>
<tr><td rowspan="2">10 刪</td><td>ㅏ</td><td>ㅓ(순음일부)</td><td rowspan="2">11 刪</td><td>ㅏ</td><td>ㅓ(순음일부)</td></tr>
<tr><td>ㅘ</td><td>ㅏ (순음만)</td><td>ㅘ</td><td>ㅏ (순음만)</td></tr>
<tr><td>12 蕭</td><td>ㅕ</td><td>ㅑ</td><td>13 蕭</td><td>ㅕ</td><td>ㅑ</td></tr>
<tr><td>14 歌</td><td>ㅓ</td><td>ㅏ</td><td>15 歌</td><td>ㅓ</td><td>ㅏ</td></tr>
<tr><td rowspan="2">17 陽</td><td>ㅏ</td><td>ㅘ(치음만)(ㅑ)</td><td rowspan="2">18 陽</td><td>ㅏ</td><td>ㅘ(치음만)</td></tr>
<tr><td>ㅘ</td><td>(ㆇ)</td><td>ㅘ</td><td>(ㆇ)</td></tr>
<tr><td rowspan="3">18 庚</td><td>ㅢ</td><td>ㅡ</td><td rowspan="3">19 庚</td><td>ㅢ</td><td>ㅡ</td></tr>
<tr><td>ㅟ</td><td>ㅡ</td><td>ㅟ</td><td>ㅡ, ㅜ</td></tr>
<tr><td>ㆌ</td><td>ㅠ, ㅣ</td><td>ㆌ</td><td>ㅠ, ㅣ</td></tr>
</table>

표시를 생략하고 있다. 그리고 약운의 경우만 '병'으로 입성을 표시한다.[85] 그리고 다른 운의 속음도 『역훈』과 마찬가지로 'ㆆ'종성을 표기하였다.

『사성통고』의 운모체계를 충실히 따르고 있는 이 운서가 입성 운미에서는 전혀 다른 양상을 보이는 것은 무슨 이유일까?

이를 파악하기 위해서는 먼저 『역훈』의 종성표기에 대해 다시 한 번 음미해 볼 필요가 있다. 『역훈』 정음의 입성표기는 분명 규범적인 표기이다. 당시 북방음에 입성이 소멸되었음은 중원음운의 표기를 통하여 분명히 입증된다. 그럼에도 『홍무정운』이 입성을 표기하고 있는 것은 여러 차례 언급한 바와 같이 남방계 운서의 영향으로 보아야 한다. 『역훈』은 이를 충실히 대역한 것이므로 입성을 표기하고 있다. 그리고 『역훈』의 편찬자들은 북방음에서는 입성이 사라졌음을 인식하고 속음의 표기에서 이를 ㆆ으로 표기하였다.

이러한 결과는 속음체계와 금속음체계 사이의 통시적 음운변동에 따른 것으로 보인다. 『역훈』은 1455년에 간행되었고 이를 위하여 10여 년의 세월이 소요되었으므로 『역훈』의 편찬자들이 속음으로 인식한 중국어음은 15세기 초반의 음이다. 그런데 『사성통해』는 1517년에 만들어진다. 간행된 연대로만 비교했을 때 약 60여 년의 차이가 나타난다. 따라서 이 시기 사이에 중국 북방음에서 입성의 소멸과정이 강력하게 진행된 것이 아닌가 하는 추측을 하게 된다.

중국에서 입성이 사라진 것을 반영해 주는 『중원음운』이 편찬된 것은 1324년이다. 따라서 적어도 13세기 말경부터 14세기 초에 걸쳐

---

85) "入聲ㄹㄱㅂ三音漢俗及韻會蒙韻皆不用之 唯南音之呼多有用者 盖韻學起於江左而入聲亦用 終聲故從其所呼類聚爲門此入聲之所以分從各類也 古韻亦皆沿襲舊法 各收同韻而已 然今俗所呼穀與骨 質與職同音而無ㄹㄱ之辨也 故今撰通解亦不加從聲 通攷於諸韻入聲則皆加影母爲字 唯藥韻則其呼似乎效韻之音 故蒙韻加ㅱ爲字 通攷加ㅸ爲字 今亦從通攷加ㅸ爲字"(『四聲通解』, 凡例)

198

서 입성에 변화가 있었을 것이다.

이보다 120여 년 뒤인 1442년에 明의 蘭茂가 편찬한『韻略易通』
은 여전히 입성을 표기하고 있다. 이 운서는 북방음에 근거하여 편
찬된 운서인데(임도·경진생: 1997, 299) 성모체계는 이른바 '早梅詩'
라고 불리는 20자모체계로 되어 있는데,[86]『중원음운』과 비교하면 疑
母자가 影母자에 병입되어 있음이 다르다. 운모체계는 20운부로 나
뉘어 있어『중원음운』보다 하나의 운류가 더 많다. 이는『중원음운』
의 魚模운을 居魚와 呼模의 두운으로 나눈 결과이다. 이렇게 운부의
이름을 두 글자로 나타내는 것은『중원음운』의 표기방식인데,『운략
이통』은 2자표기방식은 수용하였으나 표기자들은 그대로 따르지 않
고, 새로이 바꾸어, 2자 가운데 前一字는 음평성을 後一字는 양평성
을 나타내는 자로 대신하였다.

『중원음운』과『운략이통』의 가장 중요한 특징은 후자가 입성을
유지하고 있다는 점이다. 입성은 음성운으로 귀속되지 않고, 양성운
에 부재되어 있는데, 형식상『홍무정운』과 유사하다 하겠다. 그런데
『운략이통』이 입성을 표기하고 있는 것을 어떻게 해석해야 할까?

동동화(1975, 84)는 이 한 점이 자못 실제 어음과 불합한 것으로서
사람들이 회의를 갖게 한 것이라고 지적하여 전혀 당시에 입성의 존
재 자체를 회의하고 있다. 임도·경진생(1997, 299)은 입성의 표기가

---

86) 早梅詩는 오언절구 형식으로 韻略易通의 권두에 실려 있는데, 각각의 한자가
    당시 북방 관화음의 성모를 대표한다. 특히 대부분의 운서에서는 운목에 대하
    여는 자세히 기록하고 있으나 성모에 대해서는 언급하지 않고 있다. 따라서 운
    서의 성모체계는 반절의 계련을 통하여 추정하는 것이 일반적이다. 이런 점에
    서 조매시는 해당 운서의 성모체계를 명시적으로 밝혔다는 점에서 가치가 있
    다. 시의 내용과 추정음가(임도·경진생: 1997, 140)는 다음과 같다.

    東 風 破 早 梅   向 暖 一 枝 開   氷 雪 無 人 見   春 從 天 上 來
    t f p' ts m   x n ø tʂ k'   p s v r k   tʂ' ts' t ʂ l

『홍무정운』의 형식을 따랐을 가능성이 있다고 하였다. 그러나 이돈
주(1995, 159)는 다소 조심스런 견해를 피력하고 있다. 그는『운략이
통』의 입성표기에 대해 두 가지 가능성을 제시하고 있는데, 먼저 입
성이 실제음이었을 가능성을 말하고 있다. 그는 "당시 雲南방언(官
話)의 현실음에서는 입성이 성문파열음 /ʔ/과 같은 음으로 실현되었
거나, 아니면 演唱 문학의 용운자를 귀납한 것이 아닌 때문으로 볼
수 있다."고 하였다. 그리고 또 하나의 가능성은『홍무정운』의 권위
를 벗어나지 못한 표기일 수 있다고 하였다.

만일『운략이통』의 입성이 당시의 실제음이라면 적어도『역훈』의
편찬자들이 관찰한 중국음에는 여전히 입성이 사라지지 않고 있었을
것이다. 실제로 현재 중국어를 크게 5종의 방언으로 나누어볼 때 北
方話(北京중심지방)를 제외한, 吳語(蘇州중심지방), 閩語(廈門중심지방)
奧語(廣州지방중심), 客家語(梅縣지방중심)에는 모두 입성이 유지되고
있다. (왕력 : 1985, 414-489)[87] 그리고 蘇州 입성은 일률적으로 성문파
열음인 데 비하여 廈門과 廣州의 입성은 절운 계통의 입성 (/-k, -t,
-p/)을 그대로 유지하고 있다. 그리고 梅縣에서는 /-k/가 /-t/로 바
뀌었다.

이와 같은 입성의 다양성은 적어도『운략이통』당시에도 북방음
에 입성의 呼勢가 미약하게나마 유지되고 있었을 가능성을 생각하
게 한다.[88]『운략이통』이 성모와 운류의 체계는『중원음운』과 크게

---

87) 현대 중국어의 지역별 성조체계는 다음과 같이 다양한 분포를 보인다.
   북경 : 4성조 : 양평, 음평, 상성, 거성
   소주 : 7성조 : 양평, 음평, 양상, 양거, 음거, 양입, 음입
   하문 : 7성조 : 양평, 음평, 양상, 양거, 음거, 양입, 음입
   광주 : 9성조 : 양평, 음평, 양상, 음상, 양거, 음거, 양입, 중입, 음입
   매현 : 6성조 : 양평, 음평, 상성, 거성, 양입, 음입
88) 이돈주(1995, 161)는 중원음운계의 제운서에 반영된 중국 한자음의 특징을 정
   리하면서 입성운미에 대해 "/-k,-t,-p/가 약화되어 어떤 방언에서는 성문폐쇄

200

다르지 않으면서도 유독 입성의 처리에서만 『홍무정운』의 권위를 존중하여 입성을 표기하고 있다고 보기는 어렵다. 적어도 『운략이통』의 편찬 당시까지 입성이 미약하게나마 편찬자에게 인식되었기 때문에 『홍무정운』식의 표기가 가능했었을 것이다.

따라서 『역훈』의 시기에는 미약하게나마 입성이 존재하였을 가능성이 높다. 『역훈』의 편찬자들이 입성을 표기하면서 확인하였을 가능성이 있는 미약한 입성의 잔재가 그 후 최세진의 시기에 이르러 완전히 소멸되었기 때문에 그는 『사성통해』에서 입성 표기를 완전히 삭제하였을 것이다.

음 /ʔ/이 되거나, 또 다른 방언에서는 Ø(zero)화하였다"고 하였다.

제 4 장
華東 兩音 表記 韻書

1 華東正音通釋韻考

『華東正音通釋韻考』(이하 『華東正音』[1]으로 약칭)는 영조 23년(1747)
朴性源이 편찬한 운서이다. 이 운서의 출현은 국어학사적 측면에서
매우 중요한 의미를 갖는다. 조선 전기 융성했던 운학의 연구는 『사
성통해』 편찬 이래 더 이상의 업적을 만들어내지 못하고 위축되었
다. 그 후 한동안 침체기를 겪던 조선의 운학은 17세기에 들어 민족
의 자주의식을 강조하는 실학의 발흥과 더불어 우리말과 훈민정음의
연구에 대한 관심이 부흥되면서 다시 학계의 관심 분야로 되살아나
게 되었다.(정경일 : 2000) 이에 따라 나타난 첫 운서가 『화동정음』이
고 이 운서의 뒤를 이어 여러 운서들이 나타나 운학의 새로운 황금
기를 맞게 된다.

『화동정음』은 18세기에 사용되던 현실 한자음을 전면적으로 보여
주는 최초의 운서로서 중요성을 가진다. 주지하는 것처럼 세종 29년

---

1) 규장각에서 소장하고 있는 판본의 표제에는 '華東正音'이라고 되어 있는데 魚
心에는 '正音通釋'이라 되어 있다. 正祖 11년(1787)에 왕명으로 秘閣에서 御製
序文을 얹어서 재간할 때 책머리에 '御製正音通釋序'를 붙이면서 '正音通釋'이
라고 부르기도 하였다. 이 글에서는 표제의 표기를 따르기로 한다.

202

편찬된 『동국정운』은 우리 한자음을 기록하고 있는 조선 최초의 운서이다. 『동국정운』의 한자음은 당시의 한자음을 상당 부분 중국의 한자음 체계에 맞추어 改新한 것이기는 하나 완전히 현실음을 무시하고 있는 것은 아니었기 때문에, 우리는 이를 통해 부분적이나마 15세기 한자음의 모습을 살펴볼 수 있다.

그 후 중종대에 『훈몽자회』가 편찬되면서 약 3,360자의 현실 한자음을 기록하고 있는 것을 비롯하여 각종 諺解類나 語學書 등을 통해 조선 중기의 현실 한자음이 그 모습을 드러내기 시작한다.

그러나 이들 문헌의 한자음은 당시 통용되던 한자 전체가 아니고, 일부의 한자들만을 부분적, 산발적으로 기록하고 있을 뿐이어서 당시 한자음의 전반적인 모습을 알아보기에는 자료로서의 가치가 매우 부족하다.

이런 측면에서 『華東正音』은 우리 운서 사상, 그리고 근대국어 한자음 연구에 매우 중요한 두 가지 의미를 지닌다. 첫째, 『화동정음』은 한국 운서 최초로 당시의 한국 한자 전체를 대상으로 하여 실제로 사용되는 현실 한자음을 기록하고자 노력하였다는 점이다.[2] 특히 근대국어 시기의 한자음을 기록하여 『훈몽자회』 이후 약 300년에 걸친 한자음 변화의 모습을 알려주고 있다는 점에서도 주목의 대상이 된다.

두번째는 최초로 한국 한자음과 중국 한자음을 併記하고 있다는 점이다. 한자의 유입과 사용 과정에서 우리는 어쩔 수 없이 '一字二音體系'를 유지하게 되었다. 곧 화음과 동음의 이중체계 속에 일반인은 동음체계를, 그리고 일부 양반이나, 정부관리, 역관, 중국과의 교역에 종사하는 사람들은 이에 덧붙여 화음체계를 유지하고 있었다.

---

2) 『화동정음』의 한자음 전체가 완벽하게 현실에서 사용되던 한자음을 기록하고 있는 것은 아니다. 그러나 운서음과 현실음이 차이가 있는 경우, 俗音을 표기하여 이를 보완하고자 했다.

　그러나 중국에서 유입된 운서는 논외로 하더라도 조선에서 이미
편찬된 운서나 한자 학습서들은 이러한 이중구조의 현실을 무시하
고, 일방적으로 어느 한쪽의 한자음만을 표시하는 데에 관심을 보였
다.[3] 특히 세종조의 운서 편찬 사업은 동음운서와 화음운서를 각각
편찬하는 이원적 태도를 분명하게 보여준다. 『동국정운』과 『홍무정
운역훈』의 이중구조가 바로 그것이다. 물론 세종조에는 현실적 소용
보다는 학문적 연구의 측면이 더 강하게 나타날 수밖에 없었고, 당
시의 언어정책적 측면에 비추어볼 때 동음과 화음을 각각 표기하는
운서의 등장은 일면 자연스런 시대적 조류였다고 보인다. 그러나 동
음과 화음을 따로 표기하는 운서들은 중국과의 교류를 위해 중국어
에 능통한 학자와 역관들을 양성해야 했던 당시의 현실적인 소용을
충족시킬 수가 없었다. 이런 모순을 해결하고자 박성원은 최초로 이
중구조를 하나로 통합하여 두 가지를 아우르는 새로운 운서를 만들
어낸 것이다.

　물론 『화동정음』이 채택한 화동양음의 병기 방식은 박성원이 독
창적으로 개발한 것은 아니다. 하나의 한자에 두 가지 음을 기록하
는 一字二音의 표기방식은 『홍무정운역훈』에서 유래한 것이다. 앞
서 살펴본 바와 같이 『역훈』은 한 글자에 정음과 속음이 동시에 존
재할 경우 이들을 각각 구별하여 표기하고 있다. 그리고 『사성통해』
는 이를 더욱 발전시켜 정음과 속음, 금속음의 세 종류의 자음을 표
기하고 있다.

　그러나 이들은 각각의 운서에 수록된 전체 한자를 대상으로 한 것
은 아니었다. 또 정음과 속음, 금속음은 모두 화음의 내부적 변이 형
태였다는 점에서 『화동정음』의 兩音표기와는 뚜렷이 구별된다.

---

　3) 『동국정운』과 『훈몽자회』, 『유합』, 『천자문』 등은 동음만을, 『홍무정운역훈』,
　　『사성통해』 등은 화음만을 표기하고 있다. 또 중국어 학습서인 『노걸대』, 『박
　　통사』류도 화음만을 표기하고 있다.

운서는 아니지만 『노걸대』와 『박통사』류의 중국어 학습서는 수록 한자 전체를 대상으로 『홍무정운』의 규범음과 당시 중국어의 현실 음을 좌우에 표기하고 있다. 이 방식은 당시 역관들에게 중국어 학 습을 위한 효과적이고 보편적인 형식으로 받아들여지고 있었던 것으 로 이해된다.

박성원은 노걸대류의 방식을 운서에 적용함으로써 새로운 체제의 운서를 만들게 된 것이다. 그가 이런 형식의 운서를 편찬하게 된 것 은 『화동정음』의 편찬에 역관이 함께 하였기 때문으로 추정된다.[4] 역관의 도움을 받아 시문창작이라는 문신으로서의 소용과 한음 학습 이라는 역관의 소용을 함께 하는 새로운 형식의 운서가 탄생하게 된 것이다. 이러한 추정은 『화동정음』의 화음 초성체계가 『사성통해』의 것을 의거하였다고 하면서도 실제에 있어서는 노걸대 박통사의 초성 체계와 일치하고 있다는 점에서(강신항: 1973, 186) 입증되고 있다. 그 리고 이와 같은 방식은 이후에 만들어지는 운서들에 영향을 주어 『三韻聲彙』와 『奎章全韻』도 모두 양음병기의 방식을 택하게 된다.

이와 같이 하나의 운서에 양음이 병기되어 있음으로 인해 우리는 한 운서에 나란히 표기되어 있는 두 가지 음의 고찰을 통하여 우리 한 자음의 특징을 더욱 정확하게 알아낼 수 있을 것으로 기대하고 있다.

1.1 편찬 사항

1.1.1 편찬자와 편찬 시기

『화동정음』의 서문에 따르면 이 운서는 영조 23년(1747)에 박성원

---

4) "余嘗慨然於斯 與舌士李君彦容 取三韻通考 懸華音於字下 一依本國崔世珍 所撰四聲通解"(『華東正音』, 序文)

이 편찬, 간행하였다.[5] 朴性源(1697~1767)은 明宗朝의 文臣인 文景公 忠元의 6세손으로 本貫은 密陽이다. 字는 士濬이고 號는 圃菴이다. 평생 謝仕하여 벼슬은 進士에 머물렀으나 평소 독서에 전념하였고 예학에 밝았고, 특히 운학에 능하여 『華東正音』과 그 자매편인 『華東叶音通釋』을 저술하였다. 그의 『화동협음통석』에 跋文을 쓴 安佑는 그를 가리켜 "삼가 자중하며 깊은 지식을 지녔고, 그 학문하는 자세가 대학에 근본하여 격물치지에 전심하였다"[6]고 칭찬하고 있다.

그 뒤 정조 11년(1787)에 재판이 간행되었는데 여기에는 정조의 序文이 붙어 있다. 정조는 이 서문에서 당시 한자음이 중국 한자음으로부터 벗어나 있어 몹시 혼탁하다고 여기고 이를 바로잡아야겠다는 생각을 다음과 같이 기록하고 있다.

대개 화음은 마땅히 옛것으로 바르게 해야 하고, 우리 한자음은 마땅히 화음으로서 으뜸을 삼아야 한다. 그러므로 우리 세종대왕이 언문을 창제하여 그것으로 중화의 반절에 합치되지 않는 것이 없도록 하였다. …… 요즘 사람들은 헛되이 습속을 따르느라 한자를 잘못 읽고 다시 초중종 삼성과 자모 칠음의 법을 알지 못하여 화음의 변고가 매우 심하다. 이런즉 소위 전와된 것은 가히 바로잡아야 한다.[7]

그리고 이와 같은 한자음의 혼란 속에서 박성원이 『화동정음』을 지어 이를 바로잡음을 칭찬하고 내각에 명하여 이 책을 널리 반포할

---

5) "歲丁卯南至後七日 密陽朴性源 序"(『華東正音』, 序文)

6) "嗟乎朴士濬 余畏友也 工詩文少登國庠 雅飭自重有沈識 其爲學本乎 大學輕旨 尤專心於格物致知 所定間疑章補註一篇遺於家 不欲求知於人 至若字音之學 有正音通釋刊行于世……"(『華東叶音通釋』, 跋文)

7) "蓋華音當以古爲正 我音當以華爲宗 故我世宗大王創諺書 以解中華之反切無不合者 …… 近世人士 鹵莽苟且隨俗 誤讀不復知有初中終三聲 字母七音之法 殆甚於華音之變古 是則 所謂轉訛以可正者也"(『華東正音』, 正祖 序文)

것을 명하고 있다.[8]

進士에 이른 것 외에 특별한 벼슬의 기록이 없는 평범한 선비였던 박성원의 저술에 임금이 친히 칭찬을 하고 내각에 인쇄를 명하고 또 序文을 붙여 再刊을 하였다는 것은 이 운서에 대한 당시의 평가를 짐작하게 하는 일이다.

『화동정음』이 당시에 비교적 널리 그 가치를 인정받았다는 사실은 과거에 합격한 선비들에게 임금이 주는 상품으로 이 책을 사용하고 있음에서도 알 수 있다.[9]

1.1.2 편찬 동기

중국에서 운서가 만들어지게 된 주요한 원인은 詩・賦의 수요에 부응하기 위해서였다.(王力: 1980, 63) 즉 단순히 漢字의 음을 찾아보는 데 그치지 않고, 그것을 이용하여 詩・賦를 정확히 짓는 데 이용하려는 이중의 목적을 가지고 있었던 것이다.(張世祿: 1982, 上, 173) 이는 중국음의 방언적, 시대적 차이로 인해 문인들 사이에 詩・賦를 교류할 때 완벽한 의사소통이 이루어지지 않는 불편을 해소하기 위한 기준을 설정하기 위한 것이었음을 의미한다. 따라서 운서는 본질적으로 규범적 성격을 지닌다.

그러나 한국 운서의 規範性은 중국 운서의 그것과는 다소 다른 의미로 쓰인다. 중국 운서가 대부분 당시의 時音을 중심으로, 편찬자의 지역적 방언과 정치적 중심지의 음을 고려하여 韻書音을 설정하

---

8) "朴性源所纂 華東正韻 頗能正之 …… 遂命內閣印布是書"(『華東正音』, 正祖 序文)

9) "敎曰 鄕儒之別試 泮製出於勸獎之意 …… 每道入格人 姓名傍目一件安寶 分給各道 壯元 …… 三上三中三下 給 正音通釋 紙筆墨 次上 ……"(『正祖 實錄』, 正祖 14年 3月)

였음에 비해, 한국 운서는 字音의 基準을 華音에 두고 이에 부합되
지 않는 現實 行用音을 轉訛된 것으로 여겨 華音의 체계로 귀속시
키려 하는 性向을 의미한다.

이는 조선 전기의 『동국정운』 편찬 태도에서 정립되었는데, 한자
음의 正·俗에 관한 이러한 관념은 그대로 조선 후기에 이어지고
있다. 박성원도 예외는 아니다. 『화동정음』의 서문에 따르면 그는 화
음의 잘못됨을 원나라 이후에 비롯된 것으로[10] 파악하고 있다. 이는
당시의 중국 한자음뿐 아니라 역대 한자음의 변천에 대해서도 그가
비교적 정확한 인식을 가지고 있었음을 보여준다.

그런데 그의 이러한 인식은 결과적으로 명나라 때 만들어진 『홍
무정운』의 권위를 숭상하는 태도를 드러내는 것이라 여겨진다. 후술
할 바와 같이 그는 화음의 근거를 당시 이미 그 현실성을 상실한
『홍무정운』에 기준을 두고 있다.

이처럼 『홍무정운』의 권위를 인정하는 태도야말로 그대로 우리 한
자음에 대해서도 화음 위주의 정속음관을 가지게 만들었던 것이다.

그는 『화동정음』의 서문에서

　　우리말의 초성은 본디 중국음과 같고, 다만 중성만이 다르다. 그런데
　우리 음에 많은 변화가 생겨서 초성에서도 같지 않은 글자가 사이사이에
　생기었다. 이를 초성이 동일한 화음을 좇아 바로잡는다.[11]

고 밝혔다. 운서를 만든 동기와 그 방향을 분명히 밝히고 있는 대목

---

10) "世或稱蒙元亂華之後 正音舛訛而考諸字書 則其所訛舛者 或有中聲之少變而
　猶不失五音所屬之宮也"(『華東正音』, 序文)
11) "我音初聲 本與華同 不同者中聲 而我音又多變訛 並與初聲而不同者間亦有
　之 今以字書等反切釋之無不脗合 故一從初聲之同華者定音"(『華東正音』, 序
　文)

208

이다.

우리 한자음에 변화가 생긴 양상에 대해서도 박성원은

　　우리 한자음에서는 처음부터 牙舌脣齒喉음의 合闢과 出聲의 묘를 제
대로 알지 못하여 五音이 서로 뒤섞이게 되었다. 이에 따라 宮音이 羽音
이 되기도 하고, 商音이 徵音이 되기도 하여 오히려 일정한 음이 없어지
게 되었다.[12]

고 진단한다.

　　그리고 이와 같은 혼란이 야기된 이유로 한자를 사용하는 우리나
라의 문자생활의 구조적 결함에서 찾고 있다. 즉 그는 한자의 뜻과
음 가운데, 뜻을 중시하고 음을 소홀히[13] 해온 문자생활의 관습이 한
자음을 변하게 한 원인이라는 매우 독특한 견해를 보여주었다.

　　이렇게 東音을 華音에 맞춰 교정하려는 태도는 당시로서는 매우
일반적인 현상이었다. 『華東正音』과 같은 시기에 편찬된 『三韻聲
彙』(1751)에 序文을 쓴 金在魯는 이 韻書가 그 編次를 한글 字母順
으로 하는 등, 한국한자음 위주였음에도 불구하고 우리나라 사람들
이 자학에 어둡고 또는 편방에 이끌리고, 또는 구습에 얽매여 화음과
달라진 음이 매우 많다"고 개탄한 뒤 자음을 화음을 기준으로 하여
바로잡을 수밖에 없다고[14] 하여 規範的인 처리 방안을 보이고 있다.

　　正祖도 字音에 관하여 이와 같은 인식을 가지고 있었다. 그가 『華

12) "至於我東則 初不明其牙舌齒脣喉 合闢出聲之妙 故五音相混 宮或爲羽 商或
　　爲徵 尙無一定之音韻"(『華東正音』, 序文)
13) "此實我東言文爲二務於義而忽於音之致也"(『華東正音』, 序文)
14) "我國人 於字學 甚鹵莽 或泥於偏傍 或因於習俗而謬讀 遂與華音 判異者多
　　可勝歎哉 …… 我音初聲 多有乖於正音 字母之有五音混淆者 不得不釐正"
　　(『三韻聲彙』, 序文)

東正音』의 再刊에 얹은 序文에는

　　요즘 사람들이 어리석고 또 세속의 잘못 읽음을 따르며, 초중종 삼성
　의 원리와 자모 칠음의 법을 알지 못하여 화음이 옛것과 달라짐이 심하
　다. 이는 소위 轉訛된 것으로 바로잡아야 한다. 박성원이 편찬한 화동정
　운이 능히 이를 바로잡았다.[15]

라 기록하여 당시 지식인들이 운학에 대한 지식이 없어 글자를 잘못
읽고 있으며, 그로 인해 字音이 華音과 다름을 걱정하고, 朴性源이
이를 바로잡고 있다고 칭찬하였다.
　이러한 규범성은『화동정음』과 동시대에 편찬된 다른 운서들에게
도 동일하게 나타난다. 즉『삼운성휘』와『규장전운』을 비교하여 보
면『華東正音』보다는『三韻聲彙』·『奎章正韻』이 東音의 表記에
있어서 좀더 규범적임을 알 수 있다.『華東正音』과『三韻聲彙』는
상호간에 영향을 주고받았을 것이라고는 생각되지 않음에도(강신항;
1969) 이와 같은 현상이 나타나는 것은 이 규범성이 한국운서의 공
통적 특징이고 운서 편찬의 근본 의도였기 때문이다.
　그런데 박성원은 東音을 華音에 근거하여 개정하였음에도 불구하
고 그 음이 당시의 行用音과 일치하지 않을 경우 行用音을 頭註에
俗音으로 기록하고 있다. 후술한 바와 같이 이 俗音들은 대부분 中
期東音 以來의 傳承音을 보이고 있다. 이는 他韻書와 구별되는 특
징으로, 그가 운서편찬에 있어 규범성을 견지하면서도 현실음을 무
시할 수 없었기 때문에 이 둘을 조화시키기 위한 方案으로 頭註라
는 형식을 취한 것으로 믿어진다.

---

15) “近世人士鹵莽約苟且隨俗誤讀 不復知有初中終三聲 字母七音之法 殆甚於華
　　音之變古 是則所謂轉訛 而可正者也 朴性源所撰華東正韻 頗能正之”(『華東正
　　音』, 正祖 序文)

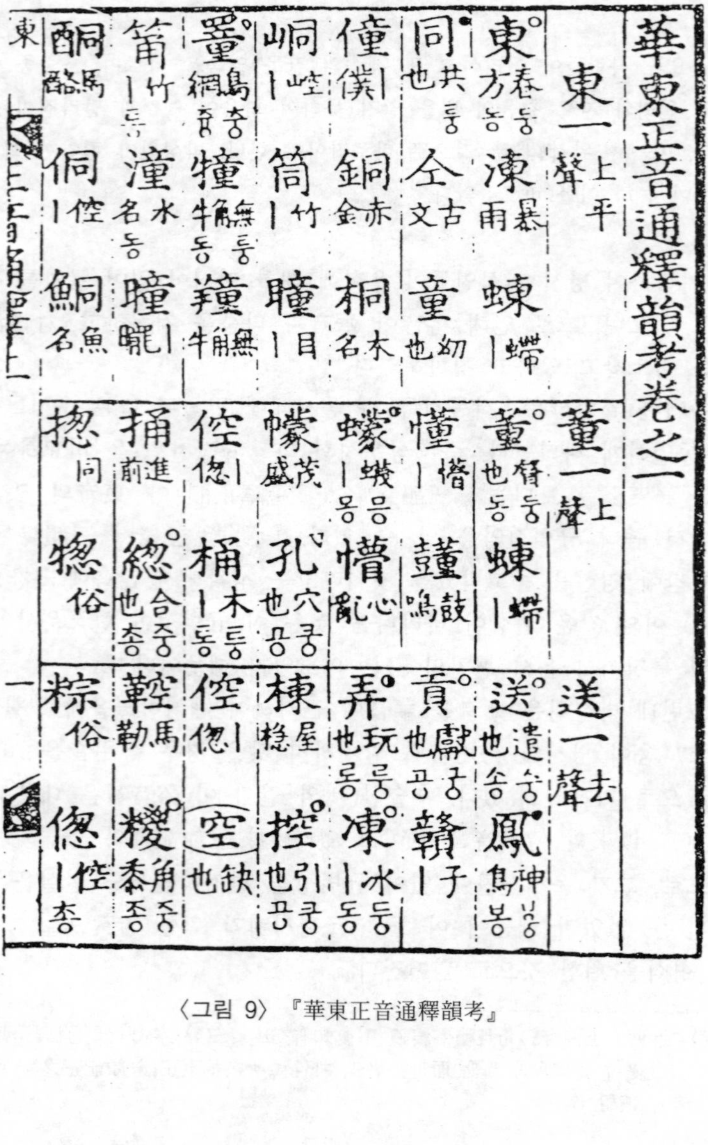

華東正音通釋韻考卷之一

東一 上平聲
東 春方 동 涷 暴雨 蝀 螮|
同 共也 동 仝 古文 童 幼也
僮 僕| 銅 赤金 桐 木名
峒 崆| 筒 竹| 瞳 目|
鼕 鳥網 통 犝 無角牛 동 㹔 無角牛
筩 竹| 동 潼 水名 동 曈 曨|
酮 馬酪 侗 倥| 鮦 魚名

董一 上聲
董 督也 동 蝀 螮|
懂 懵| 鼕 鼓鳴
蠓 蠛| 몽 懵 心亂
幪 茂盛 孔 穴也 공
倥 偬| 桶 木| 통
捅 進前 總 合也 종
摠 同 惣 俗

送一 去聲
送 遣也 송 鳳 神鳥 봉
貢 獻也 공 贛 子|
弄 玩也 롱 凍 冰| 동
棟 屋檼 控 引也 공
倥 偬| 空 缺也
鞚 馬勒 糉 角黍 종
粽 俗 傯 倥| 총

東 華東正音卷上 一

〈그림 9〉『華東正音通釋韻考』

1.2 체제와 형식의 특징

1.2.1 체제

『화동정음』은 2권 1책으로 되어 있다. 이 운서는 초간본과 재간본의 순차가 약간 다르다. 그러나 내용의 차이는 크게 나타나지 않는다.[16] 먼저 그 순서를 살펴보자.

초간본
1. 序
2. 凡例：五音初聲, 凡例六條, 七音出聲, 凡例六條
3. 諺文初中終三聲辨
4. 各韻中聲
5. 本文

---

16) 초간본과 재간본 사이에는 다음과 같은 몇 가지 점에서 차이가 있다.
① 본문의 한자음이 다르게 나타난 경우(초간본, 재간본의 순서. '/'의 앞은 東音, 뒤는 華音.)
　觿 휘/훠, 히/훠　　誤 우/우, 우/유
　措 추/주, 추/추　　佩 븨/패, 븨/퓌
② 초간본에는 기록되어 있지 않고 재간본에만 기록되어 있는 경우
　荔 례/리　　輠 호/과
③ 초간본에는 기록되어 있고 재간본에는 기록되지 않은 경우
　杜 두/두
④ 초간본에만 속음이 표기되어 있는 경우
　種 동俗종　　甋 휘俗훠　　齟 주俗서　　禰 녜俗몌
⑤ 재간본에만 속음이 표기되어 있는 경우
　齎 졔俗지　　竅 교俗규　　叫 교俗규　　爌 횡俗광
　窬 투俗유　　彪 퓨俗표　　繆 무俗규　　逼 픽俗핍
　幅 픽俗핍　　幅 픽俗핍

212

재간본
1. 御製序
2. 凡例 : 五音初聲, 凡例六條, 七音出聲, 凡例六條
3. 本文
4. 諺文初中終三聲辨
5. 各韻中聲
6. 自序

　결국 재간본은 임금의 서문이 앞에 놓이는 까닭에 박성원의 서문
과 언문에 관한 기술의 일부가 본문의 뒤로 자리바꿈을 한 것이다.
이는 정조가 『화동정음』을 科試用 표준운서로 사용하면서 친히 서
문을 쓰고 인반하였기 때문이다.
　본문은 『삼운통고』를 저본으로 하여[17] 本文의 각 장을 三段으로
나누어 平聲字는 上段에, 上聲字는 中段에, 去聲字는 下段에 나누어
배치하고 入聲字는 한꺼번에 모두어 권말에 通段으로 배치하였다.
　『화동정음』이 저본으로 하고 있는『삼운통고』는 조선 말엽에 2종
의 증보판이 나온다. 하나는 박두세가 편찬한 『삼운보유』(1702)이고
다른 하나는 김제겸과 성효기가 편찬한 『증보삼운통고』(1720년경)이
다. 『삼운보유』는 범례에서 『삼운통고』의 註에 미비한 점이 많아 이
를 보충하고자 『운회』와 각종 자서를 참고하여 증보하였음을 밝히
고 있다.[18] 아울러 1,846자를 늘려 수록하였다.
　그런데 『화동정음』과 이 두 운서를 비교하면 『증보삼운통고』와는

---

17) "朴性源所纂華東正韻 頗能正之 又就三韻通考原本 逐字分注 不敢易其序次
　　其亦存疑之意也"(『華東正音』, 正祖 序文)
18) "三韻通考 字旣未備註 且夥訛 考信韻書 以補以正 俾押韻者 不至疑難一 一
　　從韻次逐韻補注 以參考韻會字彙等書 增諸韻之末 如東之도下增 冬之零下
　　增之類"(『三韻通考補遺』, 凡例)

그 수록 차서에는 조금 다름이 있으나 내용은 동일하다. 그러나 『삼운보유』와는 여러 곳에서 차이가 남을 발견할 수 있다. (김인경: 1986)

1.2.2 운목

『화동정음』은 106운목으로 편운되었다. 사성별 운목 숫자는 다음과 같다.

평성 : 30 운목
상성 : 29 운목
거성 : 30 운목
입성 : 17운목

이 106운목체제는 『예부운략』 이후 우리 문인들에게 작시의 기본으로 받아들여졌던 운목이다. 조선 초에 만들어진 『동국정운』은 우리 한자음을 분석한 결과에 따라 91운의 새로운 체계를 만들었으나 조선 후기에 만들어진 『화동정음』, 『삼운성휘』를 비롯, 『규장전운』 등은 모두 이를 따르고 있다.

이는 두 가지 관점에서 이해가 된다. 첫째는 당시 운서의 소용이 일차적으로 작시용이었다는 점이고, 또 하나는 이들 운서가 모두 『삼운통고』의 뒤를 잇고 있다는 점이다.

우리나라에서 만들어진 운서는 중국 운서와는 또 다른 기능을 가지고 있었다. 중국의 운서는 작시용이거나 심음용이었다. 그러나 우리나라에서는 운서가 이러한 기능 이외에 중국어 교육을 위한 교육 자료로서의 기능과 서체 표준으로서의 기능도 아울러 가지고 있었다.

중국어 교육 자료는 이들에 모두 중국 한자음과 한국 한자음이 병기되어 있음에서 확인된다. 당시에 중국어 교재로 주로 사용되던 노걸대나 박통사 언해류 등에도 양국의 한자음이 모두 표기되어 있는 것을 볼 수 있는데, 이들 운서에도 모두 이와 같이 두 가지 한자음이 표기되어 있다. 이는 이 운서가 단순히 동음의 표기만을 위하여 만들어진 것이 아님을 말하여 준다. 운서가 서체의 표준으로 쓰인 것은 『홍무정운』의 경우가 대표적이다. (정경일 : 1998)

이러한 여러 가지 기능 가운데에도 조선 후기 삼운서의 가장 중요한 기능은 역시 시문의 창작에 소용되기 위함이었다. 이는 『규장전운』의 경우 가장 극명히 드러나고 있다.

실제적인 한국 한자음의 운목체계가 106운체계에서 벗어나 있음은 이미 『동국정운』에서 실증된 바가 있다. 또 『화동정음』에서도 이 106운체계가 현실에 맞지 않음을 말하고 있다.[19] 그럼에도 『삼운성휘』가 다시 106운체계를 들고 나온 것은, 비록 이 운서가 당시의 현실 한자음을 표기하고 있기는 하나 그 소용이 작시에 있었기 때문에, 당시까지 작시의 기본 운목으로 인정되어 온 106운목체계에 따라 운서를 편찬한 것이다.

1.2.3 자수와 자순

총 수록 자수는 11,377자인데 『삼운통고』의 수록자 9,732자보다 1,642자가 늘어나 있다. 수록된 한자의 자순은 『예부운략』, 『삼운통고』와 같은 중국 전통 운서의 자순을 그대로 따르고 있어 한국 운서로서의 특징은 나타나지 않는다.

---

19) 1.4.2.1 화음의 중성체계 항을 참고할 것.

1.3 자음의 표기

1.3.1 표기 자음의 종류와 방식

『화동정음』은 화음과 동음을 동시에 기록하고 있다. 박성원은 범
례에서

  글자의 아래에 한글로 음을 달았는데, 오른쪽에는 화음을, 왼쪽에는 우
리 음을 달았다.[20]

라고 하여 자음에 중국음과 우리음을 함께 표기하고 있음을 밝혔다.
그리고 동일 음의 경우에는 위의 음을 이어 읽도록 하였다. 東韻의
첫 부분을 예로 들어본다.[21]

  東^등 _동 涷 蝀 同^틍 仝 童 僮 銅 桐 峒 筒 瞳 罿^충 _충 犝^틍 _동

  위의 예에서 '同'에 화음만 '퉁'으로 기록되어 있는 것은 동음은 위
와 같되, 화음만 다른 음임을 나타낸다. 다른 운서에 비해 자음의 표
기 방식은 매우 간결하다.
  동음의 경우, 속음이 있을 때는 이를 난외에 두주하여 표기하고
있다.[22]

---

20) "字下諺註 右華音 左我音"(『華東正音』, 凡例)
21) 인쇄의 편의상 원문의 右側音을 좌측상단에, 左側音을 우측하단에 표기하였
   다.
22) 頭註 俗音은 다음과 같은 여러 방식으로 표기되었다.
   1) 해당 字를 제시하고 속음을 밝히는 경우
      0 娀 俗융   0 장 東俗챵   0 膴·幠 俗무
      0 肮亢 並俗항   0 訏吁 俗並우

1.3.2 자음 표기의 기준

『화동정음』은 화음과 동음의 양음을 병기하고 있으므로 표기의 근거를 논할 때에는 이 두 가지를 동시에 고려하여야 한다.

1.3.2.1 화음의 기준

화음의 경우, 取音의 근거를 『四聲通解』에 두고 있다. 박성원은 서문에서 이에 대해 분명히 밝히고 있다.

　삼운통고의 글자를 취하여 한자의 아래에 화음을 붙였다. 이 때 본국의 최세진이 편찬한 사성통해의 음을 의지하고 널리 자서의 음을 모아 참고하였다.[23]

『四聲通解』의 음을 의지하였다는 것은 결국 홍무정운의 자음체계를 따른다는 것이다. 특히 운모의 경우 홍무운에 따라 분류되었음을 분명히 하고 있다. 支韻의 경우 운모 중성이 'ㅣ ㅡ ㆌ'로 나뉘고 있다. 이에 대해 범례는 "홍무정운에 支, 微, 齊, 灰 4운이 하나로 통합되어 있기 때문에, 이에 따른 것이다"라고 하면서 독자들로 하여금 잘 살펴볼 것을 요구하고 있다.[24] 그리고 各韻中聲 支韻 항에서도

---

2) 여러 자의 속음을 동시에 밝히는 경우
　　0 自擠至影 俗리　　　0 融 俗룡 下同　　　0 春 俗융 下從春同
3) 속음이 華音과 같은 경우
　　0 鼷 俗音從華　　　0 祴 俗從華
4) 일반에서는 속음으로 읽히나 박성원의 판단에 옳지 않다고 생각되는 경우
　　0 煮 俗자非　　　0 鎌同鐮 俗겸非
23) "取三韻通考 懸華音於字下 一依本國崔世珍所撰『四聲通解』之音 而廣集字書 以訂參考"(『華東正音』, 序文)
24) "各韻中 惟支韻 中聲 甚殽亂者 盖洪武韻中支微齊灰四韻混合爲一之致也 觀 者詳之"(『華東正音』, 凡例)

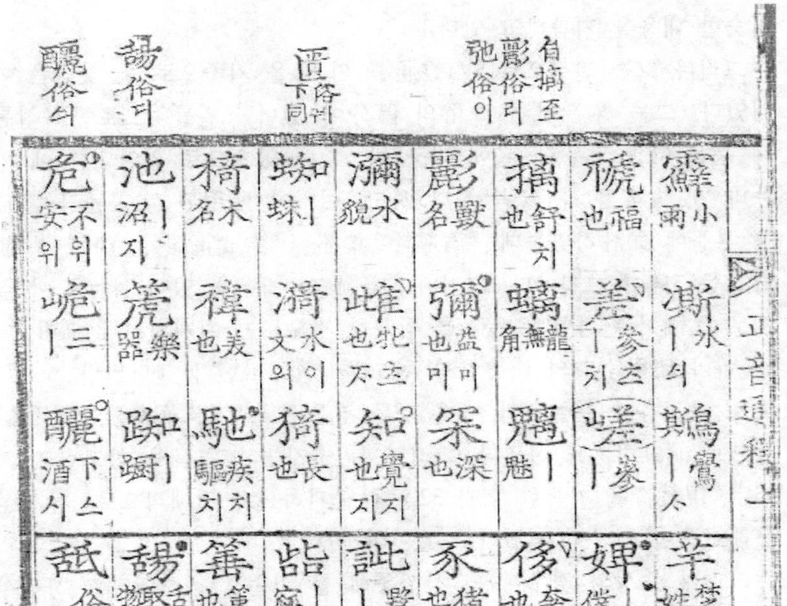

〈그림 10〉 『華東正音』의 俗音 表記 例

218

비슷한 내용을 기록하고 있다.[25]

그러나 그는 전적으로 『四聲通解』의 音을 기준으로 한 것만은 아니었다. 그는 華音에 古・俗의 區分이 있어[26] 일률적으로 『사성통해』음을 따를 경우, 華音에 어긋나는 것이 있으므로 위의 引用에 있는바 "廣集字書以訂參考"한다 하고, 여기에 所用된 字書들의 書目을 본문에 頭註하였는데, 『廣韻』, 『集韻』, 『洪武正韻』, 『唐韻』, 『韻會』 등 5種이 그것이다. 그러나 『唐韻』의 경우에 있어 朴性源이 실제로 孫愐이 편찬한 『唐韻』을 참고한 것으로는 여겨지지 않으며, 이는 아마 康熙字典의 唐韻音을 참고한 것이 아닌가 판단된다.

또 운서음과 현실음이 아주 다를 경우 "華或某, 華本某, 華又某" 등으로 頭註하기도 하였다. 그러나 그 숫자는 字書音을 참고한 字가 15字, 現實音을 기록한 字가 32字에 불과하므로 전체적으로는 『사성통해』음이 기준이 되었다고 보아야 한다.

그러나 초성의 경우에는 『사성통해』를 기준으로 하였다고 하면서도 실질적으로는 이를 따르지 않고 있다. 화음의 초성은 범례에서 17자모를 설정하고 있다. 그러나 실제 표기된 음들을 살펴보면 '병'을 포함하여 18자모이다. 『사성통해』의 31자모체계와는 전혀 다른 모습을 보여준다. 이는 박성원이 비록 『홍무정운』의 권위를 인정하여 그 체계를 따르고자 하였으나 이미 현실성을 상실하였음을 파악하고 운서에서는 이를 반영하지 않은 것이다.

1.3.2.2 동음의 기준

동음은 화음을 기준으로 정하였다. 박성원은 화음과 동음이 본질

---

25) "華從ㅟ 卽洪武韻 灰隊賄之雜 從ㅣ 或薺霽之雜"(『華東正音』, 各韻中聲 支項)
26) "華音有古有俗 我音從古則違於俗 從俗違於古 故古俗中合於我音初聲者 書於頭註以備參考"(『華東正音』, 凡例)

적으로 같은 것이라고 생각하고 있다.

　　우리 세종대왕이 언서를 만들어 그것으로 음율에 맞게 하고 중국의 반
　절법의 뜻을 풀이하였다. 중성의 차이는 진실로 방언의 같지 않음뿐이요,
　초성은 화음과 우리 음이 서로 같아 반절로서 합치되지 않음이 없다.[27]

　그러나 화음에 의한 우리 음의 설정에 관해서도 초성의 경우에는
구체적인 언급이 있으나 중성에 관해서는 화음과의 방언적 차이만이
언급될 뿐 다른 설명이 없다.
　이는 뒤에 편찬된 『삼운성휘』가 현실적인 行用音을 기준으로 하
였고,[28] 『규장전운』은 『화동정음』을 근거로 하였음을 분명히 밝히고
있는 것과[29] 크게 비교가 되는 사항이다.
　그렇다면 동음의 취음 기준은 구체적으로 무엇이었을까? 동음 표
기에 대한 근거가 전혀 기록되어 있지 않다는 점은, 오히려 그 자음
이 당시의 현실음을 그대로 기록하였을 것으로 결론을 내릴 수 있도
록 하여준다. 화음의 경우 당시의 중국 현실음은 『사성통해』의 바탕
이 되고 있는 『홍무정운』의 한자음과 이미 상당한 차이를 보이고 있
었다. 『홍무정운역훈』이 편찬되던 시기에 이미 현실의 중국음을 俗
音이라 하여 병기하고 있고 『사성통해』에도 正音과 俗音, 그리고 今
俗音의 삼중적인 표기가 등장하고 있을 정도이다. 따라서 박성원도
이러한 상황에 대해 이미 알고 있었을 것이다.[30]

---

27) "世宗大王作爲諺書 以叶音律解中華反切之義 若其中聲之異 固因方言之不同
　　而初終之聲 華與我同 故以反以切 無不脗合"(『華東正音』, 序文)
28) "華音則 以洪武正韻 字母爲主 而一從四聲通解 諺翻之音 我音則 就行用俗
　　音而 律之"(『三韻聲彙』, 序文)
29) "皆依華東正音之舊 尤致詳焉"(『奎章全韻』, 序文)
30) 특히 박성원은 『화동정음』의 편찬작업을 역관이었던 이언용과 함께 하였기
　　때문에 현실 화음과 홍무정운음과의 차이를 분명히 알고 있었을 것이다. "余嘗

220

화음의 경우 현실음을 기준으로 상당한 변화가 있었음에도 규범적 입장에서 홍무정운에 의지하였음을 밝힌 것이라고 생각한다면, 동음의 경우 아무런 기준을 밝히지 않은 것은 바로 당시의 현실음을 그대로 기록하고 있었기 때문으로 이해된다. 이는 조선 운서의 성격상 당연한 귀결이었을 것이며, 다만 『삼운성휘』가 그 점을 명백히 밝히고 있었을 따름이다.

그런데 동음의 취음 근거가 문제가 되는 것은 『화동정음』의 동음이 이중적 구조로 되어 있기 때문이다. 즉 『화동정음』은 정음과 속음을 동시에 기록하고 있기 때문에 이들에 대한 성격의 규명이 필요하다.

1.3.3 자음의 이중적 성격

『화동정음』은 본문의 난외에 頭註의 형식으로[31] 동음의 속음을 기록하고 있는데, 한자를 摘示하여 기록한 속음은 모두 486자이다.[32] 이 속음은 조선시대 운학자들 사이에서 공통적으로 인식되어 있던 대로 전통적인 운서음이 변화를 입어서 달라진 음을 말한다.

앞에서도 언급한 바와 같이 박성원은, 한자음은 중국과 우리나라가 같은 것이었다고 생각하였다. 그런데 오랜 세월이 지나면서 성운의 원리를 알지 못하게 되고 자서에 기록된 반절이 현실에 맞지 않

慨然於斯 與舌士李君彦容 取三韻通考 懸華音於字下 一依本國崔世珍所撰四聲通解"(『華東正音』, 序文)

31) "我音訛誤至於經書諺解 亦或有謬釋者 而世人率以諺解歸重不可 以訛誤而置之 故竝書俗音於頭註以證參考……"(『華東正音』, 凡例)

32) 이 숫자는 '種俗종, 融俗륭下同' 등의 방식으로 두주된 것만을 집계한 것이다. 이돈주(1977)는 모두 456자로 집계하였다. 1.3.3.에서 인용하고 있는 것처럼 운모에 전체적으로 속음의 경향을 언급하고 "註煩不著俗音"이라고 밝힌 경우까지 집계하면 그 수는 훨씬 더 불어난다.

게 되었다[33]고 속음이 생기는 이유를 분석하고 좀더 자세히 다음과
같이 기록하였다.

우리나라에서는 아설치순후의 오음과 합벽출성의 오묘함을 제대로 알
지 못하였다. 그리하여 오음이 서로 섞이니 궁음이 우음이 되고, 상음이
치음이 되기도 하여 일찍이 하나로 정해짐이 없었다.[34]

이 기록과 『동국정운』 서문의 기록을 함께 검토하여 보면 조선시
대 운학자들이 생각했던 속음 생성 원인은 당시인의 중국 성운학에
대한 이해 부족이었으며, 바로 이 때문에 운서를 편찬할 필요가 생
겼던 것이다.

곧 正音은 우리나라에 漢字가 傳來할 당시의 중국한자음을 그대
로 유지하고 있는 음이라고 여겨지는데, 한국한자음의 基底는 隋·
唐初의 切韻系 운서음에 두고 있으므로(朴炳采 : 1971, 266~301) 이
운서음과 정당한 대응관계를 이루고 있는 음을 정음으로 간주하게
된다.[35] 반면에 俗音은 운서음이 변화를 입어서 달라진 음을 말한다.
따라서 正·俗音이 同時에 表記되었을 경우, 正音보다는 俗音이 오
히려 해당시대의 현실한자음을 생생히 보여주는 자료라고 여겨진

---

33) "世遠敎衰 不復知初終有聲之義 亦不究字母七音之法 以各已見反切於字書
不合時俗從傍之讀 則乃反誘之於方言之同"(『華東正音』, 序文)

34) "至於我東則 初不明其牙舌脣齒喉 合闢出聲之妙 故五音相混 宮或爲羽 商或
爲徵 尙無一定之音韻 此實我東言文爲二 務於義而忽於音之致也"(『華東正
音』, 序文)

35) 이돈주(1979ㄴ : 18)는 正音과 正則音을 구별하여 운서음과 同聲同韻인 경우
는 정음, 국어의, 내적 요인에 의한 정당한 변화음은 정칙음이라 하였다. 그러
나 화음이 국어에 유입되면 국어음운체계의 영향을 받는 것은 불가피하므로
본고에서는 이를 구별하지 않고 모두 정음으로 다룬다. 속음의 개념에 대해서
는 정경일(1984, 1987) 참조.

222

다.[36]

결국 『화동정음』의 본문에 기록되어 있는 동음은 두 가지로 나누어진다고 보아야 한다. 속음이 기록되어 있지 않은 음과 속음이 기록되어 있는 음의 둘이다. 그렇다면 이들의 차이는 무엇인가?

먼저 속음이 기록되어 있는 자음, 즉 속음 병기음의 경우, 본문에 기록되어 있는 음들은 당시에 쓰이던 음들이 아니라 단순히 운서의 체계에 따라 전통적으로 답습해 온 규범음으로 보아야 한다. 그리고 속음이 기록되어 있지 않은 음, 즉 정음 단독음은 현실음으로 짐작된다.

이들은 다음과 같이 구분된다.

1) 속음 병기음 : 규범음
2) 정음 단독음 : 행용음

물론 이들 두 가지 음이 처음부터 구별되는 것은 아니었을 것이다. 이 두 가지 字音은 동음의 정착기에는 모두 운서음의 반영이었고, 현실음이었을 것이다. 그 후 여러 원인으로 인해 일부의 字音이 변화되고 일부는 그대로 전승되었다. 이 때 변화를 입은 자음은 이로 인해 두 종류의 음이 존재하게 된다. 이 경우 운서 편찬자는 변화되기 이전의 음을 정음으로 판단하고 변화된 음을 속음으로 판단한 것이다. 또 애초부터 변화를 입지 않고 전승된 자음은 결국 정, 속의 구별이 필요없이 현실적으로 행용되었던 것이다.

---

36) 그러나 『화동정음』에 기록된 모든 속음이 반드시 현실 행용음이라고는 볼 수 없다. 이돈주(1977)는 『화동정음』의 속음을 456자로 집계하고 이 가운데 현대 국어 한자음에 그대로 계승되는 것은 305자에 그친다고 하였다. 정경일(1989)도 486자의 속음 가운데 성모의 변이를 가져온 305자를 검토한 결과 13자는 당시의 현실음이라고 할 수 없음을 밝혔다.

그렇다면 동음의 취음을 현실음을 기준으로 하였으면서도 편찬자
는 왜 처음부터 현실음인 속음을 본문에 기록하지 않았을까?

조선시대 편찬된 운서 가운데 속음을 기록하고 있는 것은 『화동
정음』 이외에 『홍무정운역훈』과 『사성통해』가 있다. 그런데 『화동
정음』이 본문의 바깥에 두주의 형식을 빌려 일부 한자에만 속음을
기록하고 있는 것에 비해 이들 두 운서는 분문 속에 속음을 기록하
고 있다.

이 같은 차이는 속음을 대하는 편찬자들의 태도에서 기인하는 것
이라고 생각한다. 즉 『홍무정운역훈』이나 『사성통해』의 편찬자들은
이들 운서가 중국의 한자음을 기록하고 있는 만큼 운서나 운도에 충
실한 음을 정음으로 기록하면서도 이미 자음이 변하여 운서나 운도
의 규범으로부터 벗어났지만 현실적으로 사용되는 음을 속음이라 하
여 기록한 것이다. 이는 정음과 속음의 가치를 규범적 측면과 현실
적 측면에서 모두 인정한 것으로 해석된다.

그런데 박성원이 속음을 난외에 두주한 것은 속음의 가치를 낮게
평가하고 있었기 때문으로 보인다. 역시 두주에 기록된 다음 내용을
보자.

1) 此韻 東音之從ㄲ聲者 俗從ㄸ非 凡ㄲ之俗音 註煩不著 觀者詳之〈支
   韻〉
2) 此韻 東音之從ㄱ聲等字 洪韻 統韻 皆入虞而不在此故 從虞釋音而 俗
   皆讀ㄴ 觀者詳之〈魚韻〉
3) 此韻 中聲 皆從ㅜㅠ 俗多從ㄴ非 註煩不著俗音 觀者辨之〈虞韻〉
4) 此韻 中聲 皆從ㅖ而俗從ㅕ者多非 註煩不著俗音 觀者詳之 此韻 東則
   正而 華則變俗者也〈齊韻〉

이들 기록을 보면 당시에 속음화의 경향은 상당히 강력하게 나타

났던 것으로 보인다. 그런데 박성원은 이와 같은 변화를 옳지 않은 것으로 평가하고 있다. 결국 그는 운서의 편찬 목적을 전통적이고 규범적인 한자의 음을 기록하고자 하는 데에 두고 있었기 때문에 규범음을 중시하였으나 현실적인 한자음의 변화도 무시할 수 없었던 것이다.

1.4 자음의 체계

1.4.1 초성체계

1.4.1.1 화음의 초성체계

1.4.1.1.1 18자모체계

『화동정음』은 범례 첫머리에 다음과 같은 「五音初聲圖」를 싣고 있다.

〈표 16〉 五音初聲圖

五 音 初 聲 圖				五音合二 變爲七音
角 牙音	ㄱ	ㅋ	ㆁ	
徵 舌音	ㄷ	ㅌ	ㄴ	變徵 半舌音 ㄹ 洪武韻作半徵半商
商 齒音	ㅈ	ㅊ	ㅅ	
羽 脣音	ㅂ	ㅍ	ㅁ	◇
宮 喉音	ㅇ	ㅎ		變宮 半喉音 △ 洪武韻作半商半徵

이 五音初聲은 華音 表記를 위한 것으로 모두 17字母가 사용되었다. 그런데 실제 본문에 표기된 자음들을 검토하여 보면 'ㅸ'이 사용

되고 있다. 그 예를 東, 董, 送韻에서만 추려보면 다음과 같다.

東韻 : 봉 ― 馮, 豊, 鄷, 灃, 風, 渢, 楓, 麷
董韻 : 봉 ― 琫, 菶, 唪, 姏
送韻 : 봉 ― 鳳, 諷, 賵

　따라서 화음의 표기에는 18초성이 사용되고 있다. 이는 박성원이 서문에서 밝힌 『사성통해』의 음을 따랐다는 사실과는 정확히 부합되지 않는다. 또 『삼운성휘』가 31자모를 실제 화음 표기에 사용하고 있는 것과도 차이를 보인다.
　『사성통해』의 초성체계는 『홍무정운』을 이어받은 31자모체계이다. 이를 『화동정음』의 18자모와 비교하여 보면 『사성통해』의 31자모에서 치음을 정치음과 치두음으로 구분하고 있는 것이 통합되었고, 전탁음이 사라진 체계이다.
　『화동정음』의 편찬시기 중국어의 성모체계는 20자모체계였다. 20자모체계는 이미 주덕청의 『중원음운』(1324)에서 비롯되어 蘭茂의 『韻略易通』(1442)과 攀騰鳳의 『五方元音』(1654~1673)[37] 등으로 이어진다.
　『오방원음』의 성모체계는 다음과 같다. (王力 : 1985, 393)

p	p'	m	f
t	t'	n	l
tʂ	tʂ'	ʂ	ɻ
ts	ts'	s	j
k	k'	x	w

---

37) 『오방원음』의 편찬 연대는 趙陰棠(1936, 226)의 추정에 의함.

226

『화동정음』의 18초성은 『오방원음』의 체계와 비교할 때 중국음의
음운체계를 정확히 반영하고 있는 것은 아니다. 권설음 ʦ, ʦ', ʂ 등
이 나타나지 않는 반면, 아음의 ㆁ이 나타나고 있다.

따라서 『화동정음』의 화음은 『사성통해』의 음을 이어받은 것은
아니고, 당시의 현실음을 바탕으로 하여 일부 東音의 체계와 절충한
것이다. 그러나 후술할 전탁음의 표기에 관한 기술을 살펴보면 박성
원의 현실 화음에 대한 인식은 비교적 정확했음을 알 수 있다.

1.4.1.1.2 ◇의 창안

초성체계에서 특징적인 것은 새로운 문자 '◇'의 창안이다. 박성원
이 創案한 '◇'은 어떤 音價를 지니는 文字일까?

그는 범례에서 '◇'에 대해

> ㆁㅇ◇ 이 세 가지는 소리냄이 서로 비슷하여 반드시 따로 글자를 만
> 들 필요는 없다. 角羽宮 삼음이 모두 이 초성을 가지고 있는데, 그러므로
> 그 음에 따라 글자의 모양을 조금 바꾸어 따로 소속시켰다.[38]

이라고 말했다.

즉 「五音初聲圖」에서는 'ㆁ, ㅇ, ◇'을 엄격히 구별하였으나 실제
에서는 그 음성적 유사로 인해 구분의 필요가 없음을 밝힌 것이다.
물론 初聲에서의 'ㆁ'와 'ㅇ'의 유사는 이미 『훈민정음』 제자해에서
도 언급되었고[39] 박성원이 참고한 『四聲通解』의 편자 崔世珍도 『訓
蒙字會』 범례에서 지적하고 있다.[40]

---

38) "ㆁㅇ◇ 此三者 出聲相近 不必異制 角羽宮三音 並有此初聲 故隨其音而小
變字樣 以別所囑"(『華東正音』, 凡例)
39) "唯牙之 ㆁ雖舌根閉喉聲氣出鼻 而其聲與ㅇ相似 故韻書疑與喩多相混用"
(『訓民正音』, 制字解)

그런데 그가 이렇듯 이들 字母의 音價가 유사함을 알고 있으면서
도 새로운 문자인 '◇'을 창안한 것은 순전히 華音의 표기를 위함이
었다.『華東正音』에는 初聲에 '◇'을 사용한 例가 87字가 보이는데
그 모두가 華音에만 쓰이고 있다. (정경일 : 1989, 16) 이 字例에 따르
면 '◇'은 모두 9종의 母音과 결합하여 나타나는 바, 이들의『廣韻』
反切上字는 無・武・巫・文・亡・母・望들로 微母이다. 東音에서
는 微母와 明母가 구별되지 않고 모두 'ㅁ'으로 반영되나, 中古漢音
期 華音은 서로 구별되어 明母는 /m/, 微母는 /ɱ/으로 음가를 달리
했다. (董同龢 : 1954, 90) 柳僖도『諺文志』에『華東正音』의 초성 17
字를 기록하고 '◇'의 뒤에 "卽微母"라고 주를 붙이고 있다. 이 微母
의 음가에 대해 陸志韋(1947, 1-13)는『韻略滙通』(1642)까지도 아직
半脣半齒의 半母音性인 /w/이었다가 1654〜1673년의『五方元音』에
이르러서야 현대음과 같은 /u/가 되었다고 했다. 이러한 견해는 藤
堂明保(1957)와 姜信沆(1978)에서도 공통적으로 언급되었다.

'◇'에 대해서 劉昌惇(1958), 金敏洙(1980), 최현배(1976), 兪昌均
(1988) 등은 모두 'ㅱ'의 代置形으로 보았고 음가에 대한 언급이 없
었던 최현배를 제외하고 모두 /w/의 음가를 지닌 것으로 보았다.
'◇'이 微母字에만 쓰인 것으로 보아 'ㅱ'의 표기인 것은 분명한 것
으로 보이며 그 음가는 역시 /w/으로 추정된다.

이러한 판단의 근거로『사성통해』에 나타난 최세진의 설명이 유
효하다. 그는 支韻內 脣音 微母에서

　　뭐惟 謀也 思也 獨也 又語辭 (蒙韻) 웨 (韻會) 夷佳切 (洪武韻) 本註
　　云 又夷佳切 並下同 臣按 夷佳切 以雅音呼之則위合在灰韻 蓋뭐위聲相
　　近 故收在此耳 本非微母也(集成) 收在灰韻 以追切 下同

---

40) "喩ㅇ之初聲與ㆁ字音俗呼相近 故俗用初聲則皆用ㅇ音"(『訓蒙字會』, 凡例)

이라 하고 微母에 '維·濰·唯' 三字를 기록했다. 이에 따르면 '뮝'
와 '위'의 音價가 相近한 것이니 '뮝'는 /w/와 같은 것임이 드러난다.

그런데 朴性源이 微母의 表記에 從來의 '뮝'을 사용하지 않고 새
로이 '◇'을 만든 것은 '뮝'이 당시에 이미 음소로서는 물론 表記文
字로서도 소멸되었던 까닭으로 짐작된다. 崔世珍이 편찬한 『翻譯老
乞大』, 『翻譯朴通事』에는 微母를 표기하면서 다음에 오는 韻母에
따라 'ㆁ'과 '뮝'으로 구분하여 표기하였으나,[41] 그 후 150여 년 뒤에
譯官들에 의하여 수정·출판된 『老乞大諺解』, 『朴通事諺解』에는
'뮝'이 완전히 사라지고 'ㆁ'으로 통합되었다. (강신항: 1978, 61-64)
따라서 朴性源의 시대에도 微母는 'ㆁ'으로 표기하는 것이 옳은 태
도였을 것이다. 그런데 그는 'ㆁ'으로 표기할 경우 喩母字 等과의 혼
잡을 생각하여, 종래의 表記文字를 모두 버리고 새로운 문자를 창안
한 것으로 믿어진다.

이렇듯 박성원이 이 문자를 만든 것은 실용성 여부를 떠나 확실히
한 걸음 더 나아간 방법이고(강신항: 1992) 당시 실학 시기 학자들의
공통적인 학문적 경향인 자유성에 바탕을 두고 자신의 현실 언어 생
활의 경험을 토대로 한 과학적 방식이었다. (유창균: 1988, 185-187)

1.4.1.1.3 'ㅸ'의 사용

그리고 輕脣音 表記인 'ㅸ'에 대하여는 凡例에

華音의 ㅿ은 수우의 사잇소리이다. ㅸ은 부우의 사잇소리이다.[42]

---

41) ㆁ으로 표기한 例는 萬 완, 望 왕, 晚 완 등이고, 뮝으로 표기한 예는 物 무,
無 무, 文 문, 問 문 등이다.
42) "華音之ㅿ者수우之間音(淺喉音詳變宮) ㅸ者부우之間音(輕脣音吹脣而呼) 他
中終聲比此初聲者 皆倣此"(『華東正音』, 凡例)

라 하여 '병'이 華音에 쓰임을 밝혔고 실제로도 字音의 表記에 사용
되었다. 그러나 'ㅿ'은 오음초성도에 명시되어 있으나 '병'은 제외되
어 있다. 앞에서 살핀 '◇'이 ㅱ에 해당하는 新文字임을 생각한다면
아마도 병은 당시의 노걸대 박통사류에 모두 사용되고 있기(姜信沆:
1978, 64) 때문에 관습적으로 사용하였을 뿐 실제로 음가를 지니고
있지는 않았던 것으로 이해된다.

1.4.1.1.4 전탁음의 제외

화음의 초성체계를 『홍무정운』의 체계와 비교하면 전탁음이 제외
되어 있는 점이 눈에 띈다.

실제 본문의 화음 표기에도 전탁음이 나타나지 않는다. 그가 어찌
하여 전탁음을 표기하지 않았는지는 범례에 아무런 설명이 없어 확
인하기 어렵다. 그러나 그는 전탁음을 표기하지는 않았으나 화음이
청탁의 자질에 의하여 변별된다는 사실만은 권점을 통하여 밝혀놓았
다. 범례에서 그는

> 자음의 청탁은 옆에 권점을 보태어 이를 구별한다. 全淸은 ○, 次淸은
> ◗, 不淸不濁은 ◖ , 全濁은 ●으로 표시한다.[43]

라고 하여 每字에 청탁을 구별하는 방식을 밝혔다.

그런데 본문에 권점으로 구별된 자음을 귀납하여 보면 당시 실제
화음의 전탁음 변화를 정확히 반영하고 있음을 알 수 있다. 화음에
서 전탁음은 무성음으로 변한 후, 평성은 차청으로 상거입성은 전청
으로 변하는 것이 일반적이다. 본문에 나타난 표기를 보자. 비교를

---

43) "字音淸濁 旁加圈點以別之 全淸○ 次淸◗ 不淸不濁◖ 全濁●而下同蒙上
空"(『華東正音』, 凡例)

230

위해 東韻(平聲)과 董(上聲), 送(去聲)에 ●이 표기된 한자의 화음을
다음에 정리한다.[44]

東: 同퉁　蟲충　盅충　崇충　蓬풍　朣퉁　橦퉁
董: 動둥　洞둥
送: 鳳봉　洞둥　仲즁　詷둥

　이를 통해 볼 때 『화동정음』의 편찬자는 당시 현실 화음의 변화
에 정통하고 있었고 이를 그대로 운서에 반영한 것이다.
　홍계희는 『삼운성휘』의 권두에 수록된 「洪武韻字母之圖」의 설명
에서 全濁과 全淸이 같은 것임을 밝힌 뒤, 전탁음의 평성이 차청으
로 변화하는 사실을 기록하고 있다.[45] 이로 미루어볼 때 현실화음에
서 일어난 전탁음의 변화는 이미 당시의 운학가들에게 충분히 인지
되어 있었던 것으로 보인다. 그럼에도 불구하고 『삼운성휘』는 실제
본문의 화음 표기에서는 전탁음을 표기하여 홍무정운의 체계를 이어
받고 있다. 『규장전운』도 마찬가지이다. 따라서 이들 운서는 화음의
표기에 매우 규범적인 입장을 보이고 있다. 오히려 『화동정음』이 현
실적인 華音을 보여주고 있다.
　그런데 비슷한 시기의 韻學者 가운데 주로 等韻學에 관심을 가진
학자들도 全濁音을 유지하고 있음이 주목된다.
　申景濬은 『訓民正音韻解』의 卷末에 "韻解三十六字母表"를 붙여
놓았다. 이 표에는 한글로 表音을 해놓지는 않았으나 "初聲解"의 설
명에 의거해 表音을 붙이면 다음과 같이 된다.

―――――――――

44) 초성 'ㆆ'을 가지는 자음은 전청과 차청이 변별이 되지 않으므로 제외한다.
45) "全濁字母初聲(如群之ㄲ定之ㄸ) 並與本音全淸同 而有淸濁之別 獨平聲與次
　　淸同(奉邪禪三母雖平聲亦與全淸同)"(『三韻聲彙』, 洪武韻字母之圖)

〈표 17〉　韻解三十六字母表

	宮	角	徴		商		羽		半徴半宮	半商半宮
全清	影ㆆ	見ㄱ	端ㄷ	知ㄷ	精ㅈ	照ㅈ	幫ㅂ	非ㅸ		
全濁	匣ㆅ	群ㄲ	定ㄸ	澄ㄸ	從ㅉ	牀ㅉ	並ㅃ	奉ㅹ		
次清	曉ㅎ	溪ㅋ	透ㅌ	徹ㅌ	清ㅊ	穿ㅊ	滂ㅍ	敷ㆄ		
半清	喩ㅇ	疑ㆁ	泥ㄴ	孃ㄴ			明ㅁ	微ㅱ	來ㄹ	日ㅿ
半濁										
全清					心ㅅ	審ㅅ				
全濁					邪ㅆ	禪ㅆ				

　崔錫鼎은 『經世正韻』에서 皇極經世書의 체계를 수정·보완하여 正聲의 체계를 "正聲二十四母圖"로 보이고 있다. 실제로 기재된 字數는 ㅈ계열의 四濁이 빈칸이므로 23母에 지나지 않는다. 24라는 수는 보편적 체계를 뜻하는 것이나, 이 24는 邵雍의 48의 半에 해당한다. (兪昌均: 1988, 201) "正聲二十四母圖"는 다음과 같다.

〈표 18〉　正聲二十四母圖

	1音	2音	3音	4音	5音	6音
一清	ㄱ君	ㄷ斗	ㅂ彆	ㅈ卽	ㅎ虛	ㅅ戌
二濁	ㄲ虯	ㄸ覃	ㅃ步	ㅉ慈	ㆅ洪	ㅆ邪
三清	ㅋ快	ㅌ呑	ㅍ漂	ㅊ侵	ㆆ挹	ㄹ閭
四濁	ㆁ業	ㄴ那	ㅁ彌		ㅇ欲	ㅿ穰

　또한 柳僖도 『諺文志』에 스스로 설정한 二十五母를 圖表化하였다. 廣韻三十六字母, 集韻三十六字母, 韻會三十五字母와 洪武正韻

三十一字母 訓民正音十五初聲, 正音通釋十七初聲을 보인 뒤에 실려 있는 이 "柳氏校定初聲二十五母圖"에도 역시 全濁字 群ㄲ, 定ㄸ, 並ㅃ, 從ㅉ이 포함되어 있다.

그러나 박성원은 신경준이나 최석정, 유희 등과는 달리 중국 운학의 이론적 틀에 얽매여 실재하지 않는 전탁음을 표기하기보다는 현실음을 중시하는 입장을 취해 전탁음을 표기하지 않았다. 그러나 청탁의 구별을 완전히 무시할 수는 없었기 때문에 다만 권점으로 이를 구별하였을 뿐이다.

1.4.1.2 동음의 초성체계

1.4.1.2.1 16자모체계

동음의 초성체계는 凡例에 실려 있는 諺文初中終三聲辨을 통하여 알 수 있다.[46] 동음의 初聲은 화음 표기에 사용된 18자모 가운데 'ㅇ'과 'ㅸ'이 제외된 16자모이다. 이 16字母를 동시대의 他韻書 初聲體系와 비교하면 다음과 같다.

1) 華東正音   ㄱㅋㆁㄷㅌㄴㄹㅈㅊㅅㅂㅍㅁㅇㅎㅿ   (16字母)

2) 三韻聲彙   ㄱㄴㄷㄹㅁㅂㅅㅇㅈㅊㅌㅋㅍㅎ   (14字母)[47]

3) 奎章全韻   ㄱㄴㄷㄹㅁㅂㅅㅇㅈㅊㅋㅌㅍㅎㅿ   (15字母)[48]

---

46) 이는 『訓蒙字會』의 凡例 중에서 '初終聲通用八字', '初聲獨用八字', '中聲獨用十一字' 項만 그대로 옮겨 실은 것이다. 다만 '初聲終聲通用八字'의 ㆁ과 '初聲獨用八字'의 ㅇ이 『화동정음』에서 바뀌어 표기되었다.

47) 『三韻聲彙』, 凡例, 諺字初中聲之圖에 의함.

48) 『奎章全韻』에는 凡例가 없음. 이 初聲體系는 규장전운의 표기음에서 필자가 귀납한 것임.

이들을 18세기 국어의 자음체계와 비교하여 보면 『三韻聲彙』의
音系가 가장 현실성을 지니고 있음을 알 수 있다. 他韻書에는 당시
에 이미 音價를 상실하였던 'ㆁ, ㅿ'이 사용되고 있다. 『華東正音』을
살펴보면 ㆁ은 華音과 東音表記 모두에 나타나는데,[49] 다만 疑母字
에만 局限되어 사용하고 있을 뿐이다. 'ㅿ'은 日母의 표기에만 나타
난다.

앞에 제시한 凡例와 五音初聲圖를 종합해 보면 朴性源은 'ㅿ'의
音價를 '수우之間音'이라 설명하면서, 종래의 일반적 分類인 半齒音
에 귀속시키지 않고 半喉音에 집어 넣었다. 이는 'ㅿ'의 音價가 中
期國語 시기와 비교할 때 이미 변화하였음을 인식한 것이다. 즉 '수
우之間音'에서 'ㅿ'이 '수'에 가깝게 변한 것으로 판단하면 半齒音이
되고 '우'에 가깝게 변하였으면 半喉音이 되는데, 당시 발음으로 보
아 後者를 취한 것 같다. (金敏洙 : 1980, 163)

日母의 東音表記에 있어 『六祖法寶壇經諺解』(1496)에서는 거의
모든 字가 'ㅿ'으로 反映되고 있는 데 비해 『번역소학』(1518)에 오면
'ㅿ'사용이 줄어들고 있다. 『訓蒙字會』(1521)에는 다시 거의 전부
'ㅿ'으로 되는데, 이는 아마 현실음에서는 'ㅿ'가 동요하고 있었지만
이를 바로 잡기 위하여 의도적으로 통일한 듯하다. 그러나 16세기
후반의 『新增類合』(1576), 『千字文』(1575, 1583), 선조판 『소학언해』
(1587)와 같은 문헌들에 오면 'ㅿ'은 거의 사라지고 만다. 이는 'ㅿ'의
음가 소멸 과정이 그대로 자음에 반영된 것으로 보인다.

『화동정음』에서 'ㅿ'은 모든 日母字를 표기하는 데에 기계적으로
사용되었다. 그러나 頭註된 俗音을 살펴보면 속음에는 'ㅿ'이 나타나
지 않는다. 疑母의 표기에 사용된 'ㆁ'도 俗音에는 나타나지 않는다.

---

49) 華音에 표기된 예를 들면 梧 우/우, 禹 우/우, 魚 어/어, 誤 우/우 등이 있고,
東音표기에는 媧 괘/왜 月 월/월 등이 있다.(華音/東音의 순서임)

234

이는 朴性源도 당시에 이들이 이미 音價를 상실하였음을 인식하고
있었다는 증거로 삼을 수 있다

그리고 『규장전운』에는 'ㅿ'이 箭, 數, 嗽, 欶의 표기에만 쓰였을
뿐 다른 용례가 나타나지 않는다. 따라서 'ㅿ'의 표기는 당시의 음운
론적 사실을 반영한 것은 아니고 단순한 관념적 표기에 지나지 않는
것이다. 이런 점에서 볼 때 'ㅿ'을 전혀 표기하지 않은 『삼운성휘』의
동음이 후기의 운서 가운데는 가장 현실적이라고 판단된다.

한편 실제 표기된 한자음을 통하여 귀납하면 위의 16초성 외에 경
음인 'ㅆ'이 나타난다.[50] 江韻의 雙, 㦗, 艭등은 『광운』이 反切이 모
두 所江切이므로 중기동음에서는 'ㅺ'으로 반영되는 것이 자연스럽
다. 그런데 『화동정음』에는 'ㅅ'으로 표기되어 있다.[51] 국어 음운체계
내부의 경음화가 극히 제한적으로 한자음에 영향을 미친 예이다.

1.4.1.2.2 설상음의 표기

『화동정음』의 東音은 대체로 36자모체계가 中期 東音에 반영된
모습을 지속하고 있다. 그런데 舌上音字에 대해서만은 대폭적인 수
정을 가하고 있다. 이에 대해 박성원은 "우리 한자음은 五音, 淸濁
의 구별을 잘 알지 못하였다. 그러므로 자서의 반절을 읽을 때 치음
의 ㅈ, ㅊ이 설음의 ㄷ, ㅌ으로 잘못 읽히고 있다"고 한 뒤 그 예를
다음과 같이 들었다.[52]

---

50) 『화동정음』은 전탁음 표기를 인정하지 않으므로, ㅆ을 경음표기로 보는 것이
다.
51) 雙의 동음은 『훈몽자회』에는 'ㅺ', 『유합』에는 'ㅅ'이다. 『삼운성휘』에도 'ㅅ'
이다.
52) "我音不知五音淸濁之別 故字書反切之讀 混殽商宮之ㅈㅊ 誤作徵宮之ㄷㅌ
假如直當切之直작作以딕 丑他切之丑츅作以튝 直當之切本 䖝而讀以당 丑他
之切本咤차 而讀以타 五音相失故此等之類 一 依五音屬之宮 而釋之 餘皆倣
此"(『華東正音』, 凡例)

즉 直이 '직'으로 읽혀야 하는데 '딕'으로 읽히고 있고, 丑이 '축'이
아닌 '튝'으로, 戇이 '장'이 아닌 '당'으로, 咤가 '차'에서 '타'로 바뀌어
읽힌다는 것이다. 그리고 이를 五音相失이라고 하였다.

여기서 五音相失이란 어떤 자음이 그 본래의 음가대로 읽히지 않
고 다른 음으로 바뀐 것을 말한다. 박성원은 이 글에서 東音의 舌音
과 齒音 사이에 音價의 혼란이 있으므로 이를 바로잡겠다는 뜻을
밝히고 있다. 즉 舌上音인 直·丑 등이 'ㅈ·ㅊ'으로 읽혀야 하는데,
行用音에서 'ㄷ·ㅌ'으로 읽히는 것을 五音相失로 본 것이다.

설상음은 구개화음으로 이들은 中古音에서 경구개 파열음으로서
2등운에 나타나는 경우는 극히 드물고 주로 3등운 앞에 나타난다.
(Karlgren : 1954) 그래서 介音 /i/의 영향으로 中古音에서 경구개 파
찰음인 章系/tɕ/와 합류하고(王力 : 1972, 董同龢 : 1975) 그것이 다시
莊系/ʧ/와 합류하여 권설음인 /tʂ/ 등으로 되었다. 결국 舌上音은 正
齒音으로 통합되어 간 것이다. 따라서 화음의 초성을 근거로 하여
동음을 정한 박성원의 편찬태도로 보아 이들은 당연히 'ㅈ·ㅊ'으로
반영되어야 하는 것이다.

그러나 설상음은 동음에서는 모두 'ㄷ·ㅌ'에서 'ㅈ·ㅊ'으로 바뀌
어 반영되었다. (박병채 : 1971, 58 ; 이윤동 : 1988, 22) 그런데 이러한
舌上音反映의 변화는 우리말 음운체계의 內的要因과는 직접적 관련
이 없이 진행된 것이다. 국어의 구개음화가 진행된 시기가 17, 18세
기이므로(李基文 : 1977, 197, 洪允杓 : 1985, 143-157) 이에 맞추어 설상
음의 'ㄷ, ㅌ>ㅈ, ㅊ' 反映을 구개음화에 의한 것으로 보기도 하나,[53]
첫째 〔ㄷ, ㅌ→ㅈ, ㅊ/ ___ +i〕의 환경에 놓여 있는 舌頭音 4等字
는 여전히 ㄷ, ㅌ을 유지하고 있는 점, 둘째 위의 환경에 놓여 있지

---

53) 김민수(1980), 유창균·강신항(1971), 유창균(1988) 등이 이러한 主張을 하였
다. 그러나 河野六郎(1964)은 中國近世音에 의한 改新임을 밝히고 있다.

아니한 舌上音 2등자를 'ㅈ, ㅊ'으로 반영한 점으로 보아 이 현상은
국어음운체계를 따르지 않고, 다만 중국어음체계의 변화에 부합시키
기 위한 人爲的 反映일 뿐이다.

이러한 태도는『三韻聲彙』,『奎章全韻』은 물론 洪泰運이 편찬한
『註解天字文』(1804)에도 同一하게 나타나는 것으로 보아(都孝根:
1979, 10-17) 18세기 후반 東音의 일반적 현상이었다. 그런데 박성원
은 이를 다시 화음에 맞추려는 규범적 태도를 보여준다.

1.4.2 중성체계

1.4.2.1 화음의 중성체계

『화동정음』은 이른바 平水韻인『平水新刊韻略』이래 중국 운서
의 전통인 106운목체계를 유지하고 있다.

그런데『화동정음』이 취음의 기준으로 삼은『사성통해』는 23운목,
80운모체계이고『사성통해』가 기반으로 삼고 있는『홍무정운』은 22
운목, 76운모체계이다.

이를 인식한 박성원은 범례의 '各韻中聲'항에서『화동정음』의 운
목을 홍무정운의 체계에 비추어 운목 간의 합병이 가능함을 밝히고
있다. 그 내용은 다음과 같다.

冬 → 東, 微 → 支, 文 → 眞, 元 → 文寒刪先 從類分屬
豪 → 肴, 靑 → 庚, 蒸 → 庚, 咸 → 覃

결국『화동정음』의 실제적 운목체계는 평성 기준 30운목체계에서
위의 8운목을 합병한 22운목체계가 되어『홍무정운』과 같게 된다.
이러한 운목 간의 합병은 동시대의 다른 운서에서는 언급되지 않은
것으로, 박성원이 비교적『홍무정운』과 당시의 중국 한자음에 대하

여 소상히 알고 있었음을 나타내주는 것이라 여겨진다.

　그러나『사성통해』는 23운목으로 되어 있어 운목의 수에 있어서
는『화동정음』이 오히려 하나가 더 적다. 이를 자세히 살펴보면『사
성통해』가 홍무정운의 眞韻을 分韻하여 眞韻과 文韻으로 나눈 것을
『화동정음』에서는 원래의 홍무정운과 같이 통합하였고, 홍무정운과
『사성통해』에서 운목으로 설정한 遮韻을 麻韻에 합병하였다.[54] 반면
에 홍무정운과『사성통해』에서는 하나의 운목인 陽韻을 陽韻과 江
韻으로 나누어놓았다. 따라서 운목수에서는『화동정음』과 홍무정운
이 22운목,『사성통해』가 23운목의 체계를 갖게 되었다. 다음에『사
성통해』와『화동정음』의 운목별 비교표를 제시한다.

　『화동정음』의 화음 중성은 다음과 같이 19모음체계로 되어 있다.

단모음: ㅏ ㅓ ㅗ ㅜ ㅡ ㅣ ㅐ ㅔ
복모음: ㅑ ㅕ ㅠ ㅒ ㅖ ㅢ ㅘ ㅝ ㅟ ㅙ ㅟ ㅖ

　이를 다시 정리하면 결국 /ㅏ, ㅓ, ㅗ, ㅜ, ㅡ, ㅣ, ㅐ/ 등 일곱 개
의 단모음과 /j, w/ 등 2개의 반모음으로 이루어진 체계임을 알 수
있다.[55]

　『사성통해』와『화동정음』은 시기적으로 약 200여 년의 간격이 있
으나 두 운서에 기록된 화음의 체계에는 커다란 차이가 없고,『화동
정음』이 범례에서 밝힌 대로『사성통해』의 음을 비교적 규칙적으로
대응시키고 있다. 운서는 모두 규범적 입장에서 편찬되었다. 그러나

---

54) 遮韻은『광운』의 206운체계나 예부운략의 106운체계 속에 포함되어 있지 않
　 던 운목으로『홍무정운』에서『廣韻』의 麻韻開口三等精系字와 喉音字, 戈韻
　 三等字를 합쳐 새로이 만든 운목이다.

55) 王力(1985)에 따르면 元代의 元音은 /u, ɔ, a, æ, ə, i, ɿ/ 의 7가지이고 明·
　 清代에는 /u, ɔ, a, e, ə, i, y, ɿ/ 의 8가지이다.

〈표 19〉 『사성통해』와 『화동정음』 화음의 운목비교표

四 聲 通 解			華 東 正 音		
번호	운목	운모중성	번호	운목	운모중성
1	東	ㅜ ㅠ	1	東	ㅜ ㅠ
			2	江	ㅏ ㅑ
2	支	ㅡ ㅣ	3	支	ㅣ ㅡㅟ
3	齊	ㅖ	6	齊	ㅖ
4	魚	ㅠ	4	魚	ㅜㅠ
5	模	ㅜ	5	虞	ㅜ
6	皆	ㅐ ㅒ ㅙ	7	佳	ㅐ ㅒ ㅙ
7	灰	ㅟ	8	灰	ㅟ ㅙ ㅐ
8	眞	ㅣ	9	眞	ㅣㅜㅠㅡ
9	文	ㅡ ㅜ ㅠ			
10	寒	ㅓ ㅝ	10	寒	ㅓ ㅝ
11	刪	ㅏ ㅑ ㅘ	11	刪	ㅏ ㅑ ㅘ
12	先	ㅕ ㅖ	12	先	ㅕ ㅖ
13	蕭	ㅕ	13	蕭	ㅕ
14	爻	ㅏ ㅑ	14	肴	ㅏ ㅑ
15	歌	ㅓ ㅝ	15	歌	ㅓ ㅝ
16	麻	ㅏ ㅑ ㅘ	16	麻	ㅏ ㅑ ㅘ
17	遮	ㅕ ㅖ			
18	陽	ㅏ ㅑ ㅘ	17	陽	ㅏ ㅑ ㅘ
19	庚	ㅣ ㅓ ㅖ ㅙ	18	庚	ㅣ ㅓ ㅖ ㅙ
20	尤	ㅡ ㅣ	19	尤	ㅡ ㅣ
21	侵	ㅡ ㅣ	20	侵	ㅣ ㅡ
22	覃	ㅏ ㅑ	21	覃	ㅏ ㅑ
23	鹽	ㅕ	22	鹽	ㅕ

규범음과 현실음의 간격을 좁히려는 노력이 있었다. 『사성통해』는
최세진이 파악한 당시의 북방현실음을 今俗音으로 기록하였다. 『화
동정음』은 『사성통해』의 俗音과 今俗音의 체계를 전승하고 있음은
물론 일부 자음에서는 최세진이 파악한 금속음 이후의 변화를 반영
시키고 있다.

1.4.2.2 동음의 중성

앞에서 밝힌 대로 『화동정음』의 동음은 초성의 경우, 『홍무정운』
에 근거한 『사성통해』의 음을 기준으로 하였으나 중성에 대하여는
방언적 차이로 인해 화음과 심히 다르다고만 할 뿐 더 이상의 언급
이 없다. 따라서 『삼운성휘』의 편찬태도와 마찬가지로 당시의 행용
음을 근거로 설정한 것으로 보고자 한다.

이미 살핀 대로 『화동정음』에 기록된 동음의 대부분은 현실 행용
음이었을 것이다. 따라서 이들의 모음체계 역시 당시 국어음의 음운
체계 범주 안에 있었을 것이다. 이를 확인하기 위하여 각 운목별로
운모 중성을 귀납하여 보기로 한다.

〈표 20〉『화동정음』의 운목별 운모 중성

平 聲		上 聲		去 聲		入 聲	
東	ㅗㅛㅜㅠ	董	ㅗㅛ	送	ㅗㅜㅠ	屋	ㅗㅜㅠ
冬	ㅗㅛㅠ	腫	ㅗㅛㅠ	宋	ㅗㅛㅠ	沃	ㅗㅛㅜ
江	ㅏ	講	ㅏ	絳	ㅏ	覺	ㅏ
支	ㅠㅣ·ㅚㅟ ㅞㅓ	紙	ㅠㅣ·ㅞㅚ ㄱㅞㅓㅔ	寘	ㅠㅣ·ㅞㅚ ㄱㅞㅓㅔ		
微	ㅣㅟㅓ	尾	ㅣㅟㅓ	未	ㅣㅟㅓ		
魚	ㅓㅕㅗ	語	ㅓㅕㅗ	御	ㅓㅕㅗ		
虞	ㅗㅜㅠ	麌	ㅗㅜㅠ	遇	ㅗㅜㅠ		
齊	ㅓㅠㅣㅔㅓ	薺	ㅓㅣㅔ	霽	ㅓㅣㅔㄱㅔㅟ ㅠㅔ		

佳	ㅐㅚ·ㅣㅙ	蟹	ㅐ·ㅣㅙ	泰	ㅐㅚ·ㅣㅙ		
灰	ㅐㅚ·ㅣ	賄	ㅐㅚ·ㅣ	卦	ㅐㅖㅚ·ㅣㅙ		
				隊	ㅐㅖㅚ·ㅣㅙ ㅔ		
眞	ㅜㅠㅡ·ㅣ	軫	ㅜㅠㅣ	震	ㅠㅡㅣ	質	ㅜㅠㅡ·ㅣ
文	ㅗㅜㅡ	吻	ㅗㅜㅡ	問	ㅗㅜㅡ	物	ㅜㅡ
元	ㅓㅗㅜㅡ·ㅓ	阮	ㅏㅓㅗㅜ·ㅓ	願	ㅏㅓㅗㅜ·ㅓ	月	ㅏㅓㅗㅜㅡ·ㅓ
寒	ㅏㅘ	旱	ㅏㅘ	翰	ㅏㅘ	曷	ㅏㅘ
刪	ㅏㅘ	濟	ㅏㅘ	諫	ㅏㅘ	黠	ㅏㅘㅓ
先	ㅓㅕㅝ	銑	ㅓㅕㅝ	霰	ㅓㅕㅝ	屑	ㅓㅕ
蕭	ㅛ	篠	ㅛ	嘯	ㅛ		
肴	ㅗㅛ	巧	ㅗㅛ	效	ㅗㅛ		
豪	ㅛ	皓	ㅛ	号	ㅗ		
歌	ㅏㅘ	哿	ㅏㅘ	箇	ㅏㅘ		
麻	ㅑㅑㅘ	馬	ㅑㅑㅘ	禡	ㅑㅑㅘ		
陽	ㅑㅑㅘ	養	ㅑㅑㅘ	漾	ㅑㅑㅘ	藥	ㅑㅑㅘ
庚	ㅕㅚ·ㅣ	梗	ㅕㅚ·ㅣ	敬	ㅕㅚ·ㅣ	陌	ㅕㅚ·ㅣ
靑	ㅕㅣ	逈	ㅕㅡ·ㅣ	徑	ㅕㅡㅣ·ㅣ	錫	ㅕㅣ
蒸	ㅜㅡㅣ·ㅚ					職	ㅓㅕㅗㅜㅡ·ㅣㅣ·ㅣ
尤	ㅜㅠ	有	ㅜㅠ	宥	ㅜㅠ		
侵	ㅡㅣ·	寢	ㅡㅣ·	沁	ㅡㅣ·	緝	ㅡㅣ·
覃	ㅏ	感	ㅏ	勘	ㅏ	合	ㅏ
鹽	ㅓㅕ	琰	ㅓㅕ	豓	ㅓㅕ	葉	ㅓㅕ
咸	ㅏㅓ	豏	ㅏㅓ	陷	ㅏㅓ	洽	ㅏㅕ

〈표 20〉의 운모 중성을 귀납한 결과 우리는 다음과 같이 23개의 모음이 쓰이고 있음을 알 수 있다.

단모음: ㅏ ㅓ ㅗ ㅜ ㅡ ㅣ · ㅐ ㅔ
복모음: ㅑ ㅕ ㅛ ㅠ ㅖ
　　　　ㅘ ㅝ ㅚ ㅟ ㅢ ·ㅣ
　　　　ㅙ ㅖ ㅒ

화음의 중성과 비교하면 먼저 '·, ·l'가 쓰이고 있는 점이 눈에
띈다. 당시 현실음에서 이미 음가를 상실했을 '·'의 표기는 관습적,
규범적 표기로 이해된다. 그리고 'ㅔ'가 더 쓰이고 있다. 『사성통해』
에도 'ㅖ'와 이의 합구음인 'ㅞ'가 사용되지 않는다.

1.4.3 종성체계

1.4.3.1 화음의 종성

화음의 종성은 곧 운미를 의미한다. 화음의 운미는 무운미를 제외
하면 다음 네 가지로 귀납된다.

ㅇ, ㄴ, ㅗ, ㅜ

가장 두드러진 특징은 입성이 표기되지 않는다는 점이다. 이미 『사
성통해』가 당시 중국음을 반영하여 입성을 표기하지 않았는데 『화
동정음』도 이를 따르고 있다. 그리고 양운미 /-m/도 나타나지 않는
다. 이에 대해 좀더 자세히 살펴보자.

1.4.3.1.1 종성 ㅗ, ㅜ의 표기

『화동정음』은 입성운미 /-k, -t, -p/의 소멸을 인정하여 운미에
표기하지 않았다. 이는 『사성통해』와 일치한다. 다만 藥韻과 覺韻에
서 일어난 /-k/ >/-u/의 변화를 『사성통해』는 'ㅸ'으로 표기하였고,
『화동정음』은 'ㅗ'로 표기하여 차이를 보이고 있다.

운미 /-u/를 갖는 爻攝과 流攝의 경우 『사성통해』는 이를 'ㅸ'으
로 표기하여 표면적으로 동일한 운미음 /-u/라도 서로 다른 발생 구
조를 갖는 藥韻의 /-u/와 구별하였다. 그러나 『화동정음』은 그 음가
에 중심하여 동일하게 'ㅗ'로 표기하였다. 다만 운복과 운미 사이에

혀의 높이 자질에 따른 조화를 이루어 운복이 [+high]인 'ㅣ, ㅡ' 경우에는 운미 역시 [+high]인 'ㅜ'로, [-high]인 'ㅏ, ㅑ, ㅕ' 경우에는 [-high]인 'ㅗ'로 구별하여 표기하고 있다.

1.4.3.1.2. ㅁ의 변화

『화동정음』은 중고음에서 양운미 /-m/을 가지는 한자음을 모두 'ㄴ' 으로 표기하였다. 이는 당시 현실 한자음의 충실한 반영이다.

범례의 '各韻中聲' 끝 부분에서 박성원은

> 여러 운에 ㄴㅁㅇ의 종성이 있다. 처음에는 이들이 서로 섞이지 않았다. 그러나 侵覃鹽咸 등 合口終聲은 중국의 속음에서 ㄴ으로 바뀌어 眞과 侵, 刪과 覃, 先과 鹽의 음이 섞이게 되었다.[56]

라고 기록하여 양운미 /-m/이 /-n/으로 바뀌고 있음을 밝히고 있다. 이 기록을 실제 자례에서 검토하여 보면 동음과는 관련이 없고 화음에만 관계되는 내용이다. 그런데 이 기록은 박성원의 독창적인 것이 아니고, 『사성통해』 범례의 기록을 그대로 전재하고 있을 뿐이다.

『사성통해』에서는 범례에 위의 내용을 똑같이 기록하였고, 본문에서는 侵韻의 협주에 운미가 'ㅁ'임을 밝힌 뒤 "今俗皆呼爲ㄴ 而閒有用ㅁ呼之者亦多 故不著俗音 與通攷也 後倣此"라 했다. 즉 범례에서 밝힌 대로 이 운목에 속하는 자례의 合口音자의 운미 'ㅁ'이 'ㄴ'으로 바뀌고는 있으나 아직 종래대로 'ㅁ'으로 읽히는 경우도 많으므로 우선은 종전대로 'ㅁ'으로 표기하겠다는 것이다.[57] 이는 최세진이

---

56) "諸韻終聲 ㄴㅁㅇ之呼 初不相混而直以侵覃咸鹽合口終聲 漢俗爲ㄴ 故眞與侵 刪與覃 先與鹽之音 相混矣"(『華東正音』, 凡例)

57) 『四聲通解』에 韻尾 /-m/을 /-n/으로 표기한 예는 다음의 몇 예에 불과하다.
〈侵韻〉 吟,唫,崟 임 俗音 인 　　 瀋 　 침 俗音 신

인식하고 있던 당시의 북경음이, 바로 양운미의 변화가 한창 활발하
게 진행되고 있던 시기였음을 보여주는 것이다.

중국에서 양운미 /m/의 음가가 동요하기 시작하는 것은 『中原音
韻』(1324)부터이다. 『중원음운』에는 여전히 /-m/이 〈侵尋〉, 〈監咸〉,
〈簾纖〉등 3攝에서 유지되고 있다. 그러나 순음성모를 지닌 몇 개의
단어들, 예를 들어 範, 泛, 范, 犯, 凡, 帆 등에서는 초성과 운미의
음운적 유사에 의한 異化(dissimilation)로 인해 운미가 /-n/으로 변
화하기 시작한다. (方孝岳 : 1979, 134)[58] 『홍무정운』(1375)도 『광운』의
반절이 筆錦切, 丕飲切로 寢韻에 속하는 品,稟을 軫韻에 소속시키
고 있다.

이러한 /-m/>/-n/ 현상은 명말·청초 시기에 활발히 진행된다.
1442년에 편찬된 『운략이통』에 이르러 개구음은 /-m/ 운미로, 합구
음은 /n/로 나뉘더니, 17세기에 들어서는 완전히 /-n/으로 고정된다.
즉 『韻略匯通』에서는 개구운, 합구운의 구별이 없이 모두 /-n/이며
『五方元音』에서는 과거에 /-m/을 지녔던 字들이 모두 '天·人' 양
운목에 포함되었고, 『字母切韻要法』[59]에도 모두 '根·干' 양섭에 실
려 있다.

15~16세기경에 중국에서 활발하게 진행된 양운미 /-m/>/-n/ 현
상에 대해 당시의 우리 역관들도 정확히 인식하고 있었다. 『홍무정

	諶	심 俗音 신		
〈覃韻〉	頷	암 俗音 안	喒	잠 俗音 잔
	嵒	얌 俗音 얌	喊	함 俗音 한
〈鹽韻〉	膁	겸 今俗音 련	嚥	염 俗音 연

58) 안재철(1993 : 401)은 중원음운의 함섭 개구운의 운모음은 모두 양성운미
/-m/을 유지하고 있으나, 합구운 운모음은 성모가 非系인 경우 /-an, -ian,
-uan/으로, 見系인 경우 /-iem/으로 양분되는 것으로 파악하였다.

59) 명말·청초에 지어진 것으로 추정되는 편찬자 미상의 운도. 康熙字典의 卷首
에 실림.

244

운역훈』에 벌써 '侵, 覃……' 등의 正音으로 '침, 땀……'을 달고 俗
音으로 '친, 딴……' 이라 표기하고 있다. 『사성통해』에서도 몇 개의
자음을 'ㄴ'으로 기록하고 있다. 그러나 당시에는 홍무정운의 규범적
성격에 얽매어 최세진 당시라면 이미 상당히 폭넓게 진행되었을 이
러한 변화를 운서에 적극적으로 반영하는 데에는 매우 조심스런 입
장을 취하고 있다.

그러나 중국어학습서나 18세기의 자료들에서는 이 변화가 더 이상
무시할 수 없는 중요한 사항으로 인식되고 있다. 먼저 현실적 수요
에 의하여 만들어지는 중국어 학습서들은 일제히 이를 반영하고 있
다. 『노걸대언해』를 비롯하여 『중간노걸대』, 16세기에 편찬된 『번역
노걸대』, 『번역박통사』 및 18세기의 『박통사신석언해』 등은 중국 현
실음의 이러한 변화를 전면적으로 수용하고 있다.[60]

중국에서 /-m/>/-n/의 변화가 완료된 시기는 결국 명말·청초
시기인 16세기 말경이다.[61] 따라서 『화동정음』이 위와 같은 표기를
보이는 것은 당시 중국의 현실음에 충실한 반영이라고 생각한다.

이 점은 박성원이 범례에서 『사성통해』의 음을 기준으로 하겠다
고 밝혔음에도 불구하고 당시의 역관들이 알고 있던 북경의 현실음
을 운서에 반영할 필요를 느꼈기 때문으로 보인다. 이는 최세진이
『홍무정운역훈』의 음을 기준으로 『사성통해』를 편찬하면서도 그가

---

60) 이들 자료는 하나의 한자에 좌우 양쪽에 두 가지 음을 표기하고 있다. 일반적
   으로 左音은 홍무정운역훈음, 右音은 당시 현실중국음을 보여준다. 그런데 이
   들 자료의 右音은 모두 양운미 /-m/이 /-n/으로 변화된 모습을 보여주는 데
   반해, 左音 표기는 양분된다. 즉 번역노걸대, 번역박통사의 좌음은 /-n/으로
   표음되었는데 노걸대언해, 중간노걸대언해, 박통사신석언해는 여전히 /-m/으
   로 표음되어 있다.

61) 王力(1985)은 17세기 초의 『西儒耳目資』(1626)에서 /-m/을 완전히 /-n/으로
   표기한 것으로 보아 /-m/ 운미가 완전히 소멸된 것은 16세기 이후가 될 수
   없다고 하였다.

파악하고 있던 당시의 중국음을 今俗音이라고 하여 따로이 기록하였던 것과 같은 입장이다.

박성원은 화음과 동음을 병기하는 독특한 양식의 운서를 처음 편찬하면서 이 운서를 譯學書와 마찬가지로 중국어학습을 위한 기초자료로 활용할 수 있도록 하겠다는 현실적 판단을 하고 있었던 것으로 보인다. 또 당시의 역학서들이 이미 중국의 현실음을 충실히 반영하고 있는 상황에서 이를 무시하고 『사성통해』의 음을 기계적으로 전재하는 것은 의미가 없는 일이라고 판단한 듯하다.

1.4.3.2 동음의 종성
중고음의 운미는 다음과 같이 나뉜다.

1) 양운미 : 비강음 /-n, -m, -ŋ/
2) 음운미 : 무운미 /(ø), -i, -u/
3) 입성운미 : 구강폐쇄음 /-p, -t, -k/

이들 운미는 화음에서는 운의 일부이나 동음에서는 종성으로 초성, 중성과 함께 음절을 이루는 독립적인 요소이다. 따라서 이들이 동음에 대응될 때 양운미와 입성운미는 종성의 위치에 쓰이나 음운미는 중성으로 대응되고 만다.

양운미는 동음에서 모두 규칙적으로 'ㄴ, ㅁ, ㅇ'으로 대응되고 있다. 이렇게 동음의 순음 운미가 화음에서의 변화와 무관하게 고층인 /-m/을 유지하고 있는 것은 동음에 반영된 화음이 중고음 또는 그 이전의 음을 바탕으로 하고 있음을 나타내는 것이다.

음운미는 동음 반영시 핵모음과 결합하여 중성모음을 형성한다. /-i/ 운미는 운미로서가 아니라 반모음으로서 기능하여 동음에서 규칙적으로 하강 이중모음 'ㅐ, ㅔ, ㅖ, ·ㅣ'의 형성에 관여한다.

그러나 /-u/ 운미음은 전혀 동음에서 대응되지 않는다. 한국어의 음절 구조상 반모음 /i/와 달리 반모음 /u/는 핵모음에 후행될 수 없기 때문에 이들은 모두 단모음화한다. 즉 효섭의 자음에서 볼 수 있듯이, 원순 후설 고모음 /u/와 저모음인 /ɑ, a/ 또는 중모음인 /ɛ, ə/ 등이 결합하여 동음에서는 'ㅗ'로 대응되고 있다. 결국 음운미는 단지 /i/만이 핵모음과 결합할 뿐 나머지는 모두 기능을 상실한다.

입성운미 /-p, -t, -k/는 동음에서는 /-p/는 'ㅂ'로 /-k/는 'ㄱ'으로 규칙적으로 대응되어 받침으로 쓰이고 있다. 다만 잘 알려진 바와 같이 /-t/는 /-l/로 바뀌어 'ㄹ'로 대응되어 있다. 결국 동음의 경우 종성은 양운미인 'ㄴ, ㅁ, ㅇ'과 입성운미 'ㄱ, ㄹ, ㅂ'의 6종성으로 되어 있다. 동음의 6종성체계는 『삼운성휘』나 『규장전운』 등 후기 운서에 모두 공통된다.

2 三韻聲彙

『삼운성휘』는 『화동정음』, 『규장전운』과 함께 조선 후기 삼대운
서의 하나로 당시의 현실 한자음을 가장 충실히 보여주는 운서이다.
특히 이 운서는 자순의 배열을 한글의 자모순으로 배열하여 순조선
식의 배열 방식을 보여준다. 이는 한국 운서 사상 매우 의미 있는
일로 삼단체제와 아울러 운서가 점차 중국식 체제로부터 한국식으로
변화해 가는 모습을 보여주고 있다.

2.1 편찬사항

2.1.1 편찬자와 편찬 시기

『삼운성휘』는 洪啓禧(1703~1771)가 편찬한 운서이다. 1746년(영조
22년, 丙寅)에 편찬이 완료되었으나,[62] 실제 간행된 것은 그보다 5년
뒤인 1751년(영조 27년, 辛未)에 이르러서이다.[63]

홍계희는 字를 純甫라 하고 號를 淡窩라 하였다. 1737년 문과에
장원급제하여 正言이 되었고, 공조참의, 부제학 등을 지냈다. 통신사
로 일본에 다녀왔고, 병조판서로 균역법 시행에 힘썼으며, 지중추부
사, 이조판서 등의 관직을 거쳤다.

권두에 붙여진 金在魯의 서문에 따르면 홍계희는 어려서부터 字
學에 관심이 있었고 漢語에도 능통하였다[64]고 한다. 그는 한어에 능

---

62) "蓋於義與形 亦未嘗不致力 而畢竟聲爲之主 故命之曰 三韻聲彙 丙寅冬因儒
臣言有刊行之"(『三韻聲彙』, 跋文)

63) "純甫自爲之跋 求余爲序 不揆陋拙 略識如右 上之 二十七年 辛未 孟秋……
世子師 金在魯序"(『三韻聲彙』, 序文)

64) "大司馬 洪君純甫 自少精於字學 兼通華語"(『三韻聲彙』, 序文)

통하여 그 능력을 인정받아 詞譯院 提學로 특차되기도 하였고,[65] 영
조의 명을 받아 『홍무정운』을 교정하여 개간하기도 하였다.[66] 영조
대에 이르러 『홍무정운』이 간행된 것은 세종조 이래 이 운서가 운서
의 조종으로, 우리나라에서 한자음의 기준으로 권위를 인정받아 온
전통에 의한 것이었다. 『홍무정운』의 이러한 권위는 실학 시대에 이
르러 다소 약화되기는 하였으나(이숭녕 : 1981) 여전히 중요한 운서로
받아들여지고 있었다. 특히 홍계희는 『홍무정운』에 대해 특별한 관
심을 가지고 있었던 것으로 보이는데, 이는 『삼운성휘』를 편찬하면
서 권두에 『홍무정운』의 자모도를 실어 한자음의 기준으로 이를 활
용하고 있음을 통해 짐작할 수 있다.

그러나 홍계희는 『홍무정운』을 간행하는 일을 맡아 추진하기는

---

65) "上親試漢學文臣 于景賢堂……中略……以知中樞 洪啓禧 曉解漢語 特差譯
院提學 領議政 洪鳳漢 所薦也"(『英祖實錄』, 英祖 41년 6월)
66) 『홍무정운』은 우리나라에 전래된 이래 줄곧 중국의 원본이 유입되어 사용되
었다. 많은 사신들이 중국에 갈 때마다 중국 정부에 부탁하여 『홍무정운』을
가지고 돌아왔다. 국내에서 『홍무정운』이 간행된 것은 영조 28년 교서관에서
飜刻되고 영조 46년 홍계희의 서문이 실린 것이 유일하다. (이숭녕 : 1981) 이
서문에 따르면 『홍무정운』의 개간은 영조의 명으로 이루어졌고, 서문도 영조
의 구술을 홍계희가 정리하여 기록한 것이다.
　참고로 서문의 내용을 아래에 전재한다.

御製 洪武正韻序
奧昔洪武 高皇帝命翰林學士 宋濂 纂修正韻 而年代寢久 字畫漫漶 且今有者
鮮 故今奉朝賀 洪啓禧 致仕前壬申建請以 皇朝御賜之本 有補缺印進之命 年
近卄載 尙未果焉 因校書堂郞之勤幹 今將訖工云 嗚呼 此本我 皇所賜者 而嗚
呼來月何月 高皇閏月忌辰近八重 逢聞此工成 風泉之心 一倍于中 不憚齟齬
略記其槩 此正繪事後素之義也 嗚呼自我朝 國初壬申至祠服後 壬申 三百六十
年 有此篇而今成工亦異矣哉 歲 皇朝崇禎戊辰紀元後三庚寅 予卽阼四十六年
端陽月 丁酉日 飮涕以識 輔國崇錄大夫 前行判中樞府事 致仕 奉朝賀 臣 洪
啓禧 奉 敎謹書.

하였으나 당시의 한자음이 이미 『홍무정운』의 한자음과 같지 않음을 알고 있었다. 正祖朝 冬至正使로 중국에 다녀온 洪檢의 증언에 따르면 당시 역관들이 사용하는 중국음이 『홍무정운』에 기록된 것과 매우 다른데, 이는 일찍이 홍계희가 중국의 행용음을 수집하여 『홍무정운』을 새로이 편찬하고 그것을 중심으로 새로운 중국음을 가르쳤기 때문이라는 것이다.[67] 이렇게 한어와 운서에 능통했던 그는 자연스레 당시의 한자음에 관심을 가지게 되었을 것이고, 한자음의 정리를 위하여 운서의 편찬에 관심을 가지게 된다.

『삼운성휘』의 편찬은 상당한 기간에 걸쳐서 이루어졌다. 이는 김재로의 서문 기록에서 일차적으로 확인된다. 김재로에 따르면 홍계희는 어렸을 적부터 자학에 관심이 많았고, 중국어에 능통하였다. 그리하여 그가 한자음의 잘못을 고치겠다는 뜻을 가지고 부탁을 하자 홍계희는 몇 년 간에 걸쳐 공을 쌓아 범례를 세우고 책을 만들었다는 것이다.[68]

한편 이러한 사실은 조선왕조실록의 관련 기록에서도 확인된다. 즉 영조 22년 11월, 교리 황경원이 『四聲通解』를 『增補韻考』에 附註하여 간행할 것을 청하자, 수찬 홍익삼이 건의하기를 형조참의 홍계희가 여기에 뜻을 두어 책을 만들어서 영의정에게 참고를 얻었는데 규모가 상세하고 치밀하니 그 일이 끝나기를 기다려서 간행하는 것이 좋을 듯하다고 말하였다. 이에 임금은 이 일을 윤허하고 있다.[69] 그런데 우리는 이 기록을 통하여 조선 후기 운서의 편찬과 관련

---

67) "丁卯 召見回還冬至正使黃仁點 副使洪檢 檢啓言 臣於今行往來所經路站 及 留館時 聞譯舌與彼人酬酢之語 則相反於洪武正韻者居多 聞其故 則年前啓禧 赴燕時 採歸關東商胡行貨之俗語 作爲正本 舊版則閣而不用 譯院生徒 皆以新音 取試 甚至文臣殿講 一例用此韻"(『正祖實錄』, 正祖 4년 4월)

68) "大司馬 洪君純甫 自少精於字學 兼通華語 慨然有意於修整不佞竊喜 而屬託之 純甫積年用功 發凡起例"(『三韻聲彙』, 序文)

69) "上御歡慶殿 講夙興夜寐箴 製下序文 命校理黃景源書之 而付芸閣刊出 景源

해 중요한 사실을 확인할 수 있다.

즉 당시에『사성통해』와『증보운고』를 합한 형식의 운서를 만들고자 하는 움직임이 상당히 널리 퍼져 있었다는 점이다.『증보운고』란 김제겸이 편찬한『증보삼운통고』를 이르는 것으로『삼운통고』에 증보자를 합하여 만든 운서이다.『삼운통고』는 자음을 따로 기록하고 있지 않다. 따라서『삼운통고』류 운서의 한자음은 당시에 구전되어 오는 현실 한자음으로 읽혔을 것이다. 그런데『사성통해』를 여기에 부주하여 간행하자는 논의는 종래 화음운서와 동음운서가 병존하는 이원적인 운서의 체계를 하나로 통합하는 화동 양음표기 운서에 대한 필요성을 보여주는 것이다. 그리고 화음의 기준을『사성통해』에 두겠다는 의미이고, 체제는 삼운통고류의 삼단체제를 채택하겠다는 의미이다.

앞서 살핀 바와 같이 화동양음의 표기로 가장 먼저 만들어진『화동정음』이 간행된 것은 영조 23년이다. 이는 위의 논의보다 1년 뒤의 일이다. 그리고 홍계희가『삼운성휘』의 편찬을 마친 시점보다 역시 1년 뒤의 일이다. 이는 당시 관리들과 문신 사회에 이미 이와 같은 형식의 운서에 대한 욕구가 팽배해 있었고 이러한 분위기에 따라『화동정음』과『삼운성휘』등의 운서가 속속 만들어진 것임을 알게 해준다. 즉『화동정음』과『삼운성휘』등의 화동양음표기 운서들은 당시 시대적 배경 속에서 자연스레 탄생한 운서라는 점이다.

특히 당시에 운서 편찬을 논의하면서『사성통해』의 음을 위주로 해야 한다는 주장이 있음이 흥미롭다.『사성통해』의 음은『홍무정운』의 음을 이어받은 것으로『사성통해』의 편찬 당시 이미『홍무정운』의 음은 실제 중국음과 차이를 보이고 있었음은 주지의 사실이

請以 世宗朝 所撰四聲通解 附註於 增補韻考而刊行之 修撰洪益三曰 刑曺參
議 洪啓禧 留意於此 又有成書 而參證於首揆 規模詳密 待畢役刊行 似宜矣
上許之"(『英祖實錄』, 英祖 22년 11월)

다. 그럼에도 당시에 『사성통해』를 부주하자고 논의하고 있음은 『홍무정운』이 여전히 운서의 조종으로 권위를 인정받고 있음을 보여주는 것이라고 하겠다. 그러나 운서의 음을 현실음으로 하지 않고 이미 사운이 된 『사성통해』음을 수록하고자 한 것은 『삼운성휘』의 동음이 현실음을 충실히 반영하고 있는 점과 비교할 때 아쉬움이 남는 대목이다.

또 하나는 홍계희가 『사성통해』와 『증보운고』를 합한 것과 같은 운서를 만들었다는 사실이다. 이 기록에 따르면 당시에 홍계희는 운서 편찬을 완료하고 영의정에게 자문을 구하고 있음을 증명하고 있다.

당시 영의정은 김재로였는데, 그는 『삼운성휘』의 서문에서 홍계희가 자신에게 여러 가지를 묻고 상의하였음을 밝히고 있다. 따라서 위의 기록에 나타나는 운서가 바로 『삼운성휘』임을 알 수 있다.

2.1.2 편찬의 동기

홍계희가 『삼운성휘』를 편찬한 동기도 조선에서 편찬된 여타 운서와 마찬가지로 당시의 한자음이 잘못되어 있다는 인식에 기초하고 있다. 즉 한자음이 중국음과 달라졌으므로 이를 바로잡아야 한다는 것이다.

『삼운성휘』에는 김재로의 서문과 홍계희의 발문이 수록되어 있는데 이를 중심으로 편찬 동기를 확인하여 보자.

김재로의 서문에 따르면, 이 운서는 그의 부탁으로 만들어진 것이다. 그가 이 운서를 만들게 된 원인은 당시의 한자음이 잘못되어 있음을 알고 이를 바로잡고자 함이었다는 것이다.

우리 한자음이 화음과 달라지게 된 원인을 그는 다음과 같이 세 가지로 나누고 있다.[70]

252

1) 우리나라 사람들이 字學에 어둡다.
2) 자획의 偏傍에 얽매인다.
3) 구습에 얽매여 잘못 읽는다.

그리고 김재로는 잘못 읽히는 예로 訏, 吁와 竽, 姥와 栳, 杪와 抄, 嗛과 謙, 笘와 苫 등이 같은 음으로 읽히는 따위를 구체적으로 지적하였다. 그는 이러한 잘못을 바로잡고자『삼운통고』에서 글자를 취하고 화음과 아음을 아울러 적어, 보는 이들로 하여금 편안하게 하였다는 것이다.

현실 한자음이 중국 한자음과 다르기 때문에 이를 바로잡아야 한다는 주장은 15세기에는 물론 영조 당시에도 지속되고 있었다. 영조 44년 4월, 좌의정 한익모가 말하기를 한자음의 기준은『홍무정운』인데, 당시에『홍무정운』을 속음으로 改刊하는 바람에 한자음이 잘못되어 가고 있다고 주장하고 다시 본음을 강습하게 하고 속음은 참고만 하도록 해야 한다고 주장하였다. 이에 대해 영의정 김치인은 그 원인을 밝히면서『홍무정운』을 속음으로 고쳐 간행한 것은 홍계희가 청하였기 때문이라고 하고, 앞으로는 속음으로 강습을 하더라도 정음을 참고하게 하자고 하였다. [71]

홍계희가 속음으로『홍무정운』을 개간하였다는 주장은 일견『삼운성휘』를 지칭하는 것으로 보인다. 그러나 실제로『삼운성휘』의 한자음은『사성통해』를 그대로 따르고 있고 음을 바꾸지는 않았다. 따

<hr>

70) "我國人於字學甚鹵莽 或泥於偏傍 或因於習俗而謬讀……遂與華音判異者 多可勝哉"(『三韻聲彙』, 序文)
71) "上引見大臣備堂 左議政 韓翼暮奏曰 我國漢音 一從洪武正韻釐正矣 年來以 俗音改刊 以訛轉訛 請以本音講習 傍錄俗音 以備參考 領議政 金致仁曰 俗音 改刊 卽洪啓禧所陳請 而今雖以俗音講習 亦令參看正音 似好矣 上曰 以順便 之道 爲之"(『영조실록』, 영조 44년 4월)

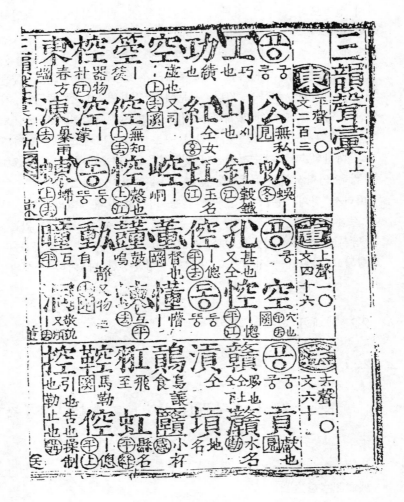

〈그림 11〉『三韻聲彙』

라서 한익모의 주장이 정확히 『삼운성휘』를 지칭하는지는 확인하기 어렵다.

홍계희는 중국어에 능통하였기 때문에 역학서의 편찬에 깊은 관련을 맺고 있었다. 대표적인 예로 그는 영조 37년에 간행된 목판본 『노걸대신석』의 서문을 썼다. 서문에 의거하면 이 해 중국에 가는 사신의 임무를 수행한 홍계희는 역관 변헌등에 부탁하여 구본 『노걸대』를 수정하였다. 그는 사역원의 제조 또는 도제조를 역임하면서 『노걸대신석』과 『개수첩해신어』의 서문을 비롯하여 『청어노걸대』 등 많은 역학서의 서문을 썼다. (정광·윤세영 : 1998, 237)

따라서 위의 기록은 『삼운성휘』를 비롯하여 홍계희의 업적 전반에 걸친 논의일 수도 있다. 위의 논의를 통하여 확인할 수 있는 것은 당시에 여전히 정음과 속음 사이에서 오는 괴리에 대하여 논의가 진행되고 있었다는 사실이고 이것이 『삼운성휘』나 여타 운서의 편찬 동기가 되었다는 점이다.

2.2 체제와 형식적 특징

2.2.1 체제

『삼운성휘』는 2권 2책으로 구성되어 있다. 그 체제는 다음과 같다.

序
凡例
洪武韻字母之圖
諺字初中終聲之圖
目錄
本文
跋

서문은 김재로가 썼으며 범례는 모두 14항으로 자음의 성격과 편찬 방식에 대해 자세히 언급하고 있다.

홍무운자모지도는 『사성통해』의 그것과 동일하다.[72] 화음의 기준을 『홍무정운』에 두고 있으므로 이의 자모도를 권두에 수록한 것이다. 언자초중종성지도는 당시 한글에 대한 자신의 생각을 정리한 것으로 국어학사적 의의도 매우 크다. 특히 『삼운성휘』는 조선식의 한자 배열을 하고 있는 운서인데, 그 배열의 순서를 이 도를 통하여 제시하고 있다.

목록은 각 운목별로 동음의 중성을 기록하고 있다. 본문은 삼운통고와 같이 한 면을 삼단으로 나누어 평상거성의 한자를 배열하는 삼단체제로 구성되어 있다. 발문은 홍계희가 직접 쓴 것이다.

2.2.2 韻目

『삼운성휘』는 106운목으로 편운되었다. 이는 『화동정음』과 마찬가지로 『예부운략』과 『삼운통고』 이래 전승되어 온 전통적인 한국 운서의 운목체계이다.

한편 홍계희는 『삼운통고』에서 운의 배속을 잘못하였다고 판단한 경우에는 이를 바로잡았다. 범례에서는 다음과 같은 예를 들고 있다.

嵸　冬 → 東
懂　吻 → 問
婞　霰 → 銑

이들은 운목의 배속을 옮긴 경우이다. 또 琰운에 있던 脥을 그 운

---

72) 다만 도표 안의 자모 음을 표기하면서 『사성통해』의 자모도에 표기된 종성 ㅱ과 ㆆ을 ㅗ/ㅜ와 ø로 바꾸어 표기하였다. 즉 『사성통해』의 透텽, 照쟣, 曉햫, 匣혷, 日싷을 각각 투, 쟈, 햐, 햐, 싀로 표기하였다.

256

이 맞지 않아 아주 빼어버리기도 하였다.

2.2.3 字數

『삼운성휘』에는 총 12,965자의 한자가 수록되어 있다. 목록에 기록된 바에 따라 이들을 성조별로 나누어보면

평성 : 5,062
상성 : 2,556
거성 : 2,961
입성 : 2,386

의 분포이다.

이들을 다시 그 연원별로 나누어보면

原文 : 9,732
舊增 : 1,798
新增 : 1,435

의 분포이다.

原文은 『삼운통고』에 수록된 한자의 숫자이고, 舊增은 김제겸이 『증보삼운통고』에서 증보한 숫자이다.[73] 그리고 홍계희가 다시 보탠

---

73) 이 숫자는 이덕무가 기록한 삼운통고와 증보삼운통고의 한자 수와 일치한다. ("今世所行 三韻通考 以平上去三格 作橫看 若年表世譜 附入聲于後 分註二字 無過二三字 總九千七百三十二字 金承旨濟謙 增千七百九十八字")(『靑莊館全書』, 盎葉記) 그러나 이들 운서에 실제 수록된 한자의 숫자는 이와 약간

한자의 숫자가 新增에 해당한다. 홍계희는 범례에서 『삼운통고』와
『증보삼운통고』가 미비된 점이 많음을 지적하고 운회와 『홍무정운』
을 참고하여 한자를 보태었다고 하였다.[74]

그런데 당시에 인행되어 쓰이던 삼운통고류 운서나 『화동정음』,
또 『삼운성휘』보다 뒤에 편찬되는 『규장전운』은 새로이 보탠자(증
운)들을 원래 수록자의 뒤에 실어놓아 구별을 하고 있다. 그러나 『삼
운성휘』는 목록에서 한자의 숫자를 구별할 때에는 이들을 밝혀놓았으
나 실제 운서의 본문에서는 따로 구별하지 않고 함께 배열하고 있다.

이는 다른 운서들은 저본이 되는 운서를 존중하고 그를 바탕으로
당시에 새로이 널리 쓰이게 된 한자들을 보여주고자 한 데 비하여,
『삼운성휘』는 이미 당시에 현실적으로 쓰이던 모든 한자를 그 기원
이나 유래와 상관없이 보여주고자 했던 것으로 판단된다. 다만 본디
『삼운통고』에 바탕을 두고 편찬했다는 사실만을 목록에서 보여주고
자 했던 것이다.

한편 『삼운성휘』는 판본에 따라 수록 한자 수에 약간의 차이가
있다. 초간으로 판단되는 신미본에는 12,965자가 수록되어 있다. 초
간보다 18년 뒤인 기축년(영조 45년. 1769)에 간행된 재간본에는 이보
다 6자가 많은 12,971자가 수록되어 있다. 따라서 이들 사이에는 6자
의 차이가 난다.

이들을 성조별로 비교하여 보면 평성에서 1자, 상성에서 1자, 거성
에서 2자, 입성에서 2자가 더 늘어나 있다. 한자의 성격에 따라 살펴
보면 재간의 신증자가 1,441자로 초간에 비해 6자가 많다.

다르다. 이에 대해서는 강호천(1991) 참조.

74) "三韻通考 失之太略 後有增補 尙多未備 今就印行增韻 參以韻會 洪武正韻
更加輔入 以序韻東冬之序仍舊"(『三韻聲彙』, 凡例)

258

2.2.4 字順

2.2.4.1 분류의 기준

『삼운성휘』의 글자 배열 순서도 일반적인 운서의 순서에 따라 다음 세 가지 단계별 분류로 이루어진다.

1) 운목별 분류
2) 운목 내의 중성 분류
3) 동일 중성 내의 초성 분류

먼저 운목별 분류는 종래의 전통적인 106운목체제에 의하여 이루어지는데 이는 『삼운통고』류의 전통이다.

다음은 동일 운목 내에서 중성과 초성에 의해 다시 분류, 배열된다. 먼저 운목 내 중성의 분류가 이루어지고, 동일 중성 내에서 다시 초성에 의한 분류가 이루어진다. 운목 내 중성과 초성의 분류 기준은 '我音爲主[75]'인데, 아음의 기준은 권두에 첨부된 「諺字初中終聲之圖」에 기초한다. 「언자초중종성지도」는 당시 홍계희가 파악하고 있던 한글의 초, 중, 종성에 관한 지식을 드러내주고 있어, 한글에 대한 그의 인식을 알 수 있는 도표이다. 그런데 홍계희는 이 도표의 초, 중, 성의 표기 순서를 훈민정음의 원래 순서를 따르지 않고 당시의 현실 표기음 순서를 따르고 있어 이 운서를 조선식 운서로 만들 것임을 분명히 하였다.[76]

다음 〈표 21〉에 언자초중종성지도를 옮긴다.

---

75) "終聲則韻已分之 今就韻內先分中聲 我音爲主 中聲內 又分初聲 而中聲以ㅏㅑ爲次 初聲以 ㄱ ㄴ 爲次"(『三韻聲彙』, 凡例)
76) "此圖不因訓民正音本次 而用俗所謂反切之次者 欲使人易曉也"(『三韻聲彙』, 凡例)

<표 21> 諺字初中終聲之圖

初終聲通用 八字	初聲獨用 六字	中聲 十一字		合中聲 二字	重中聲 一字
ㄱ 君初聲 役終聲	ㅈ 卽初聲	ㅏ 覃中聲	ㅗ 洪中聲	ㅘ 光合中聲	
ㄴ 那初聲 隱終聲	ㅊ 侵初聲	ㅑ 穰中聲	ㅛ 欲中聲		
ㄷ 斗初聲 㗡終聲	ㅌ 呑初聲	ㅓ 業中聲	ㅜ 君中聲	ㅝ 月合中聲	
ㄹ 閭初聲 乙終聲	ㅋ 快初聲	ㅕ 彆中聲	ㅠ 戌中聲		
ㅁ 彌初聲 音終聲	ㅍ 漂初聲	一 卽中聲			
ㅂ 彆初聲 邑終聲	ㅎ 虛初聲	ㅣ 侵中聲			ㅣ 橫重中聲
ㅅ 戌初聲 㗡終聲		· 呑中聲			
ㆁ 業初聲 凝終聲					

㗡㗡二字 用俚釋爲聲故加圈以別之

2.2.4.2 초성의 순서

위 표의 초성체계는 초종성 통용 8자와 초성독용 6자의 14자로 되어 있다.

그런데 이들의 배열 순서는 다른 자료의 초성배열 순서와 다르다. 다음에 몇몇 자료의 초성배열 순서를 제시한다.

『훈민정음』: ㄱ ㅋ ㆁ ㄷ ㅌ ㄴ ㅂ ㅍ ㅁ ㅈ ㅊ ㅅ ㆆ ㅎ ㅇ ㄹ ㅿ
　　　　(17자)

『훈몽자회』: ㄱ ㄴ ㄷ ㄹ ㅁ ㅂ ㅅ ㅇ ㅋ ㅌ ㅍ ㅈ ㅊ ㅿ ㅎ (16
　　　　　자)

『화동정음』: ㄱ ㅋ ㆁ ㄷ ㅌ ㄴ ㄹ ㄹ ㅈ ㅊ ㅅ ㅂ ㅍ ㅁ ◇ ㅇ ㅎ
　　　　　ㅿ (17자)

『삼운성휘』: ㄱ ㄴ ㄷ ㄹ ㅁ ㅂ ㅅ ㅇ ㅈ ㅊ ㅌ ㅋ ㅍ ㅎ (14자)

　『훈민정음』의 초성 배열 순서는 오음 순서를 따르고, 오음의 내부
에 전청·차청·불청불탁의 순으로 되어 있다.

ㄱ ㅋ ㆁ ／ ㄷ ㅌ ㄴ ／ ㅂ ㅍ ㅁ ／ ㅈ ㅊ ㅅ ／ ㆆ ㅎ ㅇ ／ ㄹ 　／ ㅿ
牙音　　　舌音　　　脣音　　　齒音　　　喉音　　半舌音　半齒音

　다만 치음에서는 전청과 차청, 그리고 다시 전청음이 배열되어 있
고 반설음과 반치음은 가장 뒤에 배열되어 있다.
　그런데 『훈몽자회』는 이 순서를 대폭 바꾸어놓고 있다. 『훈몽자
회』의 배열 순서는 이른바 '초종성통용8자'와 '초성독용8자'로 나뉘어
있다. 『훈몽자회』가 택하고 있는 이러한 배열 순서는 물론 최세진이
새로이 설정한 것은 아니다. 이미 당시 널리 인지되던 순서였으리라
짐작된다.
　이는 다음과 같은 2가지 측면에서 『훈민정음』과 다른 변화를 가
져왔다.
　첫째, 초종성통용8자와 초성독용8자의 확실한 구분이다. 이러한 구
분은 이미 『훈민정음』의 종성 규정에서 비롯되었는데, 해례본에서
제시한 팔종성가족용자의 순서는 'ㄱ, ㆁ, ㄷ, ㄴ, ㅂ, ㅁ, ㅅ, ㄹ'이다.
이들은 여전히 오음의 순서에 따라 기술되고 있다. 그러나 『훈민정

음』은 아직 이들을 '통용'과 '독용'으로 분명히 구분하지는 않았다. 그 후『훈몽자회』에 와서 이를 분명히 구별하여 언급하기 시작하였다.『삼운성휘』는 이를 따르고 있다.

둘째, 기본자 위주의 배열이다.『훈몽자회』에 나타난 초종성통용8자의 순서는 기본자 위주의 순서이다. 즉『훈민정음』에서는 각 음계의 자형을 설정하면서 다음 〈표 22〉와 같이 기본자를 설정하고 그 상형의 근거를 밝히고 있다.

〈표 22〉 훈민정음의 초성 상형 근거

음 계	기본자	상 형 근 거
牙音	ㄱ	象舌根閉喉之形
舌音	ㄴ	象舌附上齶之形
脣音	ㅁ	象口形
齒音	ㅅ	象齒形
喉音	ㅇ	象喉形

이들 다섯 자는 모두 초종성에 통용되고 있다.『훈몽자회』에서 통용자로 선정된 초성은 아음의 경우 기본자인 'ㄱ', 설음의 경우 기본자인 'ㄴ'과 가획자인 'ㄷ', 그리고 훈민정음에서는 반설음으로 분류되어 기본 오음체계의 예외적 존재로 취급되던 'ㄹ'이 설음이라는 범주로 크게 묶이어 그 다음에 놓이게 되었다. 다음에 순음의 기본인 'ㅁ'과 가획자인 'ㅂ', 치음의 기본자인 'ㅅ'이 그 뒤에 배열되었다. 이렇게 각 음계의 기본자를 중심으로 하고, 가획된 변이자를 그 다음에 배치할 때 문제가 되는 것이 'ㅇ'의 경우이다. 위의 배열법칙을

따른다면 'ㆁ'은 마땅히 'ㄱ'의 뒤에 있어야 하는데 실제로는 그렇지 못하다. 이는 당시인들이 이 'ㆁ'과 'ㅇ'을 구별하지 못하였기 때문으로 이 'ㆁ'을 후음으로 착각하였던 까닭에 이를 후음의 기본자로 설정한 것으로 이해된다. 이 과정을 도시하면 다음과 같이 된다.

『훈민정음』: ㄱ ㆁ / ㄷ ㄴ / ㅂ ㅁ / ㅅ / ㄹ

↓

오음조절

↓

ㄱ / ㄷ ㄴ ㄹ / ㅂ ㅁ / ㅅ / ㆁ

↓

기본자 우선

↓

『훈몽자회』: ㄱ ㄴ ㄷ ㄹ ㅁ ㅂ ㅅ ㆁ

그리고 초성독용8자의 경우도 위와 같은 방식으로 배열 순서가 다시 정리된다.

『훈민정음』: ㅋ / ㅌ / ㅍ / ㅈ ㅊ / ㆆ ㅎ ㅇ / ㅿ

↓

오음조절

↓

ㅋ / ㅌ / ㅍ / ㅈ ㅊ ㅿ / ㆆ ㅎ ㅇ

↓

기본자 우선

↓

『훈몽자회』: ㅋ / ㅌ / ㅍ / ㅈ ㅊ ㅿ / ㅇ ㅎ [77]

---

77) ㆆ은 이미 이 시기에 소실되었다.

그러나『삼운성휘』는 行用反切의 순서에 따랐다고 하면서 초성의 배열에 있어『훈몽자회』와 다소 다른 모습을 보인다. 그리고 그 배열 순서는 현행의 순서와 흡사하다. 이로 미루어 한글의 배열 순서는『훈몽자회』이후 18세기에 이르는 동안 상당한 변화를 겪었음을 알 수 있다.

이 두 자료의 배열 순서는 두 가지 점에서 차이가 난다. 첫째, 자모수의 축소이다.『훈몽자회』는 16초성이나『삼운성휘』는 14초성이다. 이는 초종성통용8자는 모두 동일하나『삼운성휘』의 초성독용자가 6자로『훈몽자회』보다 2자가 적다. 이는 'ㅿ'소실, 'ㆁ'과 'ㅇ'의 통합에 따른 것이다.

두번째는 초성 독용 6자의 순서의 변화이다. 즉『훈몽자회』의 'ㅋ, ㅌ, ㅍ, ㅈ, ㅊ, ㅎ'의 순서가『삼운성휘』에서는 'ㅈ, ㅊ, ㅌ, ㅋ, ㅍ, ㅎ'의 순서로 바뀌었다. 이러한 변화는 이들 6자의 음질상 특징에서 그 요인을 찾을 수 있겠다. 즉 이 6자 가운데 'ㅈ'을 제외한 5자가 차청자이다. 그런데 초성 14자의 전체 순서상 앞에 놓이는 초종성통용8자는 전청(ㄱ, ㄷ, ㅂ, ㅅ)이거나 불청불탁(ㄴ, ㄹ, ㅁ, ㅇ)에 속한 자들이다. 따라서 전체적인 체계의 유지를 위하여 초성독용자 가운데 전청인 'ㅈ'을 앞으로 보내어 배열한 것이다. 이에 따라 같은 치음계열인 'ㅊ'이 'ㅈ'의 뒤로 옮겨가게 되어 새로운 배열 순서가 결정된 것으로 보인다.

그런데 'ㅋ'과 'ㅌ'의 순서가 바뀐 것은 설명이 쉽지 않다. 'ㅋ, ㅌ, ㅍ'의 순서는『훈민정음』과『훈몽자회』, 그리고 현재까지 전승되고 있는 순서가 모두 동일한데, 다만『삼운성휘』에서만 'ㅌ, ㅋ, ㅍ'의 순서를 보여준다. 그런데 18세기의 여타 문헌에서는 모두 'ㅋ, ㅌ'의 순서로 되어 있음으로 보아 이는『삼운성휘』의 오기가 아닌가 추정된다.

2.2.4.3 중성의 순서

위 표에 따르면 중성은 기본 11자, 그리고 합중성 2자, 중중성 1자이다.

기본 중성의 순서는 다음과 같다.

ㅏ ㅑ ㅓ ㅕ ㅗ ㅛ ㅜ ㅠ ㅡ ㅣ

합중성의 순서는 다음과 같다

ㅘ ㅝ

중중성은

ㅣ

하나뿐이다.[78]

이러한 순서는『훈몽자회』의 순서와 같다.

그러나 범례에『훈몽자회』에 대한 언급이 없는 것으로 보아 홍계희는 당시『훈몽자회』를 보지는 못하였고, 다만 속용되는 순서를 그대로 따른 것이 아닌가 짐작된다.

2.3 자음의 표기

2.3.1 표기 자음의 종류와 방식

『삼운성휘』는『화동정음』과 마찬가지로 화음과 동음을 병기하고 있다.

자음의 표기방식은 먼저 동일음을 가진 한자들을 모은 뒤 해당 한

---

78) 重中聲은『삼운성휘』에서 처음 사용된 용어이다.

자들의 동음을 大圈(○) 속에 표기하고 아래에 화음을 작은 글자로
표기한 뒤 해당 한자들을 배열한다. 『삼운성휘』의 첫 부분인 동운
평성의 한자 배열을 예로 들어 보이면 다음과 같다. [79]

公⊙蚣⊗工공釭⊕功紅⊗玒⊕空⊕⊠崆箜倥⊕⊠悾⊕椌⊕涳 ⊙
東⊠涷蝀

각 한자의 뒤에 붙은 기호들은 성모와 운모의 변화에 따른 표기이
다. 方圈(□) 속에는 성모가 표시되는데, 이는 화음의 구분을 위하여
사용된다. 위의 公의 아래에 ⊕과 같이 표기한 것은 이로부터 玒까
지의 8자가 見母에 속한 자들이고, 空 아래에 ⊠를 표기한 것은 空
으로부터 涳까지 자가 溪母에 속한 자들임을 표시한다. 따라서 이들
은 동음으로는 모두 '공'이나 화음으로는 성모에 따라 見母는 '궁',
溪母는 '쿵'임을 보여준다.
　하나의 한자가 여러 개의 음을 갖는 경우 圓圈을 이용하여 다른
음을 표기한다. 예를 들면 紅의 아래에 ⊗으로 표시한 경우이다. 이
경우 음을 제외한 성과 운은 동일하다. [80] 다음 운은 같으나 성조가
다른 경우는 空의 아래에 ⊕⊠를 표기하는 것처럼 그 성조를 밝힌
다. 끝으로 성조와 운이 전혀 다른 경우는 蚣의 아래에 ⊗을 표기하
는 것처럼 그 다름을 밝힌다.

---

79) 편의상 한자의 주석부분은 생략하였다.
80) 홍계희는 한자음을 삼분하여 '모'와 '운', 그리고 '성'으로 부르고 있다. 이는
　　일반적인 명칭인 '성', '운', 그리고 '조'와 대응된다. 한편 그는 '음'을 사용하기
　　도 하는데 이는 '오음'을 일컫는 것이다.

2.3.2 자음 표기의 기준

2.3.2.1 자음의 기준

『삼운성휘』에 표기된 한자음 가운데 화음은『홍무정운』의 한자음을 기준으로 하여『사성통해』의 표기음을 따라 표기되었고, 동음은 당시의 현실음을 기준으로 하였다.[81]

그러나 운서 편찬의 목적이 당시의 한자음이 혼란 상태에 있음을 개탄하고 이를 바로잡기 위한 것이었기 때문에 현실음을 기준으로 하였어도 일부 한자음을 바로잡았음을 밝히고 있다. 서문에 나타난 한자음 교정 원칙은 다음과 같다.

1) 자모가 칠음에 맞지 않는 경우 이를 교정한다. (字母其有違於七音者正之)
2) 성모는 다르더라도 칠음에 어긋나지 않으면 바로잡지 않는다. (雖異母而不悖於七音者存之)
3) 순경음, 정치음, 반치음과 후음의 전청음, 아음의 불청불탁음은 우리나라에서 발음하기에 어려운 음이므로 각각 동일음계 내의 가까운 음을 따라 통합하여 적는다. (若字母中輕脣正齒半齒音及喉音之全淸牙音之不淸不濁 我國所難成音者 各從一音內聲相近者而合之)
4) 중성의 어긋난 자음은 모두 화음에 유추하여 바로잡는다. (中聲之舛者亦皆準的於華音類推而釐之)

---

81) "華音則以洪武正韻 字母爲主 而一從四聲通解諺纛之音 我音則就行用俗音" (『三韻聲彙』, 序文)

2.3.2.2 초성의 교정

홍계희는 화음의 자모가 그대로 동음에서 반영되는 것을 원칙으로
생각하고 있었다. 범례에서는 이를 부연하여 좀더 자세히 언급하고
있다. 즉 초성 가운데에는 자모로부터 괴리된 것이 많이 있는데 심
지어는 오음이 뒤섞인 경우도 있다고 하고, 이런 경우에는 어쩔 수
없이 이를 바로잡았다.[82] 오음이 뒤섞인 예를 보면 融과 瀜의 경우
이들은 광운의 반절이 모두 以戎切이므로 마땅히 'ㅇ'을 좇아야 하
는데 속음으로는 'ㄹ'을 따르고 있고, 春, 惷은 書容切로 마땅히 'ㅅ'
을 따라야 하나 속음으로는 'ㅇ'을 따르고 있음을 지적하였다.

그러나 위의 2)에서 보여주는 그의 태도는 동국정운식의 철저함보
다는 현실음을 인정하는 유연함을 보이고 있다. 오히려 운서에서는
비록 자모에 의하여 구별되는 자음이나, 우리 음에서 음운적 자질이
유사하여 변화한 경우에는 이를 굳이 바로잡지 않았다.[83] 예를 들어
總은 精母에 속하는 전청음이므로 한국 한자음에서는 '종'으로 발음
되는 것이 일반적이다. 그러나 현실음에서는 차청인 '총'으로 읽히고
있다. 또 차청음인 淸母에 속하는 雌는 오히려 전청음인 'ㅈ'로 읽히
고 있다. 그러나 이들 精, 淸母는 모두 같은 齒音에 속하므로 이들
은 바로잡지 않는다는 것이다. 이로 미루어보면 그가 인정한 현실음
의 범위는 오음 내부에서의 변화이었던 것으로 보인다.

그러나 그가 가지고 있던 한자음에 대한 인식은 훨씬 더 정밀했고
음운적 자질을 의식하고 있었음을 알 수 있다.

즉 비록 오음의 분류상 같은 음에 속하였다 하더라도 그들 내부의
음운자질이 서로 다름을 알고 있었다. 예를 들어 그는 같은 角音, 즉
牙音에 들어 있다 하더라도 疑母와 見, 溪, 群母는 서로 섞일 수 없

---

82) "我音初聲 多有乖於正音字母 至有五音混淆者 不得不釐正"(『三韻聲彙』, 凡
例)

83) "諸母之在一音 而我音相近者 不能一一釐正"(『三韻聲彙』, 凡例)

음을 확실히 하였고, 徵音(舌音)의 泥母, 羽音(脣音)의 明母, 微母, 商音(齒音)의 心, 邪, 審, 禪母 역시 같은 음 내의 다른 소리들과 섞일 수 없음을 분명히 하였다.

이를 표로 정리하여 보자.

〈표 23〉 可混字와 不可混字

五音	可混字	不可混字
角音	見 溪 群	疑
徵音	端 透 定	泥
羽音	幫 滂 並 非 敷 奉	明 微
商音	精 清 從 照 穿 壯	心 邪 禪 審
宮音	曉 匣	影 喩

이들은 가혼자들끼리는 서로 다른 음으로 대응되어 읽히더라도 현실음으로 인정한다는 의미이다. 한편 상음과 궁음의 경우, 불가혼자는 가혼자와 섞일 수 없는 경우이고, 불가혼자끼리는 서로 유사하며 섞일 수 있는 소리이다. 그리고 이와 같은 경계를 무시하고 뒤섞여 읽히는 자음들은 이 원칙에 맞추어 바로잡았다.

그러나 홍계희는 이와 같이 오음에 따라 현실음으로의 인정과 교정의 원칙을 정하고 있으나 또 하나의 예외 조항을 통하여 그가 더욱 현실음을 중시하고 있음을 보여준다.

즉 그는 비록 오음상 하나의 음에 속하지 않았더라도 1) 그 음이 서로 유사하거나, 2) 운서의 반절음이 우리 현실음에서 정확히 대응

시키기 어려운 경우에는 이를 억지로 바로잡지 않고 현실음을 그대
로 인정하고 있다.[84]

1)의 경우는 疑, 喩, 影 三母는 角音과 宮音에 속하여 서로 다른
음이나 우리 음에서는 구별이 되지 않는 경우이어서 이를 하나로 통
합하여 모두 'ㅇ'(疑母)으로 표기하고 있다. 예를 들어 去聲 寘韻의
僞, 委, 位의 성모와 화음, 동음 표기를 차례대로 살펴보면 다음과
같다.

僞 (疑母) : 위/위
委 (影母) : 휘/위
位 (喩母) : 위/위

2)의 경우는 일모자의 한자음을 예로 들었다. 그는 일모에 속한
한자는 ㅿ으로 소리를 내기 어려우므로 속음을 따라 ㅅ이나 ㅇ으로
적는다고 하였다. 일모자가 'ㅅ'으로 반영된 예는 上聲 紙韻의 蕐가
'슈'로, 入聲 屑韻의 爇, 焫, 吶이 '설'로 반영된 경우만이 본문에 보
이고, 나머지는 한결같이 'ㅇ'으로 반영되었다.

일모자의 한자음은 『화동정음』을 비롯한 종래의 운서들은 모두
기계적으로 ㅿ으로 표기하고 있다. 그러나 『삼운성휘』는 이를 당시
의 현실음에 따라 ㅅ이나 ㅇ으로 나누어 표기하고 있어 이 운서가
현실 한자음을 충실히 보여주고 있음을 알 수 있다.

2.3.2.3 중성의 교정

서문에서는 중성의 어긋난 음이 모두 화음을 기준으로 하여 바로
잡는다고 하였다. 그러나 범례에서는 중성의 잘못됨은 비록 그 자모

---

84) "雖非一音 而我音相似者 及我國難於成音者 並從俗"(『三韻聲彙』, 凡例)

의 어긋남이 있어도 어쩔 수 없이 각각의 자류별로 音을 좇는다고
하여 교정의 범위를 축소하고 있다. 즉 오랜 동안 잘못되어 온 음은
고치지 않고 속음을 인정하고 있다.

예를 들어 東韻의 終과 中은 모두 같은 운에 속하므로 같은 음으
로 반영되어야 한다. 그러나 終은 '죵'으로 중성모음이 'ㅛ'이고 中은
'즁'으로 모음이 'ㅠ'이다. 그러나 이를 고치지 않고 그대로 두었다.
去聲 寘韻의 寄와 季도 동일한 모음으로 반영되어야 하는데 寄는
'긔'로, 季는 '계'로 반영되었다. 그러나 현실음을 인정하여 이를 고치
지 않고 그대로 두었다.

2.4 자음의 체계

2.4.1 초성체계

2.4.1.1 화음의 초성

『삼운성휘』 한자음의 초성을 화음과 동음으로 나누어 살펴보기로
한다. 먼저 화음에 대하여 살펴보기로 하자.

화음의 초성은 서문에서 밝힌 대로 『홍무정운』의 음을 기준으로
권두의 「홍무운자모지도」에 따라 31자모에 맞추어 일률적으로 표기
하였다.

그런데 『삼운성휘』가 편찬되던 18세기 중엽의 중국음 초성체계는
이보다 훨씬 단순하였던 것으로 보인다. 중국어의 초성체계는 이미
『중원음운』(1324) 시기부터 단순화되었다. 중원음운의 초성은 모두
20개로 추정하는 것이 일반적이다. 중원음운 이후 중국 북방음을 보
여주는 『운략이통』(1442)은 20개의 성모체계로 되어 있다. 청초 樊騰
鳳이 지은 『五方元音』의 성모체계도 20성모이다.[85] 이와 같은 20성
모체계는 1626년 Nicolas Trigault가 지은 『西儒耳目資』에 이어져

오고 있다.

따라서 홍계희가 생존해 있을 당시 중국음은 대략 20성모체계이었을 것이다. 중국을 왕래하며 당시 중국음에 정통하였던 홍계희는 『홍무정운』의 한자음과 당시의 현실 중국음이 다름을 분명히 인식하고 있었을 것이다.[86)]

그럼에도 그가 『삼운성휘』의 화음을 『홍무정운』음을 기준으로 한 것은 당시인들이 운서와 역학서를 구분하여 운서의 권위를 존중하는 입장에서 나온 것으로 이해된다. 즉 범례에서 그는 당시 중국음이 옛음으로부터 상당히 변해 있음을 말하면서 이를 전승과정의 오류로 지적하였다.

이에 따라 『사성통해』의 음을 주로 하여 한자음을 정리하였음을

---

85) 이들의 성모체계는 다음과 같다

중원음운: p p' m f v t t' n l ts ts' s tʂ tʂ' ʂ z k k' x o

운략이통: p p' m f v t t' n l ts ts' s tʂ tʂ' ʂ z k k' x o

오방원음: p p' m f t t' n l ts ts' s tʂ tʂ' ʂ z k k' x y u

86) 홍계희는 당시 중국어 학습서로 널리 쓰이던 노걸대신석의 주석을 붙인 일이 있다. 이는 그가 노걸대류 어학서에 정통하고 있었음을 보여준다. 노걸대류의 중국한자음과 『삼운성휘』의 한자음의 차이를 다음에 몇 예를 들어보기로 한다. 중간노걸대언해(1795)의 左右表記音 가운데 右音을 기록하여 비교한다.

	重刊老乞大諺解上	大哥你從那裡來	我從朝鮮王京來
『노걸대신석』	중칸롼커다연계상	다거니츙나리레	오츙챤션왕깅레
『삼운성휘』	즁컨롼키대연개쌍	대거네쭝너례래	어쭝쵼션왕깅래

汝今去往北　幾時在其新着
유긴취왕버　지스재치신져
유김큐왕븨　계씨쌔기신쟢

① 往北　幾時在其
② 버　지스재치신져
③ 왕븨　계씨쌔기신쟢

분명히 하였다. 그리고 당시의 현실음을 알려고 할 때에는 여러 역
학서를 보도록 권하고 있다.[87] 이는 역학서를 실용적인 한음 학습의
도구로 인식하고, 운서를 전통과 권위의 한음을 보여주는 것으로 인
식한 결과이다. 그리고 실제로 운서의 효용은 화음을 참고하기 위한
것이 아니라 동음을 확인하기 위한 것임을 분명히 한 것이다.

2.4.1.2 동음의 초성

동음의 표기에는 앞에서 보았던 「언자초중종성지도」의 14초성이
사용되었다. 14초성은 다음과 같다.

ㄱ ㄴ ㄷ ㄹ ㅁ ㅂ ㅅ ㅇ ㅈ ㅊ ㅌ ㅋ ㅍ ㅎ

이를 『화동정음』과 비교하면 'ㅿ'이 쓰이지 않는 것이 두드러진
특징이다. 'ㅿ'에 대해 언자초중종성지도의 설명에서는

> ㅿ은 ㅅ ㅇ의 사잇소리이다. 우리나라에서는 소리내기 어려우므로 이
> 제 기록하지 않는다.[88]

라고 하여 동음의 표기에 사용하지 않음을 분명히 하였다. 『화동정음』
에서 경음으로 표기되던 喫은 '긱'으로, 雙, 慅, 觴 등은 '상'으로 氏는
'시'로 모두 평음으로 표기되어 한자음의 경음을 인정하지 않았다.

---

87) "故今以四聲通解古正音爲主 欲知俗用漢音則 當考譯家諸書"(『三韻聲彙』, 凡
    例)
88) "ㅿ日母 卽ㅅ ㅇ 間音 而我國難於成音 故今不錄"(『三韻聲彙』, 諺字初中終
    聲之圖)

2.4.2 중성체계

2.4.2.1 화음의 중성

화음의 중성에 대해서는 범례에서 별도의 언급이 없으므로『사성통해』의 중성을 그대로 이어받고 있는 것으로 보아야 한다. 목록에서는 동음의 중성을 표기하고 있을 뿐 화음의 중성에 대해서는 아무언급이 없다. 따라서 본문의 각 운에 표기된 화음을 토대로 중성을귀납하여 〈표 24〉에 제시한다.

이렇게 각 운목별로 표기된 중성을 귀납하면, 화음의 중성은 다음과 같이 19모음이 사용되고 있다.

```
단모음 :  ㅏ  ㅓ  ㅗ  ㅜ  ㅡ  ㅣ  ㅐ
복모음 :  ㅑ  ㅕ  ㅠ  ㅒ  ㅖ
          ㅘ  ㅝ  ㅓ  ㅢ  ㅙ
          ㆅ  ㆇ
```

이는『화동정음』의 화음체계와 동일하다. 두 운서가 모두『사성통해』를 저본으로 하고 있다는 점에서 오히려 정상적인 현상이라고 생각한다.

2.4.2.2 동음의 중성

여기에서는 동음의 중성을 목록에 의지하여 각 운목별로 정리하면〈표 25〉와 같다.

이들로부터『삼운성휘』전체의 중성을 귀납하여 보면 다음과 같다.

```
단모음 :  ㅏ  ㅓ  ㅗ  ㅜ  ㅡ  ㅣ  ·  ㅐ  ㅔ
```

274

〈표 24〉 『삼운성휘』의 각 운목별 화음 중성표

平 聲		上 聲		去 聲		入 聲	
東	ㅜㅠ	董	ㅜ	送	ㅜㅠ	屋	ㅜㅠ
冬	ㅜㅠ	腫	ㅜㅠ	宋	ㅜㅠ	沃	ㅜㅠ
江	ㅏㅑ	講	ㅏㅑ	絳	ㅏㅑ	覺	ㅏㅑㅘ
支	ㅟㅖㅡ	紙	ㅣㅖㅟㅡ	寘	ㅣㅖㅟㅖㅡ		
微	ㅣㅟㅖ	尾	ㅣㅟㅖ	未	ㅣㅟㅖ		
魚	ㅜㅠ	語	ㅜㅠ	御	ㅜㅠ		
虞	ㅜㅠ	麌	ㅜㅠ	遇	ㅜㅠ		
齊	ㅣㅖ	薺	ㅣㅖ	霽	ㅣㅖㅟ		
佳	ㅐㅙㅒ	蟹	ㅐㅙㅒ	泰	ㅐㅙㅟ		
灰	ㅐㅚㅟ	賄	ㅐㅟ	卦	ㅐㅙㅒ		
				隊	ㅐㅟ		
眞	ㅜㅠㅡㅣ	軫	ㅠㅣ	震	ㅠㅡㅣ	質	ㅜㅠㅡㅣ
文	ㅜㅠㅣ	吻	ㅜㅣ	問	ㅠㅣ	物	ㅜㅠㅣ
元	ㅜㅕ	阮	ㅜㅕㅘㅙ	願	ㅜㅖㅘㅕㅡ	月	ㅜㅡㅖㅕㅘ
寒	ㅏㅓㅝ	旱	ㅏㅓㅝ	翰	ㅏㅓㅝ	曷	ㅏㅓㅝ
刪	ㅏㅑㅘ	潸	ㅏㅑㅘ	諫	ㅏㅑㅘ	黠	ㅏㅑㅘ
先	ㅕㅖ	銑	ㅕㅖ	霰	ㅕㅖ	屑	ㅕㅖ
蕭	ㅕ	篠	ㅕ	嘯	ㅕ		
肴	ㅏㅑ	巧	ㅏㅑ	效	ㅏㅑ		
豪	ㅏ	皓	ㅏ	号	ㅏ		
歌	ㅑㅏㅓ	哿	ㅑㅏㅓ	箇	ㅏㅓ		
麻	ㅏㅑㅘㅕ	馬	ㅏㅑㅘㅕ	禡	ㅏㅑㅕ		
陽	ㅏㅑㅘ	養	ㅏㅑㅘ	漾	ㅏㅑㅘ	藥	ㅏㅑ
庚	ㅣㅓㅖㅖ	梗	ㅣㅓㅖㅖ	敬	ㅣㅓㅖㅖ	陌	ㅣㅖㅓㅟ
靑	ㅣㅖ	迥	ㅣㅖㅓ	徑	ㅣㅖㅓ	錫	ㅣㅖ
蒸	ㅟㅓㅣ					職	ㅣㅓㅟ
尤	ㅡㅣ	有	ㅡㅣ	宥	ㅡㅣ		
侵	ㅡㅣ	寢	ㅡㅣ	沁	ㅡㅣ	緝	ㅡㅣ
覃	ㅏ	感	ㅏ	勘	ㅏ	合	ㅏ
鹽	ㅕ	琰	ㅕ	豔	ㅕ	葉	ㅕ
咸	ㅏㅑ	豏	ㅏㅑ	陷	ㅏㅑ	洽	ㅏㅑ

〈표 25〉 『삼운성휘』의 각 운목별 동음 중성표

平 聲		上 聲		去 聲		入 聲	
東	ㅗㅛㅜㅠ	董	ㅗㅛ	送	ㅗㅜㅠ	屋	ㅗㅜㅠ
冬	ㅗㅛㅠ	腫	ㅗㅛㅠ	宋	ㅗㅛㅠ	沃	ㅗㅛㅜ
江	ㅏ	講	ㅏ	絳	ㅏ	覺	ㅏ
支	ㅠㅣ·ㅚㅟㅞㅓ	紙	ㅠㅣ·ㅞㅟㅚㅖㅞ	寘	ㅠㅣ·ㅖㅚㅟㅞㅓㅞ		
微	ㅣㅓㅟ	尾	ㅣㅓㅟ	未	ㅣㅓㅟ		
魚	ㅓㅕㅗ	語	ㅓㅕㅗ	御	ㅓㅕㅗ		
虞	ㅗㅜㅠ	麌	ㅗㅜㅠ	遇	ㅗㅜㅠ		
齊	ㅕㅠㅣㅖㅓ	薺	ㅕㅣㅖ	霽	ㅕㅣㅖㅖㅞㅖ		
佳	ㅐㅚ·ㅣㅐ	蟹	ㅐ·ㅣㅐ	泰	ㅐㅚ·ㅣㅐ		
灰	ㅐㅚ·ㅣ	賄	ㅐㅚ·ㅣ	卦	ㅐㅖㅚ·ㅣㅐ		
				隊	ㅐㅖㅚ·ㅣㅐㅖ		
眞	ㅜㅠ一ㅣ	軫	ㅜㅠㅣ	震	ㅠㅣ一	質	ㅜㅠ一ㅣ
文	ㅗㅜ一	吻	ㅗㅜ一	問	ㅗㅜ一	物	ㅜ一
元	ㅓㅗㅜ一·ㅝ	阮	ㅏㅓㅗㅜ·ㅝ	願	ㅏㅓㅗㅜ·ㅝ	月	ㅏㅓㅗㅜ一·ㅝ
寒	ㅏㅘ	旱	ㅏㅘ	翰	ㅏㅘ	曷	ㅏㅘ
刪	ㅏㅘ	潸	ㅏㅘ	諫	ㅏㅘ	黠	ㅏㅘㅓ
先	ㅓㅕㅋㅕ	銑	ㅓㅕㅋㅕ	霰	ㅓㅕㅋㅕ	屑	ㅓㅕ
蕭	ㅛ	篠	ㅛ	嘯	ㅛ		
肴	ㅗㅛ	巧	ㅗㅛ	效	ㅗㅛ		
豪	ㅛ	皓	ㅛ	号	ㅗ		
歌	ㅏㅘ	哿	ㅏㅘ	箇	ㅏ ㅘ		
麻	ㅏㅑㅘ	馬	ㅏㅑㅘ	禡	ㅏㅑㅘ		
陽	ㅏㅑㅘ	養	ㅏㅑㅘ	漾	ㅏㅑㅘ	藥	ㅏㅑㅘ
庚	ㅕㅚ·ㅣ	梗	ㅕㅣㅚ·ㅣ	敬	ㅕㅣㅚ·	陌	ㅕㅣㅚ·
靑	ㅕㅣ	迥	ㅕ一·ㅣ	徑	ㅕ一ㅣ·	錫	ㅕㅣ
蒸	ㅜ一ㅣ·ㅚ					職	ㅕㅕㅗㅜ一·ㅣ·ㅣ
尤	ㅜㅠ	有	ㅜㅠ	宥	ㅜㅠ		
侵	一ㅣ·	寢	一ㅣ·	沁	一ㅣ·	緝	一ㅣ·
覃	ㅏ	感	ㅏ	勘	ㅏ	合	ㅏ
鹽	ㅓㅕ	琰	ㅓㅕ	豔	ㅓㅕ	葉	ㅓㅕ
咸	ㅏㅓ	豏	ㅏㅓ	陷	ㅏㅓ	洽	ㅏㅓ

복모음: ㅑ ㅕ ㅛ ㅠ ㅖ
　　　　ㅘ ㅝ ㅚ ㅟ ㅢ ·ㅣ
　　　　ㅙ ㅞ 　 ㆌ

　이상 모두 23자가 사용되었다. 사용된 중성의 숫자와 체계는『화
동정음』과 같다.
　여기서 비슷한 시기에 편찬된 운서들인『華東正音』과『三韻聲
彙』,『奎章全韻』의 중성을 비교하여 그 성격을 살펴 보도록 한다.
　『화동정음』은 범례의 '各韻中聲'항에서 "各韻上去同平聲"이라 평
상거성의 운모별 중성을 동일시하고, 입성의 경우에만 중성이 다소
달라질 수 있음을 밝혔다. 다른 두 운서는 이에 관해 분명한 언급을
하지 않았다. 그러나 실제로 각 운목의 성조별 운모 중성을 정리하
여 보면 운모 내부에서도 몇몇 중성에 다소 차이가 있음이 발견된
다. 다음에 세 운서의 대체적인 경향을 알아보기 위하여 편의상 평
성 30운모의 중성을, 기록된 한자음 표기를 귀납하여 비교하기로 한
다. 먼저 그 비교 결과를 다음에 도표로 제시한다.

〈표 26〉 세 운서의 운모 중성 비교

운목	『화동정음』	『삼운성휘』	『규장전운』
東	ㅗㅛㅜㅠ	ㅗㅛㅜㅠ	ㅗㅛㅜㅠ
冬	ㅗㅜㅠ	ㅗㅜㅠ	ㅗㅜㅠ
江	ㅏㅗ	ㅏ	ㅏㅣ
支	·ㅢㅟㅖㅖㅟㅣ	·ㅢㅟㅠㅖㅖㅟㅣ	·ㅢㅟㅠㅖㅖㅖㅟㅣ
微	ㅟㅓㅣ	ㅟㅓㅣ	ㅟㅓㅣ
魚	ㅓㅕㅜ	ㅓㅕㅗ	ㅓㅕㅗ
虞	ㅜㅠ	ㅗㅜㅠ	ㅗㅜㅠ
齊	ㅖㅖㅖㅟㆌ	ㅕㅖㅖㅠㅟ	ㅕㅖㅖㅖㅠㅟㅣ
佳	·ㅐㅚㅙㅟㆌ	·ㅐㅚㅙ	·ㅐㅚㅙ
灰	·ㅐㅚㅙㅖㅖ	·ㅐㅚ	·ㅐㅚ
眞	ㅗㅜㅠㅡㅣ	ㅜㅠㅡㅣ	ㅜㅠㅡㅣ

文	ㅗㅜㅠㅡ	ㅗㅜㅡ	ㅗㅜㅡ
元	·ㅏㅓㅗㅜㅕㅡ	·ㅓㅗㅜㅕㅡ	·ㅏㅓㅗㅜㅕㅡ
寒	ㅏㅘㅝ	ㅏㅘ	ㅏㅘ
刪	·ㅏㅘㅝ	ㅏㅘ	ㅏㅘ
先	ㅓㅕㅝ	ㅓㅕㅝ	ㅓㅕㅝ
蕭	ㅗㅛ	ㅛ	ㅛ
肴	ㅗㅛ	ㅗㅛ	ㅗㅛ
豪	ㅗㅛ	ㅗ	ㅗ
歌	ㅏㅘ	ㅏㅘ	ㅏㅘㅣ
麻	ㅏㅑㅘ	ㅏㅑㅘ	ㅏㅑㅘ
陽	ㅏㅑㅘ	ㅏㅑㅘ	ㅏㅑㅘ
庚	·ㅣㅕㅚㅡ	·ㅣㅚㅕ	·ㅣㅓㅕㅚㅢㅣ
靑	·ㅣㅕㅡ	ㅕㅣ	ㅋㅡㅣ
蒸	·ㅚㅜㅡㅣ	·ㅚㅜㅡㅣ	ㅜㅡㅣ
尤	ㅜㅠ	ㅜㅠ	ㅜㅠ
侵	·ㅡㅣ	·ㅡㅣ	·ㅡㅣ
覃	·ㅏ	ㅏ	ㅏ
鹽	·ㅓㅕ	ㅓㅕ	ㅓㅕ
咸	ㅏㅓ	ㅏㅓ	ㅏㅓ

　이러한 비교에 기초하여 우리는 다음 두 가지 사실을 알 수 있다. 첫째 30개의 운모 가운데 東, 冬, 微, 先, 肴, 麻, 陽, 尤, 侵, 咸 등 10개 운모의 중성 분포만이 완전 일치한다는 점이다. 물론 부분적으로 일치하는 나머지 20개 중성의 경우에도 상호 차이가 나는 중성을 가진 한자는 수적으로 그리 많은 비율은 아니다.

　그러나 이들 운서의 편찬 시기가 거의 동시대라는 점, 그리고 이들 운서에 표기된 동음이 대부분 현실 한자음을 근거로 했다는 점을 감안할 때, 편찬 시기의 우리 한자음에 커다란 음운론적 동요가 있었으리라고 예상하기가 어려운 만큼 이들 중성의 차이는 결국 편찬자가 현실음을 어느 정도로 어떻게 받아들여 표기하였느냐 하는 운서 편찬 태도에 기인하는 것이라고 생각한다. 이 점에 대해서는 뒤에 다시 언급될 것이다.

둘째, 중성음이 서로 다른 경우, 세 운서의 중성은 크게 2분되는데
『삼운성휘』와 『규장전운』의 중성이 대체로 일치하여 『화동정음』과
대비된다는 점이다. 이들은 세 운서가 상호 차이를 보이는 20개의
운모 가운데에도 이들 두 운서의 魚, 虞, 佳, 眞, 文, 寒, 删, 蕭, 豪,
覃, 鹽 등 11개 운모에서 중성의 분포가 일치하고 있다.

이해를 돕기 위하여 다음에 몇 개 중성의 상이자들을 열거하여 본
다. 자음은 차례대로 『화동정음』, 『삼운성휘』, 『규장전운』의 순서이다.

江韻	舡	홍 / 항 / 항			
支韻	堅	게 / 긔 / 긔	饐	에 / 의 / 의
	規	귀 / 규 / 규	窺	귀 / 규 / 규
	累	뤼 / 류 / 류	隋	쉬 / 슈 / 슈
	唯	위 / 유 / 유	追	취 / 츄 / 츄
	几	긔 / 궤 / 궤	甌	귀 / 궤 / 궤
	毁	휘 / 훼 / 훼	夔	귀 / 기 / 기
魚韻	初	추 / 초 / 초	疎	수 / 소 / 소
	岨	져 / 조 / 조		
虞韻	銌	주 / 쥬 / 쥬	菟	투 / 도 / 도
泰韻	沬	매 / 미 / 미	濊	해 / 외 / 외
删韻	管	관 / 간 / 간	恝	괄 / 갈 / 갈
庚韻	瞠	졍 / 징 / 징	盟	밍 / 명 / 명
歌韻	它	샤 / 타 / 타		
鹽韻	瞼	렴 / 검 / 검	鈐	겸 / 검 / 검
	爗	좁 / 졉 / 졉		

몇 개의 예에 불과하지만 위의 비교에서도 앞에서 언급한 세 운서
사이의 관계를 어느 정도 짐작할 수 있다. 이와 같이 『삼운성휘』와

『규장전운』이 대체로 동일한 표기를 보여주는 것은 이들 운서 간의 관계를 파악하는 데 중요한 시사를 하고 있다.

『삼운성휘』나 『규장전운』의 동음은 『화동정음』에 비해 두드러지게 현실음에 가깝다. 이는 이미 『삼운성휘』가 서문에서 밝힌 바 있는데 『규장전운』도 이를 따르고 있음이 눈에 띈다.

특히 虞韻의 경우 『삼운성휘』와 『규장전운』에서 모두 'ㅗ'로 표음하고 있는 자들을 『화동정음』에서는 'ㅜ'로 표음하고 있다. 박성원은 虞韻의 頭註에 "此韻 中聲 皆從 ㅜㅠ 俗多從ㅗ非 註煩不箸俗音 觀者辨之"라고 기록하였다. 즉 그는 이미 당시의 행용음이 'ㅗ'로 바뀌어 있음을 알고 있었음에도 이를 바꾸지 않고 운서음대로 기록하는 보수적 태도를 취하고 있다.

결국 18세기 동음은 범례나 서 등에 기록된 편찬 배경이나 취음의 근거 등으로 미루어볼 때 화음을 기준으로 한 『화동정음』과 현실음을 바탕으로 하는 『삼운성휘』, 『규장전운』으로 양분된다고 할 수 있다.

2.4.3 종성체계

2.4.3.1 화음의 종성
화음의 종성은 다음과 같이 귀납된다.

ㅇ, ㄴ, ㅁ, ㅗ, ㅜ

화음의 종성은 다소 혼란된 모습을 드러낸다. 종성에 대해 홍계희는 범례에서 다음과 같이 말하고 있다.

漢音의 입성은 무종성이고, 침, 담의 여러 운은 ㄴ으로 종성을 삼는다. 이는 方音이 오히려 옛 뜻을 간직하고 있는 것만 못하다.[89]

280

이는 그가 당시 중국음의 입성에 대해 정확히 알고 있었다는 사실
을 의미한다. 그러나 실제 본문의 화음 표기에서 입성은 모두 소멸
된 음으로 표기하였으나, 侵, 覃韻은 여전히 종성에 'ㅁ'을 표기하고
있다. 이는 철저히 『사성통해』를 좇은 표기이다.

그런데 음운미의 표기에서는 『사성통해』를 따르지 않고 있다. 『사
성통해』는 蕭 肴, 豪, 尤운의 종성을 ㅱ으로 표기하였는데 『삼운성
휘』는 이를 'ㄴ/ㅜ'로 표기하고 있다. 이는 『화동정음』의 양상과 동
일하다.

2.4.3.2 동음의 종성
목록에서 홍계희는 『삼운성휘』에 수록된 동음의 종성을 다음과
같이 밝혔다.

    ㅇ 終聲 : 東冬江陽庚靑蒸
    ㄴ 終聲 : 眞文元寒刪先
    ㅁ 終聲 : 侵覃鹽咸
    ㄱ 終聲 : 屋沃覺藥陌錫職
    ㄹ 終聲 : 質物月曷黠屑
    ㅂ 終聲 : 緝合葉洽

즉 동음의 종성은 'ㅇ, ㄴ, ㅁ, ㄱ, ㄹ, ㅂ'의 여섯이다.
이들은 주지하다시피 양운미(ㅇ, ㄴ, ㅁ)와 입성운미(ㄱ, ㄹ, ㅂ)의
대립을 보여주며, 음운미는 핵모음으로 통합된 체계이다. 역시 『화동
정음』과 동일한 양상을 보인다.

---

89) "漢音入聲之無終聲 侵覃諸韻之以ㄴ 爲終聲 反不如方音之 猶有古意"(『三韻
聲彙』, 凡例)

3 奎章全韻

3.1 편찬 사항

3.1.1 편찬자와 편찬 시기

『御定奎章全韻』(이하『奎章全韻』으로 약칭)은 正祖의 명을 받아 李德懋가 중심이 되어 정조 20년(1796)에 편찬한 운서이다. 이덕무가 『규장전운』의 편찬에 관여하였음은 『增補文獻備考』나 『弘齋全書』 등의 기록에서 확인된다.

『증보문헌비고』의 기록에 따르면

    검서관 이덕무에게 명하여 제가의 운서에서 취하고 널리 증거를 모아
서 한 권을 풀이하게 하였다.[90]

라고 기록하여 이덕무의 편찬임이 확인되는데, 『홍재전서』 권 165 「일득록」에도 동일한 기사가 보인다.

    이는 다른 기록에서도 확인되는데 정조는

    "편역한 사람은 초계문신 이서구 등과 검서관 이덕무이다."[91]

라 기록하여 이덕무가 이 일에 참여하였음을 분명히 하였다.

    이덕무는 종실 무림군의 후손 성호의 서자로 영조 17년(1741)에 태어나 정조 17년(1793)에 세상을 떠났다. 字는 懋官, 號는 雅亭이나,

---

90) "命 檢書官 李德懋取諸家韻書 博據廣證詮次一部"(『증보문헌비고』, 예문고)
91) "編役者抄啓文臣李書九等 檢書官 李德懋也……"(『弘齋全書』, 群書表記, 奎章全韻條)

서얼의 신분 탓으로 사회 활동에 제약을 받아 주로 이서구, 박제가, 유득공, 박지원 등과 교유하였다.

정조 3년에 규장각검서[92]에 임명되어 정조의 사랑을 받으며 『국조보감』, 『대전통편』, 『무예도보통지』 등의 편찬에 중요한 역할을 하였다. 그의 문집으로 전하는 『청장관전서』는 71권 25책의 거질로 그의 박학다재함이 잘 나타나 있다.

『규장전운』의 편찬에는 李德懋 이외에도 여러 사람들이 관여하였다. 그의 문집인 『청장관전서』의 「年譜」에는 다음과 같이 기록되어 있다.

> 壬子3월 …… 초9일 本仕를 제하고 어정 『규장전운』을 편집하였다. …… 책이 만들어지자 각신 윤행임, 서영보, 남공철, 이서구, 이가환 비서교리 성대중, 검서관 유득공, 박제가 등에 명하여 두 차례에 걸쳐 교열하게 하고, 명하여 판을 새기게 하였으나 이루지 못했다. 공이 사망한 후 병진년 가을에 비로소 인쇄하여 반포하였다.[93]

이에 따르면 『규장전운』을 실제로 집필한 것은 이덕무이고 윤행임, 서영보를 비롯한 8명이 이를 '考校二通', 즉 2회에 걸쳐 원고를 검토하여 완성시켰다.

한편 『규장전운』의 편찬이 언제 시작되었는지는 확실하지 않다. 다만 『弘齋全書』, 「일득록」에 "奎章全韻歷屢年始成考……"라 기록되어 있음을 보아 상당한 기일이 소요되었음을 알 수 있을 뿐이다.

---

92) 정조 3년 3월 27일 정조는 처음으로 내각에 검서관을 두었는데 庶類 가운데 문예가 있는 사람으로 차출하여 4인을 선발하였다.

93) "壬子三月 …… 初九日除本仕 編輯御定奎章全韻 …… 書進命閣臣尹公行恁 徐公榮輔 南公公轍 承宣李書九 李公家煥 秘書校理成公大中 檢書官柳公得恭 朴公齊家 考校二通後 命鋟版未果 公卒後丙辰秋始印頒"(『靑莊館全書』, 年譜)

『규장전운』의 편찬이 완료된 것은 정조 16년(壬子, 1792)이다. 그러나 이를 간행한 것은 그로부터 4년뒤인 정조 20년(丙辰, 1796)이다. 편찬의 완료와 간행시기 사이에 4년의 차이가 생긴 것은 이덕무의 죽음과 이에 따른 재정적 부담의 발생 때문이었다. 정조는 이를 알고 앞장서서 편찬사업을 후원한다.

이덕무의 아들 이광규가 기록한「선고부군 유사」에 따르면 이덕무가 죽은 지 2년 뒤인 정조 19년 을묘년(1795)에 임금이 다음과 같이 하교하였다.

지금 운서를 간행하는 일로서 생각해 보니 고 검서관 이덕무의 재식이 아직까지 잊혀지지 않는다. 들건대 그 아들이 거상을 마쳤다 하니 이광규를 검서관으로 특차하라. …… 그들 집안의 힘으로 어떻게 그 유고를 간행할 수 있겠는가? 책의 간행을 계기로 유치전 500냥을 특별히 내리라.[94]

즉 을묘년에 정조가『규장전운』의 간행을 위한 재정적 후원을 지시한 것이다. 이는 박지원이 쓴 이덕무의 행장에서도 동일한 내용이 실려 있어 확인이 된다. [95]

결국『규장전운』의 원고가 완성된 것은 이덕무가 세상을 떠나기 한 해 전인 정조 16년이고, 그 후 3년 뒤인 을묘년에 임금의 명을 받아 간행 작업이 시작되어 이듬해인 정조 20년 8월에 인쇄가 마무리되었다.

---

94) "乙卯四月初三日 上敎曰 今因韻書印役事思之 故檢書李德懋之才識 尙今不忘 其子聞已闋服 李光葵特差檢書官 …… 中略……渠之家力 何以辦得印藁乎 印書次留置錢五百兩特給"(『靑莊館全書』, 雅亭遺稿, 附錄)

95) "乙卯月日 上下傳旨內閣曰 今因韻書新印 追思之 故檢書李德懋才識 尙不忘 閣臣徵其遺稿于家 刪定而刊行之 賜內帑錢五百緡以爲剞劂費 命錄其孤光葵復爲檢書"(『靑莊館全書』, 雅亭遺稿, 附錄. 같은 책에 실려 있는 原任直閣 尹行恁의「墓碣銘에」도 동일한 내용이 나온다.)

인쇄가 완료되자, 정조는 이 운서를 서울과 지방에 널리 반포하였고,[96] 다음해 1월에는 제주에서 열린 승보시에 상으로 『규장전운』을 주도록 영을 내렸다.[97] 또 9월에도 수원 등 10개 읍의 유생이 지은 시문을 심사하여 상으로 이 책을 하사하는[98] 등, 자신이 주도적으로 편찬한 운서가 사장되지 않고 널리 쓰일 수 있도록 이 책의 보급에 힘썼다.

3.1.2 편찬 동기

『규장전운』은 임금의 명을 받아 만들어진 칙찬 운서라는 점에서는 『동국정운』과 유사하나 그 동기는 상당히 달랐다. 세종이 『동국정운』을 편찬하게 한 의도가 당시의 한자음을 바로잡고자 하는 것이었다면, 정조가 새로운 운서의 편찬을 명한 것은 한자음에 대한 불만이 아니라 기존 운서에 대한 불만이었다. 그 불만은 당시의 시인들이 시를 지을 때 한자의 사성체계를 제대로 살리지 못하는 데에 있었고, 이렇게 된 원인을 운서의 미비함에서 찾은 것이다.[99]

그리고 정조는 이러한 잘못의 근원을 『三韻通考』에 돌리고 있다. 『삼운통고』는 수록 한자 수도 적고 주석도 소략할뿐더러, 삼단체제로 편찬되어 名과 實이 괴리되었고 이에 따라 『사성통해』나 『화동정음』 등 한국 운서가 삼단체제로 편찬되었으며, 결과적으로 우리나라에서 시를 지을 때 한자의 사성체제가 무시되었다는 것이다.[100]

---

96) "頒賜御定奎章全韻于中外"(『正祖實錄』, 正祖 20년 8월)
97) "丁未濟州牧使柳師模啓言 本島儒生陞補考官未備 不得設行 回諭曰陞補旣未 設行 卿其出詩賦論箋銘頌題 與島中文侍從考試 …… 次三人 奎章全韻 各一 件 賜給"(『正祖實錄』, 正祖 21年 正月)
98) "御考水原等十邑儒生應製 施賞有差 …… 幼學許赴監試會試 餘賜御定五倫 行實 史記 英選 陸奏約選 『奎章全韻』等書"(『正祖實錄』, 正祖 21年 9月)
99) 『규장전운』의 편찬 의도에 대해서는 정경일(1984)을 참고할 것.

정조의 이와 같은 주장은 『삼운통고』의 미비점에 대한 지적이다. 그러나 이 지적은 오히려 당시에 『삼운통고』가 시를 짓는 데에 매우 널리 쓰이고 있었음을 증거하는 내용이기도 하다. 물론 『삼운통고』를 비롯한 조선 후기 운서의 삼단체제가 사성을 완전히 무시한 것은 아니며, 다만 입성을 운서의 뒷부분에 따로이 모아놓고 있을 뿐이다. 『삼운통고』에서 비롯된 이러한 운서편찬 방식은 중국 한자음과 한국 한자음의 음운적 차이의 인식에 바탕한 우리 나름대로의 독특한 방식이었을 것이다. 또 그러하였기 때문에 이와 같은 체제의 운서가 지속적으로 사용되었을 것이다.

따라서 『규장전운』은 특별히 그 체제상의 변화가 심하다. 이는 정조가 이 운서를 편찬하게 한 의도와 관련시켜 보아야 할 대목이다.

정조는 즉위 원년인 정유년(1777)에 실시한 광전시에 내린 글[101]에서 우리나라가 문화적으로 매우 뒤떨어짐을 한탄하고 중국의 여러 나라에 왕립교육기관이 있음을 열거한 뒤, 그를 본받아 규장각을 설치할 것을 밝혔다.

이는 정조가 문화 정책에 있어 세종과 견줄 수 있을 만큼 커다란 관심과 정열을 가지고 있었음을 알게 해주는 대목이다. 특히 규장각은 세종이 설치한 집현전과 아울러 국가의 기강을 확립하고 그 제도와 의식 등의 토대를 연구하고 구비하게 하려는 근본 목적이 서로 일치하고 있다.

이와 같이 우리 문화에 깊은 관심을 보인 정조는 한편 당시의 시

---

100) "我東韻書之最先出者則三韻通考 而取字狹少 訓註疎略 又以四聲爲三韻 名實已甚乖剌 …… 崔世珍之通解 朴性源之通釋 其於音切頗致詳備乃若字狹註略 彙以三韻別置入聲 有失韻本四聲之義"(『弘齋全書』, 日得錄)
　　"三韻通考 朴性源 華東正音 又因通考 增入若干字 而二書 皆以四聲爲三音 則鹵莽亦甚矣 ……"(『弘齋全書』, 日得錄, 群書標記, 奎章韻瑞 條)
101) 『弘齋全書』, 奎章閣條 참조.

인들이 한시를 지으면서 입성을 무시하는 경향에 대해 강한 불만을
나타내었고[102] 이는 결국 운서에 대한 불만으로 이어져 새로운 운서
를 편찬하는 계기가 된다.

정조는 즉위 이듬해인 戊戌 12월 서명응, 이중우, 김용겸 등과 음
악에 대해 논의하며 예로부터 전해오는 樂書와 樂制 등에 대해 이
야기하던 끝에 운서에 대해서도 언급하게 된다. 정조는 음악에 관해
서는 여러 종류의 악서가 만들어졌는데 왜 시문을 짓는 데 필요한
운서는 만들어지지 않았는지를 묻는다.

임금이 말하기를 "운서는 어찌하여 만들어지지 않는가?" 서명응이 답
하기를 "소장형과 여유기의 운서를 살펴보니 통운과 협운의 법이 각각
다르고 같음이 있습니다. 삼운통고와 삼운성휘 등의 운서는 또한 심약의
운자들과 서로 더하고 덜함이 있습니다. 이리하여 절충하는 것이 어려워
책을 이룸이 쉽지 않습니다."[103]

이러한 논의 끝에 정조는 운서에 대해 관심을 가지게 되고 이어
그 이듬해에 운서의 편찬을 명하게 된다.[104] 그러나 이 때 서명응 등
에게 편찬을 명한 운서는 『규장전운』이 아니라 『奎章韻瑞』라는 또
하나의 운서이었다. 『규장운서』에 대해 『규장전운』과 동일시하는 견

---

102) "我國科詩之不押入聲可謂無謂之甚 唐制以詩取士 以其八股排律 故專押平聲
　　 而今之科詩 非排非古 自是一體 平上去三聲通同遍用 而獨不押入聲 是果何所
　　 據也"(『弘齋全書』, 日得錄)
103) "上曰 韻書則 何不出成乎 命膺曰 得見邵長衡呂裕祺韻書則 通韻協韻之法
　　 各有異同 通考聲彙等書又與沈約韻字互有增刪 以是折衷爲難 成書未易矣"
　　 (『正祖實錄』, 正祖 2年, 12月)
104) "予於己亥 命閣臣徐命膺 就禮部韻略以下數家韻書 參互考證 去短取長 自字
　　 母均調 以及 古叶古通 使之開卷瞭然 其目曰 四聲譜 曰音譜 曰樂韻 曰古韻"
　　 (『弘齋全書』, 群書標記 奎章韻瑞八卷 條)

해가[105] 일부 있었으나 이 책은 『규장전운』과는 전혀 다른 운서이었다. 『增補文獻備考』 「藝文考」에는

> 奎章全韻　二卷
> 奎章韻瑞　八卷　正祖 己亥 命徐命膺編

이라 기록하여 다른 책임을 분명히 하였다. 또한 正祖도 그의 문집인 『弘齋全書』에

> 奎章全韻　二卷　刊本
> 奎章韻瑞　八卷　寫本

이라 기록하여 이 두 책을 구분하여 기록하고 있음을 볼 수 있다.

이 두 책이 운서에 깊은 관심을 가지고 새로운 운서의 편찬을 명하기까지 한 제왕의 기술에서 별개의 운서로 기록되어 있음은 이 두 책의 동일 여부에 관한 논란에서 주목할 부분이다. 이 밖에 이덕무의 기록들에 따르면 『규장운서』는 운서라기보다는 字書 또는 辭書의 성격을 띤 책으로 판단되며, 이로 인해 작시용으로는 지나치게 번다한 흠이 있어 결국 간행되지 못한 것으로 추측된다.[106] 이에 따라 『규장전운』이 편찬되는 계기가 만들어진 것이다.

운서에 대해 정조는 상당한 관심과 지식이 있었다. 그가 세종과 같이 성운학에 정통했다는 기록은 보이지 않는다. 오히려 운서에 관

---

105) 小倉進平(1940)은 두 책은 同一書에 대한 異名으로 처음에는 『규장운서』라 부르다가 『규장전운』으로 개명한 것으로 보았고, 김민수(1980)는 서명응과 이덕무가 1778년에 편찬한 『규장운서』를 이덕무가 1792년에 개찬하였고, 1796년 간행할 때 『규장전운』이라 부르게 되었다고 했다.

106) 규장운서의 간행과 성격에 관해서는 정경일(1984)을 참조할 것.

한 정조의 관심은 운학의 음운론적인 측면보다는 문학적 효용이라는 측면에 더 기울어져 있었던 것으로 보인다. 이는 그의 치세기간에 나타난 문예 운동의 흐름으로 보아 그가 문학에 상당한 관심이 있었고, 이에 따라 그는 올바른 시를 짓기 위하여 좋은 운서의 필요성을 느끼고 있었던 듯하다.

『弘齋全書』의 다음 기록을 보기로 하자.

세상에서 심약을 음운의 조종으로 생각한다. 그러나 수백 년에 걸쳐 논의가 분분하다. 그 하나는 수의 육법언이 심약의 유보를 증보하여 사성절운을 만들었는데 이제 유보가 전해지지 않는다. 당의 손면은 사성절운을 증보하여 당운을 만드니 사성절운이 전해지지 않는다. 송 상부연간에 당운을 증보하여 광운을 만드니 이제 당운이 또한 전하여지지 않는다. 이로보아 요즘의 운이 심약이 정한 운이 아님이 분명하다.[107]

이에 이어지는 논의에서 정조는 중국 운서에 대해 해박한 설명을 계속하고 있다. 이를 통해 우리는 정조가 운서에 대해 상당한 식견을 갖추고 있었음을 알 수 있다.

운서에 관한 정조의 이러한 관심은 同王 11년에 간행된 박성원의 『華東正音』再刊에 서문을 없는 성의를 보이는 데에까지 이어진다. 그는 이 서문에서

요즘 인사들은 헛되고 구차하게 습속을 좇아 한자를 잘못 읽고 다시 초중종 삼성과 자모 칠음의 법이 화음이 옛날 소리로부터 변하였음을 알

---

107) "世以沈約爲音韻之宗 然數百年來 聚訟紛然 一則曰 隋陸法言增沈約類譜爲四聲切韻而類譜絶 唐孫愐增四聲切韻爲唐韻 而四聲切韻又絶 宋祥符年間增唐韻爲而廣韻而唐韻又絶 今韻之非沈韻明矣"(『弘齋全書』, 群書標記 奎章韻瑞條)

지 못한다. 이것은 이른바 전와된 것으로 가히 바로잡을 수 있다. 박성원
이 편찬한 화동정운이 이를 많이 바로잡았다.[108]

라고 하여 당시 지식인들이 운학에 대한 지식이 없어 글자를 모두
잘못 읽고 있으며 박성원이 이를 바로잡고 있다고 칭찬하고 있다.

박성원이 『화동정음』을 편찬한 것은 영조 12년(정묘, 1747)이다. 따
라서 앞서 언급했듯이 정조가 신하들에게 새로운 운서의 편찬을 명
한 당시에 이미 정조는 『화동정음』의 존재와 그 가치에 대해 알고 있
었을 것이다. 그리고 그가 이 운서의 재간에 직접 서문을 얹은 점으
로 보아 이 운서에 대해 매우 좋은 평가를 하고 있음을 알 수 있다.

그런데도 그가 새로운 운서의 편찬을 명한 것은 어떤 이유일까?
이는 당시의 운서들에 대해 그가 불만을 가지고 있었기 때문이다.

『弘齋全書』의 기록을 계속 보자. 정조는 조선 초에 편찬된 우리
나라의 운서들이 사라져 전하지 못함을 안타까이 여기고 있다.

우리 세종조에 유신들에게 명하여 운서를 찬집하였으나 지금은 전하지
않는다. 요즘의 삼운통고는 그 출처를 알지 못하겠다.[109]

이 기록으로 미루어 이미 『동국정운』이나 『홍무정운역훈』 등은
이 시기에 전해지지 않고 있었던 것으로 보인다.

그러나 전해지는 운서들도 그에게는 여러 가지가 불만스러웠다.

---

108) "近世人士 鹵莽苟且隨俗誤讀 不復知有初中終三聲 字母七音之法 殆甚於華
音之變古 是則所謂轉訛而可正者也 朴性源所撰華東正韻 頗能正之"(『華東正
音』, 正祖 序文)

109) "我 世宗朝 命儒臣撰集韻書 而卒無傳 今之三韻通考 不知出處"(『弘齋全書』,
群書標記 奎章韻瑞 條)

우리나라 운서 가운데 가장 먼저 나타난 것은 삼운통고이다. 그러나
수록하고 있는 글자의 수가 적고 자훈의 주석이 매우 간략하다. 또 사성
을 삼운으로 배열하였으니 이는 명과 실이 심히 어그러진 일이다. ……
최세진의 사성통해와 박성원의 정음통석은 그 자음은 매우 자세한 바가
있으나 글자가 적고 훈주가 간략하며 삼운으로 모으고 입성을 따로 두었
다. 이는 운이 본래 사성인 뜻을 잃은 것이다. …… 박성원의 화동정음은
또 삼운통고에 바탕하여 약간의 글자를 더하였으나 이 두 책은 모두 사
성을 삼음으로 만들었으니 헛됨이 심하다.[110]

이로 볼 때 운서에 대한 정조의 불만은 결국 다음 세 가지로 요약
된다.

1) 자수의 협소
2) 훈주의 소략
3) 사성의 삼운배치

이에 따라 정조는 『규장전운』을 만들면서 자수를 늘이고 주석을
보완하도록 하였고, 운서의 체재를 4단체재로 바꾸도록 한 것이다.
특히 주석은 중국 운서와 우리나라 운서의 두드러진 차이에 해당한
다. 중국 운서들은 운서를 자음의 표준으로서만 아니고 자의의 주석
을 활용하기 위한 용도로 생각하여 상당히 자세한 주석을 달고 있다.
반면 우리나라의 운서들은 자의보다는 자음의 정리에 운서 편찬의

110) "我東韻書之最先出者卽三韻通考 而取字狹少 訓註疎略 又以四聲爲三韻 名
實已甚乖剌 …… 中略 …… 崔世珍之通解 朴性源之通釋 其於音切頗致詳備
乃若字狹註略 彙以三韻別置入聲 有失本韻四聲之義一也 …… 朴性源 華東正
音 又因通考 增入若干字 而二書皆以四聲爲三音則鹵莽亦甚矣"(『弘齋全書』,
群書標記 奎章韻瑞 條)

초점을 맞추고 있다. 이에 따라 대부분 2~3자 정도로 간략히 주석을 달고 있다. 『규장전운』도 결과적으로 중국 운서와 같이 방대한 주석을 붙이지는 못하였다.[111]

정조는 특히 세번째 사항에 대하여 강한 불만을 나타내고 있다. 그는 당시인들이 작시에 있어 입성을 제대로 압운하지 않는 이유를 운서의 탓으로 돌리고 새로운 운서를 이덕무에게 명하니 이덕무는 정조 16년(壬子, 1792)에 이 운서의 편찬을 완료한다.

편찬완료 후 4년 뒤인 정조 20년 8월 『규장전운』의 간행이 완료되어 서울과 지방에 반포된다. 이 때 정조가 내린 傳敎의 내용을 보면 그가 이 운서를 편찬하게 된 동기가 분명히 드러난다. 다음에 전교 내용을 옮겨본다.

우리나라 운서에 있어서 삼운으로 모으고 입성을 따로 두는 것은 운이 사성에 근본하는 뜻에 어긋난다. 증운과 입성을 운달지 않고 과거장에서 증보를 운달지 않는 것도 通韻과 叶音의 격식을 알지 못하기 때문이니 너무도 엉성하고 노둔하다 하겠다. 이 때문에 널리 전거를 대고 증명하여 이 책을 편집하도록 명한 것이다. 이후로 공적인 것이나 사적인 것에서 압운자 및 입성을 이 운서의 의례와 식령에 준하도록 하라. 이 일을 서울과 지방의 시험을 관장하는 관사에 분부하도록 하라. 곧 나의 고심은 속습을 바로잡고자 하는 데 있으니 이 책을 편집한 것이 어찌 음성을 조화롭게 쓰게 하고자 하는 것일 뿐이겠는가. 바로 거짓된 누습을 한 번 씻어내고자 하는 것이다.[112]

---

111) 이에 대하여는 제5장.1.2.2 참조.

112) "敎曰 我東韻書之彙以三韻 別置入聲 有非韻本四聲之義 而不押增韻與入聲
科場不押增補 亦不曉通韻叶音之格 鹵莽莫甚 所以博據廣證 命編是書者也 此
後公私押韻字及入聲 準此韻書義例式令事 分付京外 掌試之司 卽予若心在於
矯俗正習 是書之編 豈特專爲諸音比聲 政欲一洗詒僞之陋 近年印本書冊 御諱

292

3.2 체제와 형식적 특징

3.2.1 체제

『규장전운』의 체제는 다음과 같다

　어정 규장전운 의례
　어정 규장전운 부목
　본문

「의례」는 서문에 해당한다. 누가 썼는지가 밝혀져 있지 않으나 편찬자인 이덕무가 쓴 것으로 짐작된다. 「부목」은 106운의 목록과 다른 운과의 通韻 관계를 기록하고 있다.

「본문」은 한 면을 4단으로 나누어 각각 평상거입성을 표기하는 4단체제로 되어 있다. 이 점이 이 운서의 가장 큰 특징이다. 사성을 모두 묶어 한 면에 표기하는 방식은 북송대부터 발달한 운도에서 채택한 방식이다. 운도는 縱으로는 평상거입의 사성을 나누고, 橫으로는 36자모를 배열하여 그 종황의 결합, 즉 성운의 결합으로 한자음을 표시하는 방식이다. 이는 기존의 운서가 가지는 자음 확인상의 불편을 해소하기 위한 새로운 방안이었다. (이돈주: 1995, 66 ; 이재돈 1993, 137)『삼운통고』도 이 방식을 일부 받아들였던 것으로 이해하여야 한다. 그러나『삼운통고』의 편찬자는 평상거성과 달리 입성자는 음절 말 자음의 조건에 따라 성조가 분명히 변별되므로 입성자를 따로 모으고 평상거성을 함께 모으는 방식으로 수정한 것이다.

────────────

之刪劃 所見甚駭然 屢勤飭敎 不卽復古 甚至諱稱字音 中間並諱之 因循而 無非可以矯正之端 自今似此習俗 一切嚴禁 韻書今日爲始行用"(『正祖實錄』, 正祖 20年 8月)

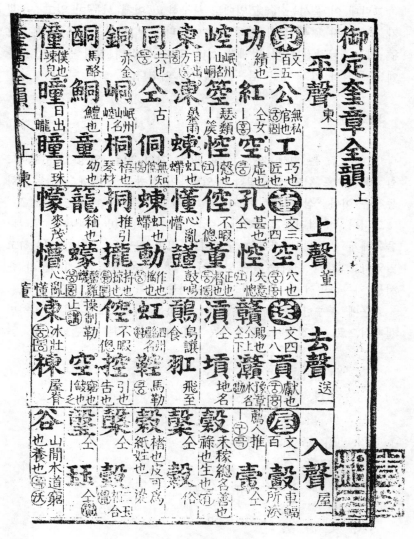

〈그림 12〉『奎章全韻』

294

그런데 이 운서는 '御定'임에도 불구하고 '어제 서문'이 없고 '범례'
가 수록되지 않은 점이 이해하기 어렵다. 이덕무의 문집인 『雅亭遺
稿』에는 『규장전운』의 범례가 실려 있다. 그런데 정작 운서의 본문
에 수록되어 있지 않은 점은 이해하기 어렵다.

3.2.2 운목

『규장전운』은 평성 30운, 상성 29운, 거성 30운, 입성 17운 등 도
합 106운으로 한자를 구별하고 있다. 이 분류는 당시에 편찬된 『화
동정음』이나 『삼운성휘』 등과도 일치한다.

그러나 『규장전운』의 편자는 당시에 이러한 106운체제가 우리말
음운체계 내부에서 명확히 구별되는 것이 아님을 분명히 인식하고
있었다. 그래서 편자는 서두의 「어정 규장전운 부목」에 106운의 순
서를 기록하면서 각 운목에 서로 통하는 운목들을 부기하고 있다.

각운에 부주한 통운에 기초하여 평성을 기준으로 다시 정리하면
실제적으로 『규장전운』의 운류는 다음과 같이 10류로 귀납된다.

一. 東, 冬, 江
二. 支, 微, 齊, 佳, 灰
三. 魚, 虞
四. 眞, 文, 元, 寒, 刪, 先
五. 蕭, 豪, 肴
六. 歌, 麻
七. 陽
八. 庚, 淸, 蒸
九. 尤
十. 浸, 覃, 咸, 鹽

이 분류는 대체로 운미를 기준으로 한 것이다. 각 운류의 운미는 다음과 같다.

一. /-ŋ/　二. /-i/　三. /-ø/　四. /-n/　五. /-u/
六. /-ø/　七. /-ŋ/　八. /-ŋ/　九. /-u/　十. /-m/

이와 같은 분류는 동시대 운서인 『화동정음』과 비교할 때 상당히 현실적이다. 『화동정음』은 범례에서 운목의 분류를 『홍무정운』을 기준으로 하여 22운류로 나누어 결국 『사성통해』의 운류와 같이 되었다. 이는 화음을 기준으로 한 것인데, 동음의 분류에 대하여는 아무 언급이 없다. 그러나 『규장전운』은 동음을 기준으로 하였음을 볼 수 있다. 따라서 편자들의 의식 차이를 볼 수 있다.

3.2.3 자수

정조는 『규장전운』의 편찬을 명하면서 기존 운서들에 대한 불만의 한 가지로 그들이 자음은 정확히 기록하고 있으나 수록하고 있는 한자들의 숫자가 많지 않음[113]을 지적하였다. 따라서 새로 만들어진 운서는 정조의 이와 같은 불만을 해소하기 위하여 상당히 많은 수의 한자를 수록하고 있을 것으로 기대된다. 의례에 기록된 바에 따르면 『규장전운』에 수록된 한자의 수는 다음과 같다.

原 一萬九百六十四

---

113) "我東韻書之最先出者 卽三韻通考 而取字狹少 訓註疎略 又以四聲爲三韻 名實已甚乖剌 …… 中略 …… 崔世珍之通解 朴性源之通釋 其於音切頗致詳備 乃若字狹註略 彙以三韻別置入聲 有失本韻四聲之義一也"(『弘齋全書』, 권 165, 日得錄)

296

增　　二千一百二
마　　二百七十九

이들을 합하면 모두 13,345자에 달한다. 그러면 다른 운서들의 경우는 어떠한가? 조선시대에 주로 쓰였던 운서들의 수록 한자 수는 다음과 같다.

1) 예부운략 :　　9,596자
2) 삼운통고 :　　9,732자
3) 삼운성휘 :　12,965자
4) 화동정음 :　11,377자

『규장전운』의 수록 한자는 『예부운략』이나 『삼운통고』에 비하면 3,500여 자의 증가를 보이고 있으나 동시대의 운서들에 비하면 그다지 많은 수의 증가를 보여주지 않는다. 『화동정음』과 비교할 때는 1,968자, 『삼운성휘』와 비교할 때 380자의 증가에 그치고 있다. 그러나 동시대 운서에 비해 약간의 증가에 그치고 있다는 것은 『규장전운』에 실린 13,300여 자의 한자가 당시에 사용되던 한자의 대부분이었던 것으로 판단할 수 있다.

그런데 「의례」에서 수록된 한자 수를 보여줄 때 구별하였던 '原, 增, 마'은 무엇을 의미하는가? 먼저 '原'은 이덕무 등이 운서를 편찬할 당시 기준으로 삼았던 운서의 수록 한자 수임을 예상할 수 있다. 「의례」는 『규장전운』의 편찬할 때 저본으로 『화동정음』을 참고하였음을 분명히 밝히고 있다.[114]

---

114) "華音東音之逐字異讀字　標以傍識之　匡以圈加之　諺註以分析之　皆依華東正音之舊而尤致詳焉"(『奎章全韻』, 義例)

　　이 기록에 '華東正音之舊'라는 내용이 기술되어 있다. 『화동정음』의 구판을

　　그런데 『화동정음』은 『삼운통고』를 저본으로 하여 편찬되었다.
『화동정음』도 본문에 각 운목의 뒤에 증보된 한자를 수록하고 있는
데, 일단[115] 『삼운통고』를 기준으로 하고 거기에 박성원이 선정한 한
자를 증보하는 방식으로 되어 있다. 따라서 이덕무 등도 『화동정음』
이 채택한 이 방식을 그대로 원용한 것으로 보인다.[116] 다만 글자 수
는 박성원이 『삼운통고』의 한자를 그대로 수록하지는 않았듯, 정확
하게 『화동정음』의 것을 따르지는 않고 있음을 알 수 있다.

　　한편 '增'도 문자적 의미 그대로 이덕무 등이 『화동정음』 전체를
기준으로 새로이 증보한 것이 아니라, 다만 박성원의 방식을 그대로
원용한 것에 불과하다. 결국 '原'과 '增'이라는 표기는 특정 운서를
기준으로 삼은 것이 아니라 『화동정음』이 택하고 있는 방식을 그대
로 따르면서 각각의 항목에 이덕무 등이 임의의 한자를 더 넣어 편
찬한 것이다.

　　그러나 '叶'은 다른 운서에 나타나지 않은 이 운서만의 특징이다.
'叶'은 '叶音'을 의미한다. 『규장전운』의 편찬자들은 협음이 송의 吳
棫에서 비롯되었다고 알고 있었다.[117] 그러나 오역이 협음의 이론을

<hr>

참고하였다는 내용이다. 주지하는 바와 같이 『화동정음』은 두 번에 걸쳐 간행
된다. 초판은 영조 23년(1747) 박성원에 의하여 편찬 간행되고, 재판은 그로부
터 40년 뒤인 정조 11년(1787) 초판에 정조의 序文이 붙어 간행된다. 따라서
이 기록은 이덕무 등이 『규장전운』을 편찬하면서 『화동정음』의 초판을 참고했
다는 의미로 해석해야 한다. 그러나 초판과 재판 사이에는 정조의 서문이 부가
됨에 따른 편찬상의 조정은 있으나 실제적인 내용의 차이는 나타나지 않으므
로 『화동정음』의 어느 판본을 참고했느냐 하는 점은 그다지 중요하지 않다.
115) 『화동정음』이 『삼운통고』를 기준으로 했음은 두 운서의 체제나 수록된 한자
　　의 순서 등을 비교할 때 분명히 드러난다. 그러나 그 순서와 자수가 완전히 일
　　치하지는 않는다.
116) 『삼운성휘』는 수록 한자의 증보 여부를 밝히지 않고, 그대로 본문 속에 동일
　　한 자격으로 기록하고 있다.
117) "叶音之稱 昉於吳棫韻補 朱子取之以釋毛詩離騷今略爲抄附 至於通韻之辨有

처음 제창한 것은 아니다. 叶音이란 상고시대 운문의 운자들이 절운 계 운서와 어긋나는 경우에 이들 사이의 음운변화를 인정하지 않고 단순히 글자들 사이에 운을 맞추어 썼던 결과라고 그릇 해석하는 데 서 나온 주장이다. 이에 따라 송의 오역은 古韻通轉說을 주장하여 광운의 206운을 기계적으로 합하여 9류로 나누었다. 또 鄭庠도 고운 을 6부로 나누었다.

협운설은 한때 학자들의 지지를 받았으니 주희의 시집전은 이러한 협음설을 집대성한 것이라 할 수 있고(이재돈: 1993, 218) 청대에 편 찬된 자서인 강희자전도 이를 수용하고 있다. (왕력: 1980, 266)

그러나 음운의 변화를 무시하고 단순하게 일 대 일의 비교를 기계 적으로 상고음을 분류하는 이와 같은 방식으로는 상고음의 실상을 정확히 보여줄 수 없다. 明의 陳第는 「毛詩古音考」에서 "時有古今 地有南北 字有更革 音有轉移"라고 음운의 변화를 인정하지 않는 협 음설의 입장을 비판하였다. 이와 같은 비판은 그 후 顧炎武에게 이 어져 협음설은 더 이상 지지를 받지 못하게 되었다.

그런데 이덕무 등은 명대에 이루어진 이와 같은 비판에 대해서는 정확히 알지 못하였던 것으로 보인다. 그는 오역에서 비롯되어 주자 가 毛詩와 離騷 등을 해석하는 데 사용된 협음을 기록하였는데, 모 두 279자의 협음을 기록하고 있다.

구체적으로 협음이란 어떤 것이었는가? 다음에 이 운서에 기록된 협음을 제시하고 그 방식을 설명해 보자. 平聲 東韻에는 153자의 원 문과 52자의 증문이 실려 있고 그 다음에 16자의 협음이 실려 있다. 그 16자는 다음과 같다.

　　㽃 文十六 貪渠容切易林 調徒紅切毛詩 分膚容切七啓 尊祖賓切太玄

　　若聚訟而證之 古樂府杜韓詩 最有可據 以次附于各韻之下"(『奎章全韻』, 義例)

洚書容切易 應於容切易 陰於容切毛詩 弘火宮切毛詩 明莫紅切易林 虞
五紅切毛詩 牙五紅切毛詩 家各空切毛詩 章之戎切書 堂七公切九歌 諶
市隆切毛詩 國古紅切老子

이들은 당시 현실음을 기준으로 하면 결코 東韻에 속할 수 없는 것들인데 해당 글자의 反切에 이어 기록된 옛 문헌들, 즉 毛詩나 易, 易林, 太玄, 老子 등에서는 東韻에 속한 한자로 쓰였었다는 의미이다. 이들 한자의『광운』의 반절은 다음과 같다.

禽 巨金切(平聲, 侵韻)   調 徒聊切(平聲, 蕭韻)[118]
分 府文切(平聲, 文韻)[119] 䝮 祖昆切(平聲, 魂韻)
洚 他骨切(入聲, 月韻)[120] 應 於陵切(平聲, 蒸韻)[121]
陰 於金切(平聲, 侵韻)   弘 胡肱切(平聲, 登韻)
明 武兵切(平聲, 庚韻)   虞 遇俱切(平聲, 虞韻)
牙 五加切(平聲, 麻韻)   家 古牙切(平聲, 麻韻)
章 諸良切(平聲, 陽韻)   堂 徒郎切(平聲, 唐韻)
諶 氏任切(平聲, 侵韻)   國 古或切(入聲, 德韻)

따라서 이를 수록하고 있는 것은 당시의 문인들 사이에 중국 고시를 읽으면서 韻이 어긋나는 점에 대한 논의가 있었음을 의미한다. 이에 대해 특히『규장전운』이 정조의 칙찬운서라는 점과 정조가 시운에 대해 상당한 관심과 식견이 있었던 점을 고려한다면 협음을 운서에 반영한 것은 「詩程」을 제정하여 우리나라 시의 폐풍을 시정하

---

118) 이 밖에 平聲 尤韻의 張流切, 去聲 嘯韻의 徒弔切 등 2음이 더 있다.
119) 이 밖에 去聲 問韻의 扶問切이 더 있다.
120) 광운에는 수록되어 있지 않다. 집운의 반절이다.
121) 이 밖에 去聲 證韻의 於證切이 더 있다.

300

고, 시를 익히는 기준에 있어서도 궁극적으로 杜甫에까지 이르러야
한다고 주장한(이병주 : 1987, 176) 정조의 의지가 반영된 것이다.

그러나 모든 운목에 협음이 기록된 것은 아니다. 협음이 기록된
운목과 기록 자수를 정리하면 다음과 같다.

〈표 27〉 협음이 표기된 운목과 협음의 수

운목	성조	협음 수	운목	성조	협음 수
東	平聲	16	董	上聲	4
屋	入聲	6	支	平聲	15
紙	上聲	8	寘	去聲	15
魚	平聲	10	語	上聲	18
御	去聲	9	眞	平聲	10
震	去聲	2	質	入聲	10
蕭	平聲	7	葆	上聲	3
嘯	去聲	5	歌	平聲	9
箇	去聲	4	陽	平聲	22
養	上聲	5	漾	去聲	8
藥	入聲	19	庚	平聲	11
陌	入聲	11	尤	平聲	20
宥	上聲	9	宥	去聲	9
侵	平聲	8	緝	入聲	6

3.2.4 字順

『규장전운』은 「의례」에서 한자 배열 순서에 대해 다음과 같이 기록하고 있다.

> 한자의 차례는 옛 운서에 따랐는데, 자모의 차례는 언문의 반절의 순서에 따라 정하였다.[122)]

이에 따르면 이 운서는 전체적으로 옛 운서를 따랐고 자모, 즉 글자의 배열 순서는 한글 순서로 하였음을 알 수 있다. 그러면 여기에서 말하고 있는 고운서는 과연 어떤 것일까? 현재 이를 확인할 수 있는 뚜렷한 기록은 없다. 『증보문헌비고』에 보면 정조가 이덕무에게 운서 편찬을 명하면서 '널리 여러 운서를 참고하도록' 하였다는[123)] 기록만 있을 뿐이다. 다만 「의례」에 宋 吳棫의 『韻補』에 대해 언급하고 있으나[124)] 과연 어느 정도 참고가 되었는지는 확실하지 않고, 吳棫은 단순히 '협음'의 개념을 창시한 사람으로서 언급되고 있는 것으로 보인다.

한자의 배열 순서는 동음을 기준으로, 한글 순서이되 운서 편찬의 일반 원칙을 좇아 모음을 우선 따르고, 같은 모음 내부에서는 자음 순으로 되어 있다. 한글 순서에 의거한 글자 배열은 동일 시기에 들어 편찬된 『삼운성휘』에서 비롯된 것으로 운서의 한국화에 진일보한 것으로 평가되는 부분이다.

---

122) "編字次第 倣古韻書 字母爲次之法 以諺書反切 按序排定"(『奎章全韻』, 義例)

123) "命 檢書官 李德懋 取諸家韻書 博據廣證 詮次一部"(『增補文獻備考』, 藝文考)

124) "叶音之稱 肪於吳棫韻補 朱子取之以釋毛詩"(『奎章全韻』, 義例)

302

실제 표기된 한자의 음을 기준으로 그 순서를 정리하여 보면 다음과 같이 된다.

자음 : ㄱ ㄴ ㄷ ㄹ ㅁ ㅂ ㅅ ㅇ ㅈ ㅊ ㅋ ㅌ ㅍ ㅎ
모음 : ㅏ ㅑ ㅓ ㅕ ㅗ ㅛ ㅜ ㅠ ㅡ ㅣ ·

좀더 구체적으로 실례를 들어보기로 하자. 『규장전운』에는 모든 한자에 화음과 동음이 병기되어 있다. 해당 한자의 아래에 '公⬭⬭' 처럼 화음이 ◯의 속에, 그 다음에 동음이 ▢의 속에 기록되어 있다. 여기에서 평성 동운에 속한 자들의 배열 순서를 그 대표자들만 열거하여 보면[125]

公(쿵/공) — 東(둥/동) — 櫳(룽/롱) — 蒙(뭉/몽) — 蓬(뿡/봉) — 翁(훙/옹) — 嵸(중/종) — 怱(충/총) — 通(퉁/통) — 烘(훙/홍) — 終(중/종) — 弓(궁/궁) — 雄(힝/웅) — 風(붕/풍) — 隆(룽/륭) — 崇(슝/승) — 融(융/융) — 中(중/중) — 忠(츙/츙)

의 순으로 되어 있다.

한편 동일 운모에 동일 성모를 지닌 同音字들은 성모의 자모순으로 배열되었다. 예를 들어 東韻의 처음에 실려 있는 '공'과 '동'의 경우

公 工 功 紅　 空 崆 箜 悾　 東 凍 蝀 同　 仝 侗 銅 峒
ㄴ 見母 ㄱ　　ㄴ 溪母 ㄱ　　ㄴ 端母 ㄱ　　ㄴ 定母 ㄱ

의 순으로 되어 있는 것과 같다.

―――――――――――
125) 편의상 '/'의 좌측에 화음, 우측에 동음을 기록하였음.

3.3 자음의 표기

3.3.1 표기 자음의 종류와 방식

『규장전운』도 화음과 동음을 동시에 기록하고 있다. 자음의 표기 방식은 화음을 圓圈 안에 표기하고, 이어 동음을 方圈 안에 표기하는 방식을 취하였다. 그리고 화음이 다른 경우 역시 圓圈 안에 표시하였고, 다른 운에도 나타나는 한자의 경우 해당 운을 표시하였다. 평성 동운의 첫 부분을 다음에 들어 보인다.

公⊙⊡ 工功紅⊗空⊗崆箜悾⊙ 東⊙⊡涷辣

3.3.2 자음 표기의 기준

이덕무는 『규장전운』의 범례에서 자음의 기준으로, 화음은 『홍무정운』의 자모를 따랐고 동음은 다만 字母의 法을 따른다고 하였다.[126] 이는 특정 운서의 音을 좇기보다는 현실음을 존중하는 입장을 드러낸 것이다. 그리고 『화동정음』이 俚音을 삭제하지 않은 점을 지적하고 지금 운서는 오히려 전아함을 따라 『홍무정운』의 화음에 치중할 것임을 분명히 하였다. 따라서 『화동정음』의 화음보다 더 비현실적인 음이 되어버렸다. 이는 종성의 처리에서 두드러지게 드러나는데, 侵, 覃, 鹽, 咸 等 4韻의 종성이 당시 중국에서 /-m/>/-n/의 변화가 진행되었고, 『화동정음』은 이를 인정하여 모두 'ㄴ'을 종성으

---

126) "今編韻書 就洪武正韻字母 而從四聲通解諺飜之音 東音則律之以字母之法"(『奎章全韻』, 凡例)『규장전운』의 의례에도 동일한 내용이 다음과 같이 기록되어 있다. "華音則遵正音之字母吖通解之諺飜 東音則辨以七音律 以字母各字之下以諺書分註"

로 하였음에 비하여 『규장전운』은 이들을 모두 『사성통해』에 따라 'ㅁ'으로 표기하였다.

동음은 현실음을 기록한 것이므로 이미 모든 사람들이 다 알고 있으며, 따라서 굳이 표기할 필요가 없을 듯하지만 지금 편집한 운서는 사림의 목탁이 되므로 이를 수록한다는 것이다.

3.4 자음의 체계

3.4.1 초성체계

3.4.1.1 화음의 체계

화음 초성의 표기에는 다음 〈표 28〉과 같은 31자모가 사용되었다.

〈표 28〉 『규장전운』의 화음 초성

	전 청	차 청	전 탁	불청불탁
아 음	ㄱ	ㅋ	ㄲ	ㆁ
설 음	ㄷ	ㅌ	ㄸ	ㄴ
순 음	ㅂ	ㅍ	ㅃ	ㅁ
	ㅸ		ㅹ	ㅱ
치 음	ᄼ/ᅎ	ᅔ	ᄽ/ᅏ	
	ᄾ/ᅐ	ᅕ	ᄿ/ᅑ	
후 음	ㆆ	ㅎ	ㆅ	ㅇ
반설음				ㄹ
반치음				ㅿ

이 31자모체계는 『사성통해』와 『삼운성휘』의 체계와 일치한다. 이는 이들 운서가 화음의 기준 운서로 『사성통해』를 채택하고 있기 때문이다.

『사성통해』의 한자음은 편찬 당시의 중국 현실음을 비교적 충실히 반영하고 있으나(강신항: 1980) 그 후 『규장전운』의 편찬시기 한자음과는 상당한 차이를 보인다. 그럼에도 『규장전운』이 『사성통해』의 화음체계를 그대로 유지하고 있는 것은 이 운서가 당시의 중국음을 충실히 반영하고 있지 않았음을 나타내는 것이다.

결국 『규장전운』의 화음 초성은 『사성통해』의 것을 그대로 이어받은, 비현실적인 것임을 알 수 있다.

3.4.1.2 동음의 체계

본문에 나타나는 자음을 귀납하여 보면 동음의 초성에는 다음과 같은 14자모가 사용되었다.

ㄱ ㄴ ㄷ ㄹ ㅁ ㅂ ㅅ ㅐ ㅈ ㅊ ㅋ ㅌ ㅍ ㅎ

이 14자모체계는 당시의 실용 한자음 체계와는 일치하나(남광우: 1973) 한자음을 대상으로 한 것이므로 18세기의 한국어 자음체계와는 일치하지 않는다. 18세기 우리말 자음체계는 대체로 다음과 같았던 것으로 보인다. (김동소: 1998, 188)

평음	ㄱ	ㄷ	ㅂ	ㅅ	ㅈ
유기음	ㅋ	ㅌ	ㅍ	ㅎ	ㅊ
경음	ㅺ	ㅼ	ㅽ	ㅆ	ㅾ
공명음	ㅇ	ㄴ	ㅁ	ㄹ	

이 체계와 위의 한자음 체계를 비교하면 한자음에 경음이 발달하지 않은 것이 두드러진 특징임을 알 수 있다. 특히 이 운서의 편찬이 이루어진 시기가 국어사적으로 경음화가 폭넓게 진행되던 시기임에 비추어 한자음에 경음이 쓰이지 않은 것은 의외의 일이다. 이는 중국어에 경음이 발달하지 않은 데서 오는 한자음의 경음기피 현상이 원인이었을 것이다.

한국 한자음에는 현재에도 경음을 초성으로 가지는 한자가 극히 드물어 다만 喫(끽)의 'ㄲ', 雙(쌍)의 'ㅆ', 氏(씨) 등만이 실용되고 있을 따름이다.[127] 그런데 『규장전운』은 이들 모두를 평음으로 기록하고 있다.[128] 그러나 당시 현실음에서는 이들이 이미 경음으로 실현되고 있었다. (남광우 : 1973, 98). 따라서 『규장전운』의 동음은 당시 현실음을 완전히 반영하고 있는 것이 아님을 알 수 있다.

3.4.2 중성체계

3.4.2.1 화음의 체계

먼저 다음 〈표 29〉에 「義例」의 순서를 중심으로 각 운목별 화음을 정리하여 본다.[129]

이들 각 운류의 중성은 당시 중국 한자음의 정확한 반영은 아닌 것으로 보인다. 일차적으로 위에 정리된 바를 중심으로 다시 정리해 보면 화음의 표기에는 모두 다음과 같은 18개의 중성모음이 쓰이고 있다.

---

127) '쌍'의 경우 孀, 慅, 籗, 艭 등이, '씨'에는 騝가 옥편에 수록되어 있으나 현실에서 실용되지는 않는다.

128) 당시 운서 가운데 『화동정음』은 雙, 慅, 艭(所江切)을 '쌍'으로 기록하여 현실음을 반영하고 있다.

129) 편의상 평성을 기준으로 정리하였다. 이하 동음의 경우도 마찬가지이다. 다만, 隊韻의 경우 거성만 있으므로 여기에 포함시켰다.

<표 29> 『규장전운』의 화음 운목 중성

운 목	중 성	운 목	중 성
東	ㅜㅠ	冬	ㅜㅠ
江	ㅏㅑ	支	ㅡㅣㅟㅖ
微	ㅟㅔㅖ	魚	ㅜㅠ
虞	ㅜㅠ	齊	ㅣㅕㅟㅖ
佳	ㅐㅖㅙㅟ	灰	ㅐㅖㅙㅟ
隊	ㅣㅐㅟ	眞	ㅜㅠㅡㅓ
文	ㅜㅠㅣ	元	ㅕㅓㅘㅡㅕㅣ
寒	ㅓㅕㅏㅑㅘㅕㅜㅡㅕ	刪	ㅏㅑㅘ
先	ㅕㅖ	蕭	ㅛ
肴	ㅗㅛ	豪	ㅗ
歌	ㅓㅕㅑ	麻	ㅏㅑㅕㅘ
陽	ㅏㅑㅘ	庚	ㅣㅢㅟㅖ
靑	ㅣㅢㅟㅖ	蒸	ㅣㅢㅟㅖ
尤	ㅜㅜ	侵	ㅡㅣ
覃	ㅏ	鹽	ㅕ
咸	ㅏㅑ		

단모음: ㅏ ㅓ ㅗ ㅜ ㅡ ㅣ ㅐ
복모음: ㅑ ㅕ ㅠ ㅖ
　　　　ㅘ ㅝ ㅙ ㅟ ㅢ
　　　ㅟ ㅖ

3.4.2.2 동음의 체계
『규장전운』의 동음 표기에 쓰인 중성의 특징을 살펴보기 위하여 먼저 각 운목별 중성의 모습을 정리하여 보면 다음 〈표 30〉과 같다.

〈표 30〉 『규장전운』의 동음 운목 중성

운 목	중 성	운 목	중 성
東	ㅗㅛㅜㅠ	冬	ㅗㅛㅜㅠ
江	ㅏㅣ	支	·ㅖㅚㅟㆌㅖㅠㅓㅣ
微	ㅟㅓㅣ	魚	ㅓㅕㅗ
虞	ㅗㅜㅠ	齊	ㅔㅓㅖㅖㅠㅓ
佳	·ㅐㅚㅙ	灰	·ㅐㅚㅙ
隊	·ㅐㅖㅚㅙㅔ	眞	ㅜㅠㅓ
文	ㅗㅜㅡ	元	·ㅏㅓㅖㅗㅜㅝㅡ
寒	ㅏㅘ	刪	ㅏㅘ
先	ㅓㅕㅝ	蕭	ㅛ
肴	ㅗㅛ	豪	ㅗ
歌	ㅏㅘㅣ	麻	ㅏㅑㅘ
陽	ㅏㅑㅘ	庚	·ㅓㅕㅚㅟㅣ
靑	ㅕㅡㅣ	蒸	·ㅓㅕㅗㅚㅜㅡㅣ
尤	ㅜㅠ	侵	·ㅡㅣ
覃	ㅏ	鹽	ㅓㅕ
咸	ㅏㅓㅕ		

이를 다시 정리하면 『규장전운』의 동음에 나타난 중성체계는 다음과 같은 23모음체계가 된다.

단모음 : ㅏ ㅓ ㅗ ㅜ ㅡ ㅣ ㆍ ㅐ ㅔ
복모음 : ㅑ ㅕ ㅛ ㅠ ㅖ
　　　　ㅘ ㅝ ㅚ ㅟ ㅢ ㆎ
　　　　ㅙ ㅞ 　 ㆌ

　이 같은 23중성은 동시대의 다른 운서들에도 동일하게 나타난다.
　그런데 이들이 과연 당시 우리 국어의 모음체계와 일치하는 것일
까? 당시의 모음체계와의 비교에서 가장 문제가 되는 것은 'ㆍ'의 음
가이다. 『규장전운』이 편찬되던 18세기 말엽에는 이미 ㆍ의 음가가
소멸되었던 시기로 보아야 한다. 따라서 위의 23중성에서 ㆍ와 ㆎ는
비현실음의 반영이다. 또한 'ㆌ'도 당시 한국어의 음운체계에는 존재
하지 않던 음이다. 이는 중국음의 영향을 완전히 벗어나지 못한 채
관습적으로 표기한 음이다. 그리고 당시 국어에는 존재하던 'ㅐ'가
한자음에는 사용되지 않았다.
　김동소(1998 : 188)는 18세기 중엽 한국어의 모음을 모두 21모음으
로 정리하였다. 이 21모음은 위의 23모음에서 ㆍ와 ㆎ, ㆌ를 제외하
고, ㅐ를 추가한 체계이다.
　따라서 동음의 중성체계가 당시 현실음의 모음체계를 충실히 반영
하는 것이 아님을 알 수 있다.

3.4.3 종성체계

3.4.3.1 화음 종성의 체계
『규장전운』화음의 종성은 대체로 다른 운서들과 일치한다. 종성
은 무운미음을 제외하면 다음과 같이 정리된다.

　　　ㅇ, ㅁ, ㄴ, ㅗ, ㅜ

의 다섯 가지로 귀납된다.

앞서 언급한 바와 같이 『화동정음』이 양운미 /-m/의 /-n/으로의 변화를 반영했음에 비하여 이를 『사성통해』와 같이 처리하여 'ㅁ'으로 표기한 것이 다를 뿐이다.

3.4.3.2 동음 종성의 체계

『규장전운』에 나타나는 동음의 종성은 'ㅇ ㄴ ㅂ ㅁ ㄱ ㄹ'의 모두 여섯 가지이다. 이는 당시 우리 국어의 종성체계에 비추어 'ㅅ'이 생략된 체계이다. 이는 동음의 종성체계가 화음의 운미체계를 이어받고 있기 때문에 나타나는 현상이다.

동음의 종성체계는 설음 입성 운미의 변화를 제외하면 중고음의 전통을 이어오고 있다. 그리고 한자음의 6종성체계는 이미 15세기 이래의 전통이다.

훈민정음 종성해에서는 종성의 성질에 대해 "불청불탁의 글자는 그 소리가 세지 않으므로 종성에 쓰면 평성, 상성, 거성에 마땅하고 전청, 차청, 전탁의 글자는 그 소리가 세므로 종성에 쓰면 입성에 마땅하다"[130]고 하고 아울러 "ㄱㆁㄷㄴㅂㅁㅅㄹ 여덟 자만으로 쓰기에 족하다"[131]고 했다. 이는 종성과 초성의 음가에 대한 원칙으로 제시된 '終聲復用初聲'규정에 대한 변칙적 규정이다. 전자는 자음의 체계에 맞추어 음가와 성조에 따른 상관관계를 제시하고 있고, 후자는 이들 음가에 실용되는 문자를 제시하는 내용이다. 따라서 이 규정은 오히려 실용적인 규정인데, 이 여덟 자를 청탁에 따라 나누면 다음과 같다.

---

130) "不淸不濁之字 其聲不厲 故用於終 則宜於 平上去 全淸次淸全濁之字 其聲 爲厲 故用於終 則宜於入"(『訓民正音』, 終聲解)

131) "ㄱㆁㄷㄴㅂㅁㅅㄹ 八字可足用也"(『訓民正音』, 終聲解)

전청　　: ㄱ ㄷ ㅂ ㅅ
불청불탁: ㅇ ㄴ ㅁ ㄹ

차청과 전탁에 해당하는 자는 여덟 개의 종성에 포함되지 않는다. 이는 음절 말이라는 환경에서는 전청과 차청, 전탁의 변별성이 소멸되어 중화됨을 의미한다. 그리고 이 8자는 음계별로 전청과 불청불탁이 대응되어 있다.

그런데 여기에서 주목해야 할 바는 'ㄹ'의 경우이다. 앞서 본 바와 같이 훈민정음에서는 분명 'ㄹ'을 불청불탁으로 규정하여 평상거성에만 쓰도록 하였다. 그러나 이 규정은 우리 음운체계의 경우에만 해당되고 한자음의 경우에는 예외로 입성을 표기하는 데에 사용되었다. 즉 앞서도 말한 바와 같이 화음의 입성 /-t/가 /-l/로 바뀌어 'ㄹ'로 대응되었기 때문이다.

이에 대해 훈민정음에서도 "반혓소리인 ㄹ은 마땅히 우리말에나 쓰지, 한문에는 쓸 수 없다" 하고 이는 일반적인 습관으로 ㄹ로 읽는데 이는 'ㄷ'이 변해서 가볍게 된[132] 것임을 밝히고 있다. 이어서 'ㄱ, ㅇ, ㄷ, ㄴ, ㅂ, ㅁ'의 여섯 소리는 한자와 우리말에 함께 쓰이되 'ㅅ'과 'ㄹ'은 우리말 '옷'(衣)과 '실'(絲)의 종성으로만 쓰임[133]을 말하고 있다

결국 15세기부터 동음 종성은 6종성체계였음을 알려주는 것이다. 이 6종성체계는 16세기의 『훈몽자회』나 『유합』 등의 자료는 물론 우리말의 종성체계가 8종성에서 7종성으로 간소화되는 18세기의 운서들에도 그대로 이어져 내려오고 있고 현재까지도 전승되고 있다.

---

132) "且半舌音之 當用於諺 而不可用於文 與入聲之彆字 終聲當用ㄷ 而習俗讀爲 ㄹ 盖ㄷ變而爲輕也 若用ㄹ爲彆之終 則其聲舒緩 不爲入也"(『訓民正音』, 終聲解)

133) "六聲通乎文與言 戌閭用於諺衣絲"(『訓民正音』, 終聲解)

제 5 장
字音 未表記 韻書

조선시대에 널리 사용되던 운서 가운데 字音을 표기하지 않은 운서들이 있다. 고려 말에 편찬되었을 것으로 짐작되는 『三韻通考』가 그것이다. 『삼운통고』는 앞의 제1장에서 살펴본 바와 같이 한자의 배열을 삼단체제로 하였고, 자음을 표기하지 않았다. 이 운서가 字音을 표기하지 않은 이유로 가장 먼저 꼽히는 것은 『삼운통고』의 편찬 시기가 고려 말로 추정되는 만큼 정확한 우리 한자음에 대한 욕구가 있었더라도 이를 표기할 수 있는 문자가 없었기 때문에 표기 자체가 불가능하였다는 점이다. 그런데 이 운서는 중국운서의 자음표기 방식인 반절로도 한자음을 표기하지 않고 있다. 다시 말하면 이 운서는 운서의 중요한 기능인 자음표기의 기능을 포기하고 있다.

자음을 표기하지 않았음에도 불구하고 이 운서가 고려 말과 조선시대의 문인들 사이에 널리 사용되었다는 사실은 당시 문인들에게 필요한 것은 개별적인 한자의 음, 즉 분절적인 체계로서의 한자음이 아니라 평성과 상성, 거성 등 초분절적인 성조의 변별이 중요한 요인이었음을 알게 해준다. 왜냐하면 개별 한자의 음은 이미 구전을 통하여 충분히 인지되어 있었을 것이기 때문이다. 그러나 성조 사이의 정확한 변별은 중국어에 능통하지 않은 고려와 조선의 문인에게는 무척 어려운 일이었기 때문에 이들을 한눈에 보여주기 위한 운서가 필요하였을 것이고, 이러한 수요에 부응하기 위하여『삼운통고』
와 같은 운서가 편찬되었을 것이다.

따라서 이 운서의 효용은 심음용이 아니라 작시용이었음이 분명하
다. 그리고 오히려 이 점이 18세기에 들어와 두 종류의 증보판이 나
올 정도로 문인들 사이에 인기를 얻게 된 주요한 이유였을 것이다.

『삼운통고』에 대하여는 앞의 제1장에서 다루었으므로 본 장에서
는 이른바 '無音有釋' 체제로 되어 있는 이 운서의 증보판 두 종류
에 대해서 알아보기로 한다.

1 三韻通考補遺

1.1 편찬 사항

1.1.1 편찬자와 편찬 시기

『삼운통고보유』는 숙종 28년(1702) 박두세가 편찬하였다.[1] 박두세
(1654~?)는 '要路院夜話記' 등을 지은 조선 중기의 문인으로 본관은
蔚山이고 字는 士仰이다.

1.1.2 편찬 동기

박두세가『삼운통고보유』를 편찬한 동기는 당시 시를 지을 때 널
리 사용되고 있던『삼운통고』에 대한 불만에서 비롯되었다.

---

1) 卷之一과 卷之二의 題下에 "鶴城 朴斗世撰輯"이란 기록과 跋의 "壬午自晋
   陽解歸 居閑有年 遂集古今韻語字書"라는 기록을 통하여 편찬자와 편찬 시기
   를 추정할 수 있다.

跋文의 다음 기록을 살펴보자.

　　삼운통고는 누가 편찬한 것인지 알 수 없다. 또는 일본으로부터 전해
진 것이라고도 한다. 그러나 예로부터 지금까지 통용되고 있으니 대개 꼭
보아야 한다. 그러나 한자에 빠진 것이 많고 주가 뒤섞인 곳이 많아 이를
바로잡고자 원하였다.[2]

　　즉 박두세는 『삼운통고』가 많은 글자를 수록하고 있지 않은 점,
그리고 주석이 매우 소략하거나 잘못된 것이 있음을 바로잡고자 편
찬한 것이다. 이는 이미 이 운서의 이름에서도 짐작이 가능한 사항
이다.
　　박두세가 이 운서를 편찬할 당시에는 아직 『화동정음』이나 『삼운
성휘』 등의 운서가 편찬되기 이전이다. 따라서 『삼운통고』는 예부운
략과 함께 당시 문인들 사이에서 가장 널리 쓰인 운서였을 것이다.
그런데 수록된 한자의 적음과 숫자와 주석의 미비에 대한 불만은 당
시인들에게 널리 확산되었던 것으로 보인다.
　　이덕무도 『규장전운』의 범례에서 다음과 같이 말하고 있다.

　　삼운통고는 대개 예부운략, 운부군옥, 홍무정운의 여러 책에서 나왔으
나 수록한 것이 지극히 간략해서 주해가 두세 글자에 지나지 않는데, 문
장하는 자들이 그것을 받들어 모범을 삼으니 선비들이 굉박하지 못한 것
은 진실로 이상한 일이 아니다.[3]

---

2) "三韻通考 不知何人所篇 或曰傳自日本 而古今通用 盖要覽也 然字多逸脱
　　註或踳駁 欲一讐定之"(『三韻通考補遺』, 跋文)
3) "三韻通考盖出於 禮部韻略 韻府群玉 洪武正韻諸書 而所收至約 註解不過二
　　三字 操觚者 奉爲甲令 士不宏博 諒非異事"(『奎章全韻』, 凡例, 『靑莊館全
　　書』)

316

그러나 『삼운통고』가 주석을 간략히 하는 것은 비단 이 운서만의
단점은 아니었다. 『동국정운』은 아예 주석이 없으며 조선 후기의 운
서들도 중국 운서에 비하면 매우 간략히 주석을 달고 있을 뿐이다.
이는 중국의 운서가 자음을 표기하는 기능 이외에 자서로서의 기능
도 동시에 가지고 있었던 것으로 보이나, 조선의 운서는 순수하게
운서로서의 기능에 충실하고자 했던 때문으로 보아야 한다.

한자의 전래 이후에 한자를 학습하는 과정에서 그 음과 훈은 철저
히 구전되었을 것이며 이 과정에서 어느 정도는 원래의 의미나 소리
와 달라졌을 것이다. 그런데 우리나라 사람들은 한자를 대할 때에
그 소리보다는 뜻에 더 중점을 두었던 것으로 보인다. 박성원은 『화
동정음』 서문에서 당시 우리나라의 한자음이 변하게 된 원인을 지적
하면서

우리나라 사람들이 한자를 배울 때 소리는 소홀히 하고 뜻에 역점을
두기 때문에 소리가 많이 바뀌었다.[4]

라고 주장하고 있다. 한자는 우리 글자와 달리 고유의 의미를 지니
고 있으므로 한자를 전승하는 과정에서 이에 치중하였을 것은 짐작
하기에 어렵지 않다. 따라서 당시인들이 운서를 만들 때에 굳이 주
석을 자세히 하지 않아도 한자의 의미는 충분히 중국에서 통용되는
본래의 의미와 상통하였을 것이다.

그러므로 조선의 운서들은 자음의 표기에 중점을 두었을 뿐 주석
에는 그리 큰 관심을 기울이지 않았던 것이다.

또 하나 주석이 소략하게 된 원인은 당시인들이 한자의 의미를 파
악하고자 했을 때는 조선의 운서가 아니라 이미 그 당시 우리나라에

---

4) "此實我東言文爲二務於義而忽於音之致也"(『華東正音』, 序文)

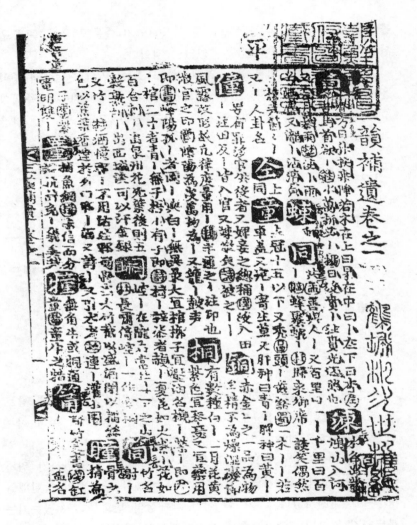

〈그림 12〉『三韻通考補遺』

들어와 사용되고 있던 중국 운서를 이용하였기 때문에 굳이 우리 운서에 주석을 자세히 할 필요가 없었던 것이다.

그러나 박두세는 이를 옳지 않게 여기고 80여 권의 전적에서 주석을 추려 수록하고 있다. 소창진평(1929)은 이를 가리켜 간략주의의 주석법에서 벗어나 일일이 주석의 출처를 밝힌, 조선 운서 중 가장 권위 있는 운서로서 높이 평가하였다.

1.2 체제와 형식의 특징

1.2.1 체제

『삼운통고보유』는 5권 2책의 목판본으로 그 체제는 다음과 같다.

    범례
    본문
    발

이 운서는 숙종 2년(1702)에 간행된 이래, 울산부장판과 이를 증보한 것으로 보이는 충청남도 논산 노강서원판을 비롯하여 여러 이본이 있다. (강호천 : 1991)

그런데 이 운서는 『삼운통고』의 주석상의 미비를 보완하기 위하여 편찬한 운서라고 하였으면서 오히려 체제를 중국식의 통단배열 방식으로 환원하였다. 그가 왜 이런 체제상의 변화를 가져왔는지는 분명하지 않으나 전통적 중국 운서체제로의 회귀로 이해된다. 그러나 이러한 체제상의 변화는 결국 이 운서를 당시인들로부터 멀어지게 만든 요인이 되었던 것으로 보인다.

이덕무는 『삼운통고』에 대하여 논의하면서 "삼운통고의 수록 한

자 수가 9,732자인데 승지 김제겸이 1,798자를 늘렸다"[5]고 말하고 있
는데 그는 여기에서 김제겸의『증보삼운통고』에 관해서만 언급하고
있을 뿐『삼운통고보유』에 대해서는 아무런 언급이 없다. 운서를 편
찬할 만큼 운학과 한자음에 관심이 많았던 박성원이 박두세가 편찬
한 운서에 대해서는 전혀 언급하지 않고 있다는 점은, 이 운서가 이
미 18세기 말 문인들 사이에서 잊혀졌음을 의미하는 것이다.

1.2.2 수록자와 주석

『삼운통고보유』는『삼운통고』의 글자 수가 적은 것을 보완하기
위하여『韻會』와『字彙』등을 참고하여 증보자를 선별 수록하였다.[6]
　　앞서 보았던 이덕무의 기록에 따르면『삼운통고』에는 모두 9,732
자의 한자가 수록되어 있다. 그런데 실제로 운서에 나타난 한자를
성조와 운목별로 계산한 강호천(1991)에 따르면 9,819자의 한자가 수
록되어 있다. 그리고『삼운통고보유』는『삼운통고』에 본디 수록되어
있던 한자를 원운자라고 해서 9,766자를 수록하고, 증보자를 3,001자
를 수록하였다.『삼운통고』의 원운자의 숫자가 차이가 나는데 이는
주석과 자수를 정리하는 과정에서 삭제가 있었던 것으로 보인다.
　　그러나『삼운통고보유』의 가장 큰 특징은 주석에 있다. 이 운서의
주석이 다른 운서들에 비하여 얼마나 자세하게 되었는가를 '東'자를
예로 들어 비교해 보기로 한다.

---

5) "今世所行 三韻通考 …… 中略 …… 總九千七百三十二字 金承旨濟謙 增千
　　七百九十八字……"(『靑莊館全書』, 卷之六十, 盎葉記)
6) "三韻通考 字旣未備 註且多舛 考信韻書 以補以正 俾押韻者 不至疑難", "一
　　從韻次逐韻補注 以參考韻會字彙等書 增諸各韻之末 如東之工 * 下增 冬之零
　　下增之類"(『三韻通考補遺』, 凡例)

『삼운통고』: '春方'

『삼운통고보유』: '春方曰升按乘降若木在上曰杲　在中曰東　在下曰杳
(左)□□　首欲東(莊)　水萬折女東(揚)日沒賁東注賁
光□□也'[7]

『증보삼운통고』: '春方'

『화동정음』: '春方'

『삼운성휘』: '春方'

『규장전운』: '日出方'

한국 운서 가운데 『동국정운』은 주석이 없으므로 비교를 할 수 없다. 이를 제외한 나머지 운서들의 주석에 비해 『삼운통고보유』의 주석은 매우 방대한 내용을 담고 있음을 알 수 있다. 그러나 『삼운통고보유』의 주석도 중국 운서의 주석에 비하면 상대적으로 소략하다. 참고로 '東'에 대한 중국 운서의 주석을 다음에 옮겨보기로 한다.

『切韻』[8]: '按說文春主東方也　萬物生動也　從木從日　又云日在水中　德紅反二加二'

『廣韻』: '春方也　說文曰　動也　從日在木中亦東風　菜廣州記云陸地生莖赤和肉作羹味如酪香似蘭吳都賦云草則東風扶留　又姓舜　七友有東不訾　又漢複姓十三氏　左傳魯卿東門襄仲後因氏焉齊有大夫東郭偃又有東宮得臣　晋有東關嬖　五神仙傳有廣陵人東陵聖母適杜氏　齊景公時　有隱居東陵者　乃以爲氏世本宋大夫　東鄕爲賈執英　賢傳云今高密有東鄕姓宋有員外郞　東陽無疑撰齊諧記

---

7) □ 부분은 원문의 마모로 판독이 불가능하다.

8) 淸의 故宮에 소장되어 있는 唐寫本 「王仁煦刊謬補缺 切韻」의 주석이다. 프랑스 파리 국립도서관에 있는 唐寫本 「切韻」 殘卷에는 '德紅反二　按說文春方也　動也　從日　又云日在水中'으로 되어 있다. (『十韻彙編』, 凡例 참조)

七卷昔有東閭子嘗富貴後乞 於道 云吾 爲相六年未薦一士 夏禹
之後東樓公封于杞後以爲氏 莊子東野稷漢有 平原東方朔 曹瞞
傳有南陽太守東里昆何氏姓苑 有東萊氏 德紅切十七'

『集韻』: '都籠切 許愼 說文 動也 從木 官溥說 從日在木中 一日 春方也
又姓文二十五'

『古今韻會擧要』: '都籠切. (說文) 動也 從日在木中 (漢志)東方陽氣動
夾溙 鄭氏曰木若木也 日所升降在上曰杲 在中曰東
在下曰杳(廣韻)春方也 又姓舜後有東不訾'

『排字禮部韻略』: '春方也 德紅切'

『洪武正韻』: '德紅切 春方也 說文 動也 從日在木中 漢志少陽者 東方東
動也陽氣動於時 爲春又陽俗作東'

『廣韻』과 『古今韻會擧要』의 주석이 매우 자세하다. 특히 박두세
가 범례에서 밝힌 대로 『운회』의 주석이 『삼운통고보유』의 주석과
상당히 비슷함을 알 수 있다. 결국 이 운서는 『삼운통고』의 주석이
소략한 부분을 보충하기 위한 의도로 편찬된 것이나, 체재를 중국식
으로 환원함으로써 한국운서로서의 특징을 잃고 말았다.

2 增補三韻通考

2.1 편찬 사항

2.1.1 편찬자와 편찬 시기

『증보삼운통고』는 金濟謙과 成孝基가 편찬한 운서이다. 그러나
간행 연대에 관한 기록이 없어 편찬 시기는 알 수 없다. 다만 범례

에 『삼운통고보유』에 관한 기록이 있으므로 『삼운통고보유』의 간행 시기인 1702년 이후 김제겸의 사망 연대인 1722년 사이에 편찬되었을 것으로 추정한다.

이 책은 서명에서 짐작되듯 『삼운통고』를 단순히 증보한 것이므로 두 운서는 체제나 형식이 모두 일치한다. 앞서 살핀 『삼운통고보유』가 통단체제로 편찬되어 세인들로부터 외면을 당한 데 반하여 이 운서는 상당히 호평을 받은 것으로 보인다. 이 운서에 대해 이덕무가

> 김제겸과 성효기가 함께 증보를 편찬하였는데, 참으로 정(正)에 가깝다. 원운과 증운을 의론할 것 없이 간혹 희귀 궁벽한 글자가 있는 것을 한자도 삭제하지 않은 것은 그것이 세상에 행하여진 지가 이미 오래되어 사람마다 습관이 되었기 때문이다.[9]

고 평하고 있음을 볼 수 있는데, 특히 '正에 가깝다'라고 말하는 대목은 『규장전운』의 편찬자로서 매우 특이한 평가이다. 이덕무는 정조의 명으로 『규장전운』을 편찬하는데, 그는 종래 운서의 체제가 삼단식으로 되어 있음을 못마땅하게 생각한 정조의 명을 받들어 사단식으로 개편하였다. 그러한 그가 『규장전운』의 범례에서 『증보삼운통고』를 이렇게 극찬하고 있음은 당시인들에게 삼단식의 운서가 얼마나 널리 사용되고 있었는지를 간접적으로 알게 해주는 발언이다.

---

9) "金濟謙與成孝基 同篇增補 洵爲近正 無論原韻增韻 間有稀僻 不刪一字者 以其行世已久 人皆貫串也"(『靑莊館全書』, 奎章全韻 凡例)

2.2 체제와 형식

2.2.1 체제

증보삼운통고는 1권 1책의 목판본으로, 그 체제는

本文
古韻通
凡例

로 되어 있다.

2.2.2 本文

본문의 형식은 『삼운통고』와 같이 평상거성의 한자를 한 면에 3단으로 나누어 수록하고, 입성자는 일괄하여 권미에 수록하였다. 31운류 106운목을 채택하고 있는 점도 『삼운통고』와 동일하다.
『삼운통고』의 원운자를 먼저 수록하고 원운자 다음에 새로이 증보자를 수록하였는데 삼운통고와 마찬가지로 자음은 기록하지 않았다. 그러나 삼운통고와 비교하면 원운자의 순서와 숫자가 전적으로 동일하지는 않다.

2.2.3 古韻通

古韻通은 통용이 되는 운들을 묶어 보여준다. 김제겸은 자신의 견해가 아니라 통운에 관한 毛奇齡과 邵長蘅의 주장을 인용, 수록하고 있다. 그 내용은 다음과 같다.

먼저 모기령의 주장은 운미에 따라 통운이 결정된다. 평상거성의 경우를 평성을 대표로 정리하여 보자.

通 韻	韻 尾
東冬江陽庚靑蒸	ŋ
支微齊佳灰	ø
魚虞蕭肴豪歌麻尤	u
眞文元寒刪先	n
侵覃咸鹽	m

입성의 경우도 역시 운미에 따라 나뉜다.

通 韻	韻 尾
屋沃覺藥陌錫職	k
質物月曷詰屑	t
緝合葉洽	p

소장형의 설은 앞의 모기령의 설을 중심으로 운미 /-ŋ/과 /-ø/을 지닌 운들의 통운 관계를 재조정한 것인데, 그 내용은 다음과 같다.

平聲 ○ 東冬江 ○ 魚虞 ○ 蕭肴豪 ○ 歌麻 ○ 陽無 ○ 庚靑蒸 ○ 尤無 ○ 餘同上

통운의 내용은 운미의 공통점을 기록함으로써 이 운서가 작시용으로 편찬된 것임을 분명히 한 것으로 보인다.

2.2.4 자수와 주석

『증보삼운통고』는 초엽에

新增 凡一千八百二十七字

라 하여 증보된 자수를 밝혔다.[10]

그런데 강호천(1991)에 따르면 이 운서에는 『삼운통고』의 원운자가 9,783자, 증보자가 1,849자가 되어 모두 11,632자를 수록하고 있다고 하였다.

주석은 삼운통고의 것과 동일하다. 결국 『증보삼운통고』는 『삼운통고』의 체제에 증보자를 보태어 만든 '무음유석'의 운서이다.

---

10) 이덕무는 "金承旨濟謙 增千七百九十八字……"(『靑莊館全書』, 盎葉記)라고 하여 증보된 자수를 1,798이라고 하였다.

제6장
韓國 韻圖

1 운도의 개념과 발달

1.1 운도의 개념

운도는 한자의 음을 성모와 운모의 결합을 통하여 일목요연하게
보여주기 위하여 만들어진 도표로서, 운서와 아울러 한자의 음을 확
인하기 위해 사용된 중요한 문헌이다.

그러나 두 문헌은 그 목적과 체제가 상이하다. 운서는 시문의 창
작에 소용되는 압운의 확인을 위하여 편찬되었다. 그리고 이러한 용
도로 사용되는 과정에서 부분적으로 자음의 확인을 위한 용도로도
사용되었다. 따라서 운서는 편찬 당시에 사용되는 대부분의 한자를
대상으로 하여 사성으로 나누고 다시 이를 운목과 성모로 나누어 배
열하는 방식을 취하고 있다. 그러므로 많은 한자의 음을 한눈에 알
아볼 수 있는 장점을 지니고 있으며 개별적인 한자의 운을 확인하기
에 용이하다.

그러나 운서는 각 운목의 성질은 분명히 드러나나 성모의 성질은
명확히 나타나지 않으며, 실제로 운모의 종류와 그들 사이의 관계도
드러내지 못한다. 반절에 근거하면 당시 성모와 운모 사이의 개략적

인 체계를 귀납할 수는 있지만, 여전히 각 성모와 운모 사이의 구체
적인 관계는 확인할 수 없다.

또한 개별적인 한자음은 모두 반절로 표시되는데, 광운의 경우 하
나의 성모에 해당하는 반절상자가 적게는 4가지(娘母), 많게는 29가
지(溪母)나 나타나는(林燾·耿振生 : 1997, 118) 상황에서 이들에 대한
정확한 지식이 없이는 그 음을 확인하기가 매우 어렵다. 반절하자의
경우는 훨씬 다양하게 나뉘어져 있으므로 韻母의 정확한 음가를 확
인하기가 어렵다.

운도는 운서의 이러한 문제를 해결하여 온전히 한자의 음을 확인
하기 위한 목적으로 만들어졌다.

1.2 운도의 체제

현재 전해지고 있는 『七音略』, 『韻鏡』, 『四聲等子』, 『切韻指掌
圖』, 『經史正音切韻指南』 등의 운도는 그 형식이 완전히 일치하지
는 않는다. 그러나 대체로 공통되는 형식을 추출하면 다음과 같다.

1) 橫으로 字母를 배열한다. : 자모는 36자모를 기준으로 한다. 그
러나 실제 배열은 36행(『절운지장도』) 또는 23행(『칠음략』, 『운경』, 『사
성등자』, 『절운지남』)의 두 가지 체제로 되어 있다. 이는 설음과 치음,
순음을 각각 설두음과 설상음, 치두음과 정치음, 중순음과 경순음으
로 분리하느냐 아니면 통합하느냐 하는 음운 분석상의 태도에 따라
나뉘는 것이다. 그리고 이들을 오음의 순서로 배열하는데 그 순서도
모든 운서가 일치하지는 않는다.

2) 縱으로 韻母를 배열한다. : 운모는 사성과 4등으로 나뉘는데,
먼저 사성을 나누고 사성의 안에서 다시 4등을 나누는 경우(『칠음
략』, 『운경』, 『절운지장도』)도 있고, 4등을 먼저 나누고, 다시 사성을
나누는 경우(『사성등자』, 『절운지남』)도 있다.

사성은 평성, 상성, 거성, 입성을 말한다. 等이란 핵모의 종류에 따른 운모의 구별을 말하는데 淸의 江永은 이를 나누어 "一等洪大 二等次大 三等皆細 四等尤細"라고 하였다. '洪'과 '細'는 주요 모음의 개구도의 대소를 말한다. 즉 일등운은 개구도가 가장 크고 사등은 가장 작은 운을 의미한다. 물론 각 등별 개구도의 크기는 절대적인 것은 아니고 하나의 운도 안에서의 비교적 크기의 차이를 나타낼 뿐이다. 그리고 삼등운은 모두 개음 /i/가 운두에 있다. 그러나 사등운에는 개음 /i/의 존재 여부에 대한 논란이 있으나, 대체로 /i/보다 낮은 전설고모음 /I/이 운두에 있었을 것이라고 보고 있다. 따라서 운도의 4등의 각 운은 대체로 다음과 같은 성질을 가졌을 것으로 보인다.(이재돈 : 1993, 148)

一	二	三	四
後低	前低	i+前中	I+前高

3) 성모와 운모가 교차하는 지점에 글자를 배열한다. : 교차점에 놓이는 글자가 바로 그 성모와 운모가 결합하여 이루는 음절을 대표하여 보여준다. 그런데 운도는 교차점에 단지 하나의 한자만이 배열될 수 있다. 따라서 동일 반절로 표시되는 동음자는 반절자가 소속된 성모와 운모를 확인하여 해당 한자가 운도에 나타나지 않아도 반절로서 유추하여 음을 확인하여야 한다. 이점은 운서에 비하여 운도가 갖는 단점이다.

1.3 운도의 발달

현재 전하여지는 운도 중 가장 먼저 만들어진 것은 鄭樵의 通志 안에 있는 『칠음략』과 南宋 紹興 31년(1161)의 張麟之 序가 실려 있

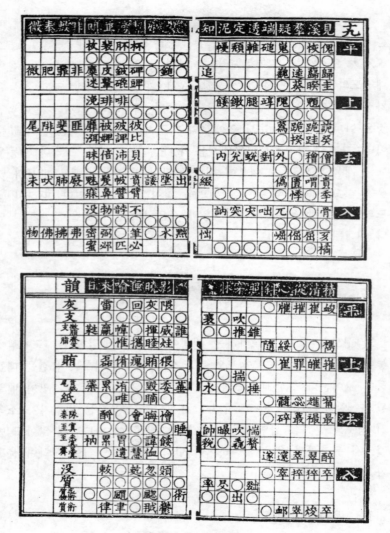

〈그림 13〉『切韻指掌圖』

는 작자와 연대 미상의 『운경』이다. 이 밖에 유명한 운도로는 『절운지장도』와 『사성등자』, 『경사정음절운지남』 등이 있다.

왕력(1983)은 운도를 세 가지로 나누어 고찰하고 있다.[1] 첫째는 남송 초기 또는 북송 후기 곧 12세기 이전에 출현한 것으로, 자음을 2呼로 나누고 呼마다 4等으로 나눈 것이다. 절운의 운부를 43도로 나누었는데, 운경과 칠음략이 이에 속한다. 2호란 개구호와 합구호를 말한다.

둘째는 12세기~14세기 사이에 나타난 것으로, 역시 자음을 2호로 나누고 호마다 4등으로 나눈 것인데 다만 『절운』의 운부를 합쳐서 20도 또는 24도로 만든 것으로서 『사성등자』, 『절운지장도』, 『경사정음절운지남』이 이에 속한다. 이들 운서의 특징은 절운계의 206운을 16개 또는 13개의 攝으로 개괄하였다는 것이다. 16섭은 『사성등자』와 『경사정음절운지남』에서 운을 통합한 분류이고 『절운지장도』는 운섭의 명칭을 사용하지 않은 채 13섭을 나누었다.

16섭의 명칭은 다음과 같다.

1. 通攝 2. 江攝 3. 止攝 4. 遇攝 5. 蟹攝 6. 臻攝 7. 山攝 8. 效攝 9. 果攝 10. 假攝 11. 宕攝 12. 梗攝 13. 曾攝 14. 流攝 15. 深攝 16. 咸攝

13섭은 江을 宕에, 假를 果에, 梗을 曾에 합병한 것인데 실제로

---

1) 이돈주(1995, 67)는 다음과 같이 셋으로 나누고 있다.
　① 초기의 보수적 운도 : 『칠음략』
　② 후기의 중세적 운도 : 『절운지장도』, 『경사정음절운지남』, 『음운일월등』
　③ 소옹, 『황극경세성음창화도』
　그러나 소옹의 황극경세성음창화도를 운도라고 보기에는 다소 무리가 있다. 이에 대해서는 후술할 것이다.

그 음가에서는 그리 큰 차이를 보이지 않는다.

셋째는 16세기 이후에 만들어진 것인데, 자음을 4호로 나누고, 등으로 나누지 않은 것으로 梅膺祚의 字彙의 뒤에 붙어 있는 「韻法直圖」와 「韻法橫圖」, 康熙字典의 앞에 붙어 있는 「字母切韻要法」, 潘耒의 「類音」이 이에 속한다. 4호란 개구호, 합구호, 제치호, 촬구호를 말하는데[2] 운법직도와 운법횡도에는 이미 '합구', '촬구', '개구', '제치', '폐구'의 명칭이 있다. 폐구란 운미가 /-m/, /-p/인 운을 가리킨다.

이렇듯 운도는 반절을 사용하여 자음을 표시하는 운서의 한계를 극복하고, 글자의 음을 정확하게 표시하여 주었다. 그리고 정확한 운도의 작성을 위한 노력은 당시 음운체계에 대한 깊이 있는 성찰을 전제로 하였기 때문에 운도는 중국어 음운사상 중요한 가치를 지니고 있다.

2 經世正韻

『경세정운』은 최석정이 편찬한 우리나라 최초의 운도이다.[3] 조선 초기 훈민정음의 창제와 『동국정운』의 편찬 등을 일구어내면서 융성하였던 우리말에 대한 학문적 관심은 최세진의 훈몽자회 이후 더

---

2) 四呼는 핵모음과 개음의 결합 여부에 따라 나뉘는데 다음과 같다.
   開口呼 :   핵모음
   合口呼 : 개음 /w/ + 핵모음
   齊齒呼 : 개음 /i / + 핵모음
   撮口呼 : 개음 /y/ + 핵모음
3) 김형주(1992, 88)는 보한재집의 기록에 의지하여 조선 초에 崔澄의 「約韻圖」가 있었다고 한다. 그러나 「약운도」에 관하여는 여타의 기록에 체제와 형식, 내용 등에 관해 알려진 것이 전혀 없다.

이상 이어지지 않았다. 이후 18세기 실학이 흥기하면서 다시 우리말
과 문자에 대한 관심이 높아지기 시작한다. 유창균(1988, 183)은 이를
중세적 권위주의로 군림했던 주자학의 영향으로 이해하고 있다. 즉
조선 초기의 훈민정음 창제자를 중심으로 한 세력과 주자학의 세력
은 서로 배타적 입장에 있었는데, 조선 중기에는 주자학의 세력이
확장되면서 상대적으로 성운학이나 훈민정음에 대한 관심이 위축되
었다는 것이다.

18세기에 국어학에 관심을 가진 인물들이 대부분 실학과 깊은 관
련을 맺고 있다는 점에서 위의 분석은 설득력이 있다. 특히 이 시기
국어학은 양명학의 수용과 맥을 같이한다고 할 것이다. 우리나라의
양명학은 선조대에 이미 그 뿌리를 내리고 있었다. 이 때 南彦經, 李
瑤, 許筠 등이 양명의 학설을 받아들인 뒤 임진왜란 뒤에 李晬光과
張維, 崔鳴吉을 거치면서 학문적 토대가 완성되어 갔다. 그러나 이
시기의 양명학자들은 아직 순수한 양명학의 맥을 이어갔다기보다는
양명학의 학설과 이론에 공감을 보내어 하나의 학문적 기호로 관심
을 가졌던 단계이다. (김길환 : 1981, 49) 그 후 이른바 강화학파의
개조로 불리는 鄭齊斗에 이르러 조선 양명학은 완전한 학문체계로
수립되었다. 그가 숙종, 경종, 영조 사이에 강화도에서 양명학을 강
명한 후 그의 자손들과 후학들에 의하여 양명학은 조선 말의 정인보
에 이르기까지 200여 년 간 전수되었다. (유명종 : 1983)

이들 강화학파의 학문적 경향을 유명종(1983, 166-167)은 正音, 史
學, 書藝, 詩文으로 삶의 참뜻을 드러내고자 하였다고 하고 겸해서
실학과 제휴하여 이미 비인간화된 사회에 대하여 도전 또는 개혁의
시도를 하였다고 하였다. 그는 이들의 학문적 경향을 다섯 가지로
나누어 고찰하였는데, 그 중 첫번째는 우리의 주체적 사관 확립과
우리말 연구에 노력한다는 것이고, 두번째는 우리 얼이 담긴 우리의
정음의 연구가 지속되었다는 점을 지적하고 있다. 그리고 이에 해당

하는 사람들로 이영익, 이충익, 정동유, 유희 등을 꼽고 있다.

이러한 학문적 분위기 속에서 우리말과 문자에 대한 연구가 활발히 일어났다. 그 가운데 서경덕은 소옹의 황극경세서의 이론을 가장 적극적으로 받아들였고,[4] 이를 계기로 운학에 대한 연구가 활발히 일어났다.

이 시기 운학 연구의 계보는 다음과 같이 정리된다. (유창균 : 1988, 185)

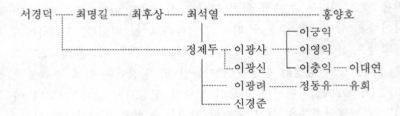

이 시기의 학문적 경향에 힘입어 최석정은 우리나라에서 처음으로 한자음을 정리한 운도를 만들어내었다.

『경세정운』은 우리 한자음을 대상으로 한 것은 아니었다. 그러나 한자음을 정리하기 위한 문자체계로서 훈민정음을 채택하였고, 이에 대하여 자신의 생각을 정리하여 이론적 설명을 하였다.

종래 대부분의 국어학사 관련 논저에서는 이 부분에 초점을 맞추어 최석정의 학설을 훈민정음 연구와 관련시켜 정리하여 왔다. 그러나 그가 경세정운을 만든 목적은 훈민정음의 연구에 있는 것이 아니고 분명히 운도의 편찬에 있었다. 따라서 본서에서는 『경세정운』의 운도에 관심을 두고 기술하고자 한다. 그리고 운도의 고찰에 필요한 범위 내에서 그가 주장한 훈민정음 관련 학설을 검토한다.

---

4) 서경덕의 운학 연구에 대해서는 유창균(1988, 171-182) 참조.

2.1 편찬사항

2.1.1 편찬자와 편찬 시기

『경세정운』은 明谷 崔錫鼎이 숙종 4년(1678)에 편찬하였다. 편찬 시기는 명시적으로 나타나지 않으나 본문의 기술 내용을 근거로 추정이 가능하다.[5] 이 운도는 편찬은 되었으나, 인쇄·간행되지 못하고 필사본으로만 전해진다. 최석정이 『경세정운』을 지었다는 사실은 洪良浩의 『耳溪集』에 실려 있는 경세훈민정음도설서를 통하여 세상에 알려졌다. 그러나 『이계집』에는 단지 홍양호가 쓴 서문만이 있었기 때문에 이 책의 전모를 파악할 수 없었는데, 김지용(1968)이 이를 京都대학 도서관의 河合文庫에서 사본 2책을 발견하여 영인·간행하면서 세상에 알려지게 되었다.

최석정(1646~1715)은 자는 汝和, 호는 明谷인데, 조선 중기의 뛰어난 양명학자인 최명길의 손자이다. 최명길은 서경덕의 제자로 서경덕이 소옹의 성음론에 관심을 가지고 황극경세성음창화도를 연구하였는바 최명길도 이에 영향을 받은 것으로 보인다. 따라서 최석정의 학문은 서경덕으로부터 비롯되는 소옹의 학설의 계승이라고 보인다. 그는 대대로 자학, 곧 운학에 조예가 깊은 집안의 영향을 받아[6] 운도를 편찬하게 된 것으로 보인다.

한편 『경세정운』은 이 책을 다루고 있는 논저에 따라 다음과 같이 여러 이름으로 불린다.

경세훈민정음도설(김지용 : 1968, 김석득 : 1983)

---

5) "在崇禎後五十年歲集著雍敦牂之春蒙哉"(『經世正韻』, 述志) "錫鼎著此序 戊午春成"(『經世正韻』, 述志)
6) "先祖遲川及先考東岡公 並加工於字學"(『經世正韻』, 述志)

경세훈민정음(김병제 : 1984)
경세정운(김민수 : 1980, 유창균 : 1988, 김형주 : 1992)

현재 전해지는 영인본의 표지에는 경세훈민정음이라 되어 있고, 안쪽에는 경세정운서설이라 題하고 그 아래에 "完山 崔錫鼎 汝和 述"이라 되어 있다. 그리고 이어서 훈민정음 설명으로 이어진다. 이로 미루어볼 때 최석정이 이 책을 편찬한 의도가 훈민정음의 설명에 있는 것이 아님을 알 수 있다. 훈민정음에 대한 설명은 운도를 만들기 위한 서설에 불과한 것이고, 본론은 『경세정운』을 만드는 것으로 보인다. 따라서 이 글에서는 이 책의 이름을 『경세정운』이라 부른다.

2.2. 체제와 형식의 특징

『경세정운』은 乾坤 2책으로 되어 있다. 각각의 내용을 살펴보면 다음과 같다.

〈乾册〉

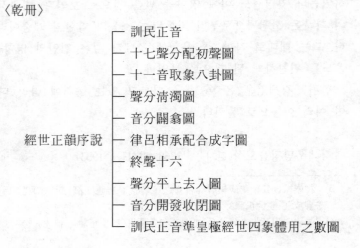

```
                    ┌ 訓民正音
                    ├ 十七聲分配初聲圖
                    ├ 十一音取象八卦圖
                    ├ 聲分淸濁圖
                    ├ 音分闢翕圖
        經世正韻序說 ├ 律呂相承配合成字圖
                    ├ 終聲十六
                    ├ 聲分平上去入圖
                    ├ 音分開發收閉圖
                    └ 訓民正音準皇極經世四象體用之數圖
```

聲音律呂唱和全數圖

〈坤冊〉

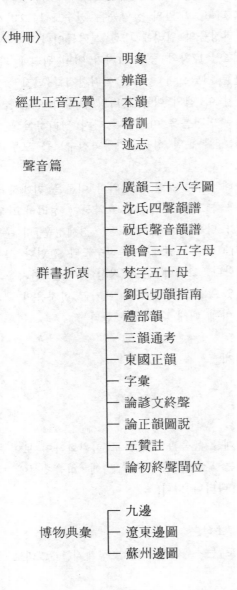

經世正音五贊
— 明象
— 辨韻
— 本韻
— 稽訓
— 迹志

聲音篇

群書折衷
— 廣韻三十八字圖
— 沈氏四聲韻譜
— 祝氏聲音韻譜
— 韻會三十五字母
— 梵字五十母
— 劉氏切韻指南
— 禮部韻
— 三韻通考
— 東國正韻
— 字彙
— 論諺文終聲
— 論正韻圖說
— 五贊註
— 論初終聲閏位

博物典彙
— 九邊
— 遼東邊圖
— 蘇州邊圖

이를 살펴보면 경세정운의 핵심은 乾冊에 나타나는 「聲音律呂唱和全數圖」이다. 그리고 그 앞의 설명들은 전수도를 그리기 위한 기초 작업으로서 훈민정음의 원리에 대한 설명들이다.

즉 훈민정음의 초성 17자와 중성 11자가 어떤 원리에 의하여 만들어지고, 어떤 음가를 지녔으며 종성은 어떠한지를 먼저 설명한다. 그리고 이들을 모아서 이 책의 이론적 바탕이 되어 있는 소옹의 황극경세성음창화도를 훈민정음을 이용하여 다시 정리하여 보여준다. 그리고 이어서 이 책의 본론인 성음율려창화전수도를 모두 32매에 걸쳐 보여주고 있다.

坤冊은 補論에 해당하는 부분으로 위의 이론을 전개하기 위해 차용한 이론적 바탕과 참고한 문헌들을 요약하여 정리하고 있다.

이 책에서 우리가 다루고자 하는 것은 『경세정운』의 운도적 특성의 고찰에 있기 때문에, 이 글에서는 전수도와 관련한 사항에 대해서만 기술하기로 한다. 그러나 운도 작성에 따른 한자음의 표기에 훈민정음이 사용되었으므로 이 운도에 표기된 한자음의 체계 고찰을 위한 범위 내에서 이에 대해 다루고자 한다.

2.3 자음의 체계

2.3.1 초성체계

최석정은 초성체계를 동음과 화음으로 이원화하여 보여주고 있다. 동음초성에 관해서는 「십칠성초성분배도」에, 화음초성에 대한 인식은 「성분청탁도」에 나타나 있다.

2.3.1.1 십칠성분배초성도

「십칠성초성분배도」는 훈민정음의 초성체계를 그대로 이어받아

17초성을 五音으로 분류하고 있다. 초성을 나타내는 字標[7]도 훈민정음의 것을 그대로 사용하고 있다.

17성분배초성도

ㄱ君	ㅋ快	ㆁ業	牙音	角
ㄷ斗	ㅌ呑	ㄴ那	舌音	徵
ㅂ彆	ㅍ漂	ㅁ彌	脣音	宮
ㅈ卽	ㅊ侵	ㅅ戌	齒音	商
ㆆ挹	ㅎ虛	ㅇ欲	喉音	羽
		ㄹ閭	半舌音	
		ㅿ穰	半齒音	

이 초성의 음가에 대해 그는 浮·中·沈이라는 세 가지 자질을 설정하여 이들을 분류·설명하고 있다.[8] 이는 17초성만을 대상으로 할 경우 청·탁의 이원적 자질로는 그 차이를 분명히 드러내기 어려웠기 때문으로 판단된다. (유창균: 1988, 192) 그의 설명에 따라 위의 17초성을 부중침의 자질별로 다시 나누면 다음과 같다.

	牙	舌	脣	齒	喉	半舌	半齒
	角	徵	宮	商	羽	變宮	變商
沈	見ㄱ	端ㄷ	幫ㅂ	精ㅈ	影ㆆ	來ㄹ	
中	溪ㅋ	透ㅌ	滂ㅍ	淸ㅊ	曉ㅎ		

---

7) 최석정은 종래의 해당 음소를 표기하는 문자를 자표로 바꾸어 부르고 있다. 결국 자표는 자모의 개념과 동일하다. 이는 신경준에게도 이어지고 있다.

8) "五音各有浮中沈三聲三才之象也 見端幫精影屬乎沈 溪透滂淸曉屬乎中 疑泥明心喩屬乎浮 來日二母猶之鍾律之有變宮變徵也 來屬沈而日屬浮也"(『經世正韻』, 十七聲分配初聲圖條)

340

浮   疑ㅇ 泥ㄴ   明ㅁ   心ㅅ   喩ㅇ   日ㅿ

이 부중침의 자질을 김석득(1983, 72-75)은 다음과 같이 설명한다.

浮 -- 天-- 울림소리, 유성음(voiced)
中 -- 人-- 센소리, 유기음(aspirated)
沈 -- 地-- 안울림소리, 무성음(voiceless)

부중침의 자질을 각각 유성음과 유기음, 무성음으로 보는 그의 견해는 정곡을 얻은 것으로 보인다. 그러나 유성음인 浮聲에 'ㅅ'이 포함되어 있고 무성음인 沈聲에 'ㄹ'이 포함되어 있는 것에 대한 설명이 없음이 아쉬움으로 남는다.

'ㅅ'은 아래의 「성분청탁도」에는 'ㄱ, ㄷ, ㅂ, ㅅ, ㅎ'과 함께 一淸에 소속되어 있다. 일청은 운도의 전통적 표현으로는 전청에 해당하는 무성무기음으로 위의 삼분류방식에 따르자면 沈에 해당하는 소리이다.

그리고 ㄹ은 「성분 청탁도」에는 'ㅋ, ㅌ, ㅍ, ㅊ, ㅎ'과 함께 三淸에 소속되어 있는데, 삼청은 차청에 해당하는 무성유기음으로 위의 분류에 따르면 中에 해당한다.

이 두 소리의 경우 최석정의 음운인식과 표기 사이에 약간의 혼동이 있었던 것이 아닌가 여겨진다. 'ㅅ'은 「성분청탁도」에서는 정상적인 표기가 되어 있다. 그러나 'ㄹ'은 두 곳의 표에 모두 잘못 분류되어 있음을 보게 되는데 그 원인을 정확히 밝히기는 어렵다.

2.3.1.2 성분청탁도

최석정은 한자음 표기를 위하여 24정성[9]을 채택하고 이를 다음과 같이 정리하였다.

성분청탁도

一淸	ㄱ君	ㄷ斗	ㅂ彆	ㅈ卽	ㆆ虛	ㅅ戌
二濁	ㄲ叫	ㄸ覃	ㅃ也[10]	ㅉ慈	ㆅ洪	ㅆ邪
三淸	ㅋ快	ㅌ呑	ㅍ漂	ㅊ侵	ㆆ挹	ㄹ閭
四濁	ㆁ業	ㄴ那	ㅁ彌		ㅇ欲	△穰

이를 최석정은 '正聲二十四'라 부르고 있다. 이는 소옹의 24정음에
맞추려 한 것으로[11] 소옹에 따르면 四約과 六音을 곱하여 24정음이
만들어진다는 것이다. 그러나 실제로는 'ㅈ'계열의 四濁이 빈칸으로
되어 있어 실제 소리의 숫자는 23이 된다. 이는『동국정운』의 23자
모체계와 동일하다. 따라서 그가 운도에서 표기하고자 했던 초성체
계는『동국정운』의 초성체계와 같았던 것이다.

그러나 각 자모에 대한 청탁의 분류는『동국정운』이나 훈민정음
의 체계와 다소 다른 점이 있다. 앞에서 언급한 바와 같이 'ㄹ'의 위

---

9) 소옹은 황극경세서에서 종래 성운학에서 사용된 용어와는 전혀 다른 용어를
    사용하고 있다. 그는 종래의 성모와 운모를 정음과 정성이라고 부르고 있다.
    그런데 최석정은 이론적 체계를 소옹으로부터 차용하였으면서도 용어는 그의
    것을 따르지 않고 나름대로 새로운 용어를 설정하고 있다. 이는 최석정이 중국
    어와 우리말의 음운체계의 차이를 인식하고 있었던 때문으로 보인다. 즉 음절
    의 구조를 성과 운으로 이분하는 중국의 용어로는 초성과 중성, 종성으로 삼분
    되는 우리말의 음절구조를 적절히 표현할 수 없었기 때문에 새로운 용어를 설
    정한 것으로 보인다.
      이에 따라 그는 초성을 정성이라 하고 중성은 정음이라 하였다. 그러나 아
    쉽게도 종성에는 따로이 이름을 정하지 않고 그대로 종성이라고 불렀다. 반면
    신경준은 韻解에서 초성을 聲, 중성을 音, 종성을 韻이라고 불렀다.
10) 步의 오자로 판단됨.
11) 소옹의 상수적 음소관과 역리에 대해서는 김석득(1983), 유창균(1988) 등을
    참고할 것.

치가 잘못되어 있고, 후음계열의 'ㆆ, ㅎ'이 위치가 바뀌어져 있다.

이들의 배치상 오류는 오음체계를 무리하게 여섯 항으로 나누는 과정에서 비롯된 것으로 이해하여야 한다. 즉 최석정은 사약과 육상의 체계를 맞추느라 'ㅅ, ㅆ, ㄹ, ㅿ'을 무리하게 하나의 항목으로 독립시켜 후음의 뒤에 배분한 것이다. 이 과정에서 'ㅅ'과 'ㅆ, ㅿ'은 본래의 청탁분류 자리에 배속되었으나 'ㄹ'은 'ㅿ'과 동일한 자리에 배치되어야 하는 까닭에 할 수 없이 체계상의 오류를 무릅쓰고 三淸에 배속된 것으로 이해된다.

2.3.2 중성체계

중성체계도 초성과 마찬가지로 동음과 화음의 이원체계로 제시된다. 전자는 「十一音取象八卦圖」에, 후자는 「音分闢翕圖」에 나타난다.

2.3.2.1 십일음취상팔괘도

그는 동음의 중성을 훈민정음 체계를 전승하여 중성 11모음체계로 설정하고 11자의 생성원리를 역리적 관점에서 다음과 같이 도시하였다.

십일음취상팔괘도

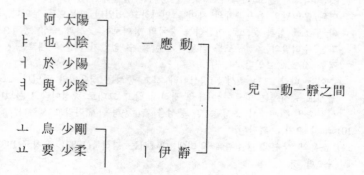

```
丅  于  太剛
ㅠ  由  太柔
```

이 도에 따르면 'ㆍ'는 動靜之間이니 太極이고, 'ㅡ'와 'ㅣ'는 각각 양과 음을 나타낸다. 'ㅏ, ㅑ, ㅓ, ㅕ'는 'ㅡ'에서 비롯되고 'ㅗ, ㅛ, 丅, ㅠ'는 'ㅣ'에서 비롯된다. 이는 자형과 역리에서 비롯된다. 최석정은 이들에 대해 "ㅏㅑㅓㅕ는 모두 ㅣ로서 몸을 삼고, ㅗㅛ丅ㅠ는 다 ㅡ로서 몸을 삼으니 음은 양을 뿌리로 하고, 양은 음을 뿌리로 삼는 것이라"[12] 하였다. 즉 'ㅏ'와 'ㅓ'는 그 자형이 縱形으로 'ㅣ'를 기본으로 삼고 거기에 'ㅡ'를 좌우로 덧붙인 모양이므로 'ㅣ'를 뿌리로 하는 것이고, 'ㅗ, 丅'는 橫形 'ㅡ'를 기본으로 하고 그 상하에 'ㅣ'를 덧붙인 모양으로 해석하였다. 이렇게 해서 사상에 해당하는 4개의 기본모음을 형성한다.

그리고 陽과 剛에 해당하는 'ㅏ, ㅓ, ㅗ, 丅'는 그 뿌리에 한 획씩이 더하여 만들어지므로 홀수로서 양괘에 해당한다. 이 기본모음에서 대립되는 陰과 柔는 'ㅑ, ㅕ, ㅛ, ㅠ'로 이들은 뿌리가 되는 자형에 각각 두 획씩이 더하여 만들어지므로 짝수인 음괘에 해당한다.

그러므로 위의 도표와 같이 11음이 각각 사상과 팔괘에 배분되는 것이다. 이는 11중성의 생성 과정을 역리와 자형에 기초하여 살펴본 것이다.

그런데 최석정의 이러한 음양관은 훈민정음의 그것과 매우 다른 모습을 보여준다.

『경세정운』에서 분류한 모음의 음양은 다음과 같다.

---

12) "阿也於與 皆以伊爲體 烏要于由 皆以應爲體 陰根陽而陽根陰也"(『經世正韻』, 十一音取象八卦圖)

344

陽音 (陽, 剛) : ㅡ ㅏ ㅓ ㅗ ㅜ
陰音 (陰, 柔) : ㅣ ㅑ ㅕ ㅛ ㅠ
中音   : ·

『훈민정음』은 11모음의 음양을 다음과 같이 구별한다.

양성모음 : · ㅗ ㅏ ㅛ ㅑ
음성모음 : ㅡ ㅜ ㅓ ㅠ ㅕ
중성모음 : ㅣ

이러한 차이는 모음의 음양관이, 훈민정음은 삼재에 근거하여 天
地人을 나누고 그 의미에 따라 일차적인 구분을 하고 그 다음에는
자형에서 중성의 점(·)이 縱과 橫의 밖과 위에 붙은 것은 양이고
안과 아래에 붙은 것은 음이라고 하였음에 비하여, 최석정은 괘수로
따져 홀수와 짝수로 나눈 것에서 나타난 차이이다. 이를 김석득
(1983, 82)은 『훈민정음』의 '位置論'과 『경세정운』의 '卦數論' 또는
'動靜論'이라 표현하였다.

2.3.2.2 음분벽흡도

최석정이 만든 운섭도는 한자음의 중성을 앞서 살핀 11중성이 아
니라 32중성으로 파악하였다. 이를 그는 정음32라고 하였다. 먼저 음
분벽흡도를 다음에 보인다.

음분벽흡도

	甲	乙	丙	丁	戊	己	庚	辛[13]
一闢	ㅏ阿	ㅑ也	ㅓ於	ㅕ與	ㅐ阿伊	ㅒ也伊	ㅖ於伊	ㅖ與伊
二翕	ㅘ烏阿	ㅛ烏也	ㅝ于於	ㆊ由與	ㅙ烏阿伊	ㅙ要也伊	ㅞ于於伊	ㅞ由與伊
三闢	·兒	ㅣ伊兒	ㅡ應	ㅢ伊應	·ㅣ兒伊	·ㅣ伊兒	ㅢ應	ㅢ伊伊應
四翕	ㅗ烏	ㅛ要	ㅜ于	ㅠ由	ㅚ烏伊	ㅛ要伊	ㅟ于伊	ㅠ由伊

정음32는 소옹이 말한 정성에 해당하는데 四約과 八象과의 상승으로 생긴 숫자이다.[14] 벽합으로 나뉘는 사약과 갑을 등으로 나뉜 8궁의 상승으로 32음이 만들어지는 것이다. 이는 그의 정음 분류가 소옹의 체계에 부합되는 것임을 분명히 한 것이다.

그러면서도 그는 정음 32자를 훈민정음의 삼재와 관련시켜 설명하고자 하였다. 삼재와 8궁과의 관계는 다음과 같이 정리된다.[15]

· : 甲乙 二宮
ㅡ : 丙丁 二宮
ㅣ : 戊己庚辛 四宮

실제로 위의 8궁은 갑을병정의 사궁과 무기경신의 사궁으로 나누어진다. 무기경신은 갑을병정의 중성에 반모음 /j/가 후행하여 이루

---

13) '甲乙 …… 庚辛'은 최석정의 「음분벽흡도」에는 표시되어 있지 않다. 「율려상승배합성자도」를 바탕으로 필자가 표기함.

14) 按十一音衍爲三十二 分爲闢翕卽邵氏所謂正聲也 四約之則八象 易之八卦樂之八音也(『經世正韻』, 音分闢翕圖)

15) "中聲之呼 以應伊兒爲末勢 三才之象也 甲乙二宮 終歸於兒 丙丁二宮 終歸於應 戊己庚辛四宮 終歸於伊"(『經世正韻』, 音分闢翕圖)

346

어지는 이중모음들이다.

　벽과 흡은 원순성의 유무로 대립되는 개념이다. 곧 벽은 개구음, 흡은 합구음, 즉 원순음을 의미한다. 그리고 벽과 흡은 다시 둘로 나뉘는데 이는 내전과 외전으로 구분되는데,[16) 다음과 같이 분류된다.

　　　　벽　－－　일벽: 개구 외전
　　　　　　　　삼벽: 개구 내전
　　　　흡　－－　이흡: 합구 외전
　　　　　　　　사흡: 합구 내전

　轉이란 본디 성모와 운모가 상호 결합하는 양상을 의미하는 말이다. 동일한 등운도에서 하나의 자모가 서로 다른 성조, 다른 등호의 운모와 결합하여 다른 음절을 만들어내기도 하고, 하나의 운모가 서로 다른 성모와 결합하여 다른 음절을 만들어내는 것을 말한다. 이들을 하나의 도표에 표시하기 때문에 운도의 숫자를 가리키는 의미로 사용되기도 한다. 중국의 대표적 운도인 『운경』은 모두 43도로 이루어져 있는데, 흔히 이를 43전이라 부른다.

　轉은 內轉과 外轉으로 나뉘는데 『사성등자』와 『절운지장도』의 정의에 따르면 내전이란 운도 중에서 순, 설, 아, 후 네 음이 모두 이등자가 없고, 치음만이 이등자를 가지고 있는 것을 가리킨다. 또 외전이란 순, 설, 아, 치, 후 다섯 음이 모두 네 개의 등호에 속하는 한자를 구비하고 있는 것, 즉 오음 모두 이등자를 가지고 있는 것을 말한다.(왕력: 1993, 160) 결국 내전과 외전의 구별은 이등자의 유무와 관련된다. 그러나 이러한 구별은 대체적인 것일 뿐 아직 중국 음

___
16) "按每韻一闢之字 開口外轉 二翕之字 合口外轉 三闢之字 開口內轉 四翕之字 合口內轉"(『經世正韻』, 聲音律呂唱和全數圖)

운학계에서도 이에 대한 분명히 일치된 의견은 없다고 보인다. (임도 · 경진생 : 1997, 145)

최석정은 전통적 운도에서 사용하는 내 · 외전의 개념과는 다른 입장에서 이를 설명하고 있다.

그의 내 · 외전에 해당하는 중성을 다시 정리하여 보자.

	벽	흡
외전	ㅏ ㅑ ㅓ ㅕ	ㅘ ㆇ ㅝ ㆊ
내전	· ㆎ ㅡ ᆜ	ㅗ ㅛ ㅜ ㅠ

벽과 흡은 개구와 합구의 대립이므로 벽이 기저음이 된다. 그리고 'ㅏ'와 'ㅑ', 'ㅓ'와 'ㅕ', '·'와 'ㆎ', 'ㅡ'와 'ᆜ'의 대립에서는 각각 반모음 /j/가 제외된 'ㅏ, ㅓ'와 '·, ㅡ'가 기저모음이 된다. 따라서 외전과 내전의 기저모음은 다음과 같다.

외전 : ㅏ, ㅓ
내전 : ·, ㅡ

그렇다면 이들 사이의 변별은 외전은 저모음 [+low], 내전은 비저모음 [-low]이었던 것으로 이해된다.

2.3.3 종성체계

최석정은 동음의 종성을 16으로 제시하였다. 종성부분은 앞의 초성, 중성과 달리 화음과 동음을 구별하지 않고 하나로 제시하고 있다. 중국 음운학에서는 종성이 존재하지 않기 때문이다. 그가 설정한 종성16은 단자 12음, 이합자 4음으로 다음과 같다.

348

牙音	ㆁ 凝	ㄱ 億	
舌音	ㄴ 隱	ㄹ 乙	ㄷ (得)
脣音	ㅁ 音	ㅂ 邑	
齒音	ㅿ (而)	ㅅ 思	ㅈ (㞢)
喉音	ㅇ (㞢)	ㅎ (㞢)	

二合

舌牙	ㄺ 乙億
舌脣	ㄼ 乙邑
舌齒	ㄽ 乙思
舌喉	ㅀ 乙益

그러나 그는 이미 이 모든 종성이 실제로 사용되지 않고 있었다는
사실을 알고 있었다. 그는 여기에서 한자에는 'ㄷ, ㅈ, ㄺ, ㄼ, ㄽ, ㅀ'
의 6자가 제외되고 대신 'ㅱ'과 'ㅸ'이 추가되어 12음이 쓰인다고 하
였다. 그러므로 종성은 그 쓰이는 자음에 따라

국어　　ㆁㄴㅁㅿㅇㄱㄹㅂㅅㅎㄷㅈㄺㄼㄽㅀ (16음)
한자음　ㆁㄴㅁㅿㅇㄱㄹㅂㅅㅎㅱ ㅸ (12음)

이 된다. 이 16음이나 12음이라는 숫자도 동음이나 화음에서 실제
사용되었던 종성의 숫자는 아니다. 그의 종성16도에 ㄷ (得), ㅿ (而),
ㅅ 思, ㅈ (㞢), ㅇ (㞢), ㅎ (㞢) 의 6종성은 그 용례에 圈을 덧씌워놓았
음을 볼 수 있다. 이는 그 초성을 이용하여 종성을 표시한 것인데,[17]

---

17) "終聲字標　得而思叱矣益　六字　用其初聲　以標終聲　故圈其字以別之"(『經世
　　正韻』, 終聲十六　條)

결국 이들이 문자로는 구별이 되나 실제 음운상에서는 중화되어 변별되지 않음을 의미한다. 따라서 당시 한자음에 쓰인 종성은

ㅇ ㄴ ㅁ ㄱ ㄹ ㅂ ㅱ ㅸ

의 8음이었다.

그럼에도 그가 16음이나 12음을 설정하는 것은 단순히 6(六爻), 4(四象)의 倍數(4×4, 6×2)의 易理에 맞추기 위한 무리한 설정이다.

2.4 聲音律呂唱和全數圖

성음율려창화전수도(이하 전수도)는 『경세정운』의 본론에 해당하는 부분이다. 소옹의 「황극경세성음창화도」를 근간으로 하고 훈민정음을 이용하여 한자의 운도를 만든 것이다.

최석정은 「군서절충조」에서 소옹의 「창화도」를 「황극경세천지사상체용지수도」라 이름하여 훈민정음으로 음을 달아서 수록하였다. 이 도표는 결국 최석정이 경세정운을 만든 이론적 바탕되는 것이다. (김석득 : 1983 ; 유창균 1988) 〈표 31〉에 이를 전재한다.

본디 도표는 상단은 聲圖, 하단은 音圖인데 여기에서는 인쇄의 편의상 좌우에 배열하였다. 상하 모두 사상과 사상의 배합으로 16도로 이루어져 있고 각각에 성과 음이 따로 구별되어 있다. 즉 성을 나타내는 상단은 '日, 月, 星, 辰'의 사상이 상호 배합되므로 '일일성, 일월성, 일성성, 일진성, 월일성, 월월성 …… 진진성'의 16도가 되는 것이다. 그리고 성도의 순서에 따라 벽, 흡이 대립된다. 음을 나타내는 하단은 '水, 火, 土, 石'이 상호 배합되므로 '수수음, 수화음, 수토음, 수석음, 화수음, 화화음 …… 석석음'의 16도가 되며 순서대로 청탁이 대립된다.

〈표 31〉 邵氏 皇極經世天地四象體用之數圖

正聲

	平日	上月	去星	入辰
一聲	多 다 / 禾 화	可:카 / 火:화	个·가 / 化·화	舌·져 / 八·바
	開 개 / 回 휘	宰:재 / 每:뫼	愛·애 / 退·퇴	○ / ○
二聲	良 랑 / 光 광	兩:랑 / 廣:광	向·향 / 況·황	○ / ○
	丁 딩 / 兄 휭	井:징 / 永:윙	亘·궁 / 瑩·웡	○ / ○
三聲	千 천 / 元 원	典:뎐 / 犬:퀸	旦·단 / 半·반	○ / ○
	臣 신 / 君 균	引:인 / 允:윤	艮·근 / 巽·순	○ / ○
四聲	刀 달 / 毛 말	早:쟐 / 寶:발	孝·향 / 報·장	岳·얌 / 霍·장
	牛 일 / ○	斗:듬 / ○	秦·증 / ○	六·류 / 玉·유
五聲	妻 체 / 衰 쇠	子:즈 / ○	四·스 / 帥·쉬	日·싀 / 骨·구
	龜 귀 / ○	水:쉬 / ○	貴·귀 / ○	德·늬 / 北·뷔
六聲	宮 궁 / 龍 룡 / 魚 우 / 烏 오	孔:쿵 / 甬:융 / 鼠:슈 / 虎:후	乘·즁 / 用·슝 / 去·큐 / 兎·투	○ / ○ / ○ / ○
七聲	心 심 / 男 남	審:심 / 坎:캄	禁·김 / 欠·컴	十·시 / 妾·쳐
				○ / ○
八聲	● / ● / ●	● / ● / ●	● / ● / ●	● / ● / ●
九聲	●	●	●	●
十聲	● / ●	● / ●	● / ●	● / ●

正音

	開水	發火	收土	閉石
一音	古:구 / □	甲·갸 / □	九·긿 / 近·긴	癸·귀 / 揆·귀
	坤쿤 / □	巧·걍 / □	丘 킹○ / 棄·키	棄·키 / 蚪 긿
二音	黑·희 / 黃황	花화 / 華·화	香·향 / 雄융	血·휧 / 賢현
	五·우 / 吾우	瓦·와 / 牙야	仰·양 / 月·웛	□ / 堯 영
三音	安안 / 亞·야	亞·양 / 乙·이	乙·이 / 王왕	一·이 / 寅인
	母·무 / 目·무	馬·마 / 兒·랑	美·미 / 眉미	米·몌 / 民민
四音	夫·부 / 父·부	法·밥 / 凡범	□	飛비 / 吠·비
	武·부 / 文·문	晩·환 / 萬·환	□	尾·밍 / 未·믜
五音	卜·부 / 步·부	百·븨 / 白·븨	丙·빙 / 備·비	必·비 / 備·비
	普·푸 / 旁·팡	朴·팡 / 排·패	品·핌 / 平·핑	匹·피 / 瓶·핑
六音	東둥 / 兌·뒈	丹·단 / 大·다	帝·뎨 / 弟·뎨	■
	土·투 / 同퉁	貪·탐 / 覃·탐	天·텬 / 田·텬	■
七音	乃·내 / 內·뉘	南남 / 冷·링	女·녀 / 年·년	■
	老·랑 / 鹿·루	帑·탕 / 離·랍	呂·류 / 離·리	■
八音	走·즈 / 自·즈	哉·재 / 在·재	足·쥬 / 匠·장	■
	草·찹 / 曹·찹	采·채 / 才·채	七·친 / 全·쳔	■
九音	思스 / 寺·스	三삼	星싱 / 象·샹	■
十音	■	山산 / 土·스	手·싀 / 石·시	■
	■		耳·ㅿㅣ / 二·ㅿㅣ	■
十一音	■	莊장 / 乍·자	震·진	■
	■	叉·차 / 崇충	赤·치 / 辰·친	■
十二音	■	卓·걱 / 宅·긱	中즁 / 直·지	■
	■	折·칙 / 茶·차	丑·칙 / 呈청	■

宮四濁 口	宮三清 ㅍ	宮二濁 ㅃ	宮一清 ㅂ	徵四濁 ㄴ	徵三清 ㅌ	徵二濁 ㄸ	徵一清 ㄷ	角四濁 ㆁ	角三清 ㅋ	角二濁 ㄲ	角一清 ㄱ	過攝外一
摩	頗	婆	波	那	佗	駝	多	莪	呵	○	歌	音
麼	叵	爸	玻	娜	袘	挓	撺	我	可	○	哿	
麼	破	焙	播	奈	拖	駄	嶧	餓	軻	○	箇	
莫	柏	泊	博	諾	託		鐸	咢	恪	○	各	
麻	范	跁	把	聱	侘	茶	觰	牙	齣	伽	嘉	
馬		跁	霸		妊	璨		雅	軻	檟	檟	
禡		把	伯		詫	咤		迓	髂	駕	駕	
		白			宅	磔		額	客	格	格	乾之一闔
○	○	○	○	○	○	○	○	○	呟	伽	迦	
○	○	○	○	○	○	○	○	○	歌	○	○	
○	○	鑼	亻	擲	纘	虐	卻	憂	脚			
○	○	○	○	○	參	○	○	○	○			
○	○	○	○	○	哆	○	○	○	○			
嬖	辡	辟	○	○	○	○	○	戀				

〈그림 14〉 聲音律宮唱和全數圖

이는 전통적인 운도의 형식과는 전혀 다르다. 소옹이 보여주고자 했던 것은 천지음양의 도리를 만물에서 구하려고 하는 역리적 태도를 바탕으로 소리를 태극과 음양, 사상의 변화와 교합으로 나타내고자 했던 것이다. 따라서 그는 태극에서 음양이 나누어지듯 소리를 성과 음으로 나누어 보여주고, 이들의 숫자를 역리적 해석을 통하여 보여주었을 뿐 이들의 결합 양상에 대하여는 아무것도 고찰하지 않았다. 즉 전통 운도가 성모와 운모의 결합을 통한 음절의 자음을 보여주고자 했던 것에 비하여 소옹의 체계는 성모와 운모의 수준에 머물고 있을 뿐이다. 이런 이유로 그의 경세사상체용지소도를 운도라고 보지 않는 것이다.

2.4.1 전수도의 내용

전수도는 모두 32도로 되어 있다. 이는 소옹의 경세사상체용지수도 숫자와 같다. 그러나 실제 도식은 상당한 차이가 있다.

최석정의 전수도는 형식적 측면에서는 전통 운도의 형식을 취하고 있다. 즉 횡으로 성모를, 종으로 운모를 배열하고 이들의 교차점에서 한자의 음을 찾도록 하는 방식이다. 따라서 소옹의 경세도와는 전혀 그 모습이 다르다.

따라서 최석정은 소리의 구분에 대한 소옹의 역리적 해석은 받아들였으나 운도의 형식은 전통적인 것을 본받았다.

전수도에는 성모가 횡으로 배열되어 있다. 성모는 「성분청탁도」에 따라 24행으로 되어 있다. 종으로는 운모가 배열되어 있는데 「음분벽흡도」에 따라 하나의 도에 8개의 모음이 배열되어 있다. 그리고 각 모음의 내부에 다시 넷으로 나누어 사성을 구별하고 있다. 그리고 각 운도의 좌단에 해당 중성 모음을 가지는 『광운』의 운목이 표기되어 있다.

그는 모든 운을 16섭과 6궁으로 나누었는데, 섭은 성모와 운모의
결합으로 형성된 정상적인 음절의 배열을 나타내고, 궁은 운모의 변
화로 발생한 음들을 모아놓은 것이다.

16섭은 다시 외팔섭과 내팔섭으로 나뉘는데 다음과 같다.

外八攝	一過	二壯	三泰	四觀
	五解	六井	七剝	八謙
內八攝	一豫	二蒙	三履	四晋
	五頤	六恒	七復	八臨

그가 한자음을 16섭으로 나눈 것도 전통 운도의 영향을 받고 있
다. 『운경』은 모두 43도로 구성되어 있다. 이를 내·외전의 16섭으
로 구분하면 다음처럼 분류가 된다.

內轉	外轉
1. 通攝 (1~2 圖)	1. 江攝 (3圖)
2. 止攝 (4~10圖)	2. 蟹攝 (13~16圖)
3. 遇攝 (11~12圖)	3. 臻攝 (17~20圖)
4. 果攝 (27~28圖)	4. 山攝 (21~24圖)
5. 宕攝 (31~32圖)	5. 效攝 (25~26圖)
6. 流攝 (37圖)	6. 假攝 (29~30圖)
7. 深攝 (38圖)	7. 梗攝 (33~36圖)
8. 曾攝 (42~43圖)	8. 咸攝 (39~41圖)

그리고 각 섭은 流攝이나 深攝처럼 하나의 운도로 이루어진 경우
도 있고, 7개의 운도로 이루어진 止攝처럼 여러 운도로 이루어진 경
우도 있다.

『운경』에 나타나는 내전 8섭, 외전 8섭이라는 섭의 분류는 이후 숫자상의 분류뿐 아니라 섭의 소속까지도 『칠음략』, 『사성등자』, 『절운지장도』, 『절운지남』 등에 일관되게 적용되고 있는 운도의 기본적인 체계이다. 그러나 섭이라는 용어는 초기의 운도인 『운경』이나 『칠음략』에는 등장하지 않는다. 위의 분류는 다만 그 체계에 의하여 나누어본 것이다. 섭이라는 용어가 처음 등장하는 것은 『사성등자』에 이르러이다. 그 이후 섭과 내외전은 운도의 가장 중요한 개념으로 자리잡았다. 최석정이 이를 수용하고 있음은, 그가 전통 등운도의 맥을 잇고 있음을 알려주는 것이다. 종래 국어학사에서 『경세정운』을 다룬 분들은 대체로 『경세정운』이 황극경세서를 본따 만든 운도라고 설명하고 있음을 보게 된다. 이렇게 보게 된 이유는 홍양호의 역할이 크다고 보인다. 홍양호는 이계집에서 최석정의 『경세정운』을 황극경세서와 흡사하다고[18] 평했는데, 종래의 견해는 이를 무비판적으로 수용한 데서 오는 오류로 보인다.

최석정은 위의 16섭을 다시 벽흡으로 나누어 각각 하나의 운도를 작성하여 모두 32도가 된다.

다음에 16섭 32도의 내용을 정리하여 〈표 32〉에 제시한다.[19]

16섭의 모음은 다시 벽흡으로 나뉘는데, 섭에 따라 벽흡도의 '갑을병정' 궁의 자음이 배당되기도 하고 '무기경신' 등의 모음이 배당되기도 한다.

甲乙丙丁: 過, 豫, 壯, 蒙, 觀, 晋, 剝, 復, 謙, 臨
戊己庚辛: 泰, 履, 解, 頤, 井, 恒

---

18) "…… 而有臣若文貞公 崔錫鼎 發揮奧理敷演成書 聲則分初中終 韻則分平上去入 音則分開發收閉 類以配四象八卦之數 推而合皇極經世之書……"(耳溪集, 卷 10, 序部)

19) 도표에서 ○ 속에 표기된 음은 유음무자의 경우이다.

（제6장 韓國 韻圖　355）

〈표 32〉　전수도 32도의 내용

圖番	名稱	內·外	番號	闢·翕	中聲	終聲	入聲
1	過	外	一	一闢	ㅏ ㅑ ㅓ ㅕ	ㅇ	借角
2				二翕	ㅘ ㆅ ㅝ ㆇ		
3	豫	內	一	三闢	ㆍ ㅣ ㅡ ㅢ	〃	〃
4				四翕	ㅗ ㅛ ㅜ ㅠ		
5	壯	外	二	一闢	ㅏ ㅑ ㅓ ㅕ	ㆁ	用ㄱ
6				二翕	ㅘ ㆅ ㅝ ㆇ		
7	蒙	內	二	三闢	ㆍ ㅣ ㅡ ㅢ	〃	〃
8				四翕	ㅗ ㅛ ㅜ ㅠ		
9	泰	外	三	一闢	ㅐ ㅒ ㅔ ㅖ	ㅿ	借徵
10				二翕	ㅙ ㆅ ㅞ ㆊ		
11	履	內	三	三闢	ㆎ ㆌ ㅢ ㅢ	〃	〃
12				四翕	ㅚ ㆈ ㅟ ㆌ		
13	觀	外	四	一闢	ㅏ ㅑ ㅓ ㅕ	ㄴ	用ㄹ
14				二翕	ㅘ ㆅ ㅝ ㆇ		
15	晉	內	四	三闢	ㆍ ㅣ ㅡ ㅢ	〃	〃
16				四翕	ㅗ ㅛ ㅜ ㅠ		
17	解	外	五	一闢	ㅐ ㅒ ㅔ ㅖ	ㅇ	借角
18				二翕	ㅙ ㆉ ㅞ ㆊ		
19	頤	內	五	三闢	ㆎ ㆎ ㅢ ㅢ	〃	〃
20				四翕	ㅚ ㆈ ㅟ ㆌ		
21	井	外	六	一闢	ㅐ ㅒ ㅔ ㅖ	ㆁ	用ㄱ
22				二翕	ㅙ ㆉ ㅞ ㆊ		
23	恒	內	六	三闢	ㆎ ㆎ ㅢ ㅢ	〃	〃
24				四翕	ㅚ ㆈ ㅟ ㆌ		
25	剝	外	七	一闢	ㅏ ㅑ ㅓ ㅕ	ㅱ	借角
26				二翕	ㅘ ㆅ ㅝ ㆇ		
27	復	內	七	三闢	ㆍ ㅣ ㅡ ㅢ	〃	〃
28				四翕	ㅗ ㅛ ㅜ ㅠ		
29	謙	外	八	一闢	ㅏ ㅑ ㅓ ㅕ	ㅁ	用ㅂ
30				二翕	ㅘ ㆅ ㅝ ㆇ		
31	臨	內	八	三闢	ㆍ ㅣ ㅡ ㅢ	〃	〃
32				四翕	ㅗ ㅛ ㅜ ㅠ		

이들 모음은 운도에서 상보적으로 분포된다.

그리고 각 도의 좌단에 운목이 표시되어 있다. 그가 어떤 운서의 운목을 표기하였는지에 대해서는 명시적으로 밝히지 않았다. 그러나 운목의 내용으로 보아 이는 『광운』의 운목이다. 그리고 『경세정운』의 군서절충조에서 광운36자모를 가장 먼저 제시하고 있음으로 보아 그가 절운계 운서의 대표적 운서인 『광운』에 대해 식견이 있었음을 짐작할 수 있다. 〈표 33〉에 각 섭과 그 섭의 운목과의 관계를 정리하여 제시한다.

이렇게 비교하여 보면 최석정이 설정한 16섭은 섭의 분류라는 측면에서는 전통 운도의 16섭 분류와 크게 어긋나지 않는다. 다만 4개의 섭이 일 대 일로 대응되지 않는다.

過攝이 전통운도의 果, 假 두섭과 대응되는 것은 過섭의 중성모음이 ㅏ와 ㅘ로 대표되므로 운도의 합구의 果와 개구의 假섭이 동시에 대응된 것이다.

최석정의 解와 頤攝이 전통 운도의 蟹, 止攝과 함께 대응되고 있는데 이 역시 두섭 사이의 운부모음의 유사성에 기인한다. 臨섭에 深, 咸 두섭이 대응되는 것도 마찬가지이다.

종래 그의 운도가 일방적으로 소옹의 이론을 받아들여 그에 따라 작성된 것으로 평가하던 태도는 상당한 수정이 불가피하다고 판단된다.

2.4.2 광운 운목과의 관계

『광운』의 운목과 그에 해당하는 전수도의 중성모음을 비교하여 보자. 『광운』 운목은 모두 47개가 사용되었다. 전수도에는 각 도마다 4개의 모음이 배열되고 각 모음마다 평상거입의 사성이 배열되므로 이론적으로는 전체 32개의 운도에 512개의 운목이 표시될 수 있다. 평성을 대표로 하였을 경우 128운목이 표시될 수 있다.

〈표 33〉 경세정운 16섭과 전통 16섭의 운목 비교

攝	韻目	16攝	核母音	韻尾
過	歌 麻 戈	果 假	ɑ	Ø
豫	模 魚 虞	遇	ɔ o c	Ø
壯	唐 陽	宕	ɑ	ŋ
蒙	東 冬 鍾	通	u o	ŋ
泰	泰 夬 廢 祭	蟹	ɜ æ ɜ	i
履	咍 脂 灰 微	蟹	ɒ ə	i
觀	寒 桓 刪 元 仙	山	ɑ ɒ æ	n
晋	痕 眞 魂 諄 文	臻	ə e	n
解	佳 支	蟹 止	ɜ æ	Ø
頤	咍 之 灰	蟹 止	ɒ æ e	Ø
井	庚 淸	梗	a æ	ŋ
恒	登 蒸	曾	e	ŋ
剝	豪 肴 宵	效	ɑ a æ	u
復	侯 尤	流	e	u
謙	談 銜 鹽 嚴	咸	ɑ a æ	m
臨	覃 侵	深 咸	e ɒ	m

그러나 실제로 운목이 표시된 모음은 78모음 47운목에 불과하다. 이는 하나의 운목이 여러 모음으로 반영되어 있음을 의미한다. 다음 〈표 34〉에 그 배열관계를 나타낸다.[20]

〈표 34〉 광운 운목과 전수도의 중성모음

운목\벽흠	歌 α	麻 a	戈 uα	模 uo	魚 ǐwo	虞 ǐu	唐 αŋ	陽 ǐαŋ	東 uŋ	冬 uoŋ	鍾 ǐwoŋ	泰 α:i
一闢	ㅏㅓ	ㅑㅕ					ㅏ	ㅓ				ㅐ
二翕		ㅘㅖ	ㅘㅓ				ㅘ	ㅓ				ㅙ
三闢				·	ㅡ						·	
四翕						ㅠ			ㅗ	ㅜ		

운목\벽흠	夫 wai	廢 ǐwɐi	祭 ǐwei	咍 ɒi	脂 ji	灰 uɒi	微 jěi	寒 ɒn	刪 a:n	元 ǐɐn	仙 ǐɐn	桓 uɒn
一闢	ㅐ	ㅔ	ㅖ					ㅏ	ㅑ	ㅜ	ㅕ	
二翕	ㅙ	ㅔ	ㅖ						ㅘ	ㅓ	ㅖ	ㅘ
三闢				·ㅣ	ㅢ							
四翕							ㅚ	ㅟ				

운목\벽흠	痕 ən	眞 ǐěn	魂 uən	諄 ǐuěn	文 ǐwěn	佳 ua:i	支 jiě	之 ji	庚 αŋ	淸 ǐαŋ	登 əŋ	蒸 ǐəŋ
一闢						ㅐ	ㅔㅖ		ㅐ	ㅔㅖ		
二翕							ㅙㅓㅖ			ㅙㅓㅖ		
三闢	·	ㅡ						ㅢ			·ㅣ	ㅢ
四翕			ㅗ	ㅠ	ㅜ			ㅟ			ㅚ	ㅟ

20) 운목의 순서는 과1섭으로부터 나타나는 순서이다. 그러나 동일한 운목이 중복
되어 표기되는 경우가 많이 나타나므로 정확히 배열 순서가 맞는 것은 아니다.

운목 벽흡	豪 au	肴 au	宵 ɪɐu	侯 əu	尤 ɪəu	談 ɑ:m	銜 a:m	鹽 ɪɐm	嚴 ɪɐm	覃 ɑm	侵 ɪəm
一關	ㅏ	ㅑ	ㅕ			ㅏ	ㅑ	ㅕ			
二翕						ㅘ	ㆇ	ㆊ	ㅓ		
三關				ㆍ	ㅡ						ㅡ
四翕										ㅗ	

　이들을 비교하여 보면 전수도에 표기되어 있는 한자음은 실제 현실 한자음과는 상당한 차이를 보인다. 현실음에 존재하지 않는 ㅑ, ㆇ, ㆈ, ㆊ 등의 반영은 차치하고라도 다음의 운목과 중성 모음의 대응은 일반적인 중고음의 동음 대응 방식에서 크게 벗어나고 있다.[21]

麻: ㅕ　　模: ㆍ　　魚: ㅡ　　陽: ㅓ　　東: ㆍ

痕: ㆍ　　登: ㆎ　　蒸: ㅓ　　豪: ㅏ　　肴: ㅑ

宵: ㅕ　　侯: ㆍ　　尤: ㅡ　　銜: ㅏ

　전수도에 배열되어 있는 한자들은 『광운』의 운목체계와는 일치한다. 그런데 훈민정음으로 표기한 한자음과는 위와 같이 상당한 차이를 보인다. 이는 그가 만든 전수도가 소옹의 이론체계에 따라 설정한 중성32음을 벽흡으로 나눈 도식에 맞추려고 한 것이기 때문에 실제 한자음과는 상당한 괴리가 발생한 것이다.

---

21) 일반적인 중고음 운모의 동음 대응에 관해서는 박병채(1971), 이윤동 (1988) 등을 참조할 것.

360

2.4.3 전수도의 종성 표기

전수도는 좌단에 해당 운도에 배열된 한자의 종성과 입성을 구분
하여 표기하고 있다. 표기된 종성과 입성은 다음과 같다.

종성 : ㅇ, ㆁ, ㅿ, ㄴ, ㅱ, ㅁ
입성 : ㄱ, ㄹ, ㅂ

이들은 결국 운미를 통합한 것인데 최석정은 양운미와 음운미를
합하여 종성이라 하여 입성운미와 구분하였다. 그의 종성은 전통적
16섭의 운미와 일치한다.

다만 종성에 'ㅿ'이 나타나는 것이 이채롭다. 'ㅿ'은 泰攝과 頤攝에
표기되어 있는데 이들은 전통 운섭의 蟹攝에 해당하는, 운미 /-i/를
가지는 운목들이다. 최석정은 剝攝과 復攝에서 운미음 /-u/를 종성
ㅱ으로 표기하고 있다. 이 표기는 이미 조선 초기 『홍무정운역훈』에
서도 등장한 것이므로 그가 이를 이어받았다는 점에서 크게 문제될
것이 없는 표기이다. 그런데 운미 /-i/는 동음에서 언제나 핵모음과
통합되어 중성으로 기능하였을 뿐 운미로서 변별되지는 않았다. 그
런데 최석정은 이를 운미로 인정하였던 것이다. 그리고 이를 'ㅿ'으
로 표기하였다. 그러나 최석정은 이미 종성16조에서 'ㅿ'은 종성으로
서 변별력이 없음을 언급한 바 있다. 그럼에도 이를 종성에 사용한
것은 가공의 표기일 뿐 실제 음가는 없음을 표기하기 위한 것으로
보인다.

3 韻解

『韻解』[22)]는『경세정운』과 함께 조선의 등운학을 대표하는 운도이다. 『운해』의 편찬자인 신경준은 소옹의 「황극경세성음도」를 바탕으로 우리 한자음의 운도를 작성하고자 하였으니 편찬의 기본 입장은 최석정과 동일하다.

신경준은 이 운도에서 훈민정음을 한자음의 발음 표기를 위한 수단으로 이용하면서, 이에 대한 자신의 견해를 비교적 자세히 피력하였다. 훈민정음에 관한 이러한 설명 때문에 종래의 국어학계에서는 『운해』를 운도라는 측면보다는 국어학사적 연구 업적 속에서 다루어 왔었다. 그러나 『운해』는 그 이름에서 상징하는 바와 같이 한자음의 운을 확인하여 운도를 만드는 데 목적이 있었던 책이며, 훈민정음에 관한 논설은 이를 위한 부차적인 것이었다. 따라서 이 책에서는 운해의 성격을 분명히 하기 위해 훈민정음에 관한 논의는 여타 논자의 서술로 그 논의를 미루고 운도적 성격에 대해서만 논의하기로 한다.

3.1 편찬사항

3.1.1 편찬자와 편찬 시기

『운해』는 旅菴 申景濬이 영조 26년(1750)에 지은 韻圖이다. 申景

---

22) 이 책의 명칭에 대해 종래 여러 설이 제기되어 있다. 김윤경(1954), 강신항(1967) 등은 『훈민정음운해』라고 하였으나 최현배(1976)는 이를 비판하여 『훈민정음도해』라고 하거나 아니면 간략히 『운해』라고 하는 것이 옳다고 하였다. 김민수(1980), 강신항(1992) 등은 현재 숭실대학교 도서관에 소장된 연대 미상 사본의 표기에 『운해훈민정음』이라 되어 있고, 안에는 『운해』라고만 되어 있는 점을 지적하여 원래 이름이 『운해』이었다고 인정하였다.

濬의 자는 舜民, 호는 旅菴이며 숙종 39년(1712) 전라도 순창에서 출생하여 좌승지, 제주 목사 등을 거친 노론파 실학자이다.[23] 1770년 『文獻備考』 편찬에 참여하여 「輿地考」를 맡아 완성한 이래 지리학에 관심을 기울여 『八道地圖』와 『東國輿地圖』를 완성하였다. 학문이 뛰어나고 지식이 해박하여 聲律・醫卜・法律・奇書에 이르기까지 통달하여 당대 실학의 주도적인 위치에 있었다. 특히 고증학적 방법으로 한국의 지리학을 개척했다는 평가를 받고 있다. 그는 지리학을 비롯하여 經學, 韻學에 뛰어난 학자로 그의 문집인 여암유고 행장에는 「儀表圖」, 「疆界志」, 「山水經」 등 지리학 서적과 「經書音解」, 「增訂日本韻」, 「平仄韻互擧」 등 경학과 운학 관련 집필서의 이름을 비롯하여 다방면에 걸친 업적이 나열되고 있다.

특히 그는 실학시대의 일반적 경향인 민족주체적인 연구경향을 좇아 우리말과 글에 다대한 관심을 기울였고 이러한 결과로 『운해』를 편찬하게 된 것이다. (정경일: 2001) 신경준의 대표적 저작인 『운해』의 실학적 특성에 가장 먼저 관심을 기울인 사람은 김석득이었다. 김석득(1975)은 한문이 판을 치는 전통적 왕조사회에서 신경준이 한문의 관심으로부터 떠나서 이른바 조선지식을 추구하여 우리말의 음운에 대한 연구를 한 점을 매우 높이 평가하였다.

---

23) 당시 碩學의 한 사람이었던 洪良浩는 『旅菴遺稿』 序에서 신경준을 다음과 같이 극찬하고 있다.
"旅菴申公 以雄才博識 加之 以探賾鉤深之功 遠而甘石之經 章亥之誌 近而州鳩之譜 司馬之法 無不掮其局而抉其奧 旁羅百氏而折衷於吾道 其發之言也 汪汪乎不窮 鑿鑿乎有徵 其形於文也 不襲前人之口 而自出吾肺腑 不拘攣於繩尺而自中窾會 卓然 成一家之言 可謂絶類之宏才 希世之通儒也"

3.1.2 편찬 동기

김석득(1975)은 신경준이 『운해』를 편찬한 의도를 "한문의 세계에서 벗어나서, 조선 지식을 추구하여 우리 삶의 근본이 되며, 우리 사람됨의 근본 뜻이 있는 우리말의 음운과 문자를 고구"하기 위한 것으로 파악하고, 이를 "국어학 면에서 실학의 자각적 개념과 실용적 개념에 우선 접근하였다"고 보았다. 대부분의 국어학사에서 공통적으로 보이고 있는 이 운도에 대한 이와 같은 평가는 당시의 국어연구에 있어 『운해』가 차지하는 위치를 잘 보여주는 평가이다. 그러나 이러한 평가는 『운해』의 내용 가운데 훈민정음도해 부분에 국한한 평가로 『운해』의 편찬의도를 정확히 파악하지 못한 것이다.

『운해』를 훈민정음의 연구라는 입장에서 높이 평가한 것은 정인보(1938)에서 비롯되었다. 정인보는 당시 조선어학회에서 이 책을 활자본으로 간행하면서 卷頭에 해제를 실었는데 그 해제에서 신경준을 훈민정음연구의 중흥조로 부르고 유희나 정동유, 이영익에 앞서는 대학자로 칭송하고 있다.[24] 이 책의 의도를 훈민정음의 연구라는 입장에서 바라보는 견해는 최현배로 이어진다. 최현배(1976)는 신경준을 "음운학과 중국 역학에 정통한 이"로 평가한 뒤, 이 책은 "훈민정음에 대하여 음운학적 내지 역학적 설명을 시험한 것"이라고 하고 "그의 말한 바가 비록 이젯사람의 백분의 수긍을 얻기는 어렵다 할지라도, 그의 제집 학문(自家學)에로 향한 학적 노작은 확실히 한글

---

24) 해제의 내용 일부는 다음과 같다.
　"訓民正音韻解 一冊은 申旅菴 景濬(肅宗壬辰~正祖辛丑, 1712-1781)의 著이니 (舜民은 그 字) 訓民正音 研究로서 가장 奇奧할 뿐 아니라, 柳西坡보다는 물론 먼저요, 鄭玄同에게도 旅菴이 三十二年이나 長한즉, 斯學에 있어 中興祖로 推尙하여도 過할 것이 없다. 李信齋 令翊의 正音學이 비록 著書는 傳하지 아니하나, 西坡의 인용함을 보아 그 深詣를 짐작할 수 있는데, 信齋도 旅菴의 後進이다."

갈(正音學)의 중홍자이라 할 만하다"고 극찬하고 있다. 이러한 견해
는 그 후 김병제(1984), 김형주(1992)에게 이어지고 있다.

아쉽게도『운해』에는 序나 凡例 등 편찬자의 의도를 알게 해주는
기록이 실려 있지 않다. 따라서 신경준이 어떤 목적으로 이 책을 저
술하였는가는 책의 내용을 통해 짐작할 수밖에 없다. 일찍이『운해』
에 대한 관심을 가지고 내용 전체를 주해한 강신항(1967)은 예전의
평가들이 이 책의 내용을 완전히 파악하여 이해하지 못하고「훈민정
음도해」부분만을 중시한 잘못이 있었음을 지적한 뒤, "旅菴의 목적
은 韻圖를 작성하여 自己가 바로잡았다고 생각하는 漢字音을 表示
하는 데 있었다"고 하고 그에게 훈민정음은 "한자음을 위한 발음기
호의 존재에 지나지 않았다고 할 수도 있다"고 하였다. 이러한 견해
는 김민수(1980)에서도 발견된다. 특히 김민수(1980)는 신경준이 기존
의 논의에서 훈민정음 부분이 잘못 중시되어 국어연구의 中興祖로
과찬되고 있다고 비판하였다. 이 밖에 운해를 운학이나 운도와 관련
시켜 이해하는 견해는 김종훈 외(1986), 유창균(1988) 등이 있다.

저자도 신경준이『운해』를 편찬한 의도는 훈민정음의 연구에만
그치지 않는다고 본다. 책의 편차로 볼 때 서두에「경세성음수도」와
「율려창화도」를 배치하여 소옹의 운도를 본받아 자신이 고안한 운
도를 보여주고 있고, 훈민정음 설명 부분에서도 초성과 중성 글자를
경세수도에 배치하고 있다. 그리고 이 책의 마지막 부분에 4장의 운
도를 그려 보임으로써 그의 의도가 무엇인지를 분명히 드러내고 있
다. 따라서 신경준이 이 책을 편찬한 의도는 훈민정음을 이용하여
그가 고안한 한국 한자음의 운도를 그려보고자 했던 것이다.

3.2 체제와 형식적 특징

이 책의 내용은 크게 셋으로 나뉜다. 첫 부분인「경세성음창화도」

는 소옹의 황극경세성음도를 본받아 작성한 운도이다. 다음 「훈민정
음도해」부분은 신경준이 훈민정음에 대하여 해설한 내용으로 우리
문자를 초, 중, 종성으로 三分하고 이의 發生과 音理에 대하여 圖解
하여 설명하고 있다. 다음은 이 운도의 핵심부분이라 할 수 있는 「한
자음운도」이다. 「한자음운도」는 총설에 이어 자신이 바로잡았다고
생각하는 한자음을 표시하기 위한 모두 4章의 운도를 완성하였다.
    『운해』의 구체적인 차례는 다음과 같다.

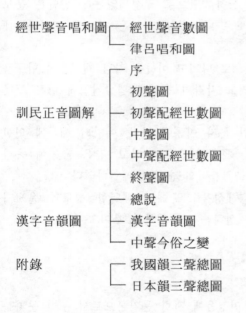

經世聲音唱和圖 ─┬─ 經世聲音數圖
              └─ 律呂唱和圖

訓民正音圖解 ─┬─ 序
            │   初聲圖
            ├─ 初聲配經世數圖
            │   中聲圖
            │   中聲配經世數圖
            └─ 終聲圖

漢字音韻圖 ─┬─ 總說
          ├─ 漢字音韻圖
          └─ 中聲今俗之變

附錄   ─┬─ 我國韻三聲總圖
          └─ 日本韻三聲總圖

    그러면 위의 차례에 따라 『운해』의 내용을 개략적으로 살펴보기
로 한다.

3.2.1 경세성음창화도

권두에 실은 「경세성음창화도」에는 「경세성음수도」와 「율려창화도」가 실려 있다. 「경세성음수도」는 소옹의 황극경세성음도를 본보기로 하여 신경준이 편찬한 운도이다. 한자음의 표기를 위한 기본적인 음의 분류를 보여준다. 또 이어지는 「율려창화도」를 만들기 위한 기본적인 성모와 운모를 제시하는 부분이다. 「초성배경세수도」와 「중성배경세수도」는 각각 상하 2단으로 구성되었는데 상단은 운모를 표시하는 부분으로 10도로 나누었고, 하단은 성모를 표시하는데 12도로 나누었다.

운모의 배열은 일월성진으로 나뉘고 이들은 각각 개구음과 합구음의 순서로 되어 있다. 그리고 각각의 운모에 평상거입에 따른 구분을 하였다.

聲母의 배열은 易學적인 문자 이론에 따라, 여암의 해석에 의한 宮音·角音·徵音·商音·羽音의 순으로 하고, 같은 音系에 속한 음은 전청·전탁·차청·불청불탁의 순으로 배열하였다.

「율려창화도」에서는 「경세성음수도」에서 배열한 성모와 운모가 어떻게 결합하여 음절을 형성하는지를 일부만 보이고 있다.

3.2.2 훈민정음도해

훈민정음도해 부분은 훈민정음에 관한 문자론으로서 우리 문자를 초성, 중성, 종성으로 나누고 이에 대하여 자세히 설명을 하였다. 훈민정음의 체계에 맞춰 「초성도」, 「중성도」, 「종성도」를 배열하고 이들을 운도체계로 재정리한 「초성배경세수도」, 「중성배경세수도」를 작성하여 운도의 표기수단인 훈민정음을 설명하고 있다. 그러나 이 부분에서 언급하고 있는 그의 학설은 앞서 제시한 「경세성음수도」

와 「율려창화도」의 한자음에 맞추기 위한 이론 전개로(강신항: 1992) 그가 교정한 한자음을 표기할 운도를 만들 목적으로 훈민정음을 확대하여 응용하였다고 할 것이다. (김민수: 1980, 167)

그리하여 그는 훈민정음이 문자로서 지닌 우수성을 "天下의 聲音大典"이라고[25] 찬양하면서도 운도를 위하여 초성 36자와 중성 18자의 체계를 수립하였다. 여기에서도 그의 『운해』 저술 목적이 다음에 기술할 운도의 제작에 있었음을 짐작할 수 있다.

3.2.3 한자음운도

「한자음운도」는 신경준이 이 운도를 만든 본론에 해당하는 부분이다. 한자 음운도에 앞서 총설에서는 초성을 '音'이라 하고, 중성은 '聲', 종성은 '韻'이라 부르며 이들이 각각 淸濁, 開闔, 韻과 관련됨을 밝혔다. 그리고 『절운』과 歷代韻書를 간략히 소개하고, 『광운』과 『운회』, 『홍무정운』의 자모도를 제시하고 이를 바탕으로 『운해』에서 채택하고 있는 36자모도를 제시하고 있다. 그리고 이에 의거하여 모두 4장의 음운도를 제시하고 있다.

3.3 운도의 특징

여기에서는 앞서 간략히 살펴본 「경세성음수도」와 「율려창화도」, 「초성배경세수도」와 「중성배경세수도」, 「종성도」와 이들을 종합한 「한자음운도」에 대해 깊이 있게 설명한다.

---

25) "正音不止惠我一方 而可以爲天下聲音大典也"(『韻解』, 訓民正音圖解敍)

3.3.1 經世聲音數圖

「경세성음수도」는 『운해』의 중심인 「한자음운도」를 만들기 위한 가장 기본적인 이론적 근거로 운도의 작성에 소용되는 성과 음의 수를 보여주는 도표이다. 즉 신경준이 인식하고 있던 한자음의 음운체계에 대한 분석 결과를 종합적으로 제시하여 주는 부분이다.

이 「경세성음수도」가 『운해』의 권두에 놓여 있고 마지막 부분이 한자음운도라는 사실은 신경준이 『운해』를 편찬한 이유가 단지 훈민정음의 해설에 있는 것이 아니었음을 입증하는 것이다.[26]

「경세성음수도」는 『性理大典』 권 8, 소옹의 황극경세서 2, 「經世四象體用之數圖」의 끝에 있는 「경세성음도」의 ‘正聲’과 ‘正音’의 체재를 본따 만든 운도이다.

이 운도는 상하 2단으로 구성되어 있다. 상단은 陽律唱圖인데 이는 聲을 표시하고 하단은 陰呂和圖로 音을 표시한다. 그런데 소옹은 종래의 성운학자들이 사용하던 용어를 버리고 운모를 天聲, 성모를 地音이라 하여 나름대로의 독특한 용어를 사용하였는데, 신경준도 이를 따르고 있다.

양률창도는 모두 十聲圖로 나뉜다. 각 聲은 다시 일월성진으로 구분되는데 이는 闢翕의 순서, 즉 개구와 합구의 순서가 번갈아 적용된 것이다. 결국 일월성진은 등운도의 개구, 합구, 제치, 촬구의 사호에 해당한다. 그리고 일월성진의 아래에 종으로 평상거입의 한자가 배당되어 있다. 有音無字는 ○로, 無音無字는 ●로 표시하였다. 제일성을 예로 들면 다음과 같은 관계가 성립된다.

---

26) 김석득(1983, 98)은 「경세성음수도」와 「율려창화도」를 부록이라고 평가한다. 그리고 「훈민정음도해서」에서 종성해의 어사종성까지만 신경준의 주요한 훈민정음에 대한 학설로 인정하고, 이는 역학의 원리와 현대 언어학적인 음소관을 보여주고 있다고 평가하고 있다.

```
          日 - 一闢: 開口: 岡   但   㫋   合
  一聲    月 - 二翕: 合口: 光   縮   化   刮
          星 - 三闢: 齊齒: 開   愷   慨   ○
          辰 - 四翕: 撮口: 媧   枴   卦   ○
```

양률창도는 모두 10성도로 구분되어 있으나 실제로 성이 배당되어 있는 것은 1성부터 6성까지이다. 그리고 이 가운데에도 해당 자음이 없는 경우가 있어 양률창도에 나타나는 양률은 평성을 기준으로 할 경우 모두 18성이다. 즉『운해』의 운모중성이 18운모체계라는 의미가 된다.

하단의 음여화도는 모두 12음도로 나뉜다. 양률창도와 마찬가지로 각각의 음은 水火土石의 넷으로 구분되어 각각 청탁의 순서가 번갈아 적용된다. 즉 전청, 전탁, 차청, 차탁의 순서이다. 그리고 수화토석의 각각의 아래에 縱으로 개발수폐, 즉 개구, 합구, 제치, 촬구의 한자가 배당되어 있다. 有音無字는 □로, 無音無字는 ■로 표시하였다. 제일음을 예로 들어 보이면 다음과 같다.

```
          水 - 一淸: 全淸: 安   影   泓   淵
  一聲    火 - 二濁: 全濁: 沆   匣   黃   玄
          土 - 三淸: 次淸: 黑   曉   華   血
          石 - 四濁: 次濁: 占   爻   王   喩
```

음여화도는 모두 12음도인데 각 음도에 모두 한자가 배당되어 있다. 그러나 전체 숫자는 36성모이다. 이는 신경준이 당시 한자음의 성모체계를 36자모체계로 인식하고 있었음을 보여주는 것이다.

운도는 한자음의 음운체계 분석을 기초로 이루어진다. 신경준이『운해』의 첫머리에「경세성음수도」를 기록한 것은 결코 김석득

(1983)이 주장하듯 부록일 수 없다. 오히려 『운해』 전체 내용의 도론적 구실을 하고 있으며 한자음운도의 이론의 바탕이 된다. (배윤덕: 1991) 신경준이 인식한 한자음의 음운체계는 36성모, 18운모체계였다.

그러나 신경준은 「경세성음수도」에서는 훈민정음을 표기하지 않았다. 이는 그의 치밀한 논리적 사고를 엿보게 하는 부분이다. 그는 훈민정음을 한자음을 표기하는 수단으로 인식하였다. 따라서 그는 『운해』의 첫머리에 자신이 인식하고 있던 한자음의 음운체계를 제시하고 그 다음에 이를 표시하기 위한 문자체계로서 훈민정음을 설명하고 있다. 그리고 이에 대한 설명이 끝난 뒤에 경세성음도의 음운 조직을 이용하여 운도를 작성하였던 것이다. 따라서 아직 훈민정음에 대한 설명이 이루어지지 않았기 때문에 「경세성음수도」에는 훈민정음이 표기되지 않은 것이다.

3.3.2 律呂唱和圖

「율려창화도」는 陽律과 陰呂, 즉 聲과 音이 어울려 소리를 이루는 모습을 나타내 보여주는 도표이다.

신경준은 「경세성음수도」에서 설정한 10성과 12음 가운데 「율려창화도」에서는 1성과 1음에서 어떻게 배합하여 글자가 나타나는지에 대해 실례를 들었다. 그리고 그 음을 구체적으로 표시하기 위하여 해당되는 글자의 아래에 반절로 음을 표시하고 성조도 아울러 나타내었다.

예를 들어 「경세성음수도」의 양률창도의 첫 성은 岡이고 음려화도의 첫 음은 安이다. 그렇다면 이를 반절 상하자로 사용하면 安岡切을 얻을 수 있는데 安岡切의 자음을 가진 한자들이 바로 鴦(平聲), 坱(上聲), 盎(去聲), 그리고 입성은 安霍切로 惡을 얻는다. 「율려창화도」一聲의 日圖 첫 4자는 이렇게 만들어진다. 그리고 一音의 첫 4

자는 鴛(開口), 央(齊齒), 汪(合口), ○을 얻게 된다.

운도의 형식을 취하면서 해당 자례 밑에 반절로 음을 보여주고 있음이 매우 특이하다. 이는 성과 음의 결합방식을 정확히 설명하기 위한 배려로 이해된다 .

3.3.3 初聲配經世數圖

신경준은 「경세성음수도」에서 한자음의 성모체계를 36자모로 설정하였다. 또한 「한자음운도」 부분에서 「운해 36자모」를 수록하여 36자모체계를 분명히 하고 있다.

「운해 36자모」는 다음과 같다.

〈표 35〉 韻解三十六字母圖

	宮	角	徵		商		羽		半徵半宮	半商半宮
全淸	影	見	端	知	精	照	幫	非		
全濁	匣	群	定	澄	從	牀	竝	奉		
次淸	曉	溪	透	徹	淸	穿	滂	敷		
半淸半濁	喩	疑	泥	孃	心	審	明	微	來	日
全濁					邪	禪				

이 36자모는 전통적인 36자모와 비교할 때 청탁의 구별을 全淸, 次淸, 全濁, 不淸不濁의 淸濁순서에서 全淸, 全濁, 次淸, 不淸不濁의 순환적 순서로 바꾸었고, 五音도 宮, 角, 徵, 商, 羽의 순서로 조음위치에 따라 목구멍 속에서 나는 소리부터 배열하여, 나름대로 고

심한 흔적을 찾을 수 있다.

그는 이 도표의 아래에 율려도에 의하여 가로 세로의 줄 사이에 자모를 벌려 메웠기 때문에 그 차례가 예전의 운서류와는 같지 않다고[27] 설명하였다. 그러나 종래 운서류의 자모 체계와 크게 어긋나는 것은 아니다.

신경준은 『운해』에 廣韻三十六字母圖[28]와 韻會三十五字母圖, 洪武韻三十一字母圖를 수록하고 있다. 이들은 모두 최세진이 『사성통해』에 수록한 것을 전재한 것이다. 그런데 「운해삼십육자모도」만은 그가 재정리한 것이다. 이것이 전통적인 자모 체계인 광운의 자모도와 다른 점은 다음과 같다.

첫째, 오음의 배치 순서가 다르다. 광운의 오음 순서는 '아음 - 설음 - 순음 - 치음 - 후음'의 순서이다. 그런데 신경준은 이를 '宮 - 角 - 徵 - 商 - 羽'의 순서, 즉 '후음 - 아음 - 설음 - 치음 - 순음'의 순서로 배열하였다.

五音의 순서는 중국에서도 항상 일정한 것이 아니었다. 다음에 주요한 자료의 五音순서를 살펴보자.

1) 守溫의 30자모 순음 → 설음 → 아음 → 치음 → 후음
2) 廣韻의 辨字五音法 순음 → 설음 → 치음 → 아음 → 후음
3) 韻鏡   순음 → 설음 → 아음 → 치음 → 후음
4) 唐人의 歸三十字母例 설두음 → 정치음 → 치상음 → 아음 → 후음→ 설상음 → 순음
5) 玉篇   후성 → 설성 → 치성 → 순성 → 아성

---

27) "依律呂圖 井間排墳 故字母次序 多與舊韻不同"(『운해』, 律呂圖)
28) 「광운삼십육자모도」는 실제로는 『광운』의 것은 아니다. 『광운』에는 이러한 도표가 실려 있지 않다. 다만 전통적인 자모체계를 최세진이 『사성통해』에 전재하면서 절운계 운서의 대표적 존재인 『광운』의 이름을 차용한 것이다.

6) 切韻指掌圖   아음→ 설음→ 순음→ 치음→ 후음

　　이를 신경준과 비교하면 신경준의 오음 배열 순서는 역대 어느 것
과도 동일하지 않은 독창적인 것이다. 이 순서는 조음기관의 순서로
기류의 흐름에 따라 배열된 것으로 그가 조음 음성학적으로 매우 우
수한 관찰을 하였음을 알 수 있다.
　　이에 대해 신경준은 다음과 같이 말하고 있다.

　　　음이 발음되는 곳을 순서대로 말한다면 목구멍이 맨 처음에 있고 어금
　　니가 목구멍의 밖에 있으며 혀는 어금니의 밖에 있고 이는 혀의 밖에 있
　　으며 입술은 이의 밖에 있으므로 宮을 먼저 하고 다음에 角을, 그 다음에
　　徵, 그 다음에 商, 그 다음에 羽를 놓게 되는 것이다.[29]

　　후두로부터 양순에 이르기까지, 또는 그 반대로 조음위치순으로
자음을 분류하는 방법은, 현대 음성학에서도 취하고 있는 태도이므
로, 신경준이 취한 조음위치에 따른 분류법도 독특하고 타당성 있는
방법이라고 하였다.[30]
　　둘째, 자음분류 명칭이 다르다. 먼저 청탁 구분에 있어 전통체계는
불청불탁이라 하고 있으나 신경준은 반청반탁이라 하였다. 용어상의
차이는 있으나 음가에 대한 인식은 동일한 것으로 보인다. 최석정도

---

29) "且以音出之次第言之 喉居最初 牙居喉之外 舌居牙之外 齒居舌之外 脣居齒
　　之外 故先宮而次角, 次徵, 次商, 次羽"(『韻解』, 層位)
30) 五音의 순서를 喉-牙-舌-齒-脣의 순서로 배열하는 방식은 훈민정음에도 나
　　타난다. 훈민정음은 「예의」 및 「제자해」의 음운론적 설명부분에서는 牙-舌-
　　脣-齒-喉의 순서로 五音을 설명하나, 「제자해」의 성리학적 설명 부분에서는
　　喉-牙-舌-齒-脣의 순서로 설명하고 있다. 그러나 신경준이 「훈민정음」을 읽
　　었을 것으로 추측되는 기록은 발견되지 않는다. 그러므로 그가 五音의 순서를
　　바꾼 것은 순전히 그의 창안으로 판단된다.

반청 또는 반탁이라는 용어를 사용한다. 그러나 그의 반청은 오음을 각각 4등분하여 1등에서 4등으로 나누는 것처럼 반음을 다시 4등으로 나누면서 적용한 용어이다. 따라서 최석정의 『경세정운』에서 半一淸은 'ㅅ', 半二濁은 'ㅆ', 半三淸은 'ㄹ', 半四濁은 'ㅿ'으로 정의된다. 따라서 신경준이 말하고 있는 반청반탁과는 의미가 다르다.

셋째, 좀더 중요한 것은 來母와 日母의 명칭이다. 전통체계는 래모와 일모를 각각 반설음과 반치음으로 불렀다. 그런데 신경준은 래모는 반징반궁, 일모는 반상반궁이라 이름 붙였다. 이는 이들 자모가 표시하는 음가에 대한 좀더 정밀한 고찰의 반영이다. 그는 『운해』삼십육자모도에 대한 설명에서 來母 루는 '누우의 間音'이라 하였고, 日母 수는 '수우의 間音'이라 하였다. 그리고 非母의 복 역시 '부우의 間音'이라고 하여 이들이 모두 宮音, 즉 喉音을 겸하고 있다고 하였다.[31]

즉 반설음 'ㄹ'은 설음 'ㄷ'의 변화 과정에 나타나는 음인데 그 변화는 후음을 닮아가는, 즉 약화·탈락의 길을 가는 음이라고 판단한 것이다. 이런 인식에 따라 일모는 상음이 궁음과 섞이는 것이고 순경음은 궁음이 겸하여 나타나는 것으로 본 것이다. 우리말의 음운 변화에 대한 비교적 정확한 인식이 나타난다.

신경준의 생존시기 중국어는 20성모체계였다. 그런데 신경준이 이를 무시하고 전통적인 36자모체계를 고집한 이유는 무엇일까? 이에 대해 그는 다음과 같이 말하고 있다.

자모는 모두 36개이다. 홍무정운은 知徹澄孃敷母를 照穿狀泥非母에 병합하여 31자모이다. 비록 그 음이 비슷하다 하더라도 설음을 치음에 병

---

31) "來母所屬루 卽누우間音 日母所屬수 卽수우間音 皆兼宮 非母所屬 복 卽부우間音 非奉敷微 四母 亦徵兼宮者也"(『韻解』, 韻解三十六字母)

합하고, 차청음을 전청음에 병합하는 것은 옳지 못하다. 또 지금은 분명
하지 않으나 옛날에는 있던 것이고, 중국에서는 행해지지 않으나 타국에
서는 쓰이는 곳이 있다. 知徹澄孃은 우리나라 서북 사람들이 많이 사용하
고 서울 안에 반촌인이 이를 사용하므로 옛법에 따라 36자모를 갖추었
다.[32]

라고 하여 온전히 복고적인 입장에서 이를 택하고 있음을 밝혔다.
그러나 자모체계의 설정에 단순히 옛것만을 따른다거나, 중국에서는
이미 사라진 음소인데 다만 외국이나 방언에서 사용된다 하여 이를
인정한 태도는 합리성을 결여한 태도로 비판되고 있다. (김석득:
1983)

넷째, 心母와 審母의 청탁분속이 여타 운서들과 다르다. 心母와
審母는 종래 모든 자모도에서 전청에 속하였던 성모이다. 그런데 신
경준은 이들을 반청반탁에 소속시켰다. 이에 대해 그는 「초성해」의
'청탁'조에서 "홍무정운에는 이들을 전청에 소속시키고 있으나 절운
요법과 절운지남 등의 자서에서 반청반탁에 소속시키고 있는 것을
좇아 반청반탁에 소속시킨다"고 설명하고 있다.[33]

초성배경세수도는 위와 같은 36자모에 대하여 훈민정음으로 그 음
가를 배당한 도표이다.

이 운도는 앞서 본 음려화도와 같이 12도로 나뉘고 각 도 안에 다
시 수화토석의 4음으로 나뉘어 전체 운도 안에는 모두 48음이 배치

---

32) "字母竝三十六 洪武正韻 以知徹澄孃敷 倂於照穿牀泥非 爲三十一母 雖其音
相似 以舌音倂於齒音 次淸倂於全淸 似未穩 且今雖不明 而古有存者 中土雖
不行 而他國有用處 至於知徹澄孃 我國西北人多用之 在京中泮村人 亦或用之
故今依舊法 備三十六母焉"(『韻解』, 字母分屬)
33) "心審二母 正韻屬之全淸 而細思之 當爲半淸半濁 以諸字書淸濁圖圈觀之 切
韻要法則心以◐ 審以◑ 切音指南則心審皆以◑而置之疑泥明喩之位次 字彙
亦不以爲純淸而曰次淸者 是也"(『韻解』, 淸濁)

356

된다. 그 가운데 유음무자가 2음, 무음무자가 10음이 있어 이를 제외하면 36음이 남게 된다.

이를 훈민정음으로 표기하고 그 아래 예자와 그 발음을 기록하였다. 36자모에 대한 표기는 홍무정운역훈에서 사용되었던 표기와 동일하다. 결국 이 초성배경세수도는 뒤에서 한자음운도를 만들기 위한 전 단계 작업인 셈이다.

3.3.4 中聲配經世數圖

「중성배경세수도」에서는 이 책의 첫머리에 실려 있는 「경세성음수도」의 상단 10에 있는 한자들의 모음을 표시한 모음 글자들을 배열하였다. 모음 글자의 배열법을 보면, 一 三 五 七 九의 圖에는 개구음과 합구음을, 二 四 六 八 十의 圖에는 제치음과 촬구음을 배열하였다.

신경준은 성운학의 이론과 훈민정음의 체계에 다 같이 정통하였다. 그는 「경세성음수도」에서는 자음을 성과 음으로 나누고 있다. 이러한 이원 분류는 중국 음운학에서 채택하고 있는 음절 분석 방식이다. 그런데 훈민정음은 이를 초성, 중성, 종성으로 3분하고 있다. 신경준은 이러한 괴리를 슬기롭게 풀어가고 있다. 그는 이 두 가지 용어들을 혼용하면서 이를 정리한다. 「총설」조에서 다음과 같이 정리하였다. [34]

초성 : 음
중성 : 성

---

34) "初聲音也 以定淸濁 中聲聲也 以定開闔 終聲韻也 以定東冬江支之屬"(『韻解』, 總說)

종성 : 운

곧 중국 음운학에서는 성으로 통합되어 있는 것에서 종성을 분리
해 내고 이를 운이라고 부르고 있다.

이렇게 성에서 중성과 종성을 분리한 뒤 그는 「경세성음수도」에
따라 「중성배경세수도」를 만들었다. 모두 10도로 나누고 각도는 다
시 일월성진으로 나눈 뒤 해당하는 훈민정음을 표기하고 아래에 예
자와 그 음을 기록하였다.

따라서 전체 운도 안에는 모두 40음이 표시된다. 그러나 실제로
음이 표시된 도는 8도까지로 32음이다. 나머지 9, 10도 소용의 체계
에는 있으나 신경준은 무음무자로 파악하였다.

32중성 가운데에도 당시 화음을 표기하는 데에는 18자만이 사용되
었고,[35] 우리나라 한자에 사용되는 중성은 23자인데[36] 각각 다음과
같다.

1) 화음 표기 중성 18자
   ㅏ ㅘ ㅐ ㅙ ㅑ ㅒ ㅓ ㅝ ㅕ ㅖ ㅔ ㅡ ㅜ ㅟ ㅟ ㅣ ㅠ ㆌ
2) 동음 표기 중성 23자
   ㅏ ㅘ ㅐ ㅙ ㅑ ㅓ ㅝ ㅕ ㅖ ㅔ ㅡ ㅜ ㅟ ㅟ ㅣ ㅠ ㆍ ㅗ ㅛ ㅔ ㅔ
   ㅖ ㅣ ㅚ

---

35) "今余以岡·光等三十二聲爲標 而其有字者十八也 今俗之或譌或變 而爲他聲
者凡三 五聲六聲之日 今呼以七聲之日 三聲之日 今呼以七聲之月 二聲之日
今呼以八聲之月者 多 以兒我藥三字爲標 圖中作圈以別之"(『韻解』, 定中聲標)

36) "以東音言之 有存者 岡 光 開媧良多禾千离根公登胘靈重兒我藥 三聲之星辰
四聲之辰 七聲之星辰 二十三 而華音之所無者 以東音之標以備 洎跪萃皆灰五
字是也"(『韻解』, 定中聲標)

378

신경준이 화음의 운도를 만들기 위한 이론적 설명에서 초성에서는
36자모로 화음의 체계만을 설정하였는데 중성에서는 화음과 동음을
구별한 이유는 무엇인가? 이에 대해 그는 화음과 동음의 차이가 초
성에서는 드러나지 않으나 중성에서는 드러나기 때문이라고 밝히고
있다. 그리고 이 점이 마땅히 깊이 밝혀야 될 점이라고 하였다.[37]

화음과 동음의 차이에 대한 이러한 인식은 당시 운학자들에게는
일반적인 인식이었다. 박성원도 화동정음에서 이와 같은 인식을 보
여주고 있다.[38]

신경준은 「我國韻三聲總圖」에서는 초성과 중성의 차이에 대한 이
러한 생각을 더욱 분명히 드러내고 있다. 그는

초성은 네 나라가 서로 같은 것이 많다. 그러나 중성은 같지 않음이 많
다. 우리나라는 초성은 적은데 중성은 많다. 그러므로 다른 나라는 배우
기가 심히 어렵다.[39]

라고 하였는데 당시 사용되는 현실 국어음, 즉 그가 말하는 '行話之
間'의 초성과 중성은 다음과 같다.

초성: ㅎ, ㅇ, ㄱ, ㄷ, ㅌ, ㄴ, ㅈ, ㅊ, ㅅ, ㅂ, ㅍ, ㅁ, ㄹ (13 초성)
중성: ㅏ, ㅐ, ㅓ, ㅔ, ㅡ, ㅢ, ㆍ, ㅣ, ㅑ, ㅕ, ㅖ, ㅣ, ㅗ, ㅚ, ㅘ, ㅙ, ㅜ, ㅟ,
ㅝ, ㅞ, ㅛ, ㅠ, ㆋ, ㆌ (24중성)

37) "盖初聲則東方與中國不同者幾稀　而中聲則多不同　此宜深明之也"(『韻解』,
　　定中聲標)
38) "我音初聲本與華同　不同者中聲　而我音又多變訛"(『華東正音』, 凡例)
39) "初聲四國同者多　而中聲多不同　我國初聲少　中聲多　故異國甚難學焉"(『韻
　　解』, 我國韻三聲總圖)

이다.

초성에는 ㅋ이 빠져 있는 것이 눈에 띈다. 그는 ㅋ은 당시 현실음에
서는 사용되고 있으나 문자가 없어 표기하지 않는다고 하였으나[40] 이
는 그의 착오임이 분명하다. 'ㅋ'은 한자음에서는 조선 전기 이래 극히
제한적으로 사용되었으나 국어음에서는 이미 널리 쓰이고 있었다.

중성은 한자음에는 23중성인데 현실음에서는 24중성이 쓰이는 것
으로 파악하였다. 차이를 보이는 부분은 현실음에 'ㆌ'가 하나 더 있
을 따름이다. 그러나 실지로 'ㆌ'가 현실음에 쓰였다는 기록은 없다.
아마 그의 착각일 것이다.

3.3.5 終聲圖

종성도에서는 한자음의 종성으로 'ㅁ, ㄴ, ㅇ' 등 양운미 3자음과
'오, 우' 등 음운미, 그리고 모음으로 끝나는 무운미 등 종성의 종류
를 7종류로 잡아서 이것을 표로 만들었다. 원래 운도(韻圖)에는 종성
만을 따로 표시하는 부분이 없으므로 종성배경세수도(終聲配經世數
圖)라는 것을 설정하지 않고 종성해(終聲解)가 전개된다.

종성해 이하는 종성에 대한 설명인데, 신경준이 말하는 종성이란,
모음으로 끝나는 한자음(漢字音)도 뜻하는 것이다.

종성에 대한 신경준의 견해는 매우 독특하다. 그가 종성을 운이라
불렀음은 이미 밝힌 바가 있다. 그는 종성을 7종으로 나누고 이를
섭이라 불렀다. 본시 섭은 운도에서 한자음을 분류할 때, 운이 유사
한 것들끼리 통합 분류한 체계를 말한다.[41] 그런데 신경준은 이러한
통합의 방식을 다만 운미에 국한시켜 적용하였다. 이에 대해 강신항

---

40) "匣羣溪定從邪竝七母 只用於行話之間 而無字"(『韻解』, 我國韻三聲總圖)
41) 일반적으로 16섭으로 분류한다. 16섭의 명칭은 사성등자에 처음 나타난다. 16
섭은 通, 江, 止, 遇, 蟹, 臻, 山, 效, 果, 假, 宕, 曾, 梗, 流, 深, 感攝이다.

(1967, 120)은 이를 술어에 대한 그의 착각에 의한 것으로 이해하였다. 그러나 그가 운도를 편찬할 정도의 운학적 식견을 소유한 사람이었는데, 이를 착각하였다고 평가하는 것은 다소 성급한 판단이다. 섭의 본디 개념은 운목과 운미를 아우르는 개념인데, 이미 그는 운목과 운미를 각각 분리하여 중성과 종성으로 나누었기 때문에 본래 개념으로서의 섭을 사용할 수 없게 된 것이다. 그러므로 그는 섭이 보여주는 통합 분류의 방식을 다만 종성에 적용한 것으로 이해된다.[42]

그가 분류한 7섭의 종성과 해당되는 운목은 다음과 같다.

1) 凝攝　ㆁ　　　　　　　東冬江陽庚靑蒸
2) 支攝上　ㅡㅣㅜㅠ　　　支微魚虞齊佳灰隊
3) 隱攝　ㄴ　　　　　　　眞文元寒刪先
4) 支攝下　ㅓㅕㅏㅑㅘㅝㅖ　歌麻
5) 蕭攝　오　　　　　　　蕭肴豪
6) 尤攝　우　　　　　　　尤
7) 音攝　ㅁ　　　　　　　侵覃鹽咸

그런데 그는 이와 같이 나눈 이유를 설명한 분섭조 四 支攝下의 割註에서 '支, 微, 魚, 虞, 齊, 佳, 灰, 隊, 歌, 麻' 등 십운은 모두 중성이 종성을 겸한다고 하여 무운미음임을 밝혔다. 따라서 'ㅓ, ㅕ' 등 모음만을 표시한 것이다. 반면에 '蕭, 肴, 豪'와 '尤'운은 '오/우'가 독립된 단위로 운미로 존재한다. 그런데 종성도에서는 이들 '오/우'를 하나의 도안에 넣어놓고 있다. 이는 이들이 음성적으로는 구별이 되

---

42) 伊藤英人(1994)도 종래의 운도들이 운미(F)를 무시하고 개모와 운복(MV)에 의해 四呼分類를 행한 것과 대응되는 의도적인 시도라고 보고 이를 요소주의적인 시각이라 부르고 있다.

나 음소적으로는 하나로 통합될 수 있음을 보이는 것이다. 따라서
종성은 결국 다음의 다섯으로 재분류할 수 있다.

-ŋ : 應攝

-n : 隱攝

-m: 音攝

-u : 蕭攝, 尤攝

-ø : 支攝 上下

이 종성체계에는 입성의 종성이 나타나지 않는다. 대체로『고금운
회거요』이래 중국 근대음의 운미체계와 매우 유사하다.

『고금운회거요』의 운미는 양운미(/-ŋ, -n, -m/)와 음운미(/-i, -u,
-ø/)의 2류 6종인데(조희무 : 1998) 그러나 양운미의 순음운미 /-m/은
중원음운 시기부터 음가가 동요하기 시작한다. 즉 이 시기에 들어
순음 성모를 지닌 몇 개의 단어들, 예를 들어 '範, 泛, 范, 犯, 凡, 帆'
등에서는 초성과 운미의 음운적 유사에 의한 異化(dissimilation)로
인해 운미가 /-n/으로 변화하기 시작한다. (方孝岳 : 1979, 134)[43] 홍무
정운도 광운의 반절이 筆錦切, 岙飲切로 寢韻에 속하는 品, 稟을 軫
韻에 소속시키고 있다.

이러한 /-m/>/-n/현상은 명말・청초 시기에 활발히 진행된다.
1442년에 편찬된 운략회통에 이르러 개구음은 /-m/운미로, 합구음은
/-n/으로 나뉘더니, 17세기에 들어서는 완전히 /-n/으로 고정된다.
음운미의 무운미 /-ø/도 더 이상 운미로 기능하지 못하게 되어 현대
중국 표준어의 운미는 /-i, -u, -n, -ŋ/의 네 가지로 축소된다. (왕력 :

---

43) 안재철(1993, 401)은 중원음운의 함섭 개구운의 운모음은 모두 양성운미
  /-m/을 유지하고 있으나, 합구운 운모음은 성모가 非系인 경우 /-an, -ian,
  -uan/으로, 見系인 경우 /-iem/으로 양분되는 것으로 파악하였다.

382

1972)[44]

신경준의 위의 종성 분류는 운회와 비교하면 음운미 /-i/가 제외되어 있고,[45] 현대 중국어와 비교하면 양운미 /-m/이 더 있다. 따라서 신경준의 종성은 『고금운회거요』로부터 현대중국어에 이르는 과도기적인 체계인 것으로 보인다.

그런데 그는 한국 한자음의 종성에 대해서는 이 책의 부록격인 「아국운삼운총도」에서 'ㅇ, ㄴ, ㅁ, ㄱ, ㄹ, ㅂ'이 있다고 했고, 우리나라 말에는 'ㄷ, ㅅ' 종성이 있어도 우리나라 한자음에는 이들 종성이 없다고 하였다. 여기에서 우리말에 'ㄷ, ㅅ' 종성이 있다고 한 부분은 중기국어의 8종성체계가 완전히 7종성체계로 변화하지 않고 있음을 보여주는 것이라고 하겠다.

3.3.6 漢字音韻圖

한자음운도는 『운해』의 본론에 해당하는 부분이다. 「경세성음수도」에 제시된 18성, 36음의 체계는 이를 표기할 훈민정음의 설명을 통해 각각의 표기 문자를 배당받는다. 이를 바탕으로 한자음의 운도가 만들어진다.

운도는 가로로 초성배경세수도의 36자모를 조음점의 순서에 따라 후음, 아음, 설음, 치음, 순음, 반설음, 반치음의 순서로 배열하고 같은 음계 내부에는 전청, 전탁, 차청, 반청반탁으로 배열하였다. 세로로는 18성을 4개의 도에 나누어 배열하고, 하나의 도 안에서 각각의

---

44) 방언에 따라서는 여전히 순음 /-m/과 파열음 /-p, -t, -k, -ʔ/이 나타나기도 한다. (임도·경진생 : 1997, 24)

45) 支攝 上은 'ㅡ, ㅐ, ㅔ, ㅣ, ㅖ, ㅢ, ㅟ' 등의 종성을 가지는 것으로 되어 있으므로 음운미 /-i/를 표기한 것으로 해석할 수도 있다. 그러나 지섭 하는 운미를 상정할 수가 없다. 따라서 지섭에 해당하는 이들을 묶어 무운미로 처리한다.

曉 ⊙			匣 ●			影 ○				開口正韻第一章
馨	○	汗	炕	涸	吭	沆	航	惡	坱	块	蠶	ㅏ 岡
顣	漢	罕	骭	曷	翰	旱	寒	遏	按	侒	安	
哈	顬	喊	憨	盍	憾	頷	含	姶	暗	庵	庵	
○	○	○	○	○	○	○	○	○	○	○	○	
	耗	好	蒿		號	皓	豪		奧	襖	鏖	
○	○	○	○	○	害	○	○	○	○	○	○	ㅐ 開
○○	○	餀	海	哈	○○	○	亥	孩	○○	噯	欸	哀	
○	○	○	○	○	○	○	○	○	○	○	○	一 根
	吽			龂	恨	很	痕		德	穏	恩	
○	○	○	○	○	○	○	○	○	○	○	○	
○	詬	吼	齁	○		候	厚	侯		漚	毆	謳	
○	○	○	○	○	○	○	○	○	○	○	○	
○	呵	歌	訶		賀	荷	何	○	椏	柯	阿	ㅓ 多
赩	譀	許	亨	叕	行	幸	行	言	濙	懭	嬰	ㅓ 登
黑○	○	○	○○	劾○	○	眻○	恒○	籢○	○	○	輚○	
○	○	○	○	○	○	○	○	○	○	○	○	

〈그림 15〉 『漢字音韻圖』

중성을 이를 핵모음으로 가지는 운들을 가로로 평상거입으로 나누어 배열하였다. 그리고 동일 핵모음을 가지는 음들의 종성에 따라 나누어 종으로 배열하였다.

한자음운도는 중성의 성질에 따라 4개의 운도로 나뉜다. 즉 18중성을 개구와 합구로 나누고 각각을 다시 정운과 부운으로 나누어 이에 해당하는 운도를 만든 것이다. 다음에 4도의 개구와 정운. 부운 관계, 그리고 해당되는 중성을 정리하여 제시한다.

〈표 36〉 『운해』 한자음운도의 구성

開合	正 副	章	所 屬 中 聲					四 呼
開口	正韻	第一章	ㅏ(岡)	ㅐ(開)	ㅡ(根)	ㅓ(多)	ㅢ(登)	開口呼
開口	副韻	第二章	ㅑ(良)	ㅒ(佳)	ㅣ(靈)	ㅕ(千)	ㅖ(离)	齊齒呼
合口	正韻	第三章	ㅘ(光)	ㅙ(媧)	ㅜ(公)	ㅝ(禾)	ㅟ(胘)	合口呼
合口	副韻	第四章	ㅠ(重)	ㆇ(靴)	ㆌ(兄)			撮口呼

개구와 합구는 개모 /w/의 유무에 따른 구별을 말하는 것이고, 정운과 부운이란 개모 /j/의 유무에 따른 구별이다. 곧 개합과 정부의 자질을 합성하면 개구, 제치, 합구, 촬구의 사호가 생성되는 것이다.

신경준은 한자음운도를 위의 四呼에 의하여 四圖로 극히 압축하였다. 이는 그의 독특한 창안이다. 중국의 운도는 도의 숫자가 매우 많다. 먼저 주요한 운도의 숫자를 살펴보면 다음과 같다.

1) 칠음략   - 43도
2) 운경   - 43도
3) 사성등자   - 20도

  4) 절운지남   - 24도

  5) 절운지장도   - 20도

등으로 『운해』에 비하면 그 수가 크게 차이가 남을 알 수 있다.

    중국의 운도는 『사성등자』를 사이에 두고 크게 두 종류의 분운방식을 취한다. 분류 방식의 차이이다. 즉 『사성등자』와 『절운지남』, 『절운지장도』는 앞의 운서들이 취했던 206운의 분운 방식을 13 내지 16섭으로 개괄했다는 점이 가장 큰 발전이다. 이에 따라 운도의 숫자가 대폭 줄어들게 된 것이다.

    그리고 조선에서 만들어진 또 하나의 운도인 『경세정운』도 32도로 구성되어 있다. 그런데 신경준은 등운학의 가장 기본적인 음운 변별 방식에 의거하여 매우 간략하게 조선식의 한자음 운도를 편찬한 것이다.

결론 : 한국운서의 계보

중국에서 운서가 발달하기 시작한 것은 梁나라부터이다. 그 후 隋・唐代에 들어와 본격적으로 운서가 편찬되어 사용되기에 이른다. 이는 운서의 중요한 용도가 시문의 창작을 위한 압운의 확인에 있었다는 점에서 이 시기 중국 문학의 발전 양상과 맥을 같이하는 것이다.

한자와 한문을 받아들여 사용하면서 중국의 시문 창작 방식을 수용하였던 신라와 고려의 문인들은 자연스레 운의 개념을 이해하였을 것이고 운서를 사용하게 되었을 것이며 중국의 성운학에 대하여 이해하였을 것이다.

그러나 신라와 고려시대 성운학의 도입 경로를 확인하는 것은 현재로서는 어려운 일이다. 다만 당시의 문화적 교류 상황을 통하여 짐작할 수 있을 뿐이다. 수・당대에 편찬된 운서와 송대에 들어 발달한 운도는 중국과 긴밀한 문화적 교류를 이어온 고려에 당연히 유입되었을 것이다. 특정한 운서를 명시하지는 않았으나 송나라에서 편찬된 운서가 사용되었음을 밝히는 기록이 있음을 보아도(정경일 : 1998) 이와 같은 추정은 충분한 근거가 있다. 또한『통지』와『황극경세서』등이 전래되어 학자들 사이에 연구되었고,『예부운략』과『용감수경』등이 복각되어 사용되었다.

이 때 가장 획기적인 것은 삼단체제로 편찬된『삼운통고』의 출현

이다. 중국의 사성체계를 우리의 언어체계에 맞게 정리하여 삼단체
제로 변화시킨 것은 우리 음운체계에 대한 나름대로의 분석 결과로
이해된다. 이와 같은 음운 의식은 『고금운회거요』의 전래와 더불어
결국 성운학 발전의 기초가 되었던 것이다. 이를 바탕으로 『동국정
운』이 가장 먼저 편찬되고 『홍무정운역훈』, 『사성통해』를 비롯한 한
국 운서가 속속 만들어지게 된다.

본장에서는 지금까지 검토한 한국 운서들의 개별적 특성을 바탕으
로 이들 운서 사이의 계보적 관계를 검토해 보고자 한다. 그 동안
운서에 대한 연구는 그것이 한자음, 특히 조선 한자음의 실상을 보
여주는 자료이기 때문에 당시 한국어의 음운체계를 확인하는 보조적
자료로서 활용되어 왔다.

그런데 조선 국어학의 업적은 성운학체계에 바탕한 한글의 창제
와 『동국정운』, 『홍무정운역훈』의 편찬이라는 삼대사업으로 귀결된
다. 그 후 국어학의 연구 경향도 우리말과 한글에 대한 성운학적 이
해와 접근으로 지속되었다. 그리고 그 결과들의 일부가 운서의 편찬
으로 이어진다. 따라서 운서들 사이의 계보적 관계를 파악하는 것은
조선 국어학의 주요한 흐름인 운학의 발달과정을 밝히는 비중 있는
부문이 된다.

한국 운서의 계보를 확인하기 위하여 운서의 편찬시기, 표기자음
의 종류, 체제 등 외형적 특징과 자음의 특징 등 내용과 관련한 여
러 항목을 비교하여 보도록 한다.

1 편찬 시기

문헌의 계보적 관찰에서 그 편찬 시기는 매우 중요한 요소이다.
계보의 파악은 본질적으로 문헌들 사이에 나타나는 형식과 내용의

영향관계를 밝히는 작업이므로 이는 통시적 입장에서 검토될 수밖에 없기 때문이다.

우리나라에서 편찬, 사용된 운서를 편찬 시기별로 나누어보면 다음과 같다.

1) 제1기 : 고려 말 ─ 『삼운통고』
2) 제2기 : 세종~중종 ─ 『동국정운』(1447), 『홍무정운역훈』(1455), 『사성통고』(1455), 『사성통해』(1517)
3) 제3기 : 숙종~정조 ─ 『삼운통고보유』(1702), 『증보삼운통고』(1702~1720) 『화동정음』(1747), 『삼운성휘』(1751), 『규장전운』(1796)

한국 운서는 세종조를 중심으로 한 15세기에 운학의 연구가 절정에 달했던 시기에 집중적으로 편찬되었다. 『삼운통고』가 고려 말에 편찬되기는 하였으나 이 운서는 중국 운서를 우리 식으로 체제상의 개편을 하였을 뿐 한자음을 표기하지 않았기 때문에 음계를 확인할 수 없다.

그리고 다시 운서의 편찬이 활발히 이루어진 것은 실학시대에 이르러이다. 이 시기에는 실학의 영향으로 지리학, 역사학뿐 아니라 언어에 대한 연구도 활발히 일어나는데 이러한 학문적 경향의 여파로 운서가 속속 편찬된다.

그런데 조선 초에 편찬된 운서와 영·정조대에 편찬된 운서 사이에는 그 표기 한자음의 종류가 뚜렷이 차이가 난다. 이에 대해 알아보자.

2 표기 한자음의 종류

우리나라에서 만들어진 운서는 그 표기 대상 한자음의 종류에 따라 다음과 같이 나뉜다.

1) 동음 표기 운서 : 『동국정운』
2) 화음 표기 운서 : 『홍무정운역훈』, 『사성통고』, 『사성통해』
3) 화동 양음 표기 운서 : 『화동정음』, 『삼운성휘』, 『규장전운』
4) 자음 미표기 운서 : 『삼운통고』, 『삼운통고보유』, 『증보삼운통고』

조선 초에 만들어진 운서는 1)이나 2)와 같이 동음이나 화음 중 어느 한 가지만을 표기한 운서이고, 3)의 조선 후기에 만들어진 운서는 이 두 가지를 모두 표기하고 있다는 점이 두드러진 특징이다.

조선 초기의 운서 편찬은 당시 한자음의 실상에 따라 동음만 표기하거나, 화음만 표기하는 2원적 체계로 진행되었다. 동음을 표기한 『동국정운』은 『고금운회거요』를 기반으로 당시 동음의 실상을 訛誤된 것으로 보고 이를 바로잡기 위한 목적에서 편찬되었다. 한편 事大交隣의 정책적 수요에 따라 대명 외교의 실무를 담당할 역관의 수요가 급증하였고 이들에 대한 교육이 중요한 과제가 되었는데, 이에 따른 한어 학습의 표준으로 『홍무정운』이 역훈되어 화음만을 표기하는 운서가 만들어졌다. 『홍무정운역훈』은 지나치게 방대한 분량이어서 다시 이를 간략히 만든 운서가 『사성통고』이다. 그러나 『사성통고』는 有音無釋의 형식으로 되어 있어 다시 有音有釋의 형식으로 개편한 것이 『사성통해』이다.

그런데 이와 같은 이원적 운서체계가 조선 후기에 와서 하나로 통합되어 나타난다. 『화동정음』에서 비롯된 하나의 운서에 화음과 동

음이 병기되는 이 방식은 한시의 창작과 한음의 학습이라는 이원적
목표를 동시에 달성하기 위한 방식이었던 것으로 보인다.

하나의 한자음에 양음표기를 하는 방식은 이미 조선 초의 화음표
기 운서인『홍무정운역훈』과『사성통해』에 적용되었다. 홍무정운의
역훈자들은 홍무정운의 반절음이 당시 북방음을 충실히 반영하고 있
지 못하다는 점을 이해하고 있었다. 따라서 그들은 홍무정운의 음을
역훈하여 이를 正音으로 삼은 한편, 당시 그들이 인식한 북방 현실
음을 俗音으로 병기하고 있다.『사성통해』는 이들 외에 최세진이 인
식한 16세기 중국음을 今俗音이라 하여 표기하고 있어 일자삼음의
표기까지 등장하고 있다. 또한 노걸대와 박통사 등의 한음 학습서들
도 정음과 속음을 표기하고 있다. 그러나 이들은 모두 화음의 표기
이다.

그러나『화동정음』은 최초로 화음과 동음을 병기한 운서를 만들
어 조선 운서의 새로운 형식을 창출하였다. 이러한 형식이 등장한
것은『화동정음』의 편찬에 역관이 함께 하였기 때문으로 생각된다.
즉 시문 창작이라는 문신으로서의 소용과 한음 학습이라는 역관의
소용을 함께 하는 새로운 형식의 운서가 탄생하게 된 것이다. 이러
한 추정은『화동정음』의 화음 초성체계가『사성통해』의 것을 의거
하였다고 하면서도 실제에서는 노걸대 박통사의 초성체계와 일치하
고 있다는 점에서(강신항 : 1973, 186) 입증되고 있다. 그 후 이와 같은
방식은『삼운성휘』와『규장전운』으로 이어져 조선 후기 운서의 중
요한 특징을 이룬다.

3 한자 배열 방식

다음에는 운서의 형식을 검토하여 보자. 중국의 운서는 전통적으

로 통단 배열 방식을 취하고 있다. 통단 배열 방식이란 수록 대상 한자를 성조별로 나누고 이를 다시 운모와 성모별로 나누어 그 순서 대로 배열하는 방식이다. 즉 한 면에 동일 성조, 동일 운에 속하는 한자를 모두 수록하는 방식을 말한다. 절운에서 비롯된 이 방식은 그 후 중국 운서의 전형이 되었다.

이 방식은 시문 창작 수단으로서 운서의 효용에 가장 적합한 것으로 인식되었다. 동일한 운에 속하는 한자들을 동시에 확인할 수 있기 때문에, 시를 지을 때, 제시된 운자에 알맞은 한자를 골라내기에 가장 편리한 체제로 인식되었다.

그리고 이 분류의 순서가 '성조>운모>성모'의 순서인 것은 중국 인들이 그들의 음운체계를 구성하는 요소들의 변별력 크기를 이와 같은 단계로 인식한 결과로 해석된다. 즉 그들은 한자음의 구조를 일단 자립분절적 요소와 분절적 요소로 이분한 뒤 자립분절소인 성조를 가장 먼저 분류해 낸 것이다. 중국인들이 자신들의 언어음에서 성조를 구별해 낸 것은 육조시대에 이르러서이다. 이 당시 인도에서 전래된 '성명론'의 영향으로 사성의 존재를 인식하기에 이른 것이다.

그리고 분절적 요소에서는 성절성을 가지는 운모의 변별력을 비성절적 요소인 성모보다 중요시하여 이를 기준으로 운을 분류하게 된 것이다. 그리고 이를 이용하여 文詞의 격식을 가르는 과정에서 운의 분류가 시행되고 이에 따라 운서가 편찬된 것이다. (동동화 : 1965)

그러나 조선에서는 이와 전혀 다른 새로운 형식의 운서가 등장하였다. 먼저 조선 운서의 한자 배열방식을 정리하여 본다.

1) 통단배열식 —『동국정운』,『홍무정운역훈』,『사성통해』
2) 삼단배열식 —『삼운통고』,『화동정음』,『삼운성휘』,『삼운통고 보유』,『증보삼운통고』
3) 사단배열식 —『규장전운』

　중국식의 통단 배열 방식을 채택하고 있는 운서들은 모두 조선 초기 세종조에 편찬된 운서들이다. 이들은 그성격이 규범적이고 또 화음만을 표기하기 때문에 자연스레 중국 운서의 전통을 이어받은 것이다. 그러나 고려 말에 편찬된 삼운통고나 조선 후기의 운서들은 모두 이를 따르지 않고 있다. 이는 계보적 관점에서 매우 중대한 변화이다.

　삼단체제란 운서의 한 면을 상중하로 나누어 각각 평성과 상성, 거성에 속하는 한자들을 동시에 배열하는 방식을 말한다. 그리고 입성에 해당하는 한자는 권말에 따로 모아서 통단으로 배열하는 방식을 말한다. 이는 성조에 다른 한자음의 분류를 2분하는 방식이다. 즉 평상거성을 하나로 묶어 입성과 구분하는 2원적 사고방식을 보여준다.

　한국 운서가 이렇게 만들어진 이유는 이들 한자음의 성조가 한국어 음운체계 내에서 가지는 변별력의 차이에 인한 것이다. 지금까지의 연구에 의하여 15세기 말엽까지의 한국어도 중국어와 마찬가지로 성조언어였음이 밝혀졌다. 그러나 성조의 체계는 조금 다르다.

　중국어의 성조체계는 平聲, 上聲, 去聲, 入聲의 四聲體系이다. 그러나 중세 한국어의 성조는 표면성조는 平聲, 上聲, 去聲의 三聲體系이나 기저성조는 平聲과 去聲의 이성체계일 뿐이다. (김무림: 1992, 177) 한국어에서 입성은 성조가 아니고 어말자음 /-p, -t, -k/로 인한 발음의 촉급현상, 즉 음절 지속 시간의 단축현상을 나타내기 위한 용어일 뿐이다. 다시 말하면, 성조는 높낮이의 변별을 위한 개념인 반면, 입성은 발화 시간의 짧음을 구별해 내기 위한 구분 방식이다.

　문헌자료로서 확인할 수 있는 이러한 15세기의 성조체계는 고려시대는 물론 그 이전에도 마찬가지였던 것으로 추정된다. (권인한: 1995) 그러므로 『三韻通考』가 편찬된 것으로 짐작되는 14세기에 입성은 우리말에서 전혀 성조로서의 변별력을 지니지 못하였다. 오히려 입성은 성조적 차이보다는 음절 구조상 파열음계 어말자음의 존재로 인하여 지극히 쉽게 다른 성조의 한자들과 구분할 수 있었다. 따라서 『삼운통고』의 편찬자들은 일단 입성자들과 다른 성조의 한 자들을 구별하여 표기하였다.

그러나 입성자는 권말에 따로 배열하면서 평상거 삼성의 한자를 한 면에 모아 배열한 이유는 무엇이었을까?

가장 중요한 이유로 운서와 운도의 형식을 혼합하여 가독성을 높였다는 점을 생각할 수 있다. 한국인들에게 운서의 효용은 평상거성 사이의 구별이었을 것이다. 그런데 종래의 방식은 음소적으로 유사한 운모들이 각각의 성조에 따로 흩어져 있어 운모의 성조를 확인하기 위하여는 운서를 여러 번 뒤적이어야 하는 불편이 있었다.

이 때 착안한 것이 운도의 방식이었던 것으로 보인다. 운도는 각 운별로 성조와 성모가 동시에 나타나는 격자형 체제로 되어 있다. 이 방식은 운서에 비하여 한 면에서 보여줄 수 있는 한자의 양은 극히 적으나 한자음들 사이의 관계는 매우 잘 보여준다.

평상거성 사이의 구별을 명확히 하고자 했던 고려의 운학가는 이 운도의 방식과 운서의 방식을 혼합하여 동일한 운모의 각 성조들 사이의 관계를 정확히 드러내기 위한 방식을 궁리하여 결국 새로운 방식을 창안하였을 것이다. 그리고 이 방식은 조선 후기에도 널리 애용되어 『화동정음』과 『삼운성휘』가 이를 이어받았다.

그런데 『규장전운』은 이를 더욱 확대하여 4단체제를 택하고 있다. 이 방식은 운서의 한 면을 4분하여 각각 평상거입의 한자들을 배열하는 방식이다. 『규장전운』은 정조의 명에 의하여 편찬된 칙찬 운서라는 점에서는 『동국정운』과 유사하나 그 동기는 상당히 달랐다. 『동국정운』의 편찬 의도가 당시의 한자음을 바로잡고자 하는 것이었다면, 정조가 새로운 운서의 편찬을 명한 것은 한자음에 대한 불만이 아니라 기존 운서의 체제에 대한 불만이었다. 그 불만은 당시의 시인들이 시를 지을 때 한자의 사성체계를 제대로 살리지 못하는 데에 있었고, 이렇게 된 원인을 운서의 미비함에서 찾은 것이다.

그리고 정조는 이러한 잘못의 근원을 『삼운통고』에 돌리고 그 영
향으로 『사성통해』나 『화동정음』 등 한국 운서가 삼운체제로 편찬
되었고, 이로 인해 우리나라에서 시를 지을 때 한자의 사성체제가
무시되었다는 것이다. 정조의 이와 같은 주장은 오히려 당시에 『삼
운통고』가 시를 짓는 데에 매우 널리 쓰이고 있었음을 증거하는 내
용이기도 하다.

물론 『삼운통고』를 비롯하여, 조선 후기 운서의 삼운체제가 사성
을 완전히 무시한 것은 아니며 다만 입성을 운서의 뒷부분에 따로이
모아놓고 있을 뿐이다. 『삼운통고』에서 비롯된 이러한 운서 편찬 방
식은 앞서 말한 바와 같이 중국 한자음과 한국 한자음의 음운적 차
이의 인식에 바탕을 둔 우리 나름대로의 독특한 방식이었을 것이다.
또 그러하였기 때문에 이와 같은 체제의 운서가 지속적으로 사용되
었을 것이다.

그러나 정조는 이들의 삼운체제에 불만을 가지고 사성을 모두 한
면에 표기하는 새로운 운서를 만들게 한 것이다.

4 표기 한자음의 체계

다음에는 운서의 내용적 고찰을 하도록 한다. 운서가 나타내는 한
자음의 체계를 살펴 그 계보 관계를 알아보도록 한다.

4.1 동음체계

4.1.1 초성체계[1]

동음을 표기하고 있는 운서들의 초성체계를 정리하여 본다.[2]

1) 23자모체계 ─ 『동국정운』
2) 16자모체계 ─ 『화동정음』
3) 14자모체계 ─ 『삼운성휘』, 『규장전운』

『동국정운』의 23자모체계는 훈민정음의 17초성에 전탁음 6초성
(ㄲ, ㄸ, ㅃ, ㅆ, ㅉ, ㆅ)이 추가된 체계이다. 이는 당시 훈민정음의 창
제자들이 인식하고 있던 동음의 체계이다. 국어음과 차이를 보이는
전탁음은 화음의 체계에서 유성음을 가리키는데, 따라서 국어음에서
는 음운으로서 변별력이 없다. 그러나 『동국정운』의 편찬자들은 이
를 설정하여 동음을 화음의 체계로 환원하고자 노력하였던 것이다.

그러나 조선 후기의 삼운서는 이보다 훨씬 축소된 자음체계를 보
여준다. 『화동정음』의 16초성은 『삼운성휘』나 『규장전운』의 14초성
에 비하여 ㅿ, ㆁ의 두 초성이 더 있는 체계이다. 이들은 실제로 당시
에 음운으로서 변별되지는 않았다.

이를 제외하면 다른 두 운서와 마찬가지로 14음소체계가 된다. 이

---

1) 『삼운통고』류의 운서는 자음을 기록하고 있지 않기 때문에 이 고찰에서 제외
   된다.
2) 좀더 구체적으로 동음 표기에 사용된 초성을 다음에 제시한다.
   『동국정운』: ㄱㅋㄲ ㆁ ㄷㅌㄸ ㄴ ㅂㅍㅃ ㅁ ㅈㅊㅉㅅㅆ ㅇ ㆆㅎㆅ ㄹ ㅿ
   『화동정음』: ㄱㅋ   ㆁ ㄷㅌ   ㄴ ㅂㅍ   ㅁ ㅈㅊ ㅅ ㅇ ㅎ   ㄹ ㅿ
   『삼운성휘』: ㄱㅋ   ㄷㅌ   ㄴ ㅂㅍ   ㅁ ㅈㅊ ㅅ ㅇ ㅎ   ㄹ
   『규장전운』: ㄱㅋ   ㄷㅌ   ㄴ ㅂㅍ   ㅁ ㅈㅊ ㅅ ㅇ ㅎ   ㄹ

14자모체계는 당시의 실용 한자음체계와는 일치하나(남광우 : 1973)
한자음을 대상으로 한 것이므로 18세기의 한국어 자음체계와는 일치
하지 않는다. 18세기 우리말 자음체계는 대체로 다음과 같았던 것으
로 보인다. (김동소 : 1998, 188)

평음　　ㄱ　ㄷ　ㅂ　ㅅ　ㅈ
유기음　ㅋ　ㅌ　ㅍ　ㅎ　ㅊ
경음　　ㅺ　ㅼ　ㅻ　ㅆ　ㅾ
공명음　ㅇ　ㄴ　ㅁ　ㄹ

이에 비하면 동음의 체계에는 경음이 발달하지 않은 것이 그 특징
이다.[3] 그리고 후기 운서들은 대체로 자음의 체계가 동일함을 알 수
있다.

4.1.2 중성체계

한국 운서의 동음 중성체계는 다음과 같이 모두 동일하다.

1)　23중성체계 ―『동국정운』, 『화동정음』, 『삼운성휘』, 『규장전
　　운』

동음을 표기하고 있는 운서들은 모두 23중성을 체계를 보여준다.
23중성을 『화동정음』을 기준으로 하면 다음과 같다.[4]

---

3) 현재 한자음에도 경음은 氏, 雙, 纔, 慀, 雙 등만이 있을 뿐이다.
4) 다만 『동국정운』에서는 ㅞ와 ㅔ가 나타나지 않고 대신 ㅞ, ㅖ가 나타난다.

```
ㅏ ㅓ ㅗ ㅜ ㅡ ㅣ ·
ㅐ ㅔ
ㅑ ㅕ ㅛ ㅠ        ㅢ ·ㅣ
     ㅖ  ㆌ
ㅘ ㅝ              ㅚ ㅟ
ㅙ ㅞ
```

　이와 같은 23중성은 한국 운서 모두에 동일하게 나타난다. 그런데 이들이 과연 당시 우리 국어의 모음체계와 일치하는 것일까? 이 때 가장 문제가 되는 것은 '·'의 음가이다. 『동국정운』에서 '·'는 음소로 확립된다. 그러나 『화동정음』이 편찬되던 18세기 말엽에는 이미 '·'의 음가가 소멸되었던 시기로 보아야 한다. 따라서 위의 23중성에서 '·'와 '·ㅣ'는 비현실음의 반영이다.

　또한 'ㅐ, ㅔ'는 『동국정운』 시대에는 이중모음이나 『화동정음』 시대에는 단모음으로 그 음가가 바뀌었다. 그리고 'ㆌ'는 한국어의 음운체계에는 존재하지 않던 음이다. 이는 중국음의 영향을 완전히 벗어나지 못한 채 관습적으로 표기한 음이다.

　그리고 당시 국어에는 존재하던 'ㅐ'가 한자음에는 사용되지 않았다. 따라서 운서에 표기된 중성이 당시 음운체계를 전적으로 반영하는 것이 아님을 유의해야 한다.

　그러나 이런 음운상의 변동 사항은 운서 간의 계보 관계를 검토하는 일에 별다른 무리가 없다.

4.1.3 종성체계

동음의 체계는 다음과 같이 6종성으로 정리된다.

ㅁ, ㄴ, ㅇ, ㅂ, ㄹ, ㄱ

4.2 화음체계

각 운서가 표기하고 있는 화음의 음소체계를 정리하여 보자.

4.2.1 성모체계

1) 31자모체계 --『홍무정운역훈』,『사성통해』,『화동정음』,『삼
   운성휘』,『규장전운』

  화음표기운서의 성모체계는 모두 31자모체계이다. 이는『홍무정운
역훈』의 기반이 되는『홍무정운』의 자모체계를 그대로 이어받고 있
기 때문이다.『홍무정운역훈』은『홍무정운』의 체제를 그대로 두고
자음만을 한글로 표음한 운서이다. 중국의 여타 운서 가운데『홍무
정운』을 역훈의 대상으로 삼은 것은 이 운서가 명 태조의 칙명에 의
거하여 만들어진 것으로 당시 세종조의 학자들에게는 운서의 祖宗
으로 인식되었기 때문이다.[5]
  이 체계는『사성통해』를 비롯하여 화동양음 운서의 화음체계에
그대로 이식되었다. 이러한 상황은 이들 운서에서 한결같이 밝히고
있다.[6] 따라서 화음에 관한 한 이들은 동일 계보에 속한다 하겠다.

---

5) "洪惟皇明太祖高皇帝 愍其乖舛失倫 命儒臣 一以中原雅音 定爲洪武正韻 實
   是天下萬國所宗"(『洪武正韻譯訓』, 序文)
6) "取三韻通考 懸華音於字下 一依本國崔世珍所撰四聲通解之音 ……"(『華東
   正音』, 序文)
   "華音則 以洪武正韻 字母爲主 而一從四聲通解諺翻之音 我音則 就行用俗音
   而 律之……"(『三韻聲彙』, 序文)
   "皆依華東正音之舊 尤致詳焉"(『奎章全韻』, 序文)

4.2.2 운목체계

화음을 기록하고 있는 운서의 운목체계는 다음과 같다.

1) 76운목체계 —『홍무정운역훈』
2) 80운목체계 —『사성통해』
3) 106운목체계 —『화동정음』,『삼운성휘』,『규장전운』

1)은『홍무정운』의 운목체계를『역훈』에서 그대로 따르고 있는 것이다. 2)에서『사성통해』가 80운목으로 나뉜 것은『역훈』의 眞軫震質(ㅣ, ㅡ, ㅜ, ㅠ)운에서 文吻問物(ㅡ, ㅜ, ㅠ)운을 분리해 내었기 때문이다. 그렇다면 실질적으로 이들 운목체계는 동일한 것이다. 그러나 후기 운서들은 모두 106운목체계로 되어 있다. 이들은 평수운 이래의 시운의 대표적인 것으로『삼운통고』를 거쳐 조선 후기 운서에 지속되고 있다. 이들이 106운목체계를 유지하고 있는 것은 이들 운서의 화음 표기가 실제 음운적 측면에서는 현실 화음을 표기하고 있으나,[7] 운목의 분류에서는 전통적인 분류법을 택하여 시문창작의 소용으로 쓰이고 있음을 보여주는 것이다. 이들 운서가『삼운통고』의 체제를

---

7)『화동정음』의 화음을 귀납하면 다음의 20모음체계가 된다.

　단모음　ㅏ ㅓ ㅗ ㅜ ㅡ ㅣ ㅐ ㅔ (8모음)
　복모음　ㅑ ㅕ ㅖ ㅠ ㅒ ㅖ ㅢ ㅘ ㅝ ㅟ ㅙ ㅞ ㅖ (12모음)

　이를 다시 정리하면 결국 /a, ə, o, u, i, i, ɛ, e/ 등 여덟 개의 단모음과 /j, w/ 등 2개의 반모음으로 이루어진 체계임을 알 수 있다. 그런데 王力(1985)에 따르면 元代의 元音은 /u, ɔ, a, æ, ə, i, ɿ/의 7가지이고 明·淸代에는 /u, ɔ, a, e, ə, i, y, ɿ/의 8가지이다. 따라서 화동의 화음은 명·청대의 중국음을 비교적 충실히 반영하는 체계로 보인다.

따라 편찬된 것은『삼운통고』가 科試用으로 18세기까지도 널리 쓰이
고 있었기(김민수 : 1980) 때문으로 보인다. 또『삼운통고』의 대본이 되
었던『禮部韻略』역시 조선시대 중요 참고 서적으로 사용되었었다.[8]

이와 같은 당시 상황에 따라『화동정음』의 편자는 당시의 한자음
이 이미 운부의 통합이 이루어져 106운체계를 유지하고 있지 않음을
알면서도 전통적인 詩賦의 사용에 알맞게 하기 위하여『예부운략』
과『삼운통고』의 운목체제를 받아들이고 있었던 것이다.

따라서 운목체계로 보아서는 조선 전기의 운서들과 후기의 운서들
은 계보적 일치를 보여주지 않는다.

다만 입성의 표기에서는 운서마다 상이한 모습을 보이고 있다. 조
선 초기의 운서들인『홍무정운역훈』과『사성통고』는 입성을 표기하
고 있다. 그러나『사성통해』에 이르러 입성은 표기되지 않으며 이는
그대로 후기의 운서들에도 이어지고 있다.『홍무정운역훈』과『사성
통고』가 편찬되던 시기에도 이미 입성은 소멸되었으나 이들은『홍
무정운』의 전통적인 권위에 이끌려 입성을 표기하였던 것이며, 그
후『사성통해』에 이르러 현실음을 받아들이고 있는 것으로 보인다.

5 한국운서의 계보

앞에서 필자는 한국운서의 계보를 파악하기 위하여 운서를 이루는
여러 요소들에 대한 개별적 분석을 시도하였다. 이제 이를 종합하여
한국운서의 계보를 정리함으로써 결론을 삼고자 한다.

강신항(1973: 185)은『사성통해』를 중심으로 한 한국운서의 계보를

8) 다음의 실록 기사를 보면 대궐에서도 여전히 이 책에 대한 수요가 있었음을
알 수 있다. "召對玉堂官 上曰 玉堂有禮部韻耶 李鳳徵曰 有之 上曰大內無此
冊印入"(『肅宗實錄』, 肅宗 4年 正月)

대강이나마 다음과 같이 더듬어볼 수 있다고 하였다.

『삼운통고』┐
『사성통해』┘─ 『화동정음』

『삼운통고』┐
『사성통해』┼ 『삼운성휘』 – 『규장전운』
『홍무정운』┘

　이 분석은 결국『홍무정운』의 영향이『삼운성휘』와『규장전운』에 직접적으로 미치고 있음을 보여주고 있는데, 이미『사성통해』가『홍무정운역훈』의 음계를 전승하고 있다는 점에서 이와 같은 분석은 설득력이 없다. 그리고 동시대에 편찬된 세 운서 사이의 영향 관계나 한자 배열 방식 등을 볼 때『화동정음』과『삼운성휘』의 관계가 오히려 더 직접적임을 알 수 있다.

　Rainer Dormels(1999)는 한자의 화음과 동음이 대부분 다음과 같은 방식으로 이어져 내려왔다고 하였다.

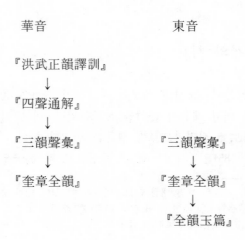

華音　　　　　　　　　　東音

『洪武正韻譯訓』
↓
『四聲通解』
↓
『三韻聲彙』　　　　　　『三韻聲彙』
↓　　　　　　　　　　　　↓
『奎章全韻』　　　　　　『奎章全韻』
　　　　　　　　　　　　↓
　　　　　　　　　　　『全韻玉篇』

이 계보는 한자음을 화음과 동음으로 나누어 살피고 있다는 점에
서 긍정적인 평가를 할 수 있다. 그런데 『동국정운』과 『화동정음통
석운고』에 대해 고찰하지 않고 있는 이유가 설명되지 않아 정확한
계보를 확인할 수 없다.

강호천(1991)은 한국운서의 계보에 대해 비교적 정확한 인식을
보여준다. 그는 조선운서의 계보를 다음과 같이 그려 보이고 있
다.

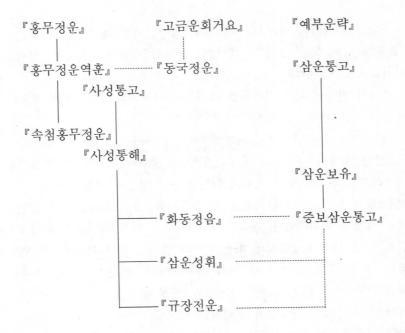

이 계보는 운서의 성격을 셋으로 규정하고 있다. 중국운서, 한국운
서, 무음운서의 셋이다. 그리고 이들의 연원을 각각 『홍무정운』과
『고금운회』, 『예부운략』에 두고 그 영향 관계를 나타낸다.

앞에서 살펴본 바와 같이 운서의 계보를 확인하기 위한 주요 요소

로는 한자의 배열 방식과 표기 한자음의 성격, 한자음의 체계 등이 고찰되어야 한다. 그러나 이들이 모두 등가적일 수는 없다. 그렇다 면 운서의 본질에 비추어 어느 요소를 더 중시하느냐 하는 선택의 문제가 남는다. 자음의 종류를 나누어 설명한 강호천(1991)은 이 점 에서 옳은 선택을 한 것으로 보인다. 왜냐하면 운서는 본질적으로 한자의 음을 보여주기 위하여 편찬되는 것이므로 표기 한자음의 종 류에 의하여 운서의 성격을 규정하는 것은 가장 타당한 일이기 때 문이다.

그러나 강호천은 여타 요소에 대한 영향관계를 표시하지 않았고, 『화동정음』의 동음 표기부분에 대한 연관성을 설명하지 않은 점이 아쉬움으로 지적된다.

따라서 필자는 위의 단점들을 보완하여 다음 〈표 37〉과 같이 한국 운서의 계보·관계를 파악한다.

먼저 형식적 측면에서 살펴보자. 한국의 운서는 고려말에 편찬된 『三韻通考』에서 비롯된다. 『三韻通考』는 형식적으로는 중국운서가 전통적으로 취하고 있던 통단체제를, 본문에 평성과 상성, 거성의 삼 성을 함께 표기하는 삼단체제로 바꾸어 놓음으로써 한국운서의 독창 적인 특성을 확립하였다. 중국 한자음과 한국 한자음의 음운 분석의 결과, 변별 자질의 중요도에 따른 인식의 결과로 보여지는 이러한 변 화는 그 후 東音 즉 한국 한자음을 수록하고 있는 운서에 모두 적용 되었다. 다만 『東國正韻』만이 이를 수용하지 않고 있는데 이는 이 운 서가 가지는 강한 규범성에 기인하는 것으로 이해된다. 아울러 시대 적인 경향성도 무시할 수 없을 듯하다. 『동국정운』과 동시대에 편찬 된 『洪武正韻譯訓』은 역훈의 대상이 된 『洪武正韻』의 체제를 그대 로 따르고 있다. 그런데 두 운서의 편찬자들은 상당수 중복되고 있다. 따라서 동일인들이 운서를 편찬하면서 표기 대상음이 다르다고 하여 두 운서의 형식을 전혀 다르게 하기는 쉽지 않았을 것으로 보인다.

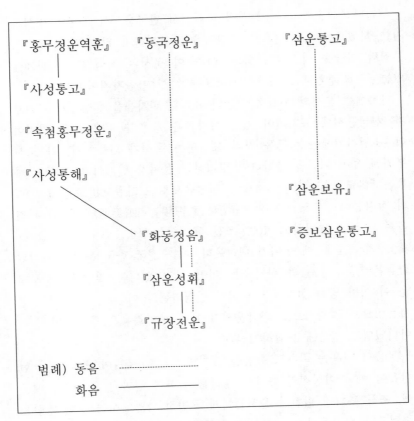

〈표 37〉 한국운서의 계보

『삼운통고』에서 형성된 삼단체제의 형식은 조선후기에 속출하는
여러 운서에 적용되어 조선 운서의 독특한 편찬형식으로 고정된다.
비록 『奎章全韻』이 삼단체제를 벗어나, 입성까지도 아울러 표기하는
사단체제의 형식을 취하고 있으나 이것도 삼단체제의 형식에서 근본
적으로 벗어난 것은 아니고 오히려 계승, 발전시킨 것으로 보아야
한다.

그러나『삼운통고』는 형식적 측면에서 한국운서의 특징을 형성하기는 하였으나, 내용적으로는 한자음을 표기하지 않고 있어 운서의 본질적 기능을 상실하고 있다. 이는 이 운서와 직접적 계보관계에 있는『三韻通考補遺』나『增補三韻通考』도 마찬가지이다.

다음에는 운서의 본질적 기능인 표기된 한자음을 중심으로 살펴보자. 한국운서에 표기되어 있는 한자음은 華音과 東音의 두 가지이다. 조선전기에는 이들을 각각 표기하는 운서가 만들어지다가 조선후기에 들어 이들을 통합하여 병기하는 운서가 만들어져 나온다. 화음은『洪武正韻』의 한자음을 훈민정음으로 표기한『洪武正韻譯訓』의 한자음이『四聲通攷』와『續添洪武正韻』,『四聲通解』를 거쳐 화음과 동음을 병기하고 있는 조선 후기의『華東正音』과 『三韻聲彙』,『奎章全韻』에 이어져 내려온다. 이는 결국 한국 운서에 표기된 화음은『홍무정운』의 한자음을 이어 받고 있다는 것인데『홍무정운』이 이미 당시 현실음을 충실히 반영하는 것이 아닌, 이상적인 한자음이므로 결과적으로 한국운서가 보여주는 화음은 현실적인 음이 아니었다는 결론에 도달하게 된다.

동음의 경우는 최초로 동음을 표기한『東國正韻』이 편찬 당시 현실음이 아닌 이상적인 한자음 정리를 위하여 편찬된 운서이기 때문에, 조선 후기에 편찬된 운서들에게 규범적 측면에서는 강한 영향을 주었으나 한자음의 측면에서는 그다지 영향을 끼치지 못했다. 반면 조선 후기에 편찬된『華東正音』과『三韻聲彙』,『奎章全韻』등 세 운서는 비교적 현실음을 충실히 반영하고 있는 것으로 보인다. 따라서 동음의 측면에서는 조선 전기의 운서와 후기 운서 사이에 지속적인 계보 관계를 설정하기가 어렵다. 그러나『동국정운』의 동음이 전적으로 현실음을 무시하고 있는 것은 아니라는 점, 또 운서 전반에 걸쳐 당시 한국 한자음의 음운체계를 반영하고 있다는 점을 고려할 때 조선 후기 운서의 동음이『동국정운』에 잇닿아 있음을 인정하고

자 한다.

　그리고 삼운통고류의 운서들은 한자음을 표기하지는 않았으나 실제적으로는 당시 구전되고 있던 현실 동음을 바탕으로 운서를 편찬하였을 것으로 추측되므로 이들만을 하나의 계보로 고려해 본다.

　결론적으로 한국운서는 형식적으로는 『삼운통고』가 보여주는 삼단체제를 이어받고 있고, 내용적으로는 『홍무정운』의 화음과 『동국정운』의 동음이 『화동정음』에서 하나로 합하여져서 계승되어 왔다.

참고문헌

〈資 料〉

三韻通考
東國正韻
洪武正韻譯訓
四聲通解
華東正音通釋韻考
三韻聲彙
奎章全韻
增補三韻通考
三韻通考補遺
經世正韻
韻解
全韻玉篇
廣韻
集韻
洪武正韻

訓民正音

410

朝鮮王朝實錄
欒翁稗說
星湖僿說
芝峰類說
五州衍文長箋散稿
靑莊館全書
弘齋全書
海東雜錄

〈論 著〉

姜圭善 (1985).「訓民正音과 性理學」— 韻學과의 關係.『語文論叢』. 淸州
　　大學校.4

姜吉云 (1964).「世宗朝의 韻書 刊行에 대하여」.『趙潤濟博士 回甲紀念 論
　　文集』

姜信沆 (1958).「李朝 中期 國語學史 試論 — 신경준을 중심으로」.『國語硏
　　究』.4

───── (1966).「四聲通解 권두의 字母表에 대하여」.『李秉岐博士 頌壽紀
　　念論文集』.

───── (1967).『韻解訓民正音硏究』. 韓國硏究院

───── (1969).「韓國韻書에 관한 基礎的인 연구」.『문교부 학술보고서』.
　　15

───── (1970ㄱ).「韓國의 禮部韻略」.『국어국문학』49, 50호. 국어국문학회

───── (1970ㄴ).「韓國韻書硏究 — 三韻聲彙와 奎章全韻을 中心으로」.『성
　　대문학』. 성균관대학교. 15, 16

───── (1972).「朝鮮館譯語의 寫音에 대하여」.『語學硏究』. 서울대학교.
　　8-1

──── (1973ㄱ). 『四聲通解硏究』. 新雅社

──── (1973ㄴ). 「四聲通解의 韻類」. 『東洋學』. 檀國大.3

──── (1976). 「15세기문헌의 現實漢字音에 대하여」. 『동양학 학술회의 논문집』. 成均館大學校. 大東文化硏究院

──── (1977ㄱ). 「鷄林類事 高麗方言의 聲母와 中世韓國語의 子音」. 『이숭녕선생 고희기념 국어 국문학논총』. 탑출판사

──── (1977ㄴ). 「鷄林類事 高麗方言의 韻母音과 中世國語의 母音 및 末音」. 『大東文化硏究』.12호. 成均館大學校. 大東文化硏究院

──── (1978ㄱ). 「朴通事新釋諺解內 子音의 音系」. 『학술원 논문집』.17. 대한민국 학술원

──── (1978ㄴ). 『이조 시대의 譯學 政策과 譯學者』. 탑출판사

──── (1980). 「華音啓蒙諺解내 자음의 음계」. 『東方學志』. 23, 24. 연세대학교

──── (1985). 「洪武正韻譯訓의 歌韻의 한글 표음자에 대하여」. 『羨烏堂 金炯基先生 八耋紀念 國語學論叢』.

──── (1987). 『訓民正音연구』. 성대 출판부

──── (1989). 「洪武正韻譯訓 韻母音의 한글 표음자에 대하여」. 『二靜鄭然燦先生回甲紀念論叢』

──── (1992). 「韻解와 申景濬」. 『훈민정음과 국어학』. 전남대학교 어학연구소

──── (1993). 「訓民正音 中聲體系와 漢字音」. 『柳在泳博士 華甲紀念 論文集』. 이회문화사

──── (1994ㄱ). 「龍飛御天歌內 反切의 성격」. 『震檀學報』. 78. 震檀學會

──── (1994ㄴ). 「高麗時代의 韻學과 譯學」. 『우리말 연구의 샘터』. 연산도수희선생 화갑기념 논총 간행위원회

──── (2000ㄱ). 『한국의 운서』. 태학사

──── (2000ㄴ). 『한국의 역학』. 서울대학교 출판부

姜鎬天 (1990).「中國 韻學의 傳來」.『우암논총』6. 청주대학교 대학원

───── (1991).「朝鮮朝 漢字音 整理의 歷史的 硏究」. 청주대학교 박사학
위 논문

───── (1993).「조선 운학의 성립」.『우암논총』8. 청주대학교 대학원

권인한 (1995).「조선관역어의 음운론적 연구」. 서울대학교 박사학위 논문

權在善 (1985).「世宗의 御製 東國正韻과 申叔舟 등의 反切」.『人文科學
硏究』. 3.大邱大學校.

권춘강 (1961).「동국정운계 언해 한자음 집람」.『이화여대 국어국문학회』.
국어학연구부

金根壽 (1979).『韓國圖書解題論攷』. 靑鹿出版社

金吉煥 (1981).『韓國 陽明學 硏究』. 一志社

김동소 (1998).『한국어변천사』. 형설출판사

金武林 (1989).「中期國語 母音本系一考」.『語文論集』. 28. 高麗大學校 國
語國文學硏究會

───── (1990ㄱ).「홍무정운과 역훈의 운모대응」.『國語學』.20

───── (1990ㄴ).「洪武正韻譯訓의 音韻論的 硏究」. 고려대학교 박사학위
논문

───── (1992).『국어음운론』. 한신문화사

───── (1999).『洪武正韻譯訓研究』. 月印

김무식 (1993).「훈민정음의 음운체계 연구」. 경북대학교 박사학위 논문

金敏洙 (1957).「四聲通解」.『한글』.122. 한글학회

───── (1980).『新國語學史 全訂版』. 一潮閣

김병제 (1984).『조선어학사』. 과학백과사전출판사

金錫得 (1971).「韓國 三大韻書의 言語學史的 意義」.『인문과학』. 연세대
학교. 24, 25

───── (1975).「실학과 국어학의 전개 ─ 최석정과 신경준의 학문적 거리」.
『동방학지』.16

─── (1983). 『우리말 연구사』. 정음문화사

金永萬 (1986). 「國語超分節音素의 史的 硏究」. 高麗大學校 博士學位 論文

金完鎭 (1966). 「續添洪武正韻에 대하여」. 『震檀學報』. 29, 30. 震檀學會

─── (1973). 『中世國語聲調의 硏究』. 韓國文化硏究所

金允經 (1954). 『韓國文字及語學史』. 東國文化社

金仁經 (1986). 「華東正音通釋韻考攷」. 『東泉 趙健相先生 古稀紀念論叢』. 형설출판사

김종훈, 황용수, 박동규(1986). 『국어학사논고』. 집문당

김주원 (1988). 「모음조화와 설축」. 『언어학』 14. 언어학회

金智勇 해제(1968). 『經世訓民正音圖說』. 영인. 인문과학총서 3. 연세대학교. 인문과학연구소

김진우 (1978). 「'Diagonal' vowel harmony?」. 『국어학』. 7. 國語學會

김차균 (1985). 「훈민정음 해례 모음체계」. 『羨烏堂 金炯基先生八耋紀念 國語學 論叢』

─── (1987). 「한자음 입성의 성조론적 가치」. 『장태진박사 회갑기념 국어국문학논총』. 삼영사

金喆憲 (1957ㄱ). 「東國正韻 聲母攷」. 『국어국문학』 19. 국어국문학회

─── (1957ㄴ). 「東國正韻 韻母攷」. 『국어국문학』 21. 국어국문학회

金亨柱 (1992). 『國語學史』. 螢雪出版社

南廣祐 (1964). 「東國正韻式 漢字音 聲調의 硏究」. 『논문집』. 9. 중앙대학교

─── (1966). 『東國正韻式 漢字音 硏究』. 韓國硏究院

─── (1971). 「한국에서의 한자음 성조 변천 연구」. 『김형규박사 송수기념논문집』.

─── (1973). 『朝鮮(李朝)漢字音 硏究』. 일조각

남성우 (1979). 「중국 운학과 성리학이 훈민정음 창제에 미친 영향」. 『中國 硏究』. 4. 한국외국어대학교

414

盧英植 (1995). 「鷄林類事 大曰黑根의 黑의 讀法」. 『古書研究』.11

都孝根 (1979). 「龍飛御天歌 漢字音研究」. 충남대학교 석사학위 논문

리득춘 (1993). 『한조언어문자관계사』. 서광학술자료사

———— (1994ㄱ). 『조선어한자음연구』. 서광학술자료사

———— (1994ㄴ). 「조선학자들의 명청한어 음운연구」. 『어학연구』.30-3. 서울대학교 어학연구소

———— (1994ㄷ). 「훈민정음 창제의 리론적 기초와 중국음운학」. 『조선한자어음연구』. 서광학술자료사

文璇奎 (1965ㄱ). 「廣韻에 의한 脣音字 聲母 變化攷」. 『국어국문학』.30. 국어국문학회

———— (1965ㄴ). 「廣韻에 의한 脣音字 韻母論」. 『한국언어문학』.3. 한국언어문학회

———— (1987). 『中國古代音韻學』. 민음사

———— (1992). 「동국정운의 疑(業)모 자음표기에 대하여」. 『徐在克博士 還甲紀念 論文集』. 계명대학교 출판부

朴炳采 (1971ㄱ). 「國語漢字音의 開封音母胎說에 대한 揷疑」. 『김형규박사송수기념 논문집』

———— (1971ㄴ). 「朝鮮 初期 國語 漢字音의 聲調攷」. 『亞細亞研究』. 41. 고려대학교 아세아문제연구소

———— (1971ㄷ). 『古代 國語의 研究』, 高麗大學校 出版部

———— (1974). 「원본 홍무정운역훈의 결본복원에 관한 연구」, 『아세아연구』, 51. 고려대학교 아세아문제연구소

———— (1980). 「言文에 관한 연구」. 『民族文化研究』. 15. 고려대학교 민족문화연구소

———— (1983). 『洪武正韻譯訓의 新研究』. 고려대학교 출판부

———— (1989). 『국어발달사』. 세영사

박창원 (1986). 「국어 모음체계에 대한 한 가설」. 『국어국문학』.95 국어국문

학회

박태권 (1974). 「최세진의 생애와 인간상」, 『국어국문학』, II. 부산대학교

──── (1976). 『국어학사논고』. 샘문화사

──── (1991). 「사성통해 속의 우리말 어휘」. 『東方學志』. 71, 72, 연세대
국학연구원.

方鍾玄 (1963). 「四聲通解研究」. 『一蓑國語學論集』. 民衆書館

배윤덕 (1992). 「신경준의 운해연구」. 『이중언어학회지』. 8. 이중언어학회

──── (1994). 「유희의 언문지연구」. 『우리말연구의 샘터』. 문경출판사

──── (1995ㄱ). 「사성통해가 국어학에 미친 영향」. 『우리말글연구』.1. 한
국문화사

──── (1995ㄴ). 「최석정의 경세정운연구」. 『국어국문학』.114. 국어국문학
회

白斗鉉 (1992). 『嶺南 文獻語의 音韻論的 研究』. 태학사

徐炳國 (1973). 「中國韻學이 訓民正音 制定에 미친 影響에 관한 研究」.
『교육연구』. 15. 경북대학교.

成元慶 (1970). 「訓民正音의 制字理論과 中國韻書와의 關係」. 『학술지』.
11. 건국대학교.

──── (1971). 「東國正韻과 洪武正韻譯訓音의 比較研究」. 『학술지』. 12.
건국대학교.

──── (1972ㄱ). 「東國正韻 完帙本에 대하여」. 『文湖』. 6, 7. 건국대학교.

──── (1972ㄴ). 「反切의 起源과 內容 攷」. 『국어국문학』.55, 56, 57. 국어
국문학회

──── (1972ㄷ). 「漢字 韻으로 본 ·音價의 再考」. 『국문학논집』. 5, 6. 단
국대학교.

──── (1975). 『東國正韻 索引』. 건국대학교 출판부

──── (1976). 『十五世紀 韓國漢字音與中國聲韻之關係』. 槿域書齋

신상순, 이돈주, 이환묵 편 (1988). 『訓民正音의 理解』. 한신문화사

신수식 (1973).「한자의 성조에 대한 고찰」.『국어국문학』.61. 국어국문학회

安奇燮 (1989).「朝鮮時代 對 漢語 譯音書의 正音·俗音 성격의 재고」. 『中語中文學』.10. 中語中文學會

安秉禧 (1970)「壬辰亂 直前 國語史 資料에 관한 二三問題에 대하여」. 『진단학보』. 33. 진단학회

───── (1971).「15세기의 한자음 한글 표기에 대하여」.『김형규박사 송수 기념논문집』

安在哲 (1993).「韻略匯通研究」. 성균관 대학교 박사학위 논문

吳貞蘭 (1987).「硬音의 國語史的 硏究」. 고려대학교 박사학위 논문

吳鍾甲 (1973).「切韻指掌圖와 현대 國語漢字音의 비교연구.『국어국문학 연구』. 15. 영남대학교

───── (1976).「崔世珍의 韻會音 체계」.『영남어문학』. 3. 영남대학교

禹敏燮 (1990ㄱ).「洪武正韻譯訓 俗音의 ㅸ 終聲表記攷」.『새국어교육』. 46. 한국국어교육학회

───── (1990ㄴ).「洪武正韻譯訓 俗音의 이례적인 終聲表記攷」.『김상선교 수 화갑기념논총』. 중앙대학교

劉明鍾 (1983).『韓國의 陽明學』. 동화출판공사

俞昌均 (1959ㄱ).『國語學史』. 형설출판사

───── (1959ㄴ).「東國正韻에 나타난 모음의 특색」.『논문집』. 2. 청구대학 교

───── (1965ㄱ).「東國正韻研究」.『語文學』 12. 語文學會

───── (1965ㄴ).「東國正韻研究」.『震檀學報』 28. 震檀學會

───── (1966ㄱ).「東國正韻序考」.『亞細亞研究』, 22. 고려대학교 아세아문 제연구소

───── (1966ㄴ).「東國正韻研究」.『어문학』. 14. 어문학회

───── (1966ㄷ).『東國正韻研究』. 형설출판사

───── (1966ㄹ).「東國正韻研究序說」.『동양문화』. 5. 영남대학교

───── (1967). 「東國正韻植 한자음의 基層에 관한 시론」. 『震檀學報』.31. 震檀學會

───── (1969). 「蒙古韻略研究序說」. 『명지대논문집』.3. 명지대학교

───── (1971). 「韓國 古代 漢字音의 硏究」. 『어문학』.24. 어문학회

───── (1972ㄱ). 「蒙古韻略 再構를 위한 資料. 『국어국문학연구』. 14. 영남대학교

───── (1972ㄴ). 「世宗朝 漢音系 韻書의 成立 過程에 대하여」. 『문리대학보』. 14. 영남대학교

───── (1973). 「四聲通攷 再構의 實際的 問題」. 『어문학』.28. 어문학회

───── (1975). 『蒙古韻略과 四聲通攷의 硏究』. 형설출판사

───── (1979ㄱ) 『東國正韻』. 형설출판사

───── (1979ㄴ) 「한국운서의 형성과 발달과정」, 『민족문화』. 5. 민족문화추진회

───── (1980). 『韓國 古代 漢字音의 硏究 Ⅰ』. 계명대학교 출판부

───── (1983ㄱ). 『韓國 古代 漢字音의 硏究 Ⅱ』. 계명대학교 출판부

───── (1983ㄴ). 『國語學史』. 형설출판사

───── (1988). 『國語學史』. 형설출판사

───── (1991). 『삼국시대의 漢字音』. 민음사

劉昌惇 (1958). 『彦文誌 註解』. 新丘文化社

───── (1968). 「古今韻會擧要의 反切과 東國正韻의 比較」. 『동양문화』. 8. 영남대학교

李江魯 (1973). 「訓民正音 創製 이전의 語學關係 硏究」. 『문교부 학술보고서(어문학계)』.3

李基文 (1971). 『訓蒙字會 硏究』. 한국문화연구소

───── (1977). 『國語音韻史硏究』 塔出版社.

李敦柱 (1974). 「中國漢字音의 韻母變遷考」. 『어학교육』. 6. 전남대학교

───── (1975). 「脣輕音ㅁ 終聲 漢字音考」. 『논문집』. 4. 전남대학교

418

──── (1976).「한중양국의 한자음 비교연구」.『龍鳳論叢』. 5. 전남대학교

──── (1977).「華東正音通釋韻考의 俗音字에 대하여」.『이숭녕선생 고희 기념 국어국문학논총』.탑출판사

──── (1979ㄱ).『漢字學總論』. 博英社

──── (1979ㄴ).「훈몽자회 한자음연구」, 전남대학교대학원

──── (1980).「舌音系 漢子의 口蓋音化 問題」『藏菴池憲英先生 古稀紀 念 論叢』

──── (1981).「支攝 한자음과 /ᅌ/음의 반영」.『한글』.173, 174

──── (1985).「通攝 한자의 한중음반영에 대하여」.『박병채교수 회갑기념 논문집』

──── (1987).「訓民正音의 中國音韻學的 背景」.『훈민정음의 이해』. 한 신문화사

──── (1988).「飜譯老乞大朴通事 凡例考(2)」.『호남문화연구』. 8. 전남대 학교.

──── (1990).「韻書의 反切과 國語漢字音의 乖離現狀」.『강신항교수 회 갑기념 논총』

──── (1995).『漢字音韻學의 理解』. 탑출판사

李東林 (1964).「東國正韻의 研究.『논문집』. 1. 동국대학교.

──── (1965).「東國正韻研究」.『국어국문학』.30

──── (1967).「유창균 저 東國正韻研究의 解析」.『동악어문논집』. 5. 동 국대학교.

──── (1968ㄱ).「東國正韻研究」.『논문집』. 3, 4. 동국대학교.

──── (1968ㄴ).「東國正韻研究」.『문교부 학술보고서』.1-14

──── (1969).「洪武正韻譯訓과 四聲通解의 비교」.『논문집』. 5. 동국대학 교.

──── (1970).『東國正韻研究』. 동국대학교 국어국문학 연구실

李丙疇 (1987).『韓國 漢詩의 理解』. 민음사.

李崇寧 (1959). 「洪武正韻譯訓의 硏究」. 『진단학보』.20. 진단학회

───── (1981). 『世宗大王의 學問과 思想』. 아세아문화사

李佑成 교역 (1995) 『新羅 四山碑銘』. 아세아문화사

李潤東 (1985). 「15세기 國語漢字音에 관한 일고찰」. 『素堂千時權博士 華甲紀念 國語學論叢』.

───── (1988). 『中期 韓國 漢字音의 硏究 ─ 성모편』. 우골탑

───── (1992). 「中期 韓國漢字音 硏究」. 『국어국문학』.106. 국어국문학회

───── (1997). 『한국한자음의 이해』. 형설출판사

李在敦 (1993). 『中國語 音韻學』. 서광학술자료사

임용기 (1991). 「훈민정음의 삼분법 형성과정」. 연세대학교 박사학위 논문

장영길 (1997). 「'설축'과 '구축'의 음성자질과 모음체계」. 『국어국문학』. 120. 국어국문학회

張馨實 (1994). 「飜譯老乞大의 中國語 注音에 대한 硏究」. 고려대학교 석사학위 논문

鄭卿一 (1984). 「奎章全韻硏究」. 고려대학교 석사학위 논문

───── (1987). 「韓國漢字音 初聲 變異考」. 『박병채교수 회갑기념 논문집』

───── (1989). 「華東正音通釋韻考 漢字音 聲母硏究」. 고려대학교 박사학위 논문

───── (1996). 「華東正音 韻母體系」. 『어문논집』.35. 고려대학교 국어국문학연구회

───── (1997). 「華東正音 東音의 特性과 韻母體系」. 『한국어학의 이해와 전망』. 박이정

───── (1998). 「朝鮮時代의 韻書 使用 樣相」. 『한국어학』. 7. 한국어학회

───── (2001). 「조선후기 국어연구의 실학적 특성」. 『한국어학』14. 한국어학회

정 광 (1999). 「최세진의 생애와 업적」. 『새국어생활』. 9권 3호. 국립국어연구원

420

────── (2002).『역학서연구』, 제이앤씨

정광·윤세영 (1998).『司譯院 譯學書 冊板 硏究』. 고려대학교 출판부

鄭然燦 (1972).『洪武正韻譯訓의 硏究』. 일조각

정인보 (1938).「운해훈민정음 해제」.『운해훈민정음』 영인. 조선어학회

鄭寅承·成元慶 (1973).「東國正韻硏究」.『학술지』. 15. 건국대학교

정철주 (1994).「15세기 현실 한자음의 운미연구」.『우리말의 연구』. 우골탑

趙復衍 (1981).「排字禮部韻略의 小考」.『규장각』 4. 서울대 도서관

曹喜茂 (1998).「古今韻會擧要 硏究」. 전남대학교 박사학위 논문

차재은 (1996).「15세기 국어의 성조 연구」. 고려대학교 박사학위 논문

최남희 (1999).『고대국어 표기 한자음 연구』. 박이정

최현배 (1976).『고친 한글갈』. 정음사

최희수 (1986).『조선한자음연구』. 흑룡강조선민족출판사

최희수·이의활(1990)·『漢語 音韻學通論』. 中文出版社

河惠丁 (1997).「朝鮮朝 韻書의 濁自性 硏究」. 중앙대학교 박사학위 논문

韓鐘鎬 (2000).「韻圖의 起源과 唐代 韻圖의 再構」. 한국외국어대학교 박사학위 논문

한태동 (1985).「동국정운연구」.『연세논총』. 21. 연세대학교.

허 웅 (1985).『국어음운학』. 샘문화사

현정해 (1971).「조선관역어의 성모고」. 고려대학교 석사학위 논문

홍기문 (1946).『정음발달사』서울신문사 출판국

홍윤표 (1985).「구개음화에 대한 역사적 연구」.『진단학보』. 60. 진단학회

황위주 (1996).「漢文字의 受容時期와 初期定着過程(1)」『漢文敎育硏究』 10. 韓國漢文敎育硏究會

────── (2001).「漢文의 初期定着過程(2)」,『大東漢文學』. 13. 경북대학교

姜亮夫 (1986).『中國聲韻學』. 文史哲出版社

羅常培 (1932).「中原音韻聲類考」.『羅常培語言學論文選集』(1978. 재수록). 九思出版社

────── (1956).『漢語音韻學導論』. 中華書局

唐　蘭 (1971).『中國文字學』. 樂天出版社

董同龢 (1965).『漢語音韻學』. 中華書局

董同龢著. 孔在錫 譯 (1975)『漢語音韻學』. 汎學圖書

────── (1978).『中國語音史』. 華江出版有限公司

藤堂明保 (1957).『中國語 音韻論』. 江南書院

潘重規, 陳紹棠 (1981).『中國聲韻學』. 東大圖書公司

方孝岳 (1979).『漢語語音史槪要』. 商務印書館

謝雲飛 (1987).『中國聲韻學大剛』. 學生書局

小倉進平 (1940).『增訂朝鮮語學史』. 刀江書院

宋金印 (1972).『聲韻學通論』. 中華書局

王　力 (1958).『漢語史考』. 科學出版社

────── (1972).『漢語音韻』. 中華書局. 오세준 역주(1993).『한어음운』. 중문출판사

────── (1980).『中國語言學史』. 이종진, 이홍진 역(1983).『중국언어학사』. 계명대학교 출판부

────── (1981).『漢語音韻學』. 中華書局

────── (1985).『漢語語音史』. 社會科學出版社

劉文錦 (1931).「洪武正韻 聲類考」『中央硏究院 歷史言語硏究所 集刊』3.

劉若愚 著. 李章佑 譯 (1984).『中國 詩學』. 同和出版公社

劉葉秋 (1984).『中國字典史略』. 源流文化事業有限公司

陸志韋 (1947).『古音說略』. 學生書局

伊藤英人 (1994).「申景濬의 韻解訓民正音에 대하여」.『주시경학보』14. 주시경연구소

李思敬 (1985).『音韻』. 商務印書館

李新魁 (1983).『漢語等韻學』. 中華書局

────── (1986).『漢語語音學』. 北京出版社. 박만규역 (1990)『중국성운학개

422

론』. 대광문화사

林燾·耿振生 (1997)『聲韻學』. 三民書局

林 尹 (1971).『文字學概說』. 正中書局

───── (1977).『中國聲韻學通論』. 世界書局

張世錄 (1982).『中國音韻學史.上, 下』. 商務印書館

───── (1983).『廣韻研究』. 商務印書館

錢玄同·朱宗萊 (1921).『文字學：形音義篇』. 中華書局

趙陰棠 (1936).『中原音韻研究』. 商務印書館

周法高 (1973).『漢字古今音彙』. 中文大學出版社

陳新雄 (1976).『中原音韻概要』. 學海出版社

竺家寧 (1986).『古今韻會擧要的語音系統』. 學生書局

河野六郎 (1964).「朝鮮漢字音の 研究 I」.『朝鮮學報』. 31. 朝鮮學會

Dormels. Rainer (1994).「옥편류의 한자음 비교연구」. 서울대학교 석사학
　　　위논문

───── (1999).「18세기 한국한자음의 규범화 과정에 숨겨진 동기」.『국어
　　　학』.33. 국어학회

Karlgren. Bernard (1915-1926),「Etudes sur la phonologie Chinoise,
　　　Stockholm」 조원임, 이방계 역 (1930).『중국음운학연구』. 상무인서
　　　관

───── (1923).「Analytic Dictionary of Chinise and Sino-Japanese.
　　　Paris」

───── (1954).「Compendium of Phonetics in Ancient and Archaic
　　　Chinese」「B.M.F.E.A. Vol. XXII. pp. 211-362. Stockholm」. 이돈주
　　　역주(1985).『중국음운학』. 일지사. 최영애 역 (1985).『고대한어음운
　　　학개요』. 민음사

찾아보기

426

정경일

고려대학교 국어국문학과 및 동대학원 졸업(문학박사)
현재 건양대학교 문학영상정보학부 교수 및 대학원장
주요 저서 및 논문으로는『언어와 생활』(1999),『한국어의 탐구와 이해』(2000),
『아름다운 우리말』(2001),「화동정음통석운고 한자음 성모연구」,
「언문지에 나타난 국어음운연구」,「조선시대의 운서이용 양상」,
「경세정운의 운도적 성격에 대하여」등이 있다.

한국운서의 이해

대우학술총서 541 · 논저

1판 1쇄 펴냄 2002년 11월 25일
1판 2쇄 펴냄 2003년 10월 25일

지은이 • 정경일
펴낸이 • 김정호
펴낸곳 • 아카넷

출판등록 2000년 1월 24일(제2-3009호)
100-802 서울 중구 남대문로 5가 526 대우재단빌딩 15층
대표전화 6366-0511 / 팩시밀리 6366-0515
www.acanet.co.kr

ⓒ 정경일, 2002
사전, 운서 KDC 713.01

Printed in Seoul, Korea.

ISBN 89-89103-85-1 94710
ISBN 89-89103-00-2 (세트)